타로 카드로 보는
내 삶의 여정

78장 카드 해석과 타로 스프레드

타로 카드로 보는
내 삶의 여정

조안 버닝 지음
연보라 옮김

⭐무지개다리너머

차 례

제5부 참고 자료

∗∗ 연습

일러두기
* 타로 카드명은 작은 따옴표(' ')로 구분하였습니다.

들어가기 전에

나는 인생에서 무언가를 추구하고 탐색하던 시기에 타로를 알았다. 당시 나는 내적 체험을 이해하는 데 도움이 되는 모든 것들에 마음이 열려 있었고, 그런 마음으로 한 콘퍼런스에 참석한 어느 날이었다. 우연히 한 신비 체험자 옆에 앉게 되었고, 우리는 대화를 나누었다. 이야기가 끝날 무렵 그는 내게 자신이 직관적으로 알게 된 것을 말해 주었다. 그 첫 마디는 이랬다. "당신은 타로를 공부해야 합니다." 타로에 대해 들어 본 적은 있지만 아는 게 없었다. 그럼에도 나의 내면에서는 그 조언을 귀담아 들으라 했고, 나는 그렇게 했다.

타로 관련 책들과 덱deck(78장의 카드 한 벌)을 하나 사서 연습하고 기록하기 시작했다. 나는 그 작업에 흠뻑 빠져들었다. 어느 날 머릿속에 코트 카드에 관한 한 편의 글이 거칠게 완성되었다. 순간 나는 "이게 뭐지?"라는 생각이 들면서 어리둥절했지만 흥미로웠다. 나는 떠오른 내용을 바로 기록했다. 한 단락 한 단락 계속 글들이 이어졌고 곧 책 한 권 분량이 되었다. 출간을 시도했지만 이뤄지지 않았다. 그 후 원고는 한쪽에 치워 두었다.

몇 년이 흘러 웹 사이트 www.learntarot.com를 개설하고 타로 교육 과정을 올리기 시작했다. 목적은 단 하나, 재미있는 프로젝트 진행과 함께 그간 쓴 글을 공유하는 것이었다. 바로 다음날부터 반응이 왔다.

그렇게 몇 년간 전 세계 사람들과 메일을 주고받았다. 수년간 타로를 사용한 사람들도 있었고, 나처럼 호기심 많은 탐구자들도 있었다. 대부분 타로를 배우고 싶다는 생각을 늘 했지만, 내 사이트를 알기 전까지 어떻게 시작해야 할지 몰랐다고들 했다. 타로가 어떻게 우리의 삶과 경험을 더 나아지게 하는지 많은 것들을 배울 수 있었던 참으로 감사한 기회였다.

처음부터 나의 내면에서는 타로에 대해 쓰고 가르치는 일이 내 몫임을 분명히 했다. 돌이켜 보면, 일련의 동시적 사건들이 나를 이 중요한 길에 들어서게 했다. 덕분에 세 권의 책을 썼고, 현재 이 책까지 총 네 권을 출간할 수 있었다. 나는 타로가 내게 제시한 의도들을 이해할 수 있었고, 타로에 끌리는 다른 이들에게도 그 혜택이 돌아갔으면 한다.

이 책은 전작들에 실린 핵심 정보와 테크닉을 모두 통합하여 종합적으로 구성했다. 기초부터 심화까지 자연스레 따라올 수 있게 하였고, 그동안 배운 내용을 바탕으로 다듬고 보완했다. 무엇보다 타로를 차근차근 배울 수 있도록 구성하였다. 또 내면의 조언자Inner Guide와의 관계를 발전시키는 연습 방법을 넣었다. 내면의 조언자는 타로 작업에서 중요한, 지혜로운 직관의 목소리다.

이 책은 크게 5부로 구성되어 있다.

제1부는 타로를 시작하기 전에 알아야 할 기본적인 내용이다.

제2부는 리딩 과정, 즉 카드를 해석하는 기술인 리딩을 어떻게 수행할지에 대해 다룬다.

제3부는 이 책의 핵심이다. 역방향을 포함한 각 카드의 의미를 자세히 설명한다. 지속적으로 참조하고 영감의 원천이 될 수 있도록 만들었다.

제4부는 타로 스프레드를 다룬다. 켈틱 크로스 스프레드와 플렉스 스프레드 활용법을 소개한다. 플렉스 스프레드는 어떤 리딩에도 사용자

정의가 가능한 기본 틀이다.

　제5부는 셔플 방법, 단계별 리딩 과정 등 유용한 자료를 많이 담았다.

　이 책의 주요 목적은 자기 자신을 위해 타로를 사용하는 방법을 알려주는 것이다. 타로는 우리 자신을 이해하는 방법, 우리의 내적 자원에 대한 확신, 그리고 그것을 활용하는 방법 들을 가르쳐 줄 것이다. 타로를 잘 다루기 위해 초능력이 필요한 것은 아니다. 자신의 타고난 직관 능력을 존중하고 발전시키려는 의지만 있으면 된다.

　타로는 자기 발견을 위한 훌륭한 도구다. 실현되지 않은 잠재력을 개발하고자 찾고 있던 수단이 되어 줄 것이다. 카드가 늘 당신에게 많은 통찰력을 가져다주기를 바란다!

2018. 12. 26.

버지니아 주 비엔나에서

조안 버닝

머리말

수년 전 동생에게 타로 공부를 한다고 하자 그는 이렇게 말했다. "카드덱이 무슨 얘기를 어떻게 한다는 거야?"

나는 웃음이 나왔다. 타로에 대한 일반적인 견해가 그 말에 잘 묻어 있었기 때문이다. 나 역시 타로를 잘 모르던 시절 그런 의심을 품었었다. 하지만 카드를 통해 삶의 도전들을 인식하고, 대처 방법에 변화를 줄 수 있다는 걸 알았다. 그런 일이 어떻게 가능한지 말하려고 한다.

타로의 기원은 명확치 않다. 분명한 사실은 15세기 이탈리아에서 대중적인 카드 게임에 사용되었다. 부유한 후원자들의 의뢰로 아름다운 덱들이 만들어졌고 그 중 일부가 남아 있다. 1450년이나 그 직후에 만들어진 것으로 보이는 비스콘티-스포르차Visconti-Sforza(중세시대 이탈리아의 두 유명 귀족 가문의 명칭. 옮긴이) 덱은 초창기 덱들 중에서 가장 완전한 형태로 남아 있다.[1]

이 카드는 18~19세기 후반에 영향력 있는 오컬트 학자들에 의해 알려졌다. 타로와 카드 이미지에 매료된 이 탐사자들은 타로가 단순 게임이 아닌 그보다 더 강력한 무언가라는 걸 알았다. 그들은 타로를 이집트 신비주의, 헤르메스 철학, 카발라, 연금술, 그 밖의 다른 신비주의 체계와 연결시켜 "진짜" 역사를 밝혀냈다(또는 구축했다!).

이 같은 연구들이 20세기 초까지 이어졌고 황금새벽회Golden Dawn 등 몇몇 비밀 단체들은 그들의 수행에 타로를 포함시켰다.[2] 이들 전문 수행자들 중 한 명이 아서 에드워드 웨이트Arthur Edward Waite다. 그는 1910년 영국에서 삽화가인 패멀라 콜먼 스미스Pamela Colman Smith 와 라이더 웨이트 덱Rider-Waite deck을 만들었다. 이 덱은 라이더앤컴퍼니Rider and Company 사에서 처음 출간되었다. 지금도 판매되고 있는 인기가 많은 덱이다. 이 책에 실린 카드 그림도 라이더 웨이트 덱을 적용했다.

타로의 뿌리가 오컬트 전통에 있지만 지난 수십 년간 타로에 대한 다양한 견해들이 수용, 확장되었다. 이러한 관심들이 새로운 덱을 창작하게 했다. 아메리카 원주민 덱, 허브 덱, 드래곤 덱, 신화 덱, 일본 덱 등 종류가 매우 다양하다.[3]

보통 타로를 점술 도구로 간주한다. 전통적으로 타로 리딩에는 탐구자seeker와 리더reader가 포함된다. 탐구자는 개인적 문제에 대한 답을 찾는 사람이고, 리더는 카드를 해석할 줄 아는 사람이다. 탐구자가 덱을 셔플shuffle하고 컷cut한 후 선택한 카드들을 리더가 스프레드라 불리는 패턴에 따라 배치한다.(셔플은 카드를 섞는 것이고, 컷은 덱을 세 무더기로 나누는 것이다. 자세한 설명은 "2장 리딩하기"를 참조. 옮긴이) 스프레드 각 포지션마다 의미가 있고, 카드에도 각각의 의미가 있다. 리더는 이 두 가지 의미를 통합해 탐구자의 물음에 대한 실마리를 찾는다.

과정은 단순하지만 표현 방법은 단순하지 않다. 가끔 영화에서 타로가 등장하는 장면에는 늘 골방이나 궁색한 거실이 나온다. 어두침침한 곳에서 한 노파가 긴장한 어떤 소녀에게 카드를 리딩해 주고 있다. 노파는 주름진 손을 들어 '죽음 Death' 카드를 불길하게 떨어뜨린다. 소녀는 자신에게 닥칠 불행의 신호라도 되는 양 겁먹고 뒤로 물러난다.

지금도 사람들은 타로에 대해 이처럼 어둠의 아우라를 연상하곤 한
다. 일부 종교계는 타로를 터부시하고, 과학계는 미개한 과거의 산물이
라도 되는 듯 비이성적인 상징으로 몰아세운다. 이런 칙칙한 이미지는
잠시 제쳐두고 타로가 무엇인지 한 번 생각해 보자. 타로는 한 벌의 그
림 카드다. 그것으로 무엇을 할 수 있는가? 이것이 질문이다.

대답은 우리의 무의식에 있다. 무의식은 각자의 깊은 내면에 자리한
기억과 인식으로 일상의 경험을 넘어선다. 많은 사람들이 무의식적 작
용을 무시하지만 우리가 하는 모든 일에 깊은 영향을 미친다. 지그문
트 프로이트Sigmund Freud는 그의 저서에서 무의식의 비이성적이고 원
시적인 측면을 강조했다. 그는 무의식을 우리가 절대 받아들일 수 없
는 욕구와 충동의 본거지로 보았다. 한편 그와 동시대를 살았던 칼 융
Carl Jung은 무의식의 긍정적이고 창의적인 측면을 강조했다. 그는 우리
의 무의식에 보편적인 속성을 건드리는 집합 요소가 있다는 걸 알리려
고 노력했다.

우리는 무의식의 전 영역과 힘을 결코 알 수 없을 것이다. 그러나 풍
경 정도는 탐색해 볼 수 있다. 심리 치료, 꿈 해석, 심상화, 명상 등 많
은 테크닉들이 그런 용도로 발전해 왔다. 타로 역시 그런 도구들 중 하
나다.

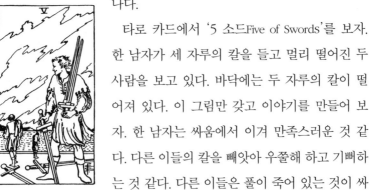

타로 카드에서 '5 소드Five of Swords'를 보자.
한 남자가 세 자루의 칼을 들고 멀리 떨어진 두
사람을 보고 있다. 바닥에는 두 자루의 칼이 떨
어져 있다. 이 그림만 갖고 이야기를 만들어 보
자. 한 남자는 싸움에서 이겨 만족스러운 것 같
다. 다른 이들의 칼을 빼앗아 우쭐해 하고 기뻐하
는 것 같다. 다른 이들은 풀이 죽어 있는 것이 싸

움에서 진 것 같다.

　방금 나는 정답 없는 그림에 이야기를 투사했다. 내게는 분명 그렇게 보였기에 이 장면을 해석하는 유일한 이야기다. 누군가는 전혀 다른 이야기를 떠올릴 것이다. 한 남자가 칼을 줍다가 다른 두 사람에게 도움을 요청했지만 거절당하는 것으로 상상할 수 있다. 또는 한 남자가 싸우는 두 사람에게 무기를 내려놓으라고 설득하는 장면으로 볼 수도 있다. 요점은 어떤 이야기든 가능한데 각자 떠올리는 이야기가 다르다는 것이다. 어떤 이유에서일까?

　인간 본성이 무의식적 질료를 주변 대상에 투사하기 때문이다. 우리는 내면 상태라는 렌즈로 현실을 본다. 심리 치료사들은 인간의 이런 성향에 오랫동안 주목해 왔고, 그 과정에 도움을 주는 도구들을 만들어 왔다. 유명한 로르샤흐Rorschach 잉크 압화 검사 역시 그런 투사를 기반으로 한다.[4]

　타로 카드가 가치 있는 이유 중 하나가 바로 투사projection다. 흥미로운 그림과 패턴은 무의식을 건드리는 데 효과적이다. 이는 분명 개인적인 측면에 해당하지만, 카드에는 집합적인 요소도 포함되어 있다. 인간에게는 공통된 욕구와 경험이 있다. 타로 카드 그림은 이런 보편성을 포착해 일관되게 기술한다. 카드에는 원형이 담겨 있기 때문에 사람들의 반응은 대부분 비슷하다. 타로는 수백 년에 걸쳐 내려오면서 인간의 생각과 감정의 기본 패턴 모음집으로 진화해 왔다.

　'여제The Empress' 카드를 보자. 그녀는 모성 원리를 상징하고, 그것은 풍요의 삶이기도 하다. 그녀의 이미지 어디에서 풍요의 느낌을 자아내는지 살펴보자. 그녀는 부드럽고 푹신한 방석에 앉아

있고, 입고 있는 예복은 그녀를 감싸듯이 흘러내린다. 우리는 '여제'에서 자연의 풍요와 감각적인 풍요로움을 감지한다.

타로의 힘은 개인성과 보편성을 조합한 데 있다. 각자의 방식대로 타로를 볼 수 있지만, 동시에 다른 사람들이 발견한 의미 있는 앎에 도움을 받는다. 타로는 우리 각자의 의식에 숨겨져 있는 것을 돌아보게 하는 거울이다.

우리는 타로를 리딩할 때 덱을 셔플하고 컷하고 특정 카드를 선택한다. 마구잡이식 같지만 자신이 선택한 카드를 특별하게 생각한다. 이것이 결국 타로 리딩의 핵심이다. 우리가 만날 카드를 우리가 선택한다. 이제 상식은 이렇게 물어 올 것이다. 우연한 선택에 특별한 의미가 있을까, 그것으로 무엇을 할 수 있는가?

이 질문에 답을 하려면 무작위에 대해 먼저 살펴봐야 한다. 우연히 기계적인 힘의 상호 작용으로 발생한 결과를 무작위라 부른다. 발생 가능한 것들 중 하나일 뿐 특별한 이유는 없다.

이런 정의에는 두 가지가 전제되어 있다. 기계적인 힘에 의해 발생한 결과라는 것과 의미가 없다는 것. 하지만 타로 리딩은 단순히 기계적인 힘으로 발생한 결과가 아니다. 일련의 의식적인 행동에 따른 결과다. 우리는 타로를 배우기로 결심하고, 덱을 구입하고, 사용법을 공부한다. 특정 순간에 특정 방식으로 카드를 섞고 뽑는다. 끝으로 우리가 지각한 것으로 카드를 해석한다.

우리는 각 단계마다 적극적으로 참여한다. 그런데도 왜 리딩을 "기계적인 힘에 의한 우연한 상호 작용"이라 여기고 싶어 하는 걸까? 그 이유는 우리 의식이 어떤 식으로 관여하는지 설명하지 못하기 때문이다. 고의적으로 카드를 선택하는 것이 아니라서 무작위라고 부른다. 사실은 우리 무의식의 힘이 연결된 심오한 메커니즘이 작동하는 것이 아닐까? 우리가 전혀 이해할 수 없는 방식으로 내면 상태와 외부 사건이 연결되어 있지 않을까? 이러한 가능성에 대해 제시해 보려 한다.

무작위의 또 다른 전제 조건은 내재된 의미가 없다는 것이다. 주사위를 굴려 6이 나왔을 때 이 특정 결과에는 어떤 의도도 없다. 쉽게 주사위를 굴릴 수 있고 의미 역시 그럴 것이다. 하지만 이런 결과나 타로의 결과가 정말 동일한 것일까? 크고 작은 모든 사건에는 의미와 목적이 있을 수 있지만, 우리가 그것을 늘 의식하지는 않는다.

몇 년 전 한 파티에서 있었던 일이다. 나는 바닥에 굴러다니는 주사위를 보고 줍고 싶은 충동을 느꼈다. 문득 이 주사위를 여섯 번 굴려도 전부 다른 숫자가 나올 거라는 확신이 들었다. 주사위를 굴리기 시작했고 파티장을 채운 웃음소리와 소음이 희미해졌다. 주사위를 굴릴 때마다 다른 숫자가 나오자 나는 더욱 흥분되었다. 마지막 여섯 번째로 굴린 주사위까지 성공했을 때 비로소 내 의식은 일상 상태로 돌아왔다. 나는 무슨 일이 일어났는지 놀라는 동시에 긴장이 풀렸다.

주사위를 여섯 번 굴린 일이 어떤 차원에서는 연관성 없는 무작위 이벤트다. 하지만 다른 차원에서는 의미가 있었다. 나를 곁에서 본 다른 사람들이 이에 동의하지 않더라도 나의 내적 경험이 그랬다. 어떤 의미냐고? 그때 정신과 물질 사이의 기이한 상호 작용을 배웠다. 그리고 그 일에 또 다른 목적이 있었음을 지금에서야 안다. 이렇게 몇 년이 지나 나에게 유용한 사례로 제시되고 있으니 말이다!

의미란 내적 현실과 외적 현실의 접속에서 발생하는 신비한 속성이다. 모든 것에 메시지가 있다. 나무, 노래, 심지어 쓰레기조차도. 하지만 우리가 열린 마음으로 그것을 인식할 때만이 가능하다. 타로 카드는 풍부한 이미지와 다양한 연결 고리로 많은 메시지를 전달한다. 더 중요한 것은 리딩을 통해 전달되는 의미는 삶의 깊은 진실을 알고자 하는 우리의 진심 어린 갈망이 가져다주는 것이다. 의미를 추구하는 이런 방식이 우리가 그 현실을 존중하고 그것이 드러나는 기회가 된다.

그렇다면 리딩이 주는 의미는 어디에서 오는 것일까? 나는 의미의 신성한 근원을 의식하는 우리 자신에게서 온다고 생각한다. 이는 무궁무진한 무의식의 한 단면이다. 그것이 우리를 잘 아는 현명한 조언자 역할을 한다. 우리에게 필요한 것을 알고, 우리가 나아갈 방향으로 이끈다. 어떤 사람들은 이 조언자를 초의식superconscious 또는 상위 자아 Higher Self라고 부른다. 나는 타로와 관련된 역할을 부여해 내면의 조언자Inner Guide라 부른다.

누구에게나 의미의 샘이라 할 수 있는 내면의 조언자가 있다. 그는 우리의 일부이고 늘 우리와 함께한다. 이 연결 고리를 무시할 수는 있어도 끊을 수는 없다. 타로 덱에 손을 내미는 순간 내면의 조언자가 전하는 지혜에 열려 있다는 신호가 된다. 이 단순한 행동에 깔린 서약으로 우리를 위해 항상 있어 온 조언을 드디어 인식하게 된다.

본래가 내면의 조언자가 전하는 지혜를 따르도록 되어 있지만, 어찌 된 영문인지 대부분 그 방법을 잊어버렸다. 마음을 깊이 들여다볼 것을 잊고 의식적인 마음을 더 신뢰한다. 의식적인 마음은 영리하지만, 안타깝게도 우리가 매일 적절한 선택을 하게 해 주는 온전한 인식은 아니다.

우리의 의식적인 마음이 작용하면, 우연한 사건이 우리를 강제로 경험하게 한다고 여긴다. 삶에 목적도 없고, 자신이 누구이고, 무엇을 원하는지 몰라 괴로워한다. 내면의 조언자에 접속하는 방법을 알면 삶을 다르게 경험한다. 우리의 의식적인 의지와 내적인 의도가 일치할 때 확신과 평화가 찾아온다. 그리고 삶의 여정은 더욱 즐거워진다. 우리 삶에 흩어져 있는 요소들을 모아 운명을 어떻게 수행할지 선명히 보인다.

나는 타로가 내면의 조언자의 나직한 목소리를 의식적으로 활용할 수 있는 최고의 도구이기 때문에 이용한다. 리딩할 때 떠오르는 생각, 이미지, 느낌 등은 모두 내면의 조언자가 보내는 메시지다. 그것이 메시지인지, 그저 상상에 불과한지 어떻게 아냐고? 사실 모른다. 그저 자신의 경험을 믿고 무슨 일이 일어날지 보는 것이다.

내면의 조언자에 접근할 때 타로가 꼭 필요한 것은 아니다. 타로 카드는 디즈니 영화 「덤보Dumbo」에 나오는 마법 깃털 같은 역할을 한다. 코끼리 덤보는 스스로 날 수 있다는 사실을 믿지 않았다. 가방에 넣어 갖고 다니는 특별한 깃털이 자신을 날게 해 준다고 믿었다. 어느 날 깃털이 사라지고 사실을 알게 되자, 비로소 자신의 내적 자원에 기댈 수 있었다.

타로 카드는 우리를 내면의 조언자에게 날아가게 해 줄 것이다. 그런 일이 어떻게 일어나는지 지금부터 알려고 애쓰지 마라. 이 책을 읽고 카드를 연습하면서 겪게 될 놀라운 경험들을 잘 보도록 하자.

마음 깊은 곳에서 반짝이는 빛줄기를 찾아서

제1부
타로의 기초

1 장
타로의 구성 요소

메이저 아르카나

타로 덱은 기본적으로 78장의 카드로 구성되어 있고, 메이저 아르카나 major arcana와 마이너 아르카나minor arcana로 나뉜다. 아르카나는 아르카눔arcanum의 복수형으로 "심오한 비밀"이라는 뜻이다. 중세시대 연금술사들에게 아르카눔은 자연의 비밀이었다. 타로 카드는 우리가 사는 이 세상을 이루는 바탕이자 해설인 "비밀" 모음집이다.

22장의 메이저 아르카나 카드가 덱의 핵심이다. 이들 각 카드는 인간 경험의 보편성을 상징한다. 즉 원형archetype을 담고 있다. 그것은 인간 본성에 내재된, 일관되고 직접적으로 작용하는 패턴이다.

메이저 아르카나 카드에는 이름과 숫자가 있다. '힘' '정의' '절제'는 카드 의미를 직접적으로 드러낸다. '마법사' '은둔자'는 삶에 대한 접근 방식을 의인화한다. '별' '태양' '달' 등 천문학 용어는 이들 천체와 관련해 쉽게 정의 내리기 어려운 힘들을 의미한다.

메이저 아르카나는 깊고 복합적인 반응을 이끌어 내기 때문에 특별하다. 라이더 웨이트 덱의 그림들은 쉽게 알아볼 수 있는 인물과 상황에 비의적 상징이 결합해서 연상 작용을 불러일으킨다. 상징들은 미묘하지만 영향력이 크다.

리딩에서 메이저 아르카나는 항상 추가로 비중을 준다. 하나라도 나올 경우 해당 이슈가 일상적이거나 일시적인 것이 아님을 알 수 있다. 자신에게 가장 기본적인 문제―주된 감정과 동기―를 보여 준다.

메이저 아르카나는 하나의 단위로 간주되기도 한다. 인간의 상황을 밝히는 패턴을 카드가 어떻게 만드는지 알고자 많은 체계들이 발전해 왔다. 수비학numerology, 천문 해석astrology, 다른 비의 과학 등이 그런 역할을 하기도 한다.

많은 해석가들은 메이저 아르카나를 개인의 내적 성장을 보여 주는 여러 단계로 보고, "바보의 여정Fool's Journey"(부록 1 참조)이라 부르곤 한다. 이러한 체계에서 각 카드는 우리의 온전함wholeness을 깨닫기 이전에 받아들여야 할 자질이나 경험을 의미한다.

우리는 자아실현이라는 여정을 가고 있다. 그 길은 순조롭기보다 우회하고 되돌아가고 또 다시 시작된다. 각자의 길이겠지만 보편적인 이정표들이 있다. 22장의 메이저 아르카나 카드는 내적 성장이라는 길에 놓인 이정표들이다. 최초의 인식(0번 카드)에서 출발해 통합과 실현 fulfillment(21번 카드)에 도달한다.

바보의 여정에서는 경험들이 단계에서 단계로 자연스레 이어지지만, 우리를 가르치러 오는 모험들은 그렇게 질서 정연하지 않다. 우리는 실수하고, 도망치고, 우리의 잠재력도 모른다. 내면을 깊이 들여다볼 용기와 통찰력도 부족하다. 어떤 사람은 내면을 들여다보라는 '운둔자'의 조언을 전혀 느끼지 못하고, 또 어떤 사람은 에고라는 성에서 탈출할 기회인 '탑'의 위기를 겪지 않는다.

어려움을 극복하려 노력하지만 우리는 실패를 반복한다. '거꾸로 매달린 사람'이 주는 교훈인 내려놓기와 경험에 굴복하기란 특히 더 어렵다. 완전히 받아들이기 전까지 여러 차례 겪을지 모른다.

우리는 그 순서와 무관하게 경험하고 배운다. 누군가는 힘든 어린 시절로 인해 인생 초기에 '힘(8)'의 속성을 받아들이고, 나중에서야 '전차(7)'의 숙련된 통제력을 키울 수 있다. 또 누군가는 칩거하면서 '악마(15)'의 물질주의에 대한 유혹을 뿌리칠 수 있었으나, 나중에 '연인(6)'의 교훈인 관계와 성적 취향을 배워야 할지 모른다.

메이저 아르카나에는 경험의 다양한 수준과 표본이 들어 있다. 살면서 지나치는 일이든, 생애 전반에 걸쳐 일어나는 일이든 성장 패턴의 모든 것이 들어 있다. 우리의 삶은 진화하는 영혼의 서사에 깃든 한 편의 성장 일지다.

각자의 자기 발견의 패턴이 어떻든, 메이저 아르카나는 온전함과 자기실현에 이르는 일이야말로 우리의 운명임을 보여 준다. 이것을 북극성으로 삼는다면 결국 참나true nature를 깨닫고, '세계(21)'를 얻을 것이다.

✱ 메이저 아르카나 카드 공부하기

3부 카드 해설에서 메이저 아르카나 카드를 하나 골라 탐색해 보자. "키워드"와 "작용"에 익숙해진다. "키워드"들이 서로를 어떻게 강화해 특정 에너지나 힘을 만드는지 살펴본다. 키워드에 살이 어떤 식으로 붙어 "작용"으로 구체화되는지도 눈여겨 본다. "설명" 단락은 또 다른 정보가 없나 훑는 정도에서 읽는다. 다른 메이저 아르카나 카드들도 이렇게 연습한다. 외워야 한다는 부담감은 갖지 마라. 이 연습의 목적은 그저 카드 설명에 익숙해지는 것이다.

마이너 아르카나

메이저 아르카나가 보편적인 주제를 보여 주는 반면, 마이너 아르카나는 그 주제들이 현실 무대에서 어떻게 일상 사건으로 나타나는지를 보여 준다. 마이너 아르카나 카드는 일상의 드라마를 만드는 우리의 고민, 행위, 감정 등을 보여 준다.

슈트

56장의 마이너 아르카나 카드는 완드Wand, 컵Cup, 소드Sword, 펜타클Pentacle 등 4개 슈트suit로 구성되어 있다. 각 슈트는 삶에 대한 접근 방식을 보여 준다. 우리의 일상 경험에는 그 네 접근 방식이 섞여 있다. 타로 리딩은 그 순간의 우리 삶에 다양한 슈트 에너지가 어떻게 영향을 미치는지 보여 줄 것이다.

완드: 창의성, 행동, 이동 등을 상징하는 슈트로 열정, 모험, 위험 감수, 자신감 등의 속성과 관련된다. 중국 철학에서 남성성 원리인 양陽에 해당하고, 불 원소(불, 물, 공기, 흙 등 4원소 중. 옮긴이)와 관련된다. 나부끼는 불꽃은 완드의 힘을 완벽하게 상징한다. 이 에너지는 외부로 흐르고 열정적인 참여를 이끌어 낸다.

컵: 감정, 영적 경험 등을 상징하는 슈트로 내면 상태, 느낌, 관계의 패턴 등을 보여 준다. 이 에너지는 내면으로 흐른다. 여성성 원리인 음陰에 해당하고 물 원소와 관련된다. 물은 흐르고, 공간을 채우고, 분위기 변화를 감지하고 반영하는 능력이 있어 컵 슈트를 완벽하게 상징한다.

소드: 지성, 사고, 이성 등을 상징하는 슈트로 정의, 진실, 윤리 원칙 등에 관여한다. 공기 원소와 관련된다. 구름 한 점 없는 하늘, 시야를 탁 트이게 하는 빛은 명료한 정신을 나타낸다. 이는 소드를 이상적으로 보여 준다. 이 슈트는 부조화와 불운으로 이어지는 상태와도 관련된다. 왜냐하면 지성이 우리의 가치 있는 자산이기도 하지만 에고의 대리인 이기 때문이다. 따라서 내면의 조언자가 주는 지혜가 가미되지 않으면 우리는 길을 잃을 수 있다.

펜타클: 실용성, 안전, 물질적 관심사 등을 상징하는 슈트다. 흙 원소와 관련되고, 물질적인 작업을 구체적으로 요구한다. 펜타클은 자연의 아름다움, 동식물과의 교감, 육체적 경험을 찬양한다. 또 모든 종류의 부와 번영을 가리킨다. 이 슈트를 코인Coin이라 부르기도 하는데, 물질 세계에서 재화와 서비스를 교환하는 화폐를 상징하기 때문이다.

위계

슈트마다 10장의 숫자 카드(1부터 10까지)와 4장의 코트court 카드(킹 King, 퀸Queen, 나이트Knight, 페이지Page)가 있다. 일반적인 게임 카드와 유 사한 구성이다. 슈트 에너지가 세상에 어떻게 표현되는지 14장의 카드 가 보여 준다.

에이스: 에이스(1)는 슈트 주제를 공표한다. '에이스 컵'은 사랑, 감정, 직관, 친밀감 등을 뜻한다. 이 키워드들은 다른 컵 슈트 카드에서도 볼 수 있다. 에이스는 늘 긍정적인 힘을 의미한다. 슈트 속성이 최상으로 발휘되는 간판선수다.

중간 카드: 중간 숫자 카드들은(2~9) 슈트 속성의 다양한 면면을 보여 준다. 완드는 개인적 역량(2 완드), 리더십(3 완드), 흥분(4 완드), 경쟁(5 완드) 등의 주제를 탐색한다. 하나의 카드는 여러 각도에서 주제에 접근할 것이다. '5 펜타클'은 힘든 시기(물질적 결핍), 건강 악화(육체적 결핍), 거절(정서적 결핍) 등 결핍의 다양한 모습을 보여 준다.

텐: 텐(10)은 에이스가 공표한 주제에서 얻게 될 타당성 있는 결과다. '에이스 컵'의 사랑, 친밀감, 감정 등이 궁극에 달하면 '10 컵' 카드의 기쁨, 평화, 가족애 등에 이른다.

코트 카드

코트 카드에는 슈트 속성에 위계 속성이 더해진 개성 있는 인물들이 있다. 그들은 우리가 세상에 존재하는 방식을 암시한다. 이들의 방식을 적절한 시기에 적절하게 이용할 수(또는 피할 수!) 있다.

킹: 성숙한 남성. 바깥세상의 사건들에 집중하는 행동가. 슈트와 관련된 영역에서 권위, 통제력, 숙련도를 보여 준다. 킹의 존재 방식은 강하고 자신감 넘치고 직접적이다. 그는 결과물, 실용성, 문제 해결 방법 등과 관련된다.

퀸: 성숙한 여성. 슈트 속성을 행동으로 옮기기보다 그 정신을 지니고 있다. 내면에 집중하고 여유 있고 자연스럽다. 결과에는 무심하고, 세상에 존재하는 기쁨을 누린다. 감정, 관계, 자기표현 등과 관련된다.

나이트: 미성숙한 청소년. 자기표현에 균형감이 없다. 세상과 관계를 좋게 가지려 애쓰지만 극단으로 치닫기도 한다. 과도한 경향이 있지만 열성과 진실로 그것을 만회한다. 그의 정신과 에너지에 감탄하게 된다.

페이지: 놀기 좋아하는 어린아이. 슈트 속성을 즐기고 자유분방하게 행동한다. 세상을 대하는 접근 방식에 깊이가 없고 단순하며 자유롭고 즉흥적이다. 그는 모험과 가능성을 상징한다.

타로 덱에서 각 카드의 역할에 대한 기본 개념과 어떤 방식으로 전체를 구성하는지 감이 생겼을 것이다. 이어지는 장들에서 카드에 대해 좀 더 자세히 알아보고, 리딩에서 어떻게 해석하는지 배울 것이다.

** 슈트 속성 탐색하기

제5부에 있는 슈트 속성을 한 번 읽어 본다(442~443쪽 참조). 외우려 하지 말고 빠르게 읽는다. 이 단어 모음집은 다양한 표현들을 통해 슈트 에너지를 느껴 보라는 의도에서 만들었다.

** 내게 나타나는 슈트 속성

서로 다른 슈트 속성들이 합쳐져 하나의 개성이 만들어진다. 자신에게 어떤 슈트 속성이 보이는지 살펴보자. 다음 질문에 답해 본다.

- 내게 압도적으로 나타나는 슈트 속성은?
- 내게 익숙하지 않은 슈트 속성은?
- 어떤 상황에서 어떤 슈트 속성이 나타나는가?
- 긍정적인 측면과 부정적인 측면 중 어느 쪽이 더 자주 나타나는가?
- 같은 유형의 사람을 끌어당기는가, 다른 유형의 사람을 끌어당기는가?

다른 사람을 대상으로 이 연습을 반복해 볼 수 있다.

카드 방향

살아 있는 것은 모두 에너지다. 그 힘이 혼합되고 융화되어 우리 삶의 패턴을 만든다. 리딩에서 카드는 에너지를 보여 준다. 카드를 셔플하고 컷하는 우리의 행위와 마음가짐이 우리에게 의미 있는 에너지들을 배열시킨다. 카드를 뒤집으면 그 자리에서 모든 에너지를 볼 수 있다.

에너지 수준은 그때그때 다르다. 강력하고 영향력이 큰 에너지가 있는가 하면, 그렇지 않은 에너지가 있다. 어느 순간 우리 삶에 등장하는 에너지가 있는가 하면, 어느 순간 사라지는 에너지도 있다. 카드로 에너지 수준을 판단할 수 있으면 유용할 것이다. 카드 방향을 통해 알아볼 수 있다.

카드 방향은 리딩에서 카드를 뒤집었을 때 또는 카드를 쥐고 있을 때 그림 방향이 어떻게 보이느냐에 따라 구분한다. 그림이 바로 보이면 "정방향", 거꾸로 보이면 "역방향"이다. 카드를 셔플할 때 방향이 뒤섞인다(역방향을 피하는 셔플 방법은 제5부[440쪽] 참조).

정방향

역방향

카드 방향에 따라 두 가지로 해석할 수 있다. 정방향 카드는 에너지가 잘 발달해 있고, 이용 가능하고, 역동적이다. 현재 강한 에너지가 분명히 존재한다. 역방향 카드는 에너지가 완전히 발달하지 않았다. 현재 존재하지만 나타나지 않는다. 약하고, 불완전하고, 이용할 수 없다.(많은 타로 실무자들이 카드 방향을 다양하게 해석한다. 역방향 카드를 정방향 카드와 "반대"로 해석하는 경우도 있다. 타로를 다루는 방식이 다르다!)

입문자의 경우 처음에는 카드 방향을 고려하지 않을 것을 권한다. 카드의 본래 속성을 확실히 아는 게 더 중요하기 때문이다. 원할 때 카드 방향을 추가해 연습한다(제2부 참조). 어떤 방식이 됐든 타로 작업은 만족스럽고 보람이 있을 것이다.

스프레드

타로 리딩에는 덱을 셔플하고 컷하고 카드를 선택하는 것까지 포함된다. 카드를 뒤집으면 현재 우리 삶에 어떤 힘들이 영향을 주는지 볼 수 있다. 타로 리더들은 더 명료한 통찰을 위해 스프레드spread를 이용해 카드를 배치한다.

스프레드는 사용 카드 수, 카드 위치와 그 의미가 미리 정해져 있는 패턴이다. 현 이슈의 실마리를 찾을 수 있게 카드 배치를 안내하는 일종의 템플릿이다. 이 템플릿 안에서 카드들의 의미가 멋지게 조화를 이룬다.

스프레드는 포지션positon으로 구성된다. 즉 한 장의 카드가 놓이는 자리다. 포지션에는 배치 순서에 따른 번호가 매겨져 있다. 3-카드 스프레드의 경우 처음에 뽑은 카드를 포지션 1에, 두 번째 카드는 포지션 2, 마지막 세 번째 카드는 포지션 3에 배치한다.

스프레드의 가장 중요한 특징은 카드를 해석할 때 카드 의미에 포지션 의미가 더해진다는 것이다. '4 펜타클'은 소유욕, 통제, 변화 차단 등을 의미한다. 이 카드가 "과거"를 의미하는 포지션 1에 있으면 우리 삶에서 이 속성이 사라져 가고 있음을 알 수 있다. "미래"를 의미하는 포지션 2에 있으면 그 속성이 지금 우리 삶에 들어오려 한다는 걸 의미한다. 해석이 완전히 달라진다!

스프레드에서 카드들이 서로 관계를 맺음으로써 새로운 차원의 의미가 만들어진다. 그 조합이 인물, 구성, 주제에 맞는 스토리를 만든다. 스프레드에서 카드들이 만들어 내는 이야기는 타로 리딩에서 가장 흥미롭고 창의적인 부분이다. 가히 예술이라 말할 수 있다. 그러나 따라야 할 가이드라인들이 있다. 뒤에서 스프레드를 탐색하고 이야기를 만드는 과정에 대해 더 자세히 알아볼 것이다.

덱 공부하기

타로 입문자들이 가장 어려워하는 게 78장 카드와 친해지는 일이다. 이 작업 때문에 처음부터 주눅 들기 마련인데 어려워하지 마라. 재미있게 할 수 있다!

이 작업을 빨리 끝내고 싶은 유혹으로 인해 머릿속에 모든 정보를 한꺼번에 넣으려고 하는데 좋은 방법이 아니다. 자꾸 잊어버리고 그래서 더욱 주눅이 든다. 실제로 이때 많이들 포기한다.

공부 과정

매일, 조금씩, 꾸준히 하는 게 비결이라면 비결이다. 공부할 카드를 한 장 선택해 하루 동안 그 카드 에너지가 가르쳐 주는 것을 받아들인다. 이 방법은 배움을 견고하게 만든다. 아래 설명대로 해 보자

오늘의 카드로 카드 한 장을 택한다. 자연스럽게 또는 자신만의 방식

으로(완드 카드를 먼저 다 끝내고 컵 카드를 선택하는 등) 고른다. 그림이 흥미로워서 또는 먼저 눈에 띄어 선택할 수도 있다. 덱을 공부하는 게 목적이므로 어떤 방식이든 상관없다.

자신에게 편안한 시간대에 카드를 선택한다. 하루를 시작하는 아침에 해도 좋고, 저녁에 자기 전에 선택한 후 바로 다음날 아침 공부에 임하는 것도 좋다. 중요한 것은 작업을 꾸준히 해나갈 수 있게 정기적으로 선택하는 것이다.

1. 카드 설명을 읽는다: 선택한 카드 설명을 한 번 이상 읽는다. 카드 그림을 세세하게 살핀다. 키워드를 써 보고 외우려고 노력한다. 이 방법은 카드 의미를 빨리 떠올리는 데 도움이 될 것이다.

설명 부분을 복사해 하루 종일 갖고 다니면서 참조해도 좋다. 카드는 손상되거나 잃어버릴 수 있으니 갖고 다니지 않는다.

2. 하루 동안 카드 에너지를 의식한다: '2 컵' 카드를 선택했다고 하자. 키워드는 연결, 휴전, 끌어당김 등이다. 오늘 하루 이런 속성이 보이는 징후들에 주목한다. 오전에 사이가 좋지 않은 동료가 대화를 요청하며 사무실을 방문하자 당신은 "휴전"을 감지한다. 오후에는 회사 문제를 해결하는 과정에서 두 가지 방식을 놓고 고민하다 "연결고리"를 발견한다. 퇴근 후 참석한 모임에서 "끌리는" 누군가와 이야기를 나누었다. 상황마다 '2 컵' 에너지에 닿았다.

3. 카드를 복습한다: 하루가 가기 전에 선택한 카드를 다시 한 번 빠르

게 살펴본다. 그 카드 속성이 삶의 맥락에 어떤 식으로 들어맞았는지 생각해 본다. 키워드가 떠오르는지 확인한다.

4. 기록한다: 덱 공부에 있어 필수 단계는 아니지만 매우 가치 있는 작업이다. 날짜, 선택한 카드, 오늘의 주목할 만한 일 등을 일지 형식으로 기록한다. 이 작업은 카드와 우리의 기분과 행동을 연관시키는 데 도움이 된다. 간략히 적는다. 많은 걸 기록하려 하면 금방 지쳐 그만둘 수 있다.

필자는 메이저 아르카나와 네 슈트를 각기 펜 색깔을 달리해 기록했었다. 이 방법으로 일주일, 한 달 간의 변화 패턴을 한눈에 볼 수 있다.

- 완드: 빨간색(불, 열정)
- 컵: 파란색(물, 기분, 감정)
- 소드: 노란색(공기, 지성)
- 펜타클: 녹색(흙, 성장, 식물, 자연, 돈)
- 메이저 아르카나: 보라색(영성, 상위 목적)

지금까지 설명한 방법으로 덱을 공부하면 최소 78일이 걸리겠지만, 덱에 대해 잘 알게 될 것이다.

선택한 카드 리딩하기

지금까지 그날그날 카드를 선택해 덱을 공부하는 방법을 설명했다. 이 공부 방법을 더 흥미롭게 하려면 실제로 일일 리딩을 해 보는 것이다. 중요한 요소가 추가되었으므로 작업의 의도도 바뀐다.

리딩은 자신과 자기 내면의 조언자 간의 진지하고 신성한 협정이다.

실제로 중요한 조언을 받는다는 이해가 작업 전에 전제되어야 한다. 당신이 선택한 카드는 당신에게 중요하다. 리딩을 하지 않고 공부만 목적으로 할 때는 카드 속성만 관찰할 뿐 결코 조언으로 여기기 않는다.

공부 목적에 조언까지 더해 일일 리딩을 할 경우 단점은 카드가 반복될 수 있어 공부 기간이 더 늘어난다는 것이다. 장점은 시간이 흐를수록 카드 지식이 더 깊어지고 타로 리딩의 혜택까지 누릴 수 있다.

덱을 공부하면서 실제 리딩까지 하고 싶다면 8장을 참조한다. 하지만 리딩에 대한 전반적인 내용을 더 알아야 하므로 2장을 먼저 읽기 바란다.

2 장
리딩하기

타로 리딩의 핵심은 간단하다. 내면의 조언을 받아들이겠다는 의도를 갖고 카드를 사용하면 된다. 카드를 어떤 식으로 배치하고 어떤 원칙에 따라 해석하느냐는 차후 문제다. 알고자 하는 갈망이 있고, 그 의도에 도움이 되게끔 카드를 사용하겠노라 마음먹으면 된다. 이점을 염두에 두고, 내면의 조언을 받기에 좋은 환경에 대해 먼저 알아보자. 환경에는 물리적 공간과 내면 상태가 모두 포함된다.

외부 환경

외부 환경은 타로를 리딩하는 실제 장소다. 조용하고 평화롭고 경외감까지 들면 이상적이다. 혼잡한 공항 같은 데서도 리딩할 수 있지만 소음과 산만함으로 내면과 조율되기 어려울 것이다. 보통은 집에서 할 텐데, 이때 적당한 환경을 만드는 방법에 대해 알아보자.

집이라 해도 리딩하는 별도의 공간을 확보한다. 같은 장소를 지속적으로 이용해 타로 연습을 강화하는 에너지가 축적될 수 있다. 명상이나 기도하는 공간이 있으면 그곳도 괜찮다. 그곳의 정신과 의도가 타로와 어우러지기 때문이다

공간에 대한 분리감을 갖도록 노력한다. 카드를 사용할 때 우리는 일

상 세계 너머로, 시간과 사건의 정상적인 흐름 너머로 가기를 원한다. 독립된 방이 이상적이지만 커튼이나 칸막이로 공간을 분리해 사용해도 괜찮다.

아름답고 의미 있는 분위기를 조성한다. 자신에게 특별한 아이템들을 가까이 둔다. 조개껍데기, 돌, 크리스털, 식물 등 자연 소품은 늘 적합하다. 부적, 인물상, 종교적 상징물 등은 우리의 관심을 세속적인 것에서 영감을 일으키는 쪽으로 전환시킨다. 사진이나 예술 작품이 자신의 것이면 더 좋다. 그 외 꽃, 향, 양초, 질감 있는 재료, 명상 음악 등으로 우리의 감각을 깨울 수 있다.

이런 식의 접촉도 좋지만 진짜 필요한 것은 카드를 놓을 충분한 공간이다. 탁자나 바닥을 이용할 텐데, 바닥에서 할 때 자세가 불편하다면 탁자를 이용하도록 한다. 탁자는 나무나 돌 같은 자연 소재가 가장 좋다.

원할 경우 탁자든 바닥이든 그 위에 천을 깔아 일정 영역을 만든다. 실크, 면, 울, 린넨 등 천연 소재가 좋다. 색깔은 고유의 에너지가 있으므로 신중하게 선택한다. 검정색, 진한 파란색, 보라색 등이 괜찮다. 패턴은 아예 없거나 거의 없다시피 해야 천을 깔았을 때 카드 그림이 눈에 잘 들어온다.

카드를 보호하고 에너지를 담기 위해 보관함에 넣어 둔다. 나무, 돌, 조개껍데기, 천연 옷감 등 천연 소재면 어떤 것이든 괜찮다. 어떤 사람은 실크 천에 직접 별과 달 모양의 수를 놓고 끈을 달아 주머니로 만들어 갖고 다닌다. 보관함에 넣기 전에 실크 천에 한 번 싸서 넣는 것이 좋다. 실크 느낌이 주는 고급스러움이 카드의 가치를 상기시켜 주기 때문이다.

타로 카드는 그것을 사용하는 사람의 에너지를 북돋워 준다. 따라서 가능하면 자신만의 덱을 따로 마련한다. 그 덱이 내면의 조언자와 소통하는 개인용 도구가 될 것이다. 더불어 카드와 더 긴밀하게 유대하기를 바라게 될 것이다.

자신의 공간에서 타로 작업을 할 때 그 경험은 상당히 강력하므로, 추가로 준비할 것은 전혀 없다. 카드를 사용하기만 하면 된다. 그게 가장 중요하다.

** 자신만의 리딩 공간 만들기

리딩 공간에 대해 시간을 내어 잠시 생각해 본다. 앞서 제안한 것들을 고려하면서 자신의 아이디어를 활용한다. 전시관을 만든다는 생각을 하지 마라. 단순히 자신에게 편안하고 만족스런 공간이 되려면 어떻게 할지에 대해 고려한다.

** 상징물 찾아보기

'바보' 카드 설명을 읽어 보자(112쪽). 이 카드는 새로운 모험을 앞둔 설렘과 자유를 암시한다. 이 정신을 바탕으로 타로 작업에서 개인적으로 상징이 될 만한 물건을 찾을 수 있을 것이다.

'바보' 카드를 손에 들고 눈을 감는다. 그 카드의 상징을 발견하거나 만들고 싶다는 바람을 선언한다. 자신의 의도를 다시 확인한 후 카드를 내려놓는다. 곧 찾고자 하는 걸 발견할 것이다. 상징물을 찾았다면 타로 작업에 영감을 북돋기 위해 자신의 리딩 공간에 놓는다.

이 연습은 타로 작업을 대하는 우리의 신뢰와 의지를 강화시킬 것이다. 또겉으로 보기에 "바보 같은" 행위의 이면을 경험하는 일이 다름 아닌 모험임을 배울 수 있다.

내면 상태

다음은 타로 리딩에 도움이 되는 5가지 내면 상태다.

1. 열려 있기: 열려 있다는 건 받아들인다는 뜻이다. 바로 부인하거나 거부하는 것이 아니라 리딩에서 보이는 것들을 기꺼이 허용하는 태도다. 열린 마음은 우리가 알아야 할 것들을 얻을 기회를 제공한다.

2. 차분하기: 마음이 어수선하면 내면의 조언자가 속삭이는 말을 듣기 어렵다. 문제의 실마리와 깨달음을 주는 타로 메시지는 부드럽고 온화하기 때문에 마음이 불안하면 쉽게 묻힌다. 평화로운 호수 같은 차분한 마음일 때 잔물결처럼 퍼지는 통찰을 모두 감지할 수 있다.

3. 집중하기: 집중은 매우 중요하다. 필자는 가끔 질문에서 강한 느낌을 받을 때가 있는데, 그때 직접적이고 강력한 메시지를 받는다. 우리가 산만하고 혼란스러우면 카드 역시 그렇게 된다. 강한 갈망을 갖고 리딩할 때 최고로 통찰력 있는 리딩이 된다.

4. 기민하기: 자신이 가진 모든 능력이 살아나고 깨어나려면 기민해야 한다. 벌레를 주시하는 고양이는 그 어느 때보다 기민하다. 물론 우리가 카드를 계속 좇지는 않지만, 피곤하거나 지루하면 리딩하기 어렵다는 것을 알 것이다.

5. 존중하기: 카드를 소중한 도구로 다루는 것이 존중하는 것이다. 우리 자신을 더 잘 이해하도록 도와주는 덱의 역할을 인정한다. 타로를 배

우고, 배운 대로 카드를 다루기로 한 자신의 선택을 존중한다.

이 다섯 가지는 중요하지만 필수 조건은 아니다. 이 같은 조건을 갖추지 않아도 의미 있는 리딩을 할 수 있다. 하지만 어렵게 진행될 것이다. 리딩하기 좋은 때를 알려면 내면을 살펴라. 우리의 내적 감각이 모든 게 더할 나위 없이 좋은 때를 알려 줄 것이다.

주제

리딩의 대상이 되는 인물이나 이슈가 리딩의 주제가 된다. 이 책은 자기 자신을 리딩하는 데 초점이 맞춰져 있으므로 주제는 자기 자신이 될 것이다. 하지만 다른 주제를 리딩하고 싶을 때가 있을 것이다. 그때 자신에 "대한" 것이 아니어도 자신을 "위한" 메시지임을 염두에 둔다. 카드는 주제에 대해 그 순간 우리가 받아들이면 좋을 의견을 제시한다.

다른 사람이 리딩을 요청해 오면 그가 주제를 선택하게 한다. 리딩 메시지는 우리를 위한 것이 아닌, 그를 위한 것이 된다. 우리는 단순히 카드 해석을 돕는다. 부록 2에 다른 사람을 리딩할 때 참고하면 좋은 몇 가지가 소개되어 있다.

주제 선택하기

리딩을 하기 전에 먼저 주제를 선택한다. 자신이 정말 알고 싶은 것을 명확히 해야 집중해서 해석할 수 있다.

건강, 프로젝트, 친구, 그룹, 정치적 이슈, 세상 등 이름 붙일 수 있는 모든 것을 리딩할 수 있다. 주제에 붙는 이름은 중요하다. 리딩하는 내내 우리를 집중시키는 역할을 하고, 또 우리가 받은 통찰을 유의미한 방식으로 풀 수 있다.

주제는 8가지 유형으로 나눌 수 있다. 자기 자신, 그 외의 것, 그룹, 삶의 영역, 상황, 기간, 질문형, 개방형 등. 이 주제 유형에 따라 리딩의 전체적인 의미가 달라진다.

1. 자기 자신: 우리는 대체로 자기 자신에 대해 리딩하고 싶을 것이다. 카드는 우리를 하나의 요소로 본다. 카드가 다른 사람이나 상황에 대해서도 암시를 하지만 초점은 정확히 우리 자신에게 맞춰져 있다. 이름을 따로 붙이지 않으면 이것이 기본 주제가 된다.

2. 그 외의 것: 다른 사람, 동물, 식물, 공간, 물건, 아이디어 등 다양한 것들을 리딩할 수 있다. 이 리딩이 유용한 정보가 되겠지만, 그것의 관점이 아닌 우리 자신의 관점에서 탐색된다는 걸 항상 기억한다. 우리가 얻는 통찰은 우리 자신을 위한 것이다.

다른 사람을 주제로 할 경우 편견을 갖지 않도록 노력한다. 그를 싫어하거나 칭찬할 점이 없다 해도 그의 개성을 존중한다. 그에 대해 갖고 있는 선입견은 무시한다. 그 사람 때문에 어려움을 겪고 있을지언정 배우고 성장할 기회를 주는 것에 감사한 마음을 지닌다.

3. 그룹: 부부, 가족, 같은 반, 같은 팀, 같은 부서, 사회 조직 등 공동체 의식을 가진 그룹을 리딩할 수 있다. 자신이 속해 있든 아니든 상관없다. 리딩하는 카드들은 그룹 전체와 관련되지만, 어떤 카드는 그룹 내 개인과 관련될 수 있다. 국가나 지구촌 등 그룹 규모가 클 경우 메시지는 상당히 보편적으로 나올 것이다.

4. 삶의 영역: 시간이 흘러도 지속되는 일반적인 경험의 항목들로 나타났다 사라지는 상황들을 수반한다. 자신의 것은 물론 다른 사람의 것도 탐색해 볼 수 있다. 직업, 재정, 연애, 건강, 우정 등이 있다. 삶의 영역은 사실 분리시킬 수 있는 것이 아니지만 이런 구분이 리딩에 도움이 된다. 441쪽에 실린 목록을 참조한다.

5. 상황: 한정된 기간에 나타나는 특별한 경우에 해당한다. 취업 기회, 프로젝트, 행사, 가정 문제 등이 있다. 삶의 영역과 달리 오래 지속되지는 않는다. 우리 삶에 잠시 들어왔다 나가는 인물이나 사건이다. 이런 관점에서 이웃과의 의견 충돌은 "상황"에 속한다. 보통 네 유형이 있다.

- 문제: 어렵게 생각되는 도전이나 고민
- 선택: 결정, 예/아니오 또는 대안들에서 어느 한쪽
- 과업: 목표가 뚜렷한 프로젝트나 시도
- 사건: 시작과 끝이 분명한 특정 사건

상황은 삶이라는 방앗간에 필요한 곡식이자, 우리가 열중하는 일상의 관심사들이다. 결혼은 개인 상황, 정치 선거는 보다 일반적인 상황에 속한다. 상황을 다루는 리딩에서 통찰력이 더 두드러질 수 있다.

6. 기간: 하루, 일주일, 한 달, 계절, 1년 등 기간을 주제로 할 때는 대부분 시작과 끝이 명확하다. 과거나 미래 식으로 더 보편적으로 정할 수도 있다. 리딩에서 미래 카드는 하나의 가능성이지 꼭 그렇게 된다는 것이 아니다.

7. 질문형: 어떤 화제에 대해 질문을 작성하고 그 질문이 리딩 주제가 될 수 있다. 질문을 통해 주제의 특정 부분을 면밀하게 조명할 수 있다.

카드를 해석해 질문의 "답"을 얻는다.

　예를 들어 연설을 앞두고 "사람들 앞에서 효과적으로 말하기 위해 나의 능력을 어떻게 개선시킬까?"라는 질문을 작성할 수 있다. 진짜 고민은 연설 행사가 아닌 청중 앞에서 안정된 수준으로 말하는 것이다. 제5부에 실린 질문 만드는 요령을 참조한다.

　8. 개방형: 개방형 리딩은 정해진 주제가 따로 없다. 그 순간에 우리가 잘 알아야 할 것을 내면의 조언자로부터 얻을 수 있는 기회다. 일상 경험을 주조하는 더 큰 패턴을 포함한 상위 차원의 조언을 얻는다.

　개방형 리딩은 상당히 강력할 것이다. 필자는 그 비범함을 아껴 두었다가 사용하곤 한다. 생일, 기념일, 중요 행사, 춘분, 시작일(새 직장, 데이트, 여행) 등 특별한 날에 해 볼 수 있다. 미지의 영역이 펼쳐지려 할 때 개방형 리딩은 가치가 있을 것이다.

　** 주제 정하기
　리딩 주제를 정하고 이름을 빠르게 붙일 줄 알면 꽤 유용한 기술을 가진 것이다. 자신의 삶뿐 아니라 타인의 삶에서도 주제를 찾아본다. 주제 유형을 구별하고 이름을 정한다. 누구나 고유 이름이 있지만 관계(엄마)나 역할(부장님)에 따른 이름을 붙일 수도 있다. "삶의 영역"과 "상황"도 생각해 보면서 둘의 차이를 명확히 구분해 보자.

　** 질문 작성하기
　문제가 발생했을 때 시간을 내 적절한 질문을 만들어 보자. 차를 타고 가면서, 집안일을 하면서, 일상 활동 중에 해 본다. 이 연습은 자신의 문제가 뭔지 빠르게 분석하고, 복잡한 상황에서 자신의 원하는 게 뭔지 알게 한다. 또 실제로 그 문제를 리딩하기로 결정했을 때 질문으로 쉽게 이용할 수 있다.

리딩 진행 과정

리딩을 하기로 결정했으면 진행 과정을 계획한다. 다음은 자신을 리딩할 때의 전체 과정이다(요약 과정은 제5부 참조).

타로 작업은 순서에 따라 진행하는 게 큰 도움이 된다. 정해진 순서대로 반복하면 순간에 집중할 수 있다. 단계별 세부 사항은 크게 중요하지 않으며 원하면 바꿀 수도 있다. 목적은 마인드풀니스mindfulness를 (지금 여기를 자각하고 수용하려는 마음. 옮긴이)를 유지하는 것이다. 사랑을 담아 집중하면 타로 연습은 더 강력해질 것이다.

주제와 이름 선택하기

개방형 리딩이 아니면 리딩 주제를 정하고 이름을 붙인다. 리딩에 집중할 수 있도록 주제와 관련된 그림이나 기념품을 옆에 두는 것도 좋다.

도구 준비하기

리딩 공간에 필요한 물건들을 모두 둔다. 보관함에 든 타로 카드를 옆에 놓는다. 스프레드를 이용할 때 세부 사항을 까먹을까 신경 쓰이면 메모해 가까이에 둔다. 포지션과 그 의미, 배치 순서를 빠르게 검토한다. 글로 작성한 상황이나 질문이 있으면 같이 준비해 둔다. 기록과 녹음을 위해 연필과 종이, 태블릿 등을 준비하면 유용하다.

분위기 조성하기

도구를 모두 준비했으면 바닥이나 탁자 앞에 앉아 앞의 공간을 치운다. 처음에는 리딩 시간이 최소 30~40분은 걸릴 것이다. 방해가 될 만한 일들은 미리 처리해 둔다. 경험이 쌓일수록 리딩 시간은 줄어들 것이다. 항상 서두르지 않도록 한다.

이제 리딩에 도움이 되는 분위기를 조성한다. 긴장을 풀고 마음을 편히 갖는다. 걱정과 근심은 잠시 밀어 둔다.(그것들은 반드시 돌아온다!) 온전히 지금 이 순간에 집중한다. 깊은 호흡을 몇 차례 하면서 외부 세상과 멀어지고 차분해지는 기분을 느껴 본다. 이때 자신에게 필요한 만큼 시간을 들인다.

시작 선언하기

안정된 느낌이 들면 자신의 덱을 보관함에서 꺼낸다. 한 손을 찻잔 모양으로 움푹하게 만들어 카드를 쥐고, 다른 한 손은 카드 위에 올려놓는다. 눈을 감고 카드를 자신의 에너지 범위로 가져온다.

자신이 원하는 시점에 시작을 선언한다. 아래는 몇 가지 방법들이다.

- 기도하기
- 확언하기
- 내 느낌 설명하기
- 내면의 조언자에게 간단한 인사하기

매번 같은 문장으로 선언해도 되고, 그때그때 생각나는 대로 해도 좋다. 중요한 것은 입으로 공허하게 문장을 읽는 것이 아닌 가슴에서 우러나와야 한다. 소리는 에너지와 확신을 강화하므로 큰소리로 말한다.

리딩 주제도 선언한다. 관련한 모든 것들에 대해 가장 유익한 조언을 요청한다. 가능한 한 편견과 선입견을 버린다. 호기심을 가지고 열린 마음으로 주제를 대한다.

주제 유형이 질문형이면 문장을 정확히 읽거나 정확히 기억해서 말한다. 이것은 매우 중요하다. 무의식은 문자 그대로 수용하는 신비한 속성이 있기 때문이다. 자신이 선택하는 카드는 질문의 정확한 언어 표현에 맞춰진다.

주제 유형이 개방형이면 보편적 의도를 담아 말한다. "나는 지혜의 메시지를 기쁘게 맞이하며, 지금 가장 필요한 조언을 받으려 나의 마음을 연다."

카드 셔플하기

이제 눈을 뜨고 카드를 셔플하기 시작한다. 카드를 셔플하는 과정은 중요하다. 우리가 하게 될 리딩 형태를 정렬하고, 우리가 받을 무언가를 정묘한 수준에서 배열하기 때문이다. 여러 방법들이 있고 각각 장단점이 있다. 자신에게 편한 방법으로 한다. 제5부에 소개한 셔플 방법을 참조한다(439쪽).

셔플할 때 되도록 아무 생각 없이 열린 마음으로 한다. 생각이 올라오면 살며시 지나가게 둔다. 아무도 없는 집에 창문이 모두 열려 있고 그곳으로 산들바람이 들어오는 느낌이면 이상적이다.

카드 컷하기

충분히 셔플했다는 느낌이 들면 동작을 멈추고 카드의 짧은 모서리 부분이 자기 앞에 오게 둔다. 아래 순서대로 덱을 컷한다.

① 전체 덱에서 카드 일부를 집는다.
② 집어 올린 카드 무더기를 왼쪽에 놓는다.
③ 두 번째 무더기에서 일부를 집어 그 왼쪽에 놓는다.
④ 방식에 구애받지 않고 카드를 한 무더기로 다시 합친다.

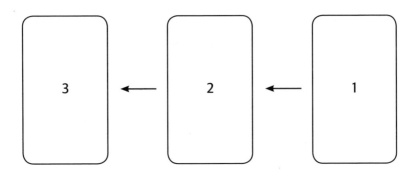

카드를 다시 모을 때는 한 번에 빠른 동작으로 하는 게 좋다. 어떤 무더기가 어디로 들어가는지 알려고 하지 말고, 그저 손이 움직이는 대로 한다. 카드 컷하기는 카드 배열이 끝났음을 알리는 중요한 마무리 단계다. 카드를 다시 합칠 때 리딩 패턴은 정해진 것이다. 이제 남은 일은 카드를 배치하고 무엇을 보여 주는지 살피는 일이다.

카드 배치하기

카드의 짧은 모서리가 자기 쪽으로 향하게 하고 한 손에 쥔다. 다른 한 손은 책장 넘기듯 첫 번째 카드를 뒤집어 포지션 1에 놓는다. 포지션 숫자는 스프레드의 카드 배치 순서다. 두 번째 카드를 뒤집어 포지션 2에 놓는다. 스프레드에 따라 카드를 모두 배치한다. 남은 카드는 한쪽에 놓는다.

카드 방향을 고려하지 않기로 했으면 역방향 카드를 모두 정방향으로 돌려놓는다. 이런 식으로 카드를 돌린다고 걱정하지 마라. 내면의 조언자는 우리가 리딩에서 역방향 의미를 두는지 안 두는지 알고 있다. 따라서 이 행동은 메시지에 영향을 주지 않는다. 역방향 카드가 나오지 않게 셔플하는 방법은 440쪽을 참조한다.

카드에 반응하기

카드를 뒤집을 때마다 자신의 반응에 주의한다. 처음에는 카드 의미를 잘 모르거나 기억이 나지 않을 것이다. 그래서 대개는 이미지에 대해 반응한다. 타로 연습을 할수록 자신의 반응에 대한 정보가 많아지고 점점 예측 가능해진다. 처음에 가졌던 열린 마음을 최대한 유지하도록 노력한다. 특이하거나 상황에 안 맞는 반응에 유의한다.

카드가 리딩 주제를 언급하지만 "당신의 관점"임을 기억하라. 리딩 주제와 관련해 당신이 실제로 경험하거나 믿는 것일 수도 있고, 아닐 수도 있다. 당신 자신을 위한 리딩은 늘 당신을 위한 메시지다.

카드 배치가 끝나면 잠시 카드 전체에 대해 반응해 본다. 전체 인상이 어떠한가? 새로운 반응이 있는가? 괜찮다면 몇 가지 생각들을 적는다. 기억을 다 못해도 걱정하지 마라. 꿈과 마찬가지로 가장 중요한 것은 생각날 것이다. 리딩 흐름에 방해가 될 수 있으니 기록에 너무 몰입하지 않는다. 몇 가지 생각을 빠르게 포착하는 정도로 적는다.

카드 검토하기

이제 각 카드를 더 자세히 검토하기 시작한다. 3장을 참조해 해석에 필요한 실마리를 얻는다. 배치 순서에 따라 또는 카드에서 카드로 자연스럽게 옮겨 가며 검토한다. 처음에는 카드 해설 부분(제3부)을 이용한다. 나중에는 도움 없이도 카드를 검토할 수 있지만, 그 부분은 여전히 유용할 것이다. 필자 역시 종종 이용한다!

각 카드의 해당 페이지를 찾아 키워드와 작용을 모두 읽는다. "그래, 정말 딱 맞는데!"라는 말이 나오는 작용을 찾는다.

필자는 어떤 하나를 보고 인식의 동요가 급격히 일어나는 경험을 한다. 작용을 읽으면서 좋지 않다고 피하지 마라. 자신의 직관을 믿고 카드 검토를 모두 마칠 때까지 판단을 유보한다. 엉뚱한 생각이나 "관련 없는" 느낌이 올라오면 메모한다.

카드 관계 고려하기

카드들의 관계를 고려한다. 짝 카드가 있는지 그룹 카드가 있는지 실펴본다(3장 참조).

개방형 리딩은 자세히 검토하지 않는다. 삶의 사소한 부분에서 한 발 떨어져 큰 그림을 보여 주기 때문이다. 리딩에 나타난 패턴에 집중해 넓은 맥락에서 살펴본다. 개방형 리딩은 일상에 대한 것이 아니다.

리딩에서 통찰력을 잃지 않고 몇 시간이고 할 수 있지만 실용적이지도 바람직하지도 않다. 하지만 어느 정도 시간을 들여서 노력해야 그에 따른 보상을 얻을 것이다.

이야기 만들기

어느 순간 모든 걸 하나로 합쳐야 한다. 필자는 이것을 이야기 만들기라 부른다(74쪽 참조). 리딩 주제를 이해하는 데 도움을 주고, 미래에 대해—오랫동안 찾고 있던 무언가에 대해— 조언을 해 줄 것이다.

이야기는 즉석에서 나오는 게 좋다. 카드 검토가 끝나면 분석적인 접근 방식은 버린다. 내면에서 자유롭게 이야기가 올라올 때 더욱 진정성 있는 이야기가 될 것이다. 준비가 되었다는 느낌이 들면 생각나는 대로 말한다. 필요하면 적되, 기록에 너무 치중하지 않는다.

큰소리로 말해 볼 것을 권한다. 기록은 느리고, 생각만 하는 것은 너무 모호하기 때문이다. 말을 하면서 이야기에 힘이 더 실릴 것이다. 생각의 흐름이 두서없고 또 잊어버린들 걱정하지 마라. 멈췄다가 마음을 가다듬고 다시 출발하면 된다. 연습을 하면 할수록 즉석에서 말하기는 더 잘될 것이다. 나중에 녹음한 것을 들어 보면 놀랄지 모른다. 자신이 진짜 최고의 타로 리더처럼 느껴질 것이다.

요약 문장 만들기

말하는 게 느려지고 절로 멈춰지면 이야기는 끝이 난다. 이제 이야기의 큰 주제를 추출한다. 핵심이 되는 조언이 무엇인가? 다음의 질문들을 통해 알아 보자.

- 주제와 관련해 핵심 이슈가 무엇으로 보이는가?
- 나의 역할은 무엇인가?
- 어떤 행동을 권하는가?
- 내면의 조언자는 내가 무엇을 이해하기를 바라고, 나는 그것에 대해 어떻게 생각하는가?

내면의 조언자는 통찰을 얻고 싶어 하는 우리의 갈망에 응답했다. 이제 우리가 기억할 수 있는 방법으로 그 지혜를 담아야 한다. 한두 문장으로 이야기를 요약해 본다. 해석 기법보다 카드의 메시지에 집중한다.

끝내기

주요 과정은 끝났고 이제 몇 가지 의식이 남았다. 리딩을 마치고 다음을 위해 카드를 준비해 두는 마지막 단계다.

자신이 선택한 카드와 포지션을 기록하지 않았다면 이때 기록한다. 쉽게 잊어버리기 때문이다. 이제 리딩의 에너지 패턴을 지우는 정화 작업을 한다. 필자는 모든 카드를 부드럽게 뒤섞음으로써 덱을 정화한다. 이럴 때 모래 위에 쓴 글씨를 손으로 쓸어내려 지우던 기억이 난다.

카드를 셔플해서 정화해도 된다. 덱을 정화할 때는 카드 뒷면이 보이게 한다. 충분히 셔플했다는 느낌이 들면 카드를 한데 모은다. 덱은 이제 다음 리딩을 위한 준비가 끝났다.

카드를 넣기 전에 잠시 한 손으로 덱을 잡고 다른 손을 그 위에 올리고 눈을 감는다. 이번 리딩에서 무엇을 배웠는지 말해 본다. 타로 카드를 통해 도움을 준 내면의 조언자에게 고마움을 표현한다. 고마움은 매우 훌륭한 감정이고, 리딩을 마무리하는 이상적인 마음의 틀을 제공한다.

리딩을 시작하면 하나의 궤도에 오르기 시작한다. 리딩이라는 형식으로 그 의미를 만들었고, 이제 카드를 휴식 상태로 되돌려 그 궤도에서 내려온다.

교훈 활용하기

리딩 본연의 작업은 끝났지만 우리 내면의 작업은 지금부터 시작이다. 어떤 식으로든 배운 것을 삶에 접목하는 것이 우리의 목표다. 그렇게 하지 않으면 타로 훈련은 우리를 도울 힘이 없다. 그저 고상한 기분전환에 그치고 만다.

타로의 조언을 적용할 행동을 하나 이상 정한다. 지금 하고 있는 일을 강화하거나 크든 작든 바꿀 수 있다. 막연한 계획보다 특정 행동이 도움이 된다. 개방형 리딩은 특별한 행동은 필요 없고, 메시지 정신을 받아들여 보편적인 방식으로 따른다.

타로 일지를 쓴다면 하려는 행동을 같이 적는다. 오직 자신이 실제로 해낼 것을 안다는 것에 집중한다. 카드 몇 장 배치하고 간단히 보고 끝내는 리딩은 금방 잊어버린다. 특히 자신의 반응이 부정적이면 더욱 그렇다!

리딩 주제가 자기 자신이 아닌 경우 리딩에서 얻은 주제에 대한 통찰을 공유할 수 있지만, 자신을 위한 메시지임을 기억한다. 그런 관점에서 공유를 해야지, 상대에게 어떤 "사실"을 통지하거나 설교하려는 욕심으로 해서는 안 된다.

시간이 흐르면서 자기 삶에 리딩이 어떻게 맞물리고 있는지 생각해 본다. 다음의 질문들에 답해 보자.

- 내 이야기가 얼마나 의미가 있었는가?
- 내가 중요한 무언가를 놓쳤는가?
- 나는 변화했는가, 그래서 무슨 일이 일어났는가?
- 예측하지 못한 일이 생겼는가?
- 일일 리딩을 했다면 이번 리딩에 대한 단서가 있었는가?

리딩을 마치고 모든 일이 그대로 일어나는지 궁금할 것이다. 접근 방식이나 해석에는 맞고 틀리고가 없음을 기억하라. 우리가 카드에서 본 게 "당연히" 맞고 그게 무엇이든 가치 있는 것을 얻게 될 것이다.

같은 주제로 또 리딩하고 싶을 경우 의미 있는 변화가 있을 때까지 기다렸다 나중에 하는 것이 좋다. 리딩은 우리가 알고 싶은 모든 것을 다룬다고 생각하라. 만일 이해하지 못하는 게 있으면 더 통찰해 보기 위해 리딩을 파고들 수 있다. 파고들수록 문제의 핵심에 가까워질 것이다.(연속 리딩은 주제를 깊이 탐색해 보는 대안이 된다. 11장 참조.)

교훈을 활용하는 일은 필수이자 어려운 단계다. 카드놀이 너머로 가는 길이다. 리딩에서 얻은 통찰을 실제 삶에 통합시킬 때, 카드가 주는 확실하고 지속적인 혜택을 우리는 깨닫게 된다.

이것이 필자가 생각하는 이상적인 타로 작업이다. 하지만 필자 역시 매번 그렇게 하지 못한다. 미루거나 등한시하는 할 때도 많다. 그때 그 순간에 자신의 관심과 필요에 따라 적절한 리딩 과정을 따르기 바란다. 타로를 즐기지 않으면 카드 보관함에 먼지만 쌓여 갈 것이다. 세부 사항은 그리 중요하지 않다. 중요한 것은 의도다!

** 뉴스에 나오는 이슈 리딩하기

오늘의 뉴스 기사 중에서 관심이 가는 이슈를 선택한다. 흥미롭고 논란거리가 있는 걸로 고른다. 짧은 기간 안에 끝날 사건을 고르는 게 반응을 빨리 확인할 수 있어 좋다.

쓸모 있는 정보를 통독하고 적당한 주제를 정한다. 앞에서 설명한 가이드라인에 따라 리딩한다. 나중에 그 사건이 어느 정도 해결되면 리딩을 다시 검토하면서 실제로 일어난 일과 결부시켜 본다. 이 사건에 대한 카드 역시 당신을 위한 메시지임을 기억하라.

** 개방형 리딩

앞으로 몇 주 간 개방형 리딩을 할 기회를 살핀다. 삶이 평화롭게 느껴지고 그 순간에 조율되는 매우 차분한 날을 택한다. 일상에서 한 발 물러나 자신에게 작용되고 있는 큰 패턴을 알아볼 시간과 의향이 있는 날이어야 한다. 이 시기에 생일, 기념일, 기타 특별한 행사가 있으면 이를 토대로 리딩한다.

3 장
카드 해석하기

이제 첫 리딩이 눈앞에 있다. 카드를 셔플하고, 컷하고, 스프레드에 따라 배치했다. "이제 뭘 해야 하지?"라는 생각이 먼저 들 것이다. 필자는 타로를 처음 배울 때 강의, 대화, 책, 연습 등 어디서나 이 질문에 관한 답을 찾으려고 애썼다. 카드를 해석하는 "하나의" 실질적인 방법을 원했다. 물론 그런 장치는 없었다. 존재하지 않기 때문이다. 타로 리딩은 과학이 아니라 예술이다. 우리 각자는 유일무이한 존재이므로 항상 적용 가능한 설정 기준이 있을 수 없다. 공식 한 벌로 개인의 고유성까지 존중한 조언이 어떻게 나올 수 있겠는가?

하지만 카드에 접근하는 방식들 중 오랜 세월 그 가치가 입증된 것들이 있다. 직관적 반응에 형태를 부여하고 초점을 맞추는 작업이다. 리딩 메시지를 만들 틀을 제공한다.

필자가 알게 된 몇 가지 원리를 나누고자 한다. 카드에 대한 느낌, 카드에서 더 많은 것들을 보는 데 도움이 될 것이다. 필요한 걸 얻어 자신만의 접근법을 만들어 가기 바란다.

개별 카드 해석

카드를 전체적으로 또 개별적으로 검토하면서 해석하게 되는데, 이두 방식이 서로를 보완하지만 결국에는 각 카드 의미를 확실히 알아야 한다. 카드의 원래 에너지를 알아야 전체 그림을 맞춰 볼 수 있다.

각 카드는 아래 세 가지를 근거로 의미가 도출된다.

1. 전통적 의미: 각 카드에는 오랜 세월 전해 내려오는 전통적인 의미들이 있다. 이것은 타로 저술가와 가르치는 사람에 따라 매우 다양하다. 필자가 제시하는 카드 의미는 제3부에 있다.

2. 개인적 의미: 개인의 경험, 지식, 개성, 직관 등에 기반한 의미다. 이런 복합적인 부분은 시간이 흐르면서 그리고 리딩에 따라 달라진다. 바로 그렇기 때문에 카드의 의미들이 새롭게 와닿는다.

3. 카드 그림: 카드 그림에서 의미가 만들어진다. 종종 그림을 본 자신의 반응에 중요한 의미가 들어 있다. 그림의 세부적인 부분이 리딩 주제와 직결되기도 한다. 예를 들어, 집 짓기에 대해 리딩했는데 '3 펜타클'이 나와 당신에게는 그 카드가 일종의 청사진처럼 보여 놀랄 수 있다. 라이더 웨이트 덱 그림이 특히 그렇다. 이 덱은 카드마다 장면이 있다는 게 큰 장점이다.

카드들의 맥락도 카드 의미에 힘을 보탠다. 맥락은 해석의 범위를 설정하는 틀이 된다. 카드를 어떤 인물이나 이슈를 연관시킬 때 도움이 된다.

맥락에는 아래 세 측면들이 존재한다.

1. 실제 상황: 리딩하는 당시 삶의 상황은 늘 영향을 준다. 보통 무슨 일이 있기 때문에 리딩을 한다. 따라서 그 순간의 특징이 카드를 이해하는 방식에 영향을 줄 수밖에 없다.

2. 포지션 의미: 스프레드를 이용하는 경우 카드가 배치된 포지션 의미는 중요하다. 전통적인 의미가 바탕에 깔리지만 개인적인 경험과 관점에 영향을 받을 수 있다. 포지션 의미로는 "핵심 이슈", "내 주변 상황" 등이 있다. 제4부 타로 스프레드에서 켈틱 크로스 스프레드와 플렉스 스프레드의 포지션 의미들을 자세히 소개한다.

3. 리딩 주제: 리딩 주제의 일부가 각 카드에 반영된다. 그것을 얼마나 이해하느냐에 따라 해석이 나올 것이다.

카드를 해석하려면 이 모든 요소를 조합해 자신이 이해할 수 있게 구성해야 한다. 이러한 진행 과정은 매우 유동적이다. 이런 식의 구분이 나뉘어져 있는 것 같지만 사실은 모두 섞여 있다. 그리고 우리의 반응은 그 종합에서 나온다.

처음에는 카드의 전통적 의미와 포지션 의미에 많이 의존한다. 그러다 점차 자신의 반응이 중요해진다. 카드에 대해 어떤 것도 느끼지 못해 반응이 없을 수도 있고, 가벼운 느낌만 있을 때도 있다. 아무리 사소해도 불현듯 떠오르는 생각, 감정, 이미지 등을 알아차리려고 노력한다.

다음은 카드 의미를 끌어내는 데 도움이 되는 질문들이다.

- 이 카드 장면에서 어떤 느낌이 드는가?
- 이 카드를 봤을 때 어떤 감정이 올라오는가?
- 이 카드에 끌리는가, 밀어내는가 또는 중립적인가?
- 이 카드를 보고 주제에 대해 어떤 생각이 드는가?
- 이 카드가 누군가를 떠올리게 하는가?
- 이 카드에서 중요해 보이는 세부 사항이 무엇이고, 그 이유는?

"올해 보너스를 받을 가능성을 높이려면 나는 어떻게 해야 할까?"라는 질문을 주제로 리딩을 한다고 가정하자. 잘 알려진 켈틱 크로스 스프레드를 이용했고 포지션 5에 '7 컵' 정방향이 나왔다. 켈틱 크로스에 대한 자세한 설명은 9장을 참조한다. 지금은 포지션 5의 의미만(386쪽 참조) 갖고 카드를 해석해 보자.

먼저 당신의 반응을 적는다. 보석이 가득 담긴 컵에 시선이 꽂혔을지 모른다. 카드 속 인물은 그 컵들을 바라보고 있다. 당신은 손을 뻗어 보물을 잡으려는 그와 동일시된다. 이 부분은 리딩 주제인 질문과 맞아떨어진다. 당신은 보너스를 받으려 손을 뻗는다.

이제 '7 컵' 키워드를 보자. 희망 사항, 선택, 무절제 등이 있다. 당신은 카드 해설에서 작용 문단을 읽으며 다음을 발견하고 놀란다.

- 사실을 농담으로 치부함
- 기회가 오기만을 기다림
- 집중력과 헌신이 부족함

이 같은 문구는 성공에 대한 에너지와 의지가 부족하고 수동적이며 현실성이 떨어지는 인물을 보여 준다. 그것이 "희망 사항"이라는 키워드를 부각시킨다.

당신은 포지션 5의 의미를 읽으면서 아래의 내용에 이끌린다.

- 착각 또는 환영
- 내가 집착하는 것
- 마음에 정해진 것

이제 당신을 위한 카드들의 의미가 구체화되기 시작했다. 당신이 백일몽에 빠져 생산적이지 못한 행동을 하고 있음을 암시하는 것 같다. 이제 앞에 주렁주렁 매달린 컵들을 경외하듯 바라보는 카드 속 인물이 당신에게 와 꽂힌다. 당신은 이 카드가 합리적이지 못한 희망 사항과 헛된 꿈에 빠져 있는 지금의 자신을 대변한다고 판단한다. 이것이 그 카드에 대한 당신의 첫 번째 느낌이고, 다른 카드를 검토하고 판단을 수정할 수 있다.

물론 다른 가능성도 있다. 당신은 카드 속 인물 앞에 둥둥 떠 있는 진열품에 놀랄 수 있다. 당신은 그가 '7 컵'의 다른 키워드인 "선택" 앞에 놓여 있는 것 같다.

타로 작업에 정답은 없다! 위의 두 가지 해석이 모두 유의미하다. 여러 가능성 중에서 자신에게 의미 있는 것을 어떻게 결정할 수 있는지 궁금할 것이다. 자신의 직관을 신뢰해야 한다.

우리 내면의 조언자는 가장 중요한 생각으로 향하게 단서를 줄 것이나. 하나의 생삭이 계속 떠오를 수 있다. 그 의미가 무엇인지 생각하다 잠시 잊고 그러다 다시 생각날 것이다. 어떤 의미가 특별한 힘으로 우리에게 엄습해 온다면 맞게 가고 있는 것이다. 여기에는 "아하"라는 반응이 있다. 모든 카드에 "아하"가 나오는 것은 아니다. 따라서 그 반응이 나오는 카드는 중요하다. 이것은 내적 앎이 나타나는 방식이다.

제5부에 개별 카드 해석 과정이 소개되어 있다. 지금까지 설명한 것을 요약한 내용이다. 해석이 어려운 카드를 만나면 그대로 해 보면서 막힌 생각이 풀리는지 확인한다.

과정대로 진행하면 허둥대지 않고 해석할 수 있다는 장점이 있다. 단점은 기계적으로 하다가 직관을 놓칠 수 있다. 당분간은 이 과정대로 하되, 의존하지는 않는다.

✱✱ 의미들 통합하기

카드 의미와 포지션 의미를 통합하는 연습을 해 보자. 덱에서 카드 한 장을 고른다. 제3부에서 선택 카드의 키워드와 작용을 읽으면서 카드 의미의 본질을 느껴본다. 이제 켈틱 크로스 스프레드에서 포지션 하나를 고른다(382-391쪽 참조). 그 포지션에 방금 고른 카드가 나왔다고 가정한다. 자, 이제 카드 의미와 포지션 의미를 어떻게 통합할까?

자신의 해석을 한 문장으로 써 보자. 여러 가능성 중에서 자신을 끌어당긴 의미를 택한다. 연습을 위한 것이므로 문장을 자기 삶에 연결시키지 않는다.

'황제'를 선택했다고 하자. '황제' 키워드는 부성, 구조, 권위, 규제 등이다. 켈틱 크로스 포지션 1에(382쪽) '황제'가 나왔다면 다음의 가능성들이 있다.

- 문제의 핵심은(포지션 1) 내 삶을 너무 구조화시킨(황제) 데 있다.
- 지금 내 주변에는(포지션 1) 많은 규제와 통제들이(황제) 있다.
- 아버지가 되는 일은(황제) 지금 내 삶에서 일순위다(포지션 1).

다른 문장들이지만 모두 '황제'와 포지션 1의 의미가 통합되어 있다. 실제 리딩에서는 더 많은 요소가 고려되므로 해석이 더 명료해질 것이다.

메이저와 마이너 아르카나 카드 해석

타로에서 어떤 카드는 자연스레 그룹을 이룬다. 고유한 카드 의미에 그룹의 정체성을 함께 지닌다. 가장 규모가 큰 그룹은 메이저 아르카나와 마이너 아르카나다. 메이저와 마이너라는 용어에 두 그룹의 상대적인 비중이 반영되어 있다.

메이저 아르카나 카드는 깊고 강력하고 결정적이고 오래 지속되는 에너지를 보여 준다. 마이너 아르카나 카드는 메이저와 그 비중에 차이가 있지만 여전히 유의미하다. 마이너 아르카나는 일상생활의 부침과 감정과 생각의 변화를 그려 낸다. 우리는 이 드라마에 매혹되고 시간이 지나면 다른 관심사가 그 자리를 메운다.

의미는 비슷하지만 그 비중이 다른 '은둔자'(메이저)와 '8 컵'(마이너)을 보자. '은둔자'는 진리와 더 깊은 의미를 추구하는 전형적인 인물을 상징한다. 내적인 앎을 추구하기에 얄팍한 즐거움을 포기하려는 충동을 보여 준다. 리딩에서 '은둔자'는 해답을 얻으려는 강한 충동을 의미할 수 있다. 일시적인 것이 아닌 오래 지속될 중요한 갈망이다.

'8 컵'은 은둔자와 비슷하게 해석할 수 있지만 마이너 아르카나이기에 추구하는 힘이 같지 않음을 알 수 있다. 아마도 지겨운 직장 업무 때문에 해변에서 일하고 싶은 기분일지 모른다. 무언가를 갈망하지만 진정 어린 것이 아니다.

리딩에서 마이너 아르카

나 카드가 나왔다가 나중에 다시 리딩했을 때 비슷한 의미의 메이저 아르카나 카드가 나올 때가 있다. 사소하게 시작된 무언가가 시간이 흐르면서 중요해진 것이다. 마찬가지로 중요했던 문제가 상황이 바뀌면서 절박함이 희미해지거나 사라질 수 있다.

⁂ 의미가 비슷한 메이저와 마이너 아르카나 카드

모든 메이저 아르카나 카드에는 의미가 비슷한 마이너 아르카나 카드가 하나 이상 있다. 제3부 카드 해설에서 각 카드의 강화 카드를 보면 알 수 있다. 메이저 아르카나 카드 설명을 읽어 보고 강화 카드로 언급된 마이너 아르카나 카드들에 익숙해지자. 타로 연습이 늘수록 카드들의 연결 고리가(때로 놀랍기까지 한) 보일 것이다.

에이스 카드 해석

에이스Ace는 슈트 속성의 최고 순도를 의미한다. 리딩에서 에이스가 나오면 늘 특별함이 추가된다. 빛으로 둘러싸인 듯 다른 카드에 비해 눈에 잘 띈다. 대체로 에이스 그림은 비슷하다. 에너지로 불타는 듯한 강인한 손이 슈트 표식을 쥐고 구름을 뚫고 나온다. 그 "손"에는 구름에 가려진 미지의 근원지에서 갖고 온 선물이 있다. 선물이 무엇인지는 슈트 표식이 상징하고 있다.

에이스 완드

완드(지팡이)는 설득력 있는 힘을 지닌 강하고 남성적인 물체다. 새 생명이 피어나듯 잎이 자라고 있다. 완드는 기적과 놀라운 일을 벌이는 마법

지팡이를 연상시킨다. 에이스 완드의 선물은 창
의력, 열정, 용기, 자신감 등이다.

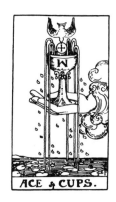

에이스 컵

컵은 열려 있고 여성적인 물체다. 컵은 영양 많
은 액체를 담을 수 있게 디자인된 그릇이다. 컵에
서 쏟아지는 물이 세상에 흘러 원기를 무한히 공
급해 주고 있음을 보여 준다. 에이스 컵의 선물은
감정, 직관, 친밀감, 사랑 등이다.

에이스 소드

소드(칼)는 장애물이나 혼란을 불식시킬 정교
하게 만들어진 무기다. 소드는 그것을 사용하는
사람의 힘을 키우고 싸워서 이긴다. 잔혹한 힘을
휘두를 때도 있지만 공정하고 날카로운 힘을 보
여 주기도 한다. 에이스 소드의 선물은 명료한 정
신, 진실, 정의, 의연함 등이다.

에이스 펜타클

펜타클은 자연과 일상의 신비를 보여 주는 마
법의 표시다. 물물 교환의 상징인 동전이 찍혀 있
다. 우리는 꿈을 돈과 물질이라는 수단을 이용해
현실로 만들 수 있다. 에이스 펜타클의 선물은 번
영, 실용성, 안전, 발현하는 능력 등이다.

에이스는 메이저와 마이너 아르카나 영역을 가르는 입구다. 강력함을 허용하는 에이스는 우리 일상에 초개인적인 힘이 들어오게 한다. 리딩에서 에이스가 나오면 그 슈트 속성을 이용할 수 있음을 암시한다. 에이스는 늘 유익하고 긍정적이고 삶을 향상시키는 것으로 해석한다.

에이스는 또 열린 기회의 창을 뜻한다. 에이스가 주의를 기울이라고 말하고 있으니 기회를 놓치지 마라. 에이스는 관심을 갖고 돌보고 키워야 할 가능성이라는 씨앗이다. 모든 상황에서 가능성을 찾으라.

필자는 친척을 리딩해 준 적이 있는데 '에이스 펜타클'과 '에이스 완드'가 같이 나왔다. 이 역동적인 조합을 보고 "더 큰 번영을 가져올 당신 에너지를 배출할 실질적이고 창의적인 방법을 찾으라"고 말해 주었다. 그녀는 여기에 고무되었다. 몇 달 뒤 직장에서 도전적인 일을 감행해, 일에 대한 만족도도 올라가고 수입도 늘었다는 소식을 전해 왔다.

* 에이스 에너지

에이스 카드 네 장을 일렬로 놓고 키워드를 종이에 적어 각 카드 아래에 놓는다. 키워드를 잘 안다고 느껴질 때까지 카드에 집중한다. 카드의 세부 사항들, 특히 슈트 표식을 살펴본다. 에이스 속성이 어떻게 포착되어 있는지 주목한다. 에이스를 보자마자 강력한 존재감이 느껴지는 지점으로 가 본다. 그 첫 번째 키워드에 에이스의 힘이 있다!

코트 카드 해석

우리는 인간을 유형별로 나누는 경향이 있다. 유사한 특징으로 모아 "개인주의자", "몽상가", "워커홀릭" 등으로 이름 붙인다. 심리학자들은 인간 유형을 정교하게 분류하는 체계들을 고안했다. 인기 많은 마이어스-브리그스 유형 지표The Myers-Briggs Type Indicator(1962년 모녀지간인 마이어스Isabel Briggs Myers와 브리그스Katharine Cook Briggs가 만들었다. 흔히 MBTI라 부른다. 옮긴이)도 그 중 하나다.[5]

타로에도 그런 체계가 있는데 바로 16장의 코트 카드(각 슈트마다 킹, 퀸, 나이트, 페이지가 있다)다. 고유의 개성을 상징하는 코트 카드는 슈트와 위계 조합으로 그 개성을 파악할 수 있다.

KING of WANDS. QUEEN of WANDS. KNIGHT of PENTACLES. KNIGHT of WANDS.

킹

'킹 완드'는 창의적이고, 영감을 주고, 강하고, 카리스마 있고, 과감하다. 이는 완드 슈트의 전형적인 특징이다. 이런 역동적인 불 에너지에 킹(王)의 기질이 반영된다. 킹은 활동적이고 외향적이다. 그들은 그들 개성의 힘이 세상에 영향을 미치기를 원한다.

퀸

'퀸 완드'는 마음을 끌어당기고, 전심을 다하고, 에너지가 넘치고, 유쾌하고, 자신감에 차 있다. 이 또한 완드 속성이다. 퀸은 낙관적이고 활기차지만 그 개성의 힘이 외부로 향하지 않는다. 퀸은 슈트 속성을 부담스럽지 않은 선에서 내적으로 발산한다.

나이트

나이트는 슈트 속성을 최대치로 표현하는 극단주의자다. 그런 과한 감정과 행동은 상황에 따라 반가울 수도, 꺼려질 수도 있다.

'나이트 펜타클'은 신중함이 극대화된다. 이는 안정을 추구하고 보수적인 펜타클의 전형적인 특징이다. 이 나이트는 늘 미리 점검하고 또 점검한다. 본격적으로 뛰어들기에 앞서 늘 천천히 진행한다. 우리는 그에게 낙하산을 대신 접어달라거나 지뢰밭을 건너게 해 달라는 부탁을 할 수 있는 그런 사람이다.

어떻게 보면 '나이트 펜타클'은 모험심이 없다고 할 수 있다. 무모한 투자로 돈을 불리지 않고, 즉흥적으로 파리 여행을 제안하지도 않는다. 그의 본성은 대담한 성향이 아니다. '나이트 완드'라면 그럴 수 있을 것이다!

나이트 키워드는 짝으로 구성된다(신중함/모험심이 없음). 리딩에서 나이트를 해석할 때 그 두 가지를 모두 고려해야 한다. 그의 접근 방식이 우리에게 득인가, 독인가? 판단은 다른 요소들에서(우리의 솔직함까지 포함해서!) 도움을 받을 수 있다.

페이지

각 페이지 카드에는 슈트 표식을 들고 행복해하는 아이의 모습이 보인다. 그들은 이 장난감에 매료되어 있다. 페이지는 우리에게 그것을 갖고 즐기도록 영감을 준다. '페이지 소드'라면 지적 발견에서 오는 희열이나 또 다른 정신적 도전을 나타낼 수 있다.

페이지는 또한 "한 번 해 보라!"고 용기를 북돋는다. 아이들은 원하는 게 있으면 망설임 없이 손을 뻗어 잡는다. 페이지가 주려는 걸 원한다면 두려워 마라. 기회를 잡아라!

일일 리딩을 했는데 '페이지 컵'이 나왔다고 하자. 학교에 갔는데 친구가 미소를 보낸다면 우정을 싹틔울 수 있는 기회로 삼아라. 먼저 말을 걸거나 수업이 끝나고 음료수 한 잔을 건네 보라. 이 페이지가 우리 삶에 사랑과 나눔을 가져오도록 장려한다.

어떤 타로 체계는 코트 카드를 특정 연령과 특정 유형의 인물로 간주한다. '퀸 소드'를 이혼한 여성으로 보는 식이다. 코트 카드를 그런 관점에서 다루면 리딩은 제한될 수밖에 없다. 특징이란 것이 특정 그룹에만 해당되는 것은 아니기 때문이다. 킹의 스타일은 전통적으로 남성적이지만, 그의 접근 방식은 여성에게도 가능하다. 아이들이 장난치는 걸 좋아한다고 페이지가 항상 아이만 의미하는 것은 아니다.

리딩에서 코트 카드는 우리의 삶 또는 상황에 영향을 미칠 수 있는 특정한 접근 방식을 보여 준다. 다음의 가능성들이 있다.

속성을 보여 주는 코트 카드

코트 카드는 나타났거나 나타나기를 바라는 속성을 보여 줄 수 있다. 중요한 것일 수도 있고, 대수롭지 않은 것일 수도 있다. 인정받은 접근 방식일 수도 있고, 기피하는 접근 방식일 수도 있다. 최선의 해석을 위해 리딩 주제, 다른 카드, 상황 등을 참조한다.

당신이 사업 제휴를 맺을지를 놓고 '킹 소드'가 나왔다고 하자. 이 카드는 지금 당신이 취해야 할 행동 방식으로 해석할 수 있다. 당신은 공정하고 윤리적으로 모든 걸 주의 깊게 검토하고 자신의 요구를 분명히 해야 할 것이다.

인물을 보여 주는 코트 카드

코트 카드는 특정한 스타일의 인물을 보여 줄 수 있다. 코트 카드를 보고 "그가 누군지 알겠어!" 한다면 그 사람일 수 있다. 또 아직 알지 못하는 인물을 보여 주는 경우도 있다.

당신이 낭만적인 누군가를 만났다고 가정하자. 그와 오랜 시간을 함께 했고 깊은 관계로 발전했다. 리딩에서 '나이트 컵'이 나와 이 새 연인을 가리키는 것일 수 있지만, 나이트이기 때문에 당신은 둘의 관계를 잘 살펴봐야 할 것이다.

이 관계에서 무엇을 경험하고 싶은가? 연애를 즐기고 있지만, 당신은 거기에 더해 기댈 수 있고 헌신해 주기를 바라는가? '나이트 컵'은 한쪽으로 기운 관계를 암시하는 징후일 수 있다. 사적으로 많은 걸 공유하지만 마음 한켠에 결핍감이 있다.

분위기를 보여 주는 코트 카드

코트 카드는 또 전체 분위기를 반영할 수 있다. 주변 상황이 특정 코트 카드의 개성으로 물들어 있는 것처럼 보일 때가 있다.

당신이 입주하려는 셰어 하우스가 어떤지 타로에 조언을 구했고 '퀸 펜타클'을 뽑았다고 하자. 이 카드는 그곳이 당신을 보듬어 주는 분위기라고 말하는 것일 수 있다. 함께 지낼 하우스 메이트들은 따뜻하고 관대할 것이다.

다른 한편으로는 그곳에서 '퀸 펜타클' 같은 인물을 만나거나, 당신이 그런 인물로 비춰질 수도 있다. 타로는 이처럼 미묘하게 변주된다!

*** 인물에게서 코트 카드 속성 찾아보기

주변 인물을 잘 알고 있으면 코트 카드를 이해하기 더 쉬울 것이다. 몇 주간 친척, 친구, 동료, 지인 등을 관찰한다. 유명인, 역사 인물, 책이나 TV 또는 영화에 나오는 등장인물도 괜찮다. 그들을 놓고 아래의 질문에 답해 보자.

• 그에게 있는 속성과 없는 속성은?
• 그에게 도움이 되는 속성과 그렇지 않은 속성은?
• 그와 가장 유사한 코트 카드와 거리가 먼 코트 카드는?
• 그에게 어떤 코트 카드에도 없는 독특함이 있는가?
• 내 주변에 흔한 코트 카드 유형과 드문 유형은?

카드 짝 해석

라비린스Labyrinth라는 게임이 있다. 상자 안에 조작할 수 있는 단상이 있고, 그 단상은 작은 구멍이 뚫려 있는 미로다. 그 구멍으로 구슬이 빠지지 않게 미로의 출발점에서 도착점까지 구슬을 이동시킨다. 상자 밖에 달린 손잡이로 단상을 움직여 구슬을 굴릴 수 있다.

단순한 게임이지만 실제로 해 보면 어렵다! 순간적인 판단 오류로 구슬은 쉽게 구멍 속으로 빠진다. 단상이 한쪽으로 기울어지면 통제력을 금세 잃는다. 얼른 만회하려고 반대쪽으로 기울여 보지만 조절하기 쉽지 않다. 유일한 전략은 모든 방향으로 움직임과 힘의 균형을 유지한 채 길을 따라 끈기 있게 구슬을 모는 것이다.

이 라비린스 게임은 삶의 여정에 들어선 우리의 항해를 은유하는 듯하다. 우리는 접근 방식에 있어 계속 균형을 맞춰 가며 태어나서 죽을 때까지 "구멍" 곳곳에서 협상하며 여행한다. 처음에는 이런 방식, 다음에는 저런 방식으로 수없이 조정하면서 여정을 이어간다. 우리의 행위는 때로는 즐겁고 가끔은 도전적인 춤사위가 되어 서로를 상쇄시킨다.

열쇠는 항상 균형에 있다. 균형을 잡기 위해 우리가 이용할 수 있는 에너지 표현 방식을 모두 알아야 한다. 개인의 균형감은 결코 고정되는 것이 아니다. 주어진 순간의 선택들을 적극적으로 판단하는 능력에서 나온다.

타로 리딩은 균형의 방향성을 한 번에 보여 주는 지도다. 이 지도를 이용하려면 대극의 법칙Law of Opposition을 알아야 한다. 우리가 어떤 속성을 인식할 때 그 반대 속성이 같이 암시되는데, 이것은 물질계의 기본 원리다. '바보'는 자신의 여정에서 '마법사'와 '고위 여사제'를 만나 이 원리를 처음 깨닫는다. '바보'에게 두 원형은 서로 떨어뜨려 정의

할 수 없는, 오직 균형의 짝으로써 정의를 내릴 수 있다.

　가장 깊은 수준으로 들어가면 극성은 없다. 단일성Oneness만 존재한다. 그러나 우리의 물질적 삶에는 단일성이 해체되어 다양한 에너지로 나타나고, 우리는 그것을 인식한다. 이것이 우리가 균형을 잡기 위해 탐색해야 할 힘들이다.

　균형 이슈를 아는 방법 중 하나는 리딩에서 대극되는 두 카드를 찾는 것이다. '8 소드' 의미 중에 구속이 있다. 억압이나 제한된 상황에 갇혀 있음을 보여 준다. 우리가 그 의미를 숙고하는 사이 단순히 그

개념만 인식했을 뿐인데, 대극 개념인 자유를 떠올리게 된다. 즉 속박과 한계를 부수는 의미를 같이 인식한다. 이 속성은 '4 완드'에 있다.

　리딩에 이 두 카드가 있으면 구속 대 자유라는 중요성을 시사할 수 있다. 이로써 우리는 일련의 경험에 종지부를 찍을 최고의 균형 지점을 선택할 수 있게 된다.

　대극되는 카드 짝에는 다음의 세 유형이 있다.

불변의 짝

　전통적으로 내려오는 불변의 짝들이 있다. 위에서 언급한 '8 소드'와 '4 완드'가 있고, '마법사'와 '고위 여사제'도 변하지 않는 대극 짝이다. '마법사'는 행동과 의식적 자각을 의미하고, '고위 여사제'는 무위(無爲, nonaction)와 무의식적 자각을 의미한다.

코트 카드 짝, 에이스 짝

두 장의 코트 카드, 두 장의 에이스 카드가 대극 짝이 될 수 있다. 이들 짝은 슈트나 위계의 대조를 통해 나타나는 균형 패턴이 있다. 아래의 '킹 펜타클'과 '퀸 컵'의 키워드를 보자.

'킹 펜타클'은 물질세계(펜타클)에 대한 관심에 의거해 진취적이고 능숙하게 외적으로(킹) 행동한다. '퀸 컵'은 감정(컵)에 대한 관심에 의거해 정서적이고 직관적인 내면에(퀸) 초점을 맞춘다.

리딩에서 이 짝은 서로 다른 두 인물을 보여 줄 수 있다. 가령, 작업을 완수하려는 행동가와 모든 이가 어떻게 느끼는지 먼저 알고 싶은 몽상가가 갈등을 빚고 있을 수 있다. 또한 리딩 주제와 관련한 두 속성이 서로 겨루고 있을지 모른다. 가령, 현실적인 문제에 집중해야 할 필요성과 영적인 일에 집중하고 싶은 갈망 사이에서 고군분투할지 모른다. 다양한 가능성들이 있다. 제5부에 슈트와 위계의 상호 작용 방식이 소개되어 있다.

진취적임
숙력됨
믿음직스러움
지지함
안정적임

애정이 넘침
온화함
직관적임
정신적임
영적임

임시 짝

두 카드의 의미가 정확히 대극을 이루지 않아도 대극 짝으로 해석할 수 있다. 카드마다 많은 의미가 있어 유효한 비교가 가능하다. 리딩할 때 종종 나오곤 하는데 그 리딩에 한해 임시로 짝이 된다.

'4 컵'에는 나무 아래 한 사람이 홀로 앉아 있다. '10 컵'에는 가족이 함께 축하하며 기뻐하는 모습이 보인다. 이 두 카드가 자신에게 유의미할 경우 "혼자" 대 "함께"라는 대극 관계로 정의할 수 있다. 이런 자각은 리딩을 생각해 보는 중에 갑자기 떠오른다.

• • •

카드 짝에 대극 관계만 있는 것은 아니다. 서로 강화하는 관계도 있다. '여제'와 '9 컵'은 둘 다 쾌감, 관능, 육체적 즐거움이라는 의미가 있다. 강화 짝은 특정 에너지나 영향력을 증폭시킨다. 그런 관점에서 의미가 "배가" 된다. 때로 우리는 목표를 이루기 위해 한동안 균형을 깨뜨리는 상황에 직면해야 한다.

제3부 카드 해설에는 카드마다 "대극 카드"와 "강화 카드"를 소개한다. 리딩할 때 이들 짝이 주는 역동성에 주목한다. 점차 타로 카드가 이 세상의 균형을 반영하는 놀라운 방식을 이해하기 시작할 것이다.

∴ 자신의 균형 이슈 알아보기

지금 자신에게 중요한 균형 이슈가 있는지 확인해 보자. 아래를 참조한다.

- 통제하기/내려놓기
- 자유/구속
- 기쁨/슬픔
- 화합 조성/갈등 조성
- 일/놀이
- 위험을 무릅쓰기/안전하게 하기
- 천천히 진행하기/빨리 진행하기
- 행동하기/기다리기
- 함께 있기/떨어져 있기
- 승리감/패배감

현재 당면 문제와 관련된 대극 카드 두 장을 찾아보자. 카드 의미는 키워드 표(111쪽, 178-179쪽)를 참조한다. 몇 주 간 두 카드에 대해 생각한다. 두 카드 중 어느 쪽에 가까운가, 그 중간인가? 리딩에서 이들 카드가 나오는지 확인한다.

카드 그룹 해석

그룹은 공통된 특성으로 모인 카드 세트로 리딩 의미에 영향을 준다. 리딩에서 살펴볼 그룹은 다음과 같다.

메이저 아르카나

메이저 아르카나 카드는 힘과 영향력이 증폭되는 강력한 원형이다. 리딩에서 메이저가 많으면 리딩 주제를 둘러싼 고양된 에너지를 전달한다.

에이스

에이스는 긍정적이고 삶의 질을 높이는 에너지를 나타낸다. 리딩에서 에이스가 하나라도 있으면 새로운 가능성을 의미한다. 현재 상황이 잠재력으로 들끓고 있다.

코트 카드

리딩에서 코트 카드가 많으면 여러 인물이나 관점이 관련되어 있을 수 있다. 리딩 주제를 돕거나 방해하는 "사공 많은 배" 형국이다.

슈트

리딩에서 각 슈트 카드의 장수를 통해 전체적인 에너지 특징을 알 수 있다. 어떤 속성이 우세하고(카드 수가 더 많은) 어떤 속성이 부족하거나 없는지(카드 수가 더 적은) 알 수 있다.

스프레드

스프레드에 사용되는 카드는 그 자체가 그룹이 된다. 스프레드 포지션에 따라 배치된 카드들이라 서로 관련성이 높다. 카드 의미가 스프레드라는 그룹 의미에 따라 해석되게끔 디자인되었기에 특히 주목할 만하다.

자생 그룹

리딩에서 어떤 카드는 자연스레 그룹을 이룬다. '태양' '3 컵' '4 완드'가 나왔다고 하자. 세 카드 모두 고양된 정신, 축하하는 기쁨을 의미한다. 이 공통된 의미가 그룹을 형성한다.

✶✶ 카드 그룹 찾아보기

리딩에서 카드 그룹을 찾아보자. 스프레드와 슈트 분포도에 주목한다. 메이저 아르카나, 에이스 카드, 코트 카드 장수를 확인한다. 자생 그룹을 이루는 카드도 찾아본다.

이야기 만들기

리딩의 개별 요소들을 종합해 이야기 만드는 방법을 알아보자. 스토리텔링은 예술적인 작업이라 설명이 쉽지 않다. 몇 가지 테크닉을 배울 수 있지만 궁극적으로 타로 아티스트로서 자신의 스타일을 발전시켜야 한다. 이는 카드 해석에 있어 도전이자 즐거움이다.

먼저, 지금까지 배운 것을 기억의 한 구석으로 밀어낸다! 훌륭한 원칙들은 잠시 잊는다. 당신은 이미 많은 카드 정보에 노출되어 있고, 필자는 그 가능성들을 알려 줬을 뿐이다. 타로 책들은 저마다 각 카드를 연결시키는 체계들을 소개한다. 그 매력적인 재료들의 진짜 의도가 무엇일까? 바로 카드를 통해 내면의 지혜가 해제되는 방법을 찾는 것이다.

카드가 무엇을 말하는지 알기 위해 많은 테크닉을 배웠을 테지만 실정은 그렇지 못하다. 타로 리딩을 해부 대상으로 삼을 경우 전체 의미를 파악하기 어려울 수 있다. 타로 이야기는 밖에서 오지 않는다. 안에서 떠오른다. 이야기가 드러나는 것을 의식적으로 자각하려는 우리에게서 나온다.

그렇다고 이론 공부를 그만두라는 말은 아니다. 원리는 분명 유용하다. 그러나 리딩의 핵심은 아니다. 우리가 이미 아는 걸 인식하도록 돕고, 우리 이야기를 풀어내는 여건을 만들어 주는 것이 원리의 몫이다.

지적인 이해가 깨달음으로 이어질 때, 단편적인 앎이 통합된 비전으로 나아갈 때 자신의 타로 이야기가 만들어진다. 그러려면 자신의 느낌을 인정하고 존중해야 한다. 느낌은 우리의 기분이나 감정이 아닌 내면의 조언자가 쓰는 언어다. 생각보다 더 깊은 앎은 그런 식으로 외부로 표현된다. 앎의 주요 특징은 맞다rightness라는 느낌이다. 우리가 그것에 대해 완전하고 만족하다고 느낄 때 자신의 통찰이 맞다는 걸 안다.

내면의 앎을 해제시키는 가장 좋은 방법은 의식의 흐름대로 말하는 것이다. 검열이나 통제 없이 떠오르는 생각들을 큰소리로 말한다. 나오는 말들을 정리하거나 다듬으려 하지 않는다. 그저 말하게 내버려 둔다.

이 테크닉은 비판적 성향의 에고를 그냥 지나칠 수 있어 효과가 있다. 내면의 조언자가 보내는 지혜가 자연스레 나올 수 있고, 내면의 무언가가 해방된 느낌을 받는다. 처음 연습할 때는 어색하지만 연습을 하면 할수록 나아질 것이다. 우리가 의지적으로 하지 않아도 말의 흐름을 따르는 능력이 발전할 것이다. 가끔 스스로도 놀라는 통찰력이 나올 것이다!

서두르거나 계속해서 말할 필요는 없다. 원하면 그때그때 잠시 멈춰 노 본다. 이때 올라오는 생각늘은 부시한다. 계속하려는 충동이 느껴질 때까지 진득이 기다린다. 카드 이름을 반복적으로 말하는 것이 도움이 될 것이다. 퀸 컵, 퀸 컵, 퀸 컵… 그리고 나서 떠오르는 생각이나 이미지가 있는지 확인한다.

어떤 때는 자신의 이야기가 술술 나와 모든 요소들이 어렵지 않게 조화를 이룰 것이다. 또 어떤 때는 이야기 사이에 틈이 벌어지거나 빈 곳이 있을 것이다. 어떤 카드는 도저히 이해하기 어려운 채로 남을 것이다. 그럴 때는 자신이 카드를 이해하기에 적절한 시점이 아니거나, 이야기의 퍼즐 조각들이 아직 제자리를 찾지 못해서일 것이다.

이야기가 아름답게 만들어지지 않는다고 걱정하지 마라. 때로 우리가 알아야 할 것이 단편적으로 오기도 한다. 노력해 볼 만한 가치가 있을 때만 리딩에 계속 머무른다. 일부만 알아도 충분할 때가 있다.

필자는 어느 날 포지션 의미가 "핵심 요소"인 자리에 '에이스 펜타클' 역방향이 나왔다. 돈이나 물질적인 것에 집중하지 말라고 말한다는 걸 바로 알았다. 이 같은 깨달음은 카드를 보자마자 머리를 강타했다. 필자가 알아야 할 모든 게 그 에이스에 있었기에 다른 카드를 해석할 필요가 없었다.

좋은 스프레드는 카드 패턴을 쉽게 짠다. 스프레드의 기본 구조만 따라가도 이야기가 자연스레 펼쳐진다. 각 스프레드마다 역사, 형태, 목적에 기반한 고유의 특징들이 있다.

의식의 흐름대로 나오는 말이 점차 줄다가 멈추면 비로소 당신의 타로 이야기는 끝난다. 옆길로 새는 이야기들이 여전히 있겠지만 중요한 내용은 나왔을 것이다. 당신은 리딩의 핵심 메시지를 알게 될 것이다.

의식의 흐름대로 말하기가 필자에게는 효과가 크지만 누군가는 좋아하지 않을 수 있다. 조용히 앉아 카드 의미를 받아들이는 걸 더 선호할지 모른다. 어떤 사람은 자신의 반응을 기록하는 걸 좋아하고, 또 다른 사람은 카드들의 상호 작용을 표로 만들어 체계화하는 걸 선호할 수 있다. 우리는 모두 다르므로 타로에 접근하는 방식 또한 다를 것이다.

이야기 만들기와 관련해 마지막으로 당부하고 싶은 게 있다. 자신과 자신의 직관을 온전히 신뢰하는 것이다. 자신이 카드를 맞게 리딩하는지 걱정하지 마라. 절대 틀릴 수가 없다. 타로를 통해 얻는 깨달음은 주어진 그 시공간 안에서 늘 자신에게 맞는 것이다. 자신의 것이기에 의미가 있는 것이다. 우리는 존재하는 모든 것과 연결되어 있다는 것을 알아라. 우리는 일상 의식 너머에 있는 더 큰 앎에 도달할 수 있다. 그러함에 신뢰를 보내라.

⁑ 의식의 흐름대로 말하기

자기 생각을 안심하고 큰소리로 말할 수 있을 때마다 연습해 보자.(대부분 혼자 있을 때 그렇다!) 떠오르는 생각 전부를 말하는 이 연습은 내면의 생각을 "듣고" 말하는 것이다. 하나의 생각을 말하고 그 다음 생각을 듣는다.

몇 주 간 연습해 본다. 쫓기는 느낌 없이 자연스레 말할 수 있도록 한다. 많은 생각들이 방해하지 않는 지점에 이르도록 노력한다. 그 상태에 도달하는 게 쉽지 않지만 해 볼 만한 가치는 충분하다.

⁑ 타로 즉흥극

연극 무대에서 즉흥극은 관객들이 몇 가지 물건에 이름을 붙이고 배우들이 그것으로 촌극을 꾸민다. 우리가 배우가 되어 카드를 소재로 즉흥극을 짜 보자.

평소대로 카드를 셔플하고 컷한 후 한 손에 덱의 그림이 안 보이게 쥔다. 세 장의 카드를 뒤집어 일렬로 놓는다. 이제 그 카드를 중심으로 이야기를 만든다. 재치 있는 시나리오를 만들려고 애쓰지 않아도 된다. 어떤 이야기든 전개시킨다. 이탈로 칼비노Italo Calvino가[6] 쓴 『교차된 운명의 성The Castle of Crossed Destinies』에 나오는 인물들처럼 타로 카드 이미지만 가지고 이야기한다.

원하면 4번째 카드를 뒤집는다. 앞서 만든 이야기에 이 새로운 한 장을 이야기에 포함시킨다. 새로운 카드가 하나씩 놓이고 계속해서 이야기를 발전시킨다. 이 연습의 핵심은 즉흥극이다. 압박감이나 부담감이 느껴지면 중단한다. 처음 세 장의 카드를 치우고 다른 세 장을 뽑아 새로운 이야기를 시작할 수도 있다.

긍정 대 부정 해석

아마도 자신이 리딩에 대해 중립적이지 않다는 걸 알았을지 모른다. 누구든 긍정적이고 응원하는 카드를 만나고 싶어 한다. 이는 자연스러운 일이다. 사람들은 기분 좋은 카드에 환호하지만 "험악한" 카드가 나오면 낙담하고 움츠러든다. 실제로 '탑' 카드를 담담하게 받아들이기란 어렵다. 우리는 무서운 일보다는 좋은 일이 일어나기를 원한다!

사실 우리의 삶은 좋고 나쁜 게 뒤섞여 있어 궁극적으로는 그런 표현이 무의미하다. 뜻하지 않은 사고로 다쳤다가 회복하는 과정에서 내면의 힘이 더 단단해졌다면 그 사고가 나쁘기만 한 걸까? 직장에서 해고되고 더 좋은 직장을 구했다면 그 상황에서 좋은 건 뭐고 또 나쁜 건 무엇인가?

타로 카드에는 좋고 나쁘고가 없다. 어떤 에너지나 영향력을 보여 줄 뿐이다. 그 정보를 의식적으로 선택하고 삶에 활용할지는 우리 자신에게 달려 있다. '탑' 카드는 엄청난 충격으로 부서지고 몰락하는 걸 연상시키지만 부정적으로 볼 것만은 아니다. 때로는 감정 폭발이나 극적인 변화가 기분 좋은 안도감, 분위기 쇄신, 새로운 에너지를 선사한다.

우리가 선택한 방식으로 사건이 만들어지는 힘은 상황에 관한 응축된 명료함에서 나온다. 그것은 자기 확신에 두려움이 없고, 내면의 조언자의 지혜를 겸비할 때 가능하다. 리딩은 우리를 수동적인 희생자로 만들려고 정보를 전하는 것이 아니다. 우리가 정보를 창의적으로 이용할 수 있도록 능동적인 에이전트로서 활약한다. 우리가 상황을 잘 다룰 수 있게 내면과 주변의 에너지 패턴을 보여 준다.

THE TOWER.

리딩이 전하는 조언은 "현재의" 모든 영향력이 반영되어 있음을 늘 염두에 두라. 그 힘들을 인식할 수 있다면 자신이 원하는 대로 변경 또는 장려할 수 있다. 미래는 결코 정해진 것이 아니다. 타로 이야기의 결말은 확실성이 아닌 가능성이다. 우리가 필요한 단계를 밟겠다는 열의와 용기가 있으면 언제든 조언을 수용하거나 조정할 수 있다. 우리는 상황을 깊은 수준에서 파악할 수 있다. 타로가 하는 이야기는 우리가 의식적으로 행동할 수 있게 이미 알고 있는 것을 인식시켜 줄 뿐이다.

어쩌면 누군가는 리딩이 객관적이지 않을까 걱정하고, "진실"이 아닌 보고 싶은 걸 본다고 의심할 것이다. 그것이 핵심이다! 타로는 우리가 생각하는 게 무엇인지 알아내도록 도와주고, 우리는 그것을 확인할 수 있다. 우리의 무의식이 의식이 된다. 모든 걸 인식할 수는 없을지 몰라도 해석이 틀릴 수는 없다. 타로는 우리 의식의 이면을 반영하는 거울이다. 타로를 공부할수록 그 거울은 더 선명해지고, 우리는 더 깊은 수준에서 인식하게 된다.

리딩은 그 순간을 온전히
경험하는 일이다.

제2부
에너지와 카드 방향

4 장
정방향과 역방향 카드의 에너지

앞에서 타로 카드에 에너지가 반영된다고 배웠다. 그에 맞게 이름 붙일 수 있고 식별 가능한 모든 것을 에너지로 간주할 것이다. 에너지는 어떤 형태로 일시적으로 존재하는 것을 즐긴다. 그것은 생겨났다가 잠시 지속된 후 사라진다. 그러면서 모든 에너지에 생기를 불어넣는 영혼이라는 불멸의 흐름에 기여한다.

살아 있는 것은 물론 무생물도 에너지다. 존재의 속성이나 상태 또한 에너지다. 사랑이나 절망 에너지는 그 자체를 분명히 감지할 수 있다.

에너지는 그룹을 이뤄 더 큰 에너지를 만든다. 인간이 바로 그렇다. 세포와 장기가 모여 육체를 이루고, 특징과 경향들이 모여 개성이 된다. 또 생각과 감정이 모여 기분을 만든다. 인간이야말로 용솟음치는 에너지다!

매일 매 순간 온갖 종류의 에너지가 우리의 안팎을 관통한다. 부드러운 에너지가 있는가 하면, 거친 에너지가 있다. 어떤 에너지는 새롭고, 어떤 에너지는 익숙하다. 반가운 에너지가 있는가 하면, 달갑지 않은 에너지가 있다. 이러한 에너지 흐름은 타로와 어떻게 연결될까?

에너지와 타로

리딩에 나온 카드들은 모두 그 순간의 특정 에너지를 보여 준다. 카드가 보여 주는 에너지는 물리적인 대상이 갖고 있는 에너지가 아니다. 더 큰 범주에서 원형 에너지를 상징한다. 카드 에너지는 우리에게 의미를 전달하고, 우리는 움직임과 변화를 추가로 감지한다.

리딩은 개인에게 유의미한 에너지 구성을 보여 주는 스냅 사진이다. 실제 스냅 사진이 현실 광경의 움직임을 정지시킨 것이라면, 리딩은 흘러가는 삶을 정지시킨 것이다. 그러나 삶은 계속해서 흐르고 리딩에서 나타난 에너지도 마찬가지다. 같은 주제를 연속으로 리딩한다고 카드가 똑같이 나오지 않는다. 그 잠깐 사이에도 에너지 패턴이 바뀐다.

리딩하는 것 자체가 자신과 주변 에너지에 영향을 준다! 사건을 탐색함으로써 사건의 흐름이 바뀐다. 카드를 다루는 일은 그래서 강력하다. 리딩은 삶에 작용하는 주요 에너지를 인식할 수 있게 돕고, 우리는 그것을 창의적으로 다룰 수 있다.

⁂ 주변 에너지 느껴 보기

부담이 되지 않는 시간대에 산책을 나간다. 걸으면서 맞닥뜨리는 모든 것, 무생물까지도 의식이 있는 살아 있는 에너지로 상상한다. 자신과 그 대상이 같은 목적으로 마주치는 동등한 존재라 생각한다. 그 순간의 경험을 분석하지 않는다. 그런 존재 방식이 완전히 자연스러운 듯 계속 이어 나간다. 산책을 마치고 다음 질문에 답해 보자.

- 이 연습에서 무엇을 느꼈는가?
- 그런 존재 방식이 내 소통 방식을 바꾸었는가, 어떻게 바꾸었는가?
- 다른 에너지에 비해 쉽게 느껴지는 에너지가 있었는가?
- 나는 어떤 응답을 인지했는가?

** 카드 에너지 느껴 보기

덱에서 카드 한 장을 골라 잠시 바라본다. 자신의 의식 일부를 카드에 두고, 또 일부는 가슴 중앙의 심장 쪽에 둔다. 이 방법은 생각하는 것보다는 느끼는 것에 도움을 줄 것이다. 생각이 일면 카드를 부드럽게 옆에 내려 둔다.

얼마 후 자신을 위한 카드 에너지가 포착된 단어들이 방울방울 떠오를 수 있다. 단어들에 다가가려 하지 말고 저절로 오게 둔다. 당신에게 온 단어는 당신에게 특별할 것이다. 이 연습을 할 때 가끔 강한 감정이 올라온다. 매우 강력할 수 있다. 다른 날에도 이 연습을 반복한다. 반복적으로 떠오르는 단어가 있는가 하면, 새로운 단어도 있을 것이다. 카드 에너지는 우리 내면과 주변 상황 변화에 맞춰진다.

에너지 주기

잠시 자신의 호흡을 의식해 보자. 숨을 깊이 들이마시면서 가슴이 어떻게 팽창하는지 느껴 보자. 폐에 공기가 가득 차면 잠시 멈췄다 내쉰다. 숨을 내쉴 때 가슴은 천천히 수축한다.

이것은 생명이 박동하고 있음을 보여 준다. 이런 식으로 에너지는 우리와 세상에 흐른다. 바다에 파도가 일면 정점으로 치솟다가 해안가로 와 부서진다. 화는 솟구쳐 올랐다가는 식어 간다. 인류 문명은 흥망성쇠를 거듭한다. 그림 1은 시간의 흐름에 따른 일반적인 에너지 주기를 보여 준다.

리딩에서 각 카드는 어느 에너지 주기에 있는지를 보여 준다. 어떤 에너지는 강하고, 어떤 에너지는 약하다. 상승하는 에너지가 있고, 하강하는 에너지가 있다. 카드 에너지를 알면 매우 유용할 것이다.

이에 대한 정보를 카드 방향이 제공해 줄 수 있다. 리딩할 때 또는 카드를 들었을 때 그림이 바로 보이면 정방향, 거꾸로 보이면 역방향이

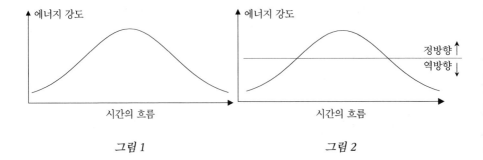

| 그림 1 | 그림 2 |

다. 스프레드 포지션에 카드가 사선이나 수평으로 배치되면 카드 방향을 어떻게 볼지 미리 정해 둔다.

그림 2를 보면 그림 1과 달리 에너지 주기를 나누는 가로선이 하나 있다. 선 위가 에너지가 강한 시기다. 선 아래는 에너지가 약한 시기로 에너지의 시작(좌측) 또는 종료(우측)다.

이것을 카드 방향과 연결 지으면 정방향 카드는 선 위에 해당하므로 에너지가 강하고 잘 발달해 있다. 분명하고 적극적으로 존재감을 드러내므로 우리는 그 영향력을 확실히 인식할 수 있다.

역방향 카드는 선 아래에 해당하므로 에너지가 약하고 덜 발달해 있다. 그 존재를 인식하기란 쉽지 않다. 분명 존재하나 충분히 표현되지 않고 있다.

'3 소드'는 비통함과 배신 에너지를 나타낸다. 정방향이면 고통스러운 감정이 현 상황의 가장 두드러진 특징이다. 역방향이면 이 에너지가 존재하나 약화되었음을 암시한다. 아마도 고통스러운 사건의 쓰라림이 시작되거나 끝나 간다.

한 부부의 남편이 아이가 생길지 알고 싶다고

요청한 리딩에서 '여제' 역방향이 나왔다. 필자는 부부가 꽤 오랫동안 아이를 가지려고 노력해 왔음을 짐작했다. 이 카드는 육아와 출산 에너지가 존재하지만 어떤 식으로든 억눌려 있음을 의미한다. 필자는 장애물이 제거되면 아이를 가질 가능성이 높다고 말해 주었다. 나중에 그 부부는 예쁜 여자 아이를 갖게 되었고, 아마도 그 에너지를 풀어 주는 어떤 일이 일어났을 것이다!

역방향은 에너지가 반대로 나타나는 것이 아니다. 카드의 본질은 변하지 않는다. '세계' 역방향은 행운의 반대인 "불행"을 의미하는 것이 아닌, 낮은 행복감을 암시한다. 미묘한 차이다! 진짜 불행은 그 자체로 활동 에너지가 있기 때문에 리딩에서 '9 소드' 같은 카드가 등장할 것이다.

에너지 곡선을 옆에서 바라보는 섬이라 상상해 본다(그림 3). 가로선은 수면이다. 우리는 수면 위로 드러난 섬만 볼 수 있을 뿐 그 아래는 볼 수 없다. 그곳은 드러나지 않았지만 존재한다.

때로 역방향 카드는 드러나지 않은, 배제된, 간과된 에너지를 보여 준다. "수면 위로 나오지" 않아 아직 유용하지 않다. '악마' 카드가 정방형이면 당신은 자신의 집착을 인정할 수 있지만, 역방향이면 부인할지 모른다. 당신은 의식하지 못하지만 그 에너지는 실제로 존재한다.

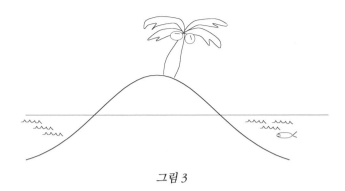

그림 3

역방향 카드의 의미는 때로 미묘한 언어유희 형태로 나타난다. '황제' 역방향은 왕좌에서 "쫓겨난" 권력자를 의미할 수 있다. 또 '10 완드' 역방향은 무거운 책임감에서 "빠져나와야" 한다는 생각이 들게 할 수 있다. 이런 색다른 해석이 타로를 늘 신선하고 흥미롭게 한다!

*** 에너지 주기 알아차리기

자신의 경험에서 에너지 주기를 의식해 보자. 즉 삶에서 감정, 생각, 인물, 사건 등이 어떻게 흐르는지 의식해 본다. 에너지가 처음 나타날 때 주목한다. 시간이 흐르면서 어떻게 발전하는지 따라가 본다. 주기를 통과하면서 힘을 얻고 잃는 걸 관찰한다.

에너지가 정점에 달할 때 자신이 그것을 아는지 확인한다. 모임이나 기념일 같은 행사에서 분위기가 절정에 이른 순간을 분명히 느낄 때가 있다. 다시 한 번 강조하지만 지적으로 분석하지 마라. 경험들에서 에너지가 어떻게 느껴지는지 집중한다.

에너지 단계

에너지 주기는 그림 4와 같이 초기, 중기, 후기, 세 단계로 나뉜다. 단계별로 그 특징들이 있다.

초기 단계: 에너지가 이제 막 생겨났다. 아직은 발달하지 않았고 성장할 준비를 하고 있다. 완전한 표현을 향해 나아간다.

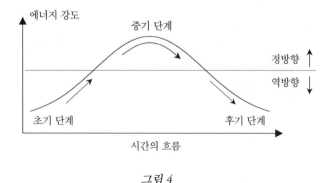

그림 4

중기 단계: 에너지가 강하고 충분히 발달해 있다. 지금 이 순간 명료하고 즉각적이고 분명하다.

후기 단계: 에너지가 쇠퇴하고 있다. 힘과 선명도를 잃고 있고 에너지가 활짝 폈던 시기는 과거의 일이다.

정방향 카드는 중기 단계인(선 위) 강한 에너지를 보여 준다. 세 단계 중 하나에만 해당되어 해석하기 쉽다. 에너지가 충분히 발달해 있고, 활동적이고, 정점 또는 거의 그 수준에 도달해 있다.

역방향 카드는 초기나 후기 단계인(선 아래) 약한 에너지를 보여 준다. 해당되는 단계가 두 개라 해석이 쉽지 않다. 해석하려면 에너지가 약한 이유를 알아야 하는데 가장 좋은 단서는 타이밍 감각에서 나온다.

충분히 경험하지 않았거나 전혀 경험하지 않은 에너지면 초기 단계다. 새로운 사건이나 다가올 일과 관련지을 수 있다. '5 소드' 역방향은 당신이 투쟁이나 시합이 다가오는 걸 알고 있으면 초기 단계에 있는 것이다. "전투"는 아직 일어나지 않았다.

역방향 카드 에너지를 이미 경험했다면 후기 단계다. 어떤 면에서 쉽게 알 정도로 상황에 분명히 나타났었지만, 지금은 지나갔고 있다는 걸 당신은 감지한다. '5 소드' 역방향은 전투를 치뤘고 끝나 가고 있으므로 후기 단계에 있다.

당신은 또 "느낌feel"으로 에너지 단계를 알 수 있다. 에너지가 커지는가 쇠퇴하는가? 거시는 에너지는 당신을 향해 발전, 확장, 움직인다. 더 강해지고 분명해질 거라는 느낌이 온다. 쇠퇴하는 에너지는 줄어들

거나 당신에게서 멀어진다. 점점 약해져 거의 알 수 없을 정도다.

'나이트 완드' 역방향은 열정의 정도가 낮다는 걸 보여 줄 수 있다. 열정이 점점 강해지고 강렬하게 느껴지면 초기 단계다. 열정이 존재하지만 후기 단계면 움직임이나 힘이 거의 기운 상태다.

때로는 전혀 모르는 에너지를 역방향 카드가 보여 준다. 에너지 강도가 너무 낮아 실제로는 존재하지 않는 것처럼 보이므로 그런 외양에 속을 수 있다! 리딩에서 그런 카드가 나오면 그 에너지가 모종의 역할을 하고 있다고 간주해야 할 것이다. 에너지가 생소한 나머지 아직 의식하지 못하는 것일 수 있다. 의식하지 못하기 때문에 존재하지 않는다고 여기지만 아직 영향을 미치고 있다. 에너지 단계를 알면 에너지를 효과적으로 다룰 수 있다. 그 에너지로부터 요구되는 바를 예상할 수 있다.

**✲ 카드 에너지 단계

카드 한 장을 골라 키워드를 하나 고른다. 에너지 세 단계—초기, 중기, 후기—를 모두 경험한 적이 있는 키워드로 고른다. '5 펜타클' 키워드 중 하나인 건강 악화로 에너지를 단계별로 해석해 보면 다음과 같을 것이다.

- 초기: 오늘 기분이 좀 별로다. 병이라도 생긴 게 아닌지 의심이 된다.
- 중기: 기분이 정말 엉망이다. 월차를 내고 집에서 쉬어야겠다.
- 후기: 독감이 다 나아 다행이다. 오늘 기분이 한결 좋아졌다.

다른 키워드 또는 다른 카드로도 연습해 본다. 연습할수록 에너지 단계를 더 잘 인식할 수 있을 것이다.

반복되는 주기

어떤 에너지가 쇠퇴하면 보통은 그 자리를 새로운 에너지가 대체한다. 한 호흡이 끝나면 다시 호흡하고, 어떤 연애가 끝나면 새로운 연애가 시작된다. 그림 5는 우리가 주의를 기울이는 에너지의 상승과 하강을 보여 준다.

그림 6은 새로운 에너지로 대체되지 않고 기존 에너지에 다시 사로

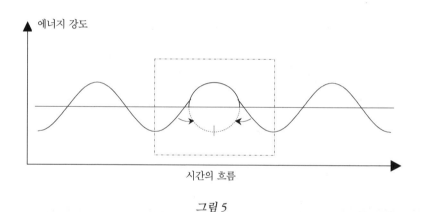

그림 5

그림 6

잡히는 때를 보여 준다. 후기 단계 에너지가 다시 되돌아가 반복되는 주기의 초기 단계가 된다. 좋든 싫든 같은 에너지를 또 경험한다. 몇 번이고 이런 혼잣말을 한 적이 있지 않은가. "또 시작이군, 똑같은 짓을 하고 있어!"

카드 에너지가 새로운 주기인지 반복되는 주기인지 감지한다면 에너지를 다르게 경험하게 될 것이다.

초기 단계

새로운 에너지의 초기 단계는 새로운 속성을 지녔다. 우리의 반응은 즉흥적으로 나온다. 그 에너지가 반갑거나 불안하겠지만 과거에 기인한 반응이 아니다. 거의 경험한 적이 없는 에너지다.

반면, 반복되는 에너지의 초기 단계는 익숙하고 자신의 오랜 패턴을 가동시킨다. 어떻게 반응할지 예측 가능하고 확실하다. 과거에 기인한 추측이 자신의 경험을 물들이지만 어디로 갈지 누구보다 잘 알고 있다.

반복되려는 패턴을 인식할 수 있으면 습관적 반응에 변화를 줄 수 있다. 인식이 패턴을 깨뜨리는 데 도움을 줄 것이다. '9 소드' 역방향이 나오면 늘 하던 걱정거리로 다시 힘들어질 거라는 걸 보여 줄 수 있다. 이때 도움이 되지 않는 낡은 사고 방식을 거부하는 선택이 가능해진다.

초기 단계 에너지가 반복인지를 다음의 질문으로 확인할 수 있다.

• 이 에너지가 익숙한가?
• 전에도 이런 상황이 있었는가?

- 내 반응이 예측되는가?
- 특정 방식으로 행동하려는 충동이 드는가?
- 나의 습성을 바꾸는 게 어려운가?
- 다른 사람들이 내 행동을 예측할 수 있는가?

후기 단계

후기 단계는 에너지가 쇠퇴한다. 우리는 그것을 완전하게 또는 불완전하게 경험할 수 있다. 완전하게 경험한 에너지는 평화롭게 마무리된다. 의심이나 망설임 없이 그 에너지를 놓아줄 수 있다. 우리는 그 에너지가 해결되었음을 알기에 잠재울 수 있다. 반복될 가능성은 없다.

불완전하게 경험한 에너지는 일시적으로 잠잠해질 뿐 해결하러 다시 올 것이다. 아마도 우리가 그 에너지를 무시했거나, 잘못 다뤘거나, 강하게 지속되기에는 적절한 시기가 아니라서 그랬을 수 있다.

'정의' 역방향은 법적 문제가 끝나 가고 있음을 보여 줄 수 있다. 만족스럽게 해결되지 않았으면 소송을 다시 제기하고 싶을 것이다. 즉 주기가 반복될 것이다. 아니면 판결을 받아들이고 다음으로 넘어가는 선택을 할 수 있다.

후기 단계 에너지가 반복될지를 다음 질문으로 확인할 수 있다.

- 일어난 일에 만족을 못하는가?
- 매달려야 한다고 느끼는가?
- 무언가가 나를 잡는가?

- 이 에너지가 사라지는 게 유감인가?
- 이 에너지가 너무 일찍 중단되었는가?
- 이 에너지가 다시 왔으면 하는가?

에너지가 반복되려 한다는 걸 알면 역방향 카드에서 일어나는 미묘한 변화를 눈치챌 수 있다. 새로운 에너지에 과거가 영향을 주는지 확인할 수 있고, 사라져 가는 에너지가 만족스럽게 해결되었는지도 확인할 수 있다.

** 반복되는 주기 알아차리기

자기 삶에 반복되는 주기가 있는지 생각해 보자. 반복되는 패턴이 있는가? 그 패턴이 시작될 때 알 수 있는가? 반복되는 패턴을 잘 해결할 수 있는가? 반복이라는 쳇바퀴에서 벗어날 방법을 생각하라.

리딩에서 반복적으로 나타나는 카드들에 주목한다. 때로 우리 삶에 반복되는 주기의 에너지 일부를 보여 준다.

5 장
리딩에서 정방향과 역방향 카드

어느 날 당신은 모험을 하고 싶은 기분이 든다. 가 본 적 없는 해변으로 차를 몰고 가 수영을 즐긴 뒤 피곤하지만 행복감에 젖어 집에 돌아온다. 다음날 다시 모험을 떠나지만 이번에는 차가 중간에 고장 나 조개껍데기에 발바닥을 베인다. 모험심 따위 잊고 집으로 돌아가 쉬기로 한다. 당신은 안전하기를 원한다.

대극 에너지 짝

일반적으로 에너지는 극과 극 사이를 왔다 갔다 한다. 그림 7은 대극되는 두 에너지의 주기를 보여 준다. 위쪽 원은 앞 장에서 설명한 하나

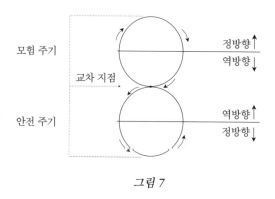

그림 7

의 에너지 주기다. 여기 두 번째 주기가 추가된다.

앞서 말한 해변가 모험을 가지고 설명하면 이렇다. 첫 번째 여행으로 모험 에너지 주기가 시작되었다(위쪽 주기). 당신은 여행을 추진했고 집으로 돌아와 하나의 주기를 성공적으로 마쳤다. 재미있는 여행이었기에 당신은 그 모험 에너지에 머물러 있었고, 다음날 주기를 반복했다.

다음날 여행은 이런 저런 사건으로 흥미를 잃고 모험 에너지에서 안전 에너지로 이동했다(아래쪽 주기). 당신은 불쾌한 여행으로 그와 반대되는 쪽을 갈구했다. 안전하게 쉬고 싶은 마음이 강하면 한동안 안전 주기에 머무를 것이고, 어느 순간 불쾌한 기억을 잊고 다시 모험을 갈망할 수도 있다.

에너지가 강하면 대극 간 거리는 최대로 멀어진다. 에너지가 약한 단계면 특히 후기 단계일 경우 옮겨 간다. 종료나 반복이 아닌 대극되는 에너지의 초기 단계로 이동한다.

타로에서는 상반된 의미를 가진 두 카드가 대극되는 에너지를 보여 준다. '바보'(시작)와 '죽음'(끝) 카드는 자연히 대극 관계를 이룬다. 에이스 카드와 코트 카드끼리 대극 관계를 형성하기도 한다. 상황에 따라 감정적인 '퀸 컵'과 현실적인 '퀸 펜타클'이 대극 관계가 된다.

리딩에서 대극 짝이 확인되면 카드 방향을 통해 에너지 상관관계를 더 자세히 아는 데 도움이 될 것이다.

대극되는 두 카드 방향이 상대적인 에너지 강도를 보여 준다. 리딩에서 당신과 파트너를 보여 주는 카드로 '킹 완드'와 '킹 펜타클'이 나왔다고 하자. 카드 방향이 같으면 둘의 에너지 강도는 비슷하다. 하나는 정방향이고 하나는 역방향이면 에너지는 한쪽에 쏠려 있다. 둘 중 한 명이 어떤 면에서 더 강하거나 우세하다.

대극되는 두 카드 방향이 상황의 변화 여부와 어떤 식으로 변할지 등을 암시할 수 있다.

둘 다 정방향

두 장의 대극 카드가 모
두 정방향이면 그 순간 에
너지는 바뀌지 않는다. 둘
의 접근 방식이 모두 강하
게 균형을 이뤄 고된 노력
과 긴장이 있을 수 있다. 상
반된 경향을 동시에 유지
하는 것은 어렵다. 누군가

가 저항받는 사이에 당신에게 몰릴 수 있다. 또 당신 안의 두 경향성을
균형 잡으려고 애쓰고 있을지도 모른다. '10 완드'와 '7 소드'가 짝으로
써 모두 정방향이면 책임(10)과 도피(7) 사이에서 고군분투할 수 있다.

둘 다 역방향

두 장의 대극 카드가 모
두 역방향이면 그 순간 균
형을 이루고 있지만 유연
한 상황이다. 둘 다 상황을
장악하고 있지 않다. 어떤
일도 없을 것 같은 지금이
기회다. 두 에너지가 한동
안 중립을 유지하거나 어

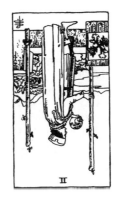

느 한쪽이 두드러질 것이다. '2 완드'와 '8 소드'가 짝으로써 모두 역방

향이면 힘과 관련해 명확하지 않은 이슈를 보여 줄 수 있다. 권력(2)과 무력(8), 어느 하나 우위를 점하지 않고 상쇄되고 있다.

하나는 정방향, 다른 하나는 역방향

두 장의 대극 카드가 서로 다른 방향이면 앞으로 나타날 움직임을 보여 준다. 현재는 정방향 에너지가 강하지만 대극되는 에너지가 씨를 품고 있다. 에너지 이동이 있을 수 있다.

'태양'과 '달'은 명료성 면에서 대극된다. 즉 '달'은 혼돈, '태양'은 깨우침이다. '달' 정방향과 '태양' 역방향이면 현재 혼돈(달)이 지배하지

만 명료함(태양)의 씨가 있음을 알 수 있다.

역방향 에너지가 커지는 경우라면(초기 단계) 머지않아 사라질 정방향 에너지를 대체한다. '6 완드'(자만심) 정방향과 '탑'(몰락) 역방향은 "몰락 직전에 자만심이 넘친다!"는 금언을 완벽하게 상징한다.

역방향 에너지가 쇠퇴하는 경우라면(후기 단계) 대극되는 정방향 에너지로 바뀔 것이다. '5 완드' 정방향과 '세계' 역방향은 협동(세계) 정신은 사라지고 그

자리에 경쟁(5) 의식이 대
체될 수 있음을 보여 준다.

** 생활 속 대극 에너지
자신의 삶에서 대극 에너
지 작용을 의식해 보자. 일상
활동 중에 얼마나 자주 에너
지들이 짝을 이뤄 힘의 균형
을 만드는지 주목한다. 바로
알아차리지 못해도 쇠퇴하는 에너지에 다른 성장하는 에너지가 어떤 식으로
상응하는지 감지되는가? 자신의 내면과 외부 상황 모두에서 그 예를 찾아보
자. 어디서든 찾을 수 있다.

불일치

인간이 자신을 기만하는 능력에는 끝이 없다. 종종 동기와 행동을 잘
못 인식한다. 자신이 바라는 상황이 진실이라 여기고 피하고 싶은 힘
든 현실을 인식하지 못한다. 타로가 가치 있는 도구인 이유가 여기에
있다. 카드는 우리 경험의 진실을 비추는 거울 역할을 한다. 그 순간 존
재하는 에너지와 우리가 중요하게 인식한 것이 일치하지 않을 때 우리
에게 알려 준다.

카드 방향이 우리가 감지하는 강한 느낌과 일치할 경우 상황을 있
는 그대로 보고 있다고 확신해도 좋다. 하지만 일치하지 않으면? 우리
는 에너지가 강하다고 생각하는데 역방향이 나오거나, 약하다고 생각
하는 에너지인데 정방향 카드가 나올 때가 있다. 이때는 더 많은 걸 알
수 있는 좋은 기회다!

일반적인 경험으로 카드 방향이 자신의 예상과 일치하지 않으면 에너지 강도를 잘못 인식하고 있는 것이다.

예상은 정방향, 카드는 역방향

역방향 카드를 정방향으로 느낀다면 그 에너지를 실제보다 더 강하게 경험하고 있는 것이다. 적정 강도에 비해 비중을 더 주고 있거나, 소박한 에너지인데 거창하게 생각하고 있다. 생각처럼 에너지가 아직 발달하지 않았을 수 있다. 초기 단계인데 앞서 보는 것일 수 있다.

당신은 중요한 시험을 앞두고 열심히 준비 중이고, '9 완드' 역방향이 나왔다고 하자. 이 카드가 당신의 끈기를 보여 주지만 역방향이 충분치 않다고 말하고 있다. 에너지가 낮다. 시험에 붙고 싶으면 박차를 가해야 한다.

때로 역방향 에너지가 더 이상 생각처럼 강하지 않을 때가 있다. 후기 단계에 접어들었는데 우리는 아직 활동하는 것으로 안다. 예를 들어 당신이 소속된 팀이 시합에 져서 리딩을 했는데 '심판' 역방향이 나왔다. 이 카드를 보고 당신은 자신의 경기 능력을 코치가 비판한 사실을 보여 준다고 생각한다. 코치가 여전히 엄격한 잣대를 들이댄다고 생각했지만, 역방향이 그렇지 않다고 말하고 있다. 코치의 부정적인 판단은 많이 줄어들었다.

예상은 역방향, 카드는 정방향

정방향 카드를 역방향으로 느낀다면 그 에너지의 힘과 존재를 과소평가하는 것이다. 인식하는 것보다 더 직접적으로 영향을 주고 있다. 당신 부부가 아이를 입양하려고 노력했는데 잘되지 않아 포기하려는 상황에서 '6 컵' 정방향이 나왔다고 하자. 당신은 몹시 놀라고 기뻐한다. 아이를 의미하는 데다 정방향이므로 본인이 모르는 어떤 구체적인 일이 일어나고 있음을 암시하기 때문이다.

에너지가 거의 사라졌다고 생각했는데 여전히 활동 중일 때가 있다. 그 영향력을 인식하지 못할 뿐 실재한다. 당신은 막내 아이에 대해 리딩을 했고 '에이스 소드'가 나왔다고 하자. 이 카드는 어떤 식으로든 당신을 시험하는 도전을 의미한다. 당신은 아이와 관련된 어려운 문제를 인식했고, 그것을 해결했다고 생각했다. 하지만 정방향 카드가 여전히 진행 중임을 알려 준다!

카드 방향은 우리가 오인하고 거부하는 것을 포착하는 방식을 제공한다. 타로는 편견이나 판단 없이 에너지 패턴을 있는 그대로 보여 준다. 카드는 현 상황의 가장 강력한 진실을 알려 주고, 그 진실을 받아들일지 여부는 우리에게 달려 있다.

⁂ 리딩에서 불일치가 나올 때

리딩에서 카드 방향이 자신의 예상과 일치하지 않는 경우를 확인한다. 불일치에 대한 감지는 카드를 보자마자 순식간에 지나가기 때문에 놓치기 쉽다. 강한 에너지를 기대했으면 실망감이 엄습할 것이고, 선호하지 않는 에너지가 약하다고 나오면 기쁨이 솟을 것이다.

리딩에서 불일치가 감지되면 시간을 들여 카드 에너지와 자신의 기대치를 탐색해 본다. 삶의 어느 부분을 거부하고 저항하는지 알게 될 가능성이 높다.

카드 방향과 카드 그룹

방향은 카드 그룹에도 의미를 부여한다. 리딩에서 나온 정방향과 역방향 카드 개수를 비교해 그룹의 에너지 상태를 판단할 수 있다. 일반적으로 그룹 에너지는 혼합되어 균형을 이룬다. 균형을 이뤘으면 카드 방향은 그룹에 있어서 덜 중요하다.

그룹의 모든 카드가 같은 방향이 나오는 일은 거의 없는데, 그럴 경우에는 그룹 에너지가 더욱 확실해진다. 대부분 정방향 카드면 그룹 에너지가 매우 강력하고 잘 발달해 있다. 대부분 역방향 카드면 그룹 에너지가 약하고 덜 발달해 있다. 그룹 규모가 클수록 영향력은 더 뚜렷하다.

메이저 아르카나

그룹의 모든 메이저 카드가 정방향이면 그 통합 에너지는 상당히 강력하다. 모두 역방향이면 영향력은 줄지만 여전히 중요하다. 이 그룹이 최대한 발휘하려는 잠재력을 무언가가 누르고 있다.

가령 3-카드 리딩에서 '전차' '달' '여제'가 나왔다. 세 장 모두 메이저 아르카나 카드라 충분히 강력한데, 모두 정방향이라 더 막강한 그룹

이 된다. 에너지 수준이 전체적으로 매우 높다. 모두 역방향이면 그룹 에너지가 눌려 있을지언정 수면 아래서 끓어오르는 중이다.

코트 카드

그룹의 모든 코트 카드가 정방향이면 현재 그 상황에서 강력한 플레이어들이 많다는 걸 의미한다. 모두 역방향이면 그들은 우유부단하고 확실성이 떨어진다. 사람들이 온전히 참여하고 있지 않아 그 상황의 에너지가 낮다.

슈트

그룹의 모든 슈트 카드가 정방향이면 슈트 속성은 잘 발달해 있고 보다 분명하다. 모두 역방향이면 슈트 속성이 덜 발달해 있지만 중요한 잠재력을 갖고 있다. 리딩에서 모든 컵 슈트가 역방향이면 사랑과 감정 에너지가 낮은 단계지만 커질 가능성은 여전히 있다.

스프레드 그룹

스프레드 그룹에서 카드 방향은 에너지에 대해 많은 정보를 제공한다. 릴레이션십 스프레드는 카드를 두 세트로 배치하는데, 한 세트 당 한 사람씩 반영된다. 둘 중 한 명의 카드가 모두 정방향이면 그가 주도권을 갖고 있다고 볼 수 있다.

자생 그룹

리딩에서 어떤 카드들은 자연스레 그룹을 이뤄 우리를 놀라게 할 수 있다. 이들 카드 방향이 그 그룹의 에너지 상태를 보여 준다.

전체 리딩

전체 리딩에서 정방향과 역방향 카드 분포도는 전반적인 에너지 상태를 판단하는 단서가 되기도 한다.

대부분의 카드가 정방향이면 그 상황은 잘 발달해 있고 유용한 에너지도 풍부하다. 행동하기 좋은 기회이거나 이미 행동에 들어갔을 수 있다. 숨겨진 의제나 의식하지 못하는 문제는 거의 없다. 과거나 미래가 아닌 현재에 초점이 맞춰져 있다. 상황은 복잡하지 않고, 열려 있으며, 분명하다.

대부분의 카드가 역방향이면 에너지는 전체적으로 낮다. 방향성이 없거나 제약이 따를 수 있다. 목표를 향한 추진력이 약하고, 행동을 취하는 데 있어 억누르고 머뭇거린다. 표현되지 않거나 드러나지 않은 것들이 많다. 현재가 아닌 과거나 미래에 초점이 맞춰져 있어 유동적인 상황이다. 선택이 고정된 것이 아니라서 새롭게 모색해 볼 수 있다. 에너지가 충분히 발달하지 않았기 때문에 새로운 방향으로 자유롭게 나아갈 수 있다.

삶은 끊임없이 흐르는 에너지다. 즉 영혼이 이끄는 경이로운 춤이다. 그 흐름을 이해하고 창의적으로 움직일 때 우리가 하지 못할 일은 없다. 우리는 에너지를 의식적으로 흐르게 할 수 있고, 그저 흐르는 에너지에 우리를 맡길 수도 있다. 두 경우 다 역방향 카드는 우리 삶에 작용하는 에너지를 이해하도록 돕는 리딩에 특별한 차원을 더한다.

❉ 직관적으로 카드 방향 훑기

덱을 셔플하고 컷한 후 4~10장의 카드를 펼쳐 놓은 뒤 카드 방향을 훑어 본다. 세세하게 분석하지 말고 정방향과 역방향 분포도만 보고 인상적인 부분을 찾는다. 카드 방향만으로 이 그룹을 어떻게 해석할지 생각해 본다. 카드 장수를 다양하게 해서 연습할 수 있다.

요약

당신은 기찻길 위에 서 있고 저 멀리서 기차가 오고 있다고 상상해 보라. 기차는 "당신 미래"다. 당신 시야에서 볼 수 있는 건 엄청난 힘으로 달려오는 기차고, 가지고 있는 정보는 그 앞에 당신이 서 있다는 것뿐이다.

이제 당신은 기차선로 위로 날아올라 모든 방향을 볼 수 있다고 상상해 보라. 기차가 어디에서 와 어디로 가고, 당신이 선택한 선로는 어디를 향하고 있고, 또 다른 선택이 될 만한 선로는 어디에 있는지 등이 보인다. 당신은 전체 상황에 대해 보다 많은 정보를 갖고 있다.

타로 리딩은 기차선로를 내려다보듯 우리가 선택한 삶의 맥락을 한번에 보여 준다. 카드를 통해 내면의 조언자와 깊이 소통할수록 지금

이 순간의 모든 것이 점점 총망라된다. 삶을 더 넓은 시각으로 보기 시작한다.

이제 우리의 앞날을 지지해 줄 타로에 관한 단단한 지식을 갖게 되었다. 타로 연습을 꾸준히 할수록 테크닉이 아닌 직관을 통해 더 많은 걸 볼 수 있을 것이다. 결국 자신의 타로 능력에 꾸준히 의지할 수 있는 지점에 도달할 것이다.

타로 연습을 할 때 어떤 근원Source의 지혜가 카드를 통해 우리에게 전달된다는 이해가 깔려 있어야 한다. 처음에는 이것을 믿음처럼 여길지 몰라도, 우리의 경험이 그것을 "입증"할 것이다. 진정성을 가지고 카드에 접근할 때 우리의 타로 연습은 날개를 달게 될 것이다!

제3부
카드 해설

카드 해설 안내

제3부에서 소개하는 타로 덱 78장 카드의 정보는 다음과 같이 구성되어 있다.

이름과 그림

라이더 웨이트 덱의 그림과 카드 이름.

키워드

키워드는 카드의 주요 의미를 포착한 3~5개의 단어나 구절이다. 각설명 페이지 맨 위에 있다. 이것을 표로 만든 것이 메이저 아르카나는 111쪽, 마이너 아르카나는 178~179쪽에 있다.

작용

작용은 키워드 에너지가 나타나는 방식을 표현한 문구들이다. 예를들어, '고위 여사제' 작용에 "뻔한 것 너머를 봄" "비밀스럽고 숨겨진것을 감지함"이 있다. 이는 키워드 "신비"를 경험하는 방식이다. 카드에너지가 보여 주는 역동성을 강조한다.

역방향

카드 에너지는 키워드와 작용이 알려 준다. 카드가 역방향이면 그 에너지는 존재하나 낮은 단계다. 강하고 거리낌없이 나타나지 않는다. 막혀 있고, 제한되고, 불완전하고, 어떤 식으로든 축소되어 있다. 에너지가 이제 시작되거나(초기 단계) 힘을 잃고(후기 단계) 있을 수 있다. 일반적인 경험으로 두드러진 적이 없었으면 초기 단계다. 존재해 왔으나 현재 희미해지는 거라면 후기 단계다.

각 키워드에 대해 카드가 역방향이면 에너지가 어떻게 나타나는지 몇 가지 예를 담았다. 초기 단계와 후기 단계 모두 넣었다. 리딩에서 역방향 카드가 나왔을 때 이 예들을 참조해 볼 수 있다.

해설

카드에 대한 추가 정보와 리딩에서 암시되는 것들을 소개한다. 메이저 아르카나 설명은 보편적이고 철학적인 반면, 마이너 아르카나 설명은 구체적이고 일상적이다.

대극 카드

어떤 카드들은 리딩에서 해당 카드와 대극되는 짝이 될 수 있다. 대극 카드에 관한 자세한 설명은 3장과 5장을 참조한다. 제5부에 일부 코트 카드와 슈트 카드 위계에 따른 짝이 실려 있다(444쪽 참조).

강화 카드

어떤 카드들은 리딩에서 해당 카드를 강화하는 짝이 될 수 있다. 강화 카드에 관한 자세한 내용은 3장을 참조한다.

코트 카드 짝

코트 카드는 고유의 개성으로 자연스레 짝을 이루는 카드들이 있다. 위계와 슈트를 토대로 한다. 자세한 내용은 3장과 5장을 참조한다. 제5부에 코트 카드와 슈트 카드 위계에 따른 짝이 실려 있다.

에이스와 에이스 짝

에이스끼리 짝일 때 두 슈트 에너지를 이용해 새로운 방향으로 성장할 수 있는 특별한 기회를 암시한다.

바보의 여정

부록 1에 소개된 "바보의 여정"은 메이저 아르카나 카드에 대해 더 많은 걸 알게 해 줄 것이다.

메이저 아르카나

메이저 아르카나 키워드

바보 (0)	마법사(1)	고위 여사제(2)	여제(3)
시작 자발적임 믿음 어리석어 보임	행동 의식적 자각 집중 힘	무위 무의식적 자각 잠재력 신비	모성 풍요 감각 자연
황제(4)	**교황(5)**	**연인(6)**	**전차(7)**
부성 구조 권위 규제	교육 신념 체계 순종 그룹 정체성	관계 성적 관심 개인적 신념 가치	승리 의지 자기주장 강력한 통제
힘(8)	**은둔자(9)**	**운명의 수레바퀴(10)**	**정의(11)**
힘 인내 연민 부드러운 통제	성찰 탐구 길잡이 고독	운명 터닝 포인트 움직임 개인적 비전	정의 책임 결정 원인과 결과
거꾸로 매달린 사람(12)	**죽음(13)**	**절제(14)**	**악마(15)**
내려놓음 반전 보류 희생	종료 과도기 제거 냉혹한 힘	절제 균형 건강 결합	구속 물질주의 무지 절망
탑(16)	**별(17)**	**달(18)**	**태양(19)**
갑작스런 변화 분출 몰락 계시	희망 영감 관대함 평온	두려움 환영 상상 당혹	깨달음 위대함 활력 확신
	심판(20)	**세계(21)**	
	심판 부활 내적 소명 사면	통합 성취 참여 승속	

0 바보
THE FOOL

시작
자발적임
믿음
어리석어 보임

작 용

시작

새로운 단계에 들어섬　　　　　새로운 길을 개척함

지평을 넓힘　　　　　　　　　무언가를 새로 시작함

모험이 시작됨　　　　　　　　여정에 나섬

미지의 세계로 향함

역방향) 초기: 이제 막 시작할 준비를 하고 있다. 여정이 시작될 수 있다. 새로
운 단계에 진입할 수 있다. 새로운 계획을 추진할 생각이다. 미지의 무언가가
손짓하기 시작할지 모른다. | 후기: 시작할 기회가 사라져 간다. 더 이상 새로운
기회는 없다. 지금은 착수될 가능성이 희박하다. 시작하는 날이 지나갔다. 미지
의 무언가가 가진 매력이 없어진다.

자발적임

그 순간을 삶　　　　　　　　기대를 저버림

예상치 못한 행동을 함　　　　충동적으로 행동함

거리낌 없는 느낌　　　　　　누군가를 놀라게 함

태평한 느낌

역방향) 초기: 분위기가 더 자유로워질 수 있다. 예상에서 벗어날 수 있다. 순간적인 충동으로 행동하는 게 더 쉬울 수 있다. 거리낌 없는 느낌을 갖기 시작할지 모른다. | 후기: 속 편한 시기가 끝나 간다. 더 이상 즉석으로 할 의향이 없다. 이제 즉흥적인 결정은 덜 효과적이다. 누군가는 충동적인 성향이 줄어든다. 자유롭고 자연스러운 분위기가 사라져 간다.

믿음을 가짐

흐름을 믿음	열려 있음
근심과 두려움을 놓아 버림	보호받고 사랑받는다고 느낌
즐겁게 삶	순수함을 되찾음
신뢰함	

역방향) 초기: 믿음을 회복할 수 있다. 더 쉽게 믿을지 모른다. 더욱 확신할 수 있다. 상황이 안전하다고 느끼기 시작할 수 있다. 누군가가 더 믿으려고 할 수 있다. | 후기: 믿음을 잃게 된다. 희망이 사라져 간다. 예전 같은 자신감이 없다. 누군가가 더 이상 신뢰하지 않는다. 순수한 시기가 지나갔다.

어리석음을 수용함

자신의 선택을 감수함	"바보 같은" 길을 감
허황된 꿈을 추구함	자신에게 솔직함
"정신 나간" 기회를 잡음	가슴에 품은 열망을 믿음

역방향) 초기: 꿈을 추구하기 시작할 수 있다. 어리석은 일에 말려들지 모른다. 무모한 기회를 잡을 준비를 하고 있다. 비록 실패하더라도 그 길을 가기로 결심할 수 있다. | 후기: 어리석고 정신 나간 시기가 지나갔다. 지금은 환멸감을 더 느낀다. 더 이상 꿈을 추구하는 것이 불가능하다. 일말의 어리석음은 과거의 일이다.

해 설

0번 카드 '바보'는 메이저 아르카나의 시작점이지만, 다른 메이저 카드와 구분된다. 중세 시대 왕궁에는 광대가 있었고, 그는 사람들이 따르는 규칙을 지키리라 기대할 수 없는 인물이었다(중세시대에 "Fool"은 왕의 여흥을 위해 고용된 광대였다. 옮긴이). 광대는 자기가 관찰한 것을 풍자할 수 있었다. 이것이 '바보'를 예측 불가능하게 하고, 놀라움으로 가득하게 만든다. 그는 매순간 우리에게 내재된 무한 잠재력과 자발성을 상기시킨다. 이 카드는 뭐든 시작하는 의미가 있다. 그러나 확실하거나 규칙적인 것은 아니다. '바보'는 상황에 새로움과 낯섬을 더한다.

'바보'는 인생은 아름답고 믿을 만한 가치가 있다는 완전한 믿음을 보여 준다. 누군가는 '바보'가 너무 순진하다고 말할지 모른다. 하지만 그것이 그를 지탱하고 즐겁게 한다. 리딩에서 '바보'는 새로운 시작이나 방향 전환을 알리는 신호일 수 있다. 그 신호가 우리를 모험, 경이로움, 성장의 길로 안내할 것이다. 그는 우리가 믿음을 유지하고, 우리 본연의 반응을 신뢰하라고 일깨운다. 결정을 해야 하거나 의심이 찾아오는 순간 '바보'는 우리 자신을 믿고 가슴이 하는 말을 따르라고 한다. 자신에게 일어나는 충동이 말이 안 되고 어리석어 보일지라도 말이다.

* 대극 카드: 황제 구조, 규제 | **교황** 관습을 따름, 변하지 않는 습관 | **죽음** 종결, 마감 | **악마** 냉소적 느낌, 믿음이 부족함 | **2 소드** 경험을 차단함, 긴장감, 억제 | **4 펜타클** 질서와 규칙성

* 강화 카드: 거꾸로 매달린 사람 무언가에 대해 믿음을 가짐, 흐름을 따름 | **별** 순수, 믿음, 신뢰 | **심판** 거듭남, 새 출발 | **3 완드** 지평을 넓힘, 미지의 영역에 들어섬

1 마법사
THE MAGICIAN

행동

의식적 자각

집중

힘

작용

행동을 취함

해야 할 일을 함

가능한 무언가를 현실로 만듦

계획을 실행함

자신의 재능을 이용함

자신의 잠재력을 실현함

말한 바를 실천함

마법 같은 결실을 이룸

역방향) 초기: 행동할 시기가 다가오고 있다. 움직일 준비를 하고 있다. 계획이 진행되기 시작할지 모른다. 해야 할 일을 할 기회가 생길 수 있다. 앞으로 더 많이 활동하게 될 수 있다. | 후기: 행동하는 시기가 끝나 간다. 활동성이 떨어진다. 이제 자신의 업적에 대한 지원이 덜하다. 누군가가 힘을 덜 쓴다. 사람들이 더 이상 계획을 행동에 옮기지 않는다.

의식적으로 행동함

자신이 뭘 하고 왜 하는지 앎

자신의 의도를 이해함

자신의 동기를 인정함

알려진 상황을 검토함

역방향) 초기: 무언가 알아채기 시작할 수 있다. 더 많은 걸 인식할 수 있다. 상황의 본질이 더 분명해질 수 있다. 사람들이 당당하게 말하기 시작할지 모른다. 머지않아 모든 일을 잘해야 할 수 있다. | 후기: 덜 인지하게 된다. 무슨 일이 일어날지 더 이상 확신하지 못한다. 분명했던 목적이 흐려진다. 지금은 입장을 고수하는 게 쉽지 않다. 이해력이 떨어진다.

집중함

하나의 목적을 지님	온전히 전념함
의지력을 발휘함	중심이 잡힌 느낌
산만하게 하는 것들을 치움	목표에 초점을 맞춤

역방향) 초기: 집중이 잘되기 시작할지 모른다. 집중력 유지가 쉬울 수 있다. 목적의식을 되찾을 수 있다. 더욱 헌신하게 될지 모른다. 목표에 전념하기 시작할 수 있다. | 후기: 더 이상 산만하게 하는 것들을 피하기 어렵다. 예전처럼 몰입하지 못한다. 지금은 사람들이 덜 몰두한다. 집중하는 시기가 끝나 간다. 더 이상 에너지를 모으지 못한다.

힘을 경험함

영향력이 강함	활력이 있음
기적을 만듦	기운이 북돋워짐
활기를 느낌	창의적임

역방향) 초기: 더 강해질 수 있다. 자신의 존재감을 알리기 시작할지 모른다. 힘의 강도가 세질 수 있다. 영향력이 커질 수 있다. 효력이 돌아올 수 있다. | 후기: 힘이 약해진다. 더 이상 원기 왕성하지 않다. 집단을 좌지우지할 역량이 쇠락하고 있다. 누군가의 명성이 기울고 있다. 이용 가능한 에너지가 거의 없다.

해 설

M

행동과 남성성의 원형을 보여 주는 '마법사'는 궁극의 성취자다. 그는 우주의 힘을 창의적으로 사용할 줄 아는 힘을 상징한다. 그의 자세를 보라. 그는 피뢰침 역할을 하는 듯하다. 한 팔은 위로 뻗어 영감을 받으려 신성을 향해 있고, 다른 한 팔은 그 강력한 에너지를 쏟아 부을 지상을 향하고 있다.[7] 그의 능력은 때로 마법처럼 보인다. 그의 의지가 기적 같은 일들을 이루는 데 한몫하기 때문이다.

무엇이 '마법사'를 강하게 만드는 걸까? 첫째, 행동하기를 두려워하지 않는다. 자기 자신을 믿고 그 믿음을 기꺼이 따른다. 또 자신이 무엇을 하려는지, 왜 하려는지를 안다. 자신이 처한 상황을 정확하게 알고 있어 망설일 이유가 없다. '마법사'는 한결같은 마음으로 집중할 수 있다. 신성한 힘의 원천을 기억하는 한 '마법사'는 기적을 낳는 완벽한 도관 역할을 계속 해낸다.

리딩에서 '마법사'는 창의성의 원천이 우리 자신임을 암시한다. 단, 자신의 힘을 당당히 주장할 수 있어야 하고, 자각하고 집중해서 행동할 수 있어야 한다. 이 카드는 우리가 무엇을 원하는지 정확히 알고 있고, 그것을 얻기 위해 헌신할 거라면 지금 행동하라는 신호다.

* 대극 카드: 고위 여사제 무위無爲, 직관, 무의식에 접속함 | **거꾸로 매달린 사람** 행동을 보류함, 행하지 않음 | **7 컵** 집중과 몰입이 부족함 | **4 소드** 가만히 쉼, 에너지를 비축함 | **8 소드** 혼란스럽고 불확실함, 무력함

* 강화 카드: 전차 집중, 전념, 강력함 | **2 완드** 개인적 역량, 강한 힘을 발휘함 | **8 완드** 빠른 행동, 행동을 취함 | **8 펜타클** 집중과 전념

2 고위 여사제
THE HIGH PRIESTESS

무위
무의식적 자각
잠재력
신비

작용

무위에 머묾

개입을 철회함	간섭하지 않고 사건이 흐르게 둠
영향력을 받아들임	차분함
수동적임	인내하며 기다림

역방향) 초기: 철회하기 시작할 수 있다. 당분간 몸을 낮춰야 할 수 있다. 고요한 시기가 올 수 있다. 앞으로 하는 일 없이 보낼 수 있다. 누군가가 더 많은 인내심을 보여 주기 시작할 수 있다. | 후기: 무위無爲의 시기가 끝이 난다. 더 이상 바라보고만 있을 수 없다. 지금은 수동적인 경향이 덜하다. 기다림이 끝났다. 사람들이 더 이상 차분히 있으려 하지 않는다.

무의식에 접속함

자신의 직관을 이용함	내면에서 지침을 찾음
내면의 목소리를 신뢰함	꿈과 상상력에 열려 있음
더 큰 현실에 대해 자각함	

역방향) 초기: 내면을 살피기 시작할 수 있다. 누군가가 내면의 진실에 열려 있을 수 있다. 무의식의 질료들이 표면 위로 나타나기 시작할 수 있다. 다른 현실을 알게 될지 모른다. | 후기: 더 이상 무의식을 탐색하지 않는다. 내적 영역의 문이 닫히고 있다. 사람들이 숨겨진 진실을 마주하려 하지 않는다. 내면의 목소리를 듣는 게 점점 어려워진다. 다른 현실에 대한 관심이 식어 간다.

잠재력을 봄

가능성을 앎   있을 수 있는 일이 열림
자신의 숨겨진 재능을 봄   새로운 국면을 허용함
뭐가 됐든 꽃이 피게 함

역방향) 초기: 잠재력을 인지하기 시작할 수 있다. 재능이 발현될 수 있다. 사람들이 있을 법한 일을 시작할 수 있다. 가능성이 더 확실해질지 모른다. | 후기: 더 이상 잠재력을 알아차리지 못한다. 숨겨진 가능성이 실현되지 않았다. 지금 사람들은 성장 가능성에 회의적이다. 재능이 퇴색한다. 기회가 지나갔다.

신비를 감지함

뻔한 것 너머를 봄   봉쇄된 영역에 접근함
미지의 세상에 열려 있음   중요한 것이 떠오름
비밀스럽고 숨겨진 것을 감지함   밝혀지지 않은 것을 추구함
그림자를 인정함

역방향) 초기: 신비가 드러날 수 있다. 숨겨진 것들을 살피기 시작할지 모른다. 봉쇄된 영역에 접근할 수 있다. 누군가에게는 기억이 떠오르는 시점일 수 있다. 미지의 무언가가 손짓할 수 있다. | 후기: 신비로부터 멀어진다. 비밀이 드러났거나 은폐되었다. 누군가가 상황을 다루기 어렵게 만들었다. 미지에 대한 관심이 식어 간다. 그림자 측면이 덜 노출된다.

해 설

'고위 여사제'는 무의식의 수호자다. 그녀는 얇은 베일 앞에 앉아 있다. 그 베일은 내면의 풍경으로부터 우리를 떼어 내는 무지다. 무의식의 비밀을 간직한 그녀는 말없이 우리를 초대한다. "가만히 있으라. 내가 신성임을 알라!"

'고위 여사제'는 '마법사'의 남성적 힘과 균형을 이루는 여성적 원리다. 타로에서 여성성의 원형은 '고위 여사제'와 '여제'로 나뉜다. '고위 여사제'는 실재하고 알려진 것들에 집중하는 문화에서 신비한 미지의 세계를 특히 여성에 대변한다. 반면 '여제'는 삶의 가혹한 시련을 감내하는 여성의 역할을 의미한다.

리딩에서 '고위 여사제'는 우리에게 더 깊은 수준으로 들어가라는 도전을 내포하고 있다. 보이는 너머에 있는, 상황 이면에 숨겨진, 알려지지 않은 것을 보라고 요구한다. 또 우리의 엄청난 잠재력과 무한한 가능성을 상기하라고 말한다. '고위 여사제'는 기다리고 수용하는 시기임을 가리킬 수 있다. 목표를 이루기 위해 늘 행동이 필요한 것은 아니다. 때로는 충분한 시간을 가짐으로써 욕망이 피어나는 기회인 무위無爲를 통해 실현되기도 한다.

＊대극 카드: 마법사 의식적 행동, 사고하기, 알려지고 분명한 것 | **2 완드** 대담하게 행동함 | **7 완드** 공격적임 | **8 완드** 계획을 실행함

＊강화 카드: 은둔자 내면 살피기, 물러남, 조언을 구함 | **거꾸로 매달린 사람** 활동을 중단함, 기다림 | **4 소드** 조용히 쉼, 묵상

3 여제
THE EMPRESS

모성
풍요
감각
자연

작 용

모성

출산함	생명을 키움
다른 이들을 양육하고 돌봄	세상을 소중히 품음
부드럽게 표현함	아이들과 함께 어울림

역방향) 초기: 모성이 더 중요해질 수 있다. 출산이 가까워질 수 있다. 보살피려는 욕구가 커질 수 있다. 누군가를 돌보기 시작할지 모른다. 아이와 관련될 수 있다. 어머니가 더 많이 관여하게 될 수 있다. | 후기: 모성의 시기가 끝나 간다. 출산을 했다. 이제 누군가를 돌보는 일이 드물다. 어머니와는 전처럼 가깝지 않다. 아이와 떨어지게 된다. 소중히 여기는 마음이 시들해진다.

풍요를 맞이함

호화로움을 만끽함	풍성하게 보상받음
충분히 화려함	많은 것을 가짐
부유한 느낌	

역방향) 초기: 더 많은 풍요를 경험하기 시작할 수 있다. 충분한 공급이 뒤따를 수 있다. 더 넉넉해질 수 있다. 풍요를 향해 나아갈 수 있다. 흑자가 가능해질지 모른다. | 후기: 풍요의 시기가 지나갔다. 사람들이 더 이상 호화로울 수 없다. 자원이 줄어든다. 지금은 덜 남아돈다. 금고가 비어 간다.

감각을 경험함

쾌감을 주고받음	몸에 집중함
아름다움을 감상함	활력 있는 건강을 느낌
세속적임	육체적 활동을 함

역방향) 초기: 더욱 감각적으로 느끼기 시작할 수 있다. 쾌감이 중요해질 수 있다. 활력과 에너지를 회복할 수 있다. 감각들 중 하나가 개선될 수 있다. 자신의 몸에 집중하기 시작할지 모른다. | 후기: 쾌감을 경험하는 시기가 지나갔다. 더 이상 감각적으로 즐기지 않는다. 육체적 활동이 줄어든다. 이제 몸에 대한 관심이 줄어든다. 감각들 중 하나가 약해지고 있다.

자연에 반응함

동식물과 관련됨	자연을 품음
지구와 연결된 느낌	야외로 나가 활동함
자연의 리듬과 조화를 이룸	

역방향) 초기: 자연과의 유대감이 커질 수 있다. 자연을 더 많이 느끼기 시작할 수 있다. 환경 보호가 대두될 수 있다. 야외 활동이 더 중요해질지 모른다. 머지 않아 자연을 체험할 수 있다. | 후기: 더 이상 동식물과 관련되지 않는다. 환경에 대한 관심이 줄어든다. 사람들이 지구와 연결된 느낌을 덜 받는다. 자연과 가까워지려는 지원이 덜하다.

해 설

'여제'와 '고위 여사제'는 메이저 아르카나에서 여성성의 원형을 절반씩 차지한다. '여제'는 양분과 생명을 주는 어머니를 나타낸다. 자연의 풍요와 대지의 리듬을 관장하는 어머니 지구이기도 하다. 모든 감각적인 만족감과 즐거움, 그리고 모든 새 생명이 가진 풍요는 그녀에게서 나온다. '여제'는 우리의 뿌리인 자연 세계와 더 강하게 연결될 것을 부추긴다. 우리가 그 뿌리에서 자주 멀어지는 건 가식적인 지적 교양과 쾌락 때문이다. '여제'는 우리에게 지상에 발을 단단히 디딜 것을 상기시킨다.

리딩에서 '여제'는 모성의 모든 면을 의미할 수 있다. 한 개인의 어머니일 수 있고, 메이저 아르카나 카드이기에 특정되는 어머니 역할을 뛰어넘는, 즉 생명을 창조하고 사랑과 관심으로 돌보는 모성의 본질을 의미할 수도 있다.

'여제'는 또 모든 종류의 넘치는 풍요를 의미할 수 있다. 그녀는 특히 음식, 쾌감, 아름다움과 관련한 감각적 즐거움을 제공하는 기쁨의 보고寶庫다. 그녀가 물질적 보상을 암시할 수 있지만, 부는 너그럽고 열린 정신과 함께 온다는 이해가 있어야만 가능하다. '여제'는 우리에게 생명의 원리를 받아들이고 그 넘치는 선의를 만끽할 것을 요구한다.

* **대극 카드:** 황제 부성, 질서와 규율, 규칙성 | 죽음 삶에 대한 확신이 거의 없음 | 4 펜타클 탐욕스런 소유욕 | 9 펜타클 품위, 세련됨

* **강화 카드:** 연인 성적 만족, 쾌락 | 별 관대함, 막힘없이 흐르는 사랑 | 9 컵 감각을 즐김 | 7 펜타클 물질적 보상 | 10 펜타클 풍요, 호화로움, 육체적 안락함

4 황제
THE EMPEROR

부성
구조
권위
규제

작 용

부성

혈통을 세움	방향성과 분위기를 설정함
보호하고 방어함	성장하도록 이끎
안전과 안락함을 가져옴	이유를 설명함

역방향) 초기: 부성이 더 중요해질지 모른다. 지지하기 시작할 수 있다. 자식과의 관계가 발전할 수 있다. 아버지와의 관계가 개선될 수 있다. 누군가가 성장으로 이끌기 시작할 수 있다. | 후기: 부성애의 주기가 끝나 간다. 더 이상 자식을 지지하지 않는다. 아버지의 관여가 줄어든다. 보호할 필요성이 점점 없어진다. 가장 역할이 더 이상 대두되지 않는다.

구조를 강조함

무질서에서 질서를 만듦	분류함
체계적임	모양과 형태를 제공함
조직적임	근거를 적용함
조정함	계획을 고수함

역방향) 초기: 질서를 되찾을 수 있다. 계획이 구체화되기 시작할지 모른다. 활동을 관장하기 시작할 수 있다. 상황이 더 체계적이 될 수 있다. 머지않아 느슨한 부분을 단단히 조일 수 있다. | 후기: 체계가 무너져 간다. 조직이 쇠락한다. 더 이상 방침을 따르지 않는다. 질서 잡힌 시기가 종료된다. 확립된 관계가 깨져 간다.

권위를 경험함

주도하는 역할을 함   위풍당당함

통제권을 행사함   체제를 대표함

힘 있는 위치에 있음   관료들과 접촉함

방향을 정함

역방향) 초기: 통제권을 행사하기 시작할 수 있다. 권위 있는 인물이 관련될 수 있다. 방향성을 강요할 수 있다. 존경심이 커질 수 있다. 리더가 될 기회가 생길지 모른다. | 후기: 더 이상 권위가 없다. 힘 있는 자리를 잃게 된다. 통제권이 다른 사람에게 넘어간다. 리더십이 더 이상 강하지 않다. 관리자들이 물러난다.

규제함

법칙과 질서를 확립함   건전한 원칙하에 운영함

규칙이나 가이드라인을 적용함   법적 질서 안에서 일함

행동 기준을 정함   체제를 따름

역방향) 초기: 규칙을 정하기 시작할 수 있다. 법적 문제가 중요해질 수 있다. 법적으로 접촉하는 일이 증가할지 모른다. 규제가 시행될 수 있다. | 후기: 법적 문제가 마무리된다. 규칙이 점차 줄어든다. 관찰 기간이 끝나 간다. 지금은 강령을 거의 따르지 않는다. 더 이상 규제를 존중하지 않는다.

해 설

'황제'의 풍채는 이 카드의 핵심 속성에 대해 많은 것을 알려 준다. 그는 돌로 만든 왕좌에 엄격하고 위엄 있는 모습으로 앉아 있다. 꼿꼿하게 등을 세우고 우리를 정면으로 응시한다. 통치권자로서 자신의 완벽한 권위를 확신하고 있다.

'황제'는 구조, 질서, 규제를 의미한다. '여제'의 막힘없이 흐르는 풍요와 균형을 맞추는 힘이다. '황제'는 견고한 세상을 지지한다. 기차는 정확한 시간에 운행되고, 게임은 규칙에 따라 진행되고, 지휘관은 존경받는 그런 세상이다. 현재 혼란스런 상황이면 '황제'는 조직의 필요성을 암시할 수 있다. 느슨한 끈을 조이고, 제멋대로인 요소를 통제해야한다. 지나치게 통제되는 상황이면 그 강제성을 제한할 것을 시사한다.

'황제'는 또 권위를 갖게 되거나 힘과 통제권을 넘겨받는 의미일 수 있다. 규제자로서 때로는 다양한 종류의 법적 문제, 징계 처분, 관료 집단과 관련된다. 또 가르치고, 보호하고, 부양하는 자로서 개인의 아버지 또는 전형적인 아버지를 대변할 수 있다.

* 대극 카드: 여제 모성, 막힘없이 흐르는 풍요 | **7 컵** 무절제, 질서의 부재 | **5 소드** 규칙을 어김, 법을 위반함

* 강화 카드: 교황 규칙을 준수함 | **정의** 정의와 적법성에 관여함 | **2 완드** 권위를 지님 | **3 완드** 리더십을 발휘함 | **4 펜타클** 통제, 구조, 질서

5 교황
THE HIEROPHANT

교육
신념 체계
순종
그룹 정체성

작 용

교육을 받음

지식을 추구함   견문이 넓어짐

이해의 폭이 커짐   연구하고 배움

더 깊은 뜻을 구함   더 많이 알아냄

역방향) 초기: 자신의 연구를 시작할 수 있다. 누군가가 교육 기관에 들어갈 수 있다. 지식에 대한 갈증이 커질 수 있다. 더 많은 정보가 필요할지 모른다. 배움의 과정이 시작될 수 있다. | 후기: 배우는 시기가 종료된다. 연구가 끝났다. 더 이상 교육이 우선순위가 아니다. 알아야 할 것을 알아냈다. 이해력이 떨어진다.

신념 체계를 지님

문화유산를 공유함   종교적 전통을 배움

의식과 의례를 존중함   세계관을 확립함

규율을 따름   어떤 신념을 가질지 알고 있음

역방향) 초기: 세계관이 만들어질 수 있다. 규율을 따를 준비를 하고 있다. 의식이 집행될 수 있다. 신념 체계를 배우기로 결심할지 모른다. 전통이 더 중요해질 수 있다. | 후기: 신념을 잃어 간다. 전통 방식에 매력을 덜 느낀다. 생활 양식이 사라져 간다. 신념이 흔들렸다. 예전의 가설은 설득력이 떨어진다.

순종함

규칙을 따름	전통적인 접근법을 취함
관습의 울타리 안에 머묾	시스템에 순응함
적응함	프로그램에 동조함
예상대로 행동함	기득권층의 일원이 됨

역방향) 초기: 프로그램에 동조하기 시작할 수 있다. 틀에 더욱 안주하기 시작할지 모른다. 사람들이 정통성을 더 신봉하게 될 수 있다. 앞으로 누군가가 협조할 수 있다. | 후기: 지금은 덜 순응한다. 사람들이 더 이상 규칙을 따르지 않는다. 섞여야 할 필요성이 점차 없어진다. 그룹 방침이 매력을 잃어 간다. 누군가가 덜 순종적이다.

그룹과 동일시함

명분에 헌신적임	그룹에 에너지를 쏟음
조직에 가입함	팀의 일원으로 일함
타인에 대한 충성심을 느낌	제도화된 환경 안에 있음

역방향) 초기: 그룹에 가입할 생각을 하고 있다. 팀의 일원이 될 수 있다. 공동체 정신이 생길 수 있다. 마음이 맞는 사람들끼리 모이기 시작할 수 있다. 다른 이들의 목소리에 자신의 목소리를 보태기로 결심할지 모른다. | 후기: 무리에서 이탈한다. 연대의 시기가 끝이 난다. 공동 명분에 대한 헌신이 식어 간다. 팀이 해체되고 있다. 공통점이 거의 없다.

해 설

극히 예외적인 경우가 아니라면 누구나 문화권 안에서 성장하고 발전한다. 우리는 다른 사람과 더불어 살아가며 배운다. '교황'은 특히 그룹에서의 공식적인 학습을 뜻한다. 그는 특정인이 아는 지식을 설명해 주는 사람이다. 5번 카드에는 격식을 갖춘 교회 안에 종교적 성향의 한 인물이 보인다. 그는 공들여 만든 직무 예복을 입고 있다. 그의 직무는 두 입문자를 교인으로 이끌어 정해진 역할을 하도록 하는 것이다.

교회 말고도 학교, 동호회, 팀, 회사, 사회 등 규칙과 정해진 역할로 조직화된 그룹은 모두 '교황'의 영역이다. 그룹은 진상, 규칙, 절차, 의례 같은 신념 체계를 강조한다. 그 일원은 협의된 사항을 따라야 하고, 그들이 그룹 정체성을 발전시켜 나간다. 그룹에 초점을 둔 세 장의 카드 중 하나가 '교황'이다(나머지 두 장은 '3 컵' '3 펜타클'이다).

리딩에서 '교황'은 전문가나 박식한 교사로부터 배우는 걸 의미하고, 또 기관과 기관의 가치를 의미한다. 규칙이나 정해진 상황을 따라야 하는 필요성을 상징한다. 리딩에서 그는 우리가 비혁신적이고, 자유롭지 못한, 개인이 아닌 그런 힘들과 맞서 싸우고 있음을 보여 줄 수 있다. 상황에 따라 그룹이 든든할 수도, 답답할 수도 있다. 체제에 순응하고 전통을 받아들일 필요도 있지만, 자기 자신을 믿어야 할 때도 있다.

* **대극 카드: 바보** "비상식적"이고 정통적이지 않음 | **연인** 개인의 신념 | **2 완드** 무리에서 벗어남, 개척자 | **7 소드** 외로운 늑대 | **2 펜타클** 유연함, 시대에 따라 변함

* **강화 카드: 황제** 규칙을 따름 | **3 컵** 그룹에 초점을 둠 | **3 펜타클** 팀이나 그룹으로 활동함 | **8 펜타클** 배움, 연구 | **10 펜타클** 순종, 규칙을 따름, 보수적임

6 연인
THE LOVERS

관계
성적 관심
개인적 신념
가치

작 용

관계를 맺음

유대감을 형성함   사랑의 감정을 느낌

연합이나 결혼 형태를 취함   친족 관계를 인정함

타인에게 공감함   가까워짐

연결됨   친밀해짐

역방향) 초기: 관계를 맺기 시작할 수 있다. 사랑이 싹틀 수 있다. 관계성이 발전할 수 있다. 누군가와 가까워질지 모른다. 향후 결혼 또는 연합할 수 있다. | 후기: 관계가 끝나 간다. 이제 친밀감이 덜하다. 더 이상 누군가를 사랑하지 않는다. 가족 간 유대가 느슨해진다. 소통이 줄어든다. 파트너십이 종료된다.

성적 관심이 많음

합일을 추구함   욕망을 경험함

성적인 관계를 나눔   다른 사람에게 열려 있음

격정적으로 반응함   육체적 매력을 느낌

내밀한 에너지를 두드림

역방향) 초기: 성적으로 끌리기 시작할 수 있다. 욕망이 커질 수 있다. 더 열정적으로 될 수 있다. 생명 에너지가 강해질 수 있다. 앞으로 성적인 관계가 진전될지 모른다. | **후기:** 지금은 성적인 관계를 맺을 기회가 드물다. 욕망이 감소한다. 격정적인 시기가 끝나 간다. 분위기가 더 이상 성적으로 달아오르지 않는다. 생명력이 예전처럼 강하지 않다.

개인적 신념을 확립함

인정된 견해에 의문을 제기함   자기 입장을 알고 있음

자신에게 진실됨   자신의 철학을 세움

자기 기준에 따름   스스로 결정을 내림

역방향) 초기: 스스로 생각하기 시작할 수 있다. 자신만의 결론에 이를 수 있다. 누군가가 그룹의 합의에 의문을 제기할 수 있다. 독자적인 사상가가 관여할지 모른다. | **후기:** 더 이상 개인적인 견해로 관련되지 않는다. 자신의 신념 체계에 도전을 받고 있다. 스스로 결정할 기회가 지나간다. 현재 자신에게 진실하기가 더욱 어렵다.

가치를 결정함

유혹과 씨름함   옳고 그름을 선택함

윤리적·도덕적 선택에 직면함   목적이 정당화되는 걸 거부함

자신의 관심사를 찾음

역방향) 초기: 가치 있는 것에 관심을 더 가질 수 있다. 윤리적·도덕적 딜레마에 처할 수 있다. 옳고 그름 사이에서 선택해야 할 수 있다. 이상을 재발견하게 될지 모른다. | **후기:** 윤리 강령이 더 이상 존재하지 않는다. 가치가 폐기된다. 지금은 도덕성이 이슈가 아니다. 유혹의 순간이 지나간다. 이상과 싸우는 일이 끝나 간다.

해 설

'연인'은 기억하기 쉬운 카드 중 하나다. 사랑과 섹스는 매혹적인 주제고, 모두가 예상하듯 이 카드는 그 둘을 뜻한다. 합일을 향한 충동은 상당히 강력하고 그것은 고차적인 형태로 우리 자신을 넘어서게 만든다. 그런 이유로 천사가 남녀의 결합을 축복하고 있다.

리딩에서 6번 카드는 세상 모든 힘 중에서 가장 강력한 힘인 깊은 사랑이 깔린 관계를 보여 준다. 그것은 성적인 관계일 수도 있고, 아닐 수도 있다. 넓은 관점에서 '연인'은 사람, 이념, 사건, 변화, 집단 등의 관계 안에서 두 개체가 서로를 끌어당기는 매력적인 힘을 나타낼 수 있다.

6번 카드는 또 가치 판단에 대한 어려움과 그로 인해 제기되는 의문을 의미할 수 있다. 어떤 덱은 두 여자 사이에서—순진한 여인과 유혹하는 여인— 갈등하는 남자를 보여 준다.[8] 다소 구시대적인 이런 삼각관계는 시시비비를 가려야 하는 상황에서 겪는 딜레마를 더 광범위하게 상징한다.

'연인'은 윤리적 · 도덕적 판단을 해야 하는 갈림길에 서 있음을 암시할 수 있다. 즉 순탄한 길을 가느냐, 험난한 길을 가느냐를 결정해야 한다. 결정 전에 먼저 자신의 입장을 알아야 한다. 그래서 이 카드는 때로 개인적 신념을 의미한다. 자기 길을 간다는 것은 잘못된 길로 자신을 충동질하는 사람들을 거스르고 있음을 의미할 것이다.

* **대극 카드: 교황** 확립된 신념 | **은둔자** 홀로 있음, 관련 없음, 성적 욕망이 없음 | **5 컵** 관계를 상실함 | **3 소드** 거절, 이별

* **강화 카드: 여제** 성적 만족, 쾌감 | **2 컵** 합일, 결혼, 연결 | **9 컵** 성적 쾌락 | **10 컵** 가족 관계, 유대감 | **10 펜타클** 영원한 연합, 가족 간 유대감

7 전차
THE CHARIOT

승리
의지
자기주장
강력한 통제

작 용

승리를 쟁취함

목표에 도달함   우승함

성공함   장악함

정상에 오름   경쟁에서 이김

역방향) 초기: 성공을 이루기 시작할 수 있다. 머지않아 승리를 거머쥘 수 있다. 결국에는 우승컵을 차지할지 모른다. 곧 정상을 향한 길이 시작될 수 있다. 정복의 분위기가 전개될 수 있다. | 후기: 승리는 과거의 일이다. 연이은 우승이 끝나 간다. 영광의 순간이 지나갔다. 더 이상 장악하지 못한다. 전투가 서서히 끝나 간다.

의지를 이용함

성공하기로 결심함   자신이 의도하는 것에 집중함

유혹을 극복함   어떤 것에도 방해받지 않음

노력을 지속함   에너지를 모음

목표를 정함

역방향) 초기: 이제 막 집중하기 시작할 수 있다. 결심이 더 확고해질 수 있다. 성공을 향한 욕망이 커질 수 있다. 누군가가 더욱 단련하는 모습을 보여 줄지 모른다. | 후기: 집중력이 떨어진다. 더 이상 노력을 지속할 수 없다. 성취에 대한 의지가 약해진다. 지금은 덜 열중한다. 목적의식이 흐려진다.

자기를 주장함

자기중심적임	정체성을 확립함
자신이 누구인지 앎	자신감을 느낌
자신에 대한 믿음이 있음	자기 이익을 도모함

역방향) 초기: 자기주장이 더 강해질 수 있다. 자신을 옹호하기 시작할 수 있다. 자신감이 더 커질 수 있다. 원하는 걸 요구할 준비를 하고 있다. | 후기: 지금은 자기주장을 거의 하지 않는다. 더 이상 자신의 존재감을 부각하지 않는다. 일등이 되려는 욕망이 시들해진다. 자기 중심적인 욕구가 덜 중요해진다. 더 이상 이목을 끌 필요가 없다.

강력하게 통제함

감정을 지배함	충동을 억제함
규율을 잘 지킴	분노를 참음
자기 길을 감	권력을 쥠
권위를 보여 줌	

역방향) 초기: 강력하게 통제하기 시작할 수 있다. 앞으로 단호해야 할 수 있다. 엄격한 기준이 필요할지 모른다. 이제 막 감정을 다스리기 시작할 수 있다. | 후기: 엄격한 통제가 느슨해진다. 더 이상 단속하지 않는다. 힘의 고삐를 놓게 된다. 철저할 필요성이 줄어든다. 강압적 상황은 과거의 일이다.

해 설

율리우스 카이사르Julius Caesar가 전차에 올라타 위풍당당한 모습으로 로마에 들어서는 장면을 떠올려 보라. 그는 적들을 물리치고 광활한 새 영토를 정복했다. 이것이 '전차'의 정신이다. 7번 카드는 의지력과 자기 통제로 거둔 승리를 의미한다. 이 카드는 전투와 관련된 능력 즉 규율, 투지, 결단력, 단호함을 상징하기 때문에 전사 이미지가 잘 어울린다.

'전차'는 에고의 긍정적인 면을 보여 준다. 건강한 에고는 강하고 자신감에 차 있다. 자신이 무엇을 원하고 어떻게 얻을지 안다. 만일 누군가의 에고가 "지나치게" 건강하다면 우리는 짜증을 낼지 모른다. 하지만 힘든 순간을 이겨 내기 위해 때로는 그런 그에게 의지한다. 우리는 그가 우유부단하지 않다는 걸 알고 있다.

리딩에서 '전차'는 강력하게 통제하고 있거나 그런 기색이 두드러질 때 나타난다. 강한 통제의 이상적인 모습은 무자비하지 않으면서도 단호하게 관리 감독하는 것이다. 강한 의지와 엄청난 자신감이 그것을 뒷받침한다. '전차'는 자기 자신이나 상황에 대한 통제를 의미할 수 있다. 이 카드는 또 승리를 의미한다. 승리에는 여러 유형이 있고 '전차'는 승패가 갈리는 승리다. 우리가 경쟁자들을 이기고 1등을 할 때 성공이 찾아온다. 그 순간은 정당한 상황에서 영광의 순간이 된다.

* **대극 카드: 힘** 부드러운 통제 | **거꾸로 매달린 사람** 영적 흐름에 순응함, 다른 사람을 우선시함 | **탑** 패배, 굴욕적 경험 | **8 소드** 혼란, 회의감 | **10 소드** 무력감을 느낌, 절망에 빠짐, 타인을 먼저 생각함

* **강화 카드: 마법사** 의지를 이용함, 전념함 | **2 완드** 권위가 있음, 지배함 | **6 완드** 승리, 자신감 | **4 펜타클** 통제 | **9 펜타클** 자기 통제, 단련

8 힘
STRENGTH

힘
인내
연민
부드러운 통제

작 용

힘을 보여 줌

자신이 인내할 수 있음을 앎   용감한 정신을 지님
확고한 결의를 느낌   좌절에도 마음을 다잡음
체력이 좋음   단단함

역방향) 초기: 더 강해지는 느낌이 들기 시작할 수 있다. 에너지를 회복할 수 있다. 더 결연해질지 모른다. 견디려는 의지가 커질 수 있다. 힘을 구축할 수 있다. | 후기: 힘이 약해진다. 더 이상 활력을 느끼지 않는다. 열의를 잃고 있다. 에너지가 빠져나간다. 사람들의 결의가 약해진다. 힘의 정점에서 내려오고 있다.

인내함

좌절에도 침착하게 대응함   다른 사람을 받아들임
시간이 걸림   평정심을 유지함
화를 내려 하지 않음   관용을 베풂

역방향) 초기: 더 인내하게 될 수 있다. 기다리는 게 쉬울 수 있다. 차분하게 참을성을 발휘할 수 있다. 때를 기다려야 할지 모른다. 사람들이 더 기꺼이 받아

들일 수 있다. | 후기: 인내심을 잃고 있다. 더 이상 기다릴 수 없다. 감수하고 수용하는 시기가 끝났다. 조용히 고통을 감내하는 것은 더 이상 선택지에 없다. 평정심을 잃어 간다.

연민을 지님

타인에게 많은 시간을 할애함	너그럽게 허용함
다른 사람의 감정을 이해함	받아들임
결점을 용서함	친절함

역방향) 초기: 이제 막 연민을 느끼기 시작할 수 있다. 포용력이 커질 수 있다. 사람들이 더 친절해질 수 있다. 선의의 분위기가 형성될 수 있다. 누군가에게 미안함을 느끼기 시작할지 모른다. | 후기: 연민이 사라진다. 더 이상 친절하지 않다. 선의를 지닌 시기가 끝나 간다. 호의적인 표현이 점차 줄어든다.

부드럽게 통제함

설득함	함께 일함
우회적으로 알려 줌	영향을 미칠 수 있음
힘에 자비심을 더함	사랑의 힘을 증명함

역방향) 초기: 우회적으로 조언하기 시작할 수 있다. 섬세하게 접근하려고 생각하고 있다. 사람들이 선뜻 부응해 줄 수 있다. 앞으로 더 가볍게 접촉할지 모른다. | 후기: 자비롭게 통제하는 시기가 끝이 난다. 더 이상 영향을 미치지 않는다. 설득하려는 시도가 줄어든다. 사람들이 예의 바르게 따르려 하지 않는다.

해 설

보통 힘이라 하면 커다란 팔, 강인한 다리 등 육체적 조건을 떠올린다. 그러나 내면의 힘도 존재하며 그 힘은 마음 근육의 경험치에서 나온다. 인내, 용기, 결의, 침착함 등은 힘든 시기를 버티게 해 주는 자질이다. 지금까지도 내면의 힘을 가진 사람을 인품이 있다고 표현한다. 그런 사람은 가장 어려운 순간에 의지할 수 있다. 8번 카드는 이 차분하게 결의를 다지는 에너지를 상징한다. '힘' 카드는 화려하지 않지만 실속 있고 믿을 만한 카드다.

8번 카드는 또 인내와 연민을 의미한다. 상황이 틀어지면 화를 내기 쉽고, 불만을 평온하게 다스리려면 많은 힘이 들어간다. 다른 사람을 받아들이고, 실수를 용서하는 것도 마찬가지다. 상황을 부드럽게 만들려면 힘이 필요하다. '전차'가 숙달된 정도와 권위로 통제한다면, 8번 카드는 섬세하게 심지어 사랑으로 다가간다. 여인의 온화한 손길이 힘의 상징인 사자를 어떻게 이끌고 길들이는지에 주목하자.

리딩에서 8번 카드는 이런 자질이 필요할 때 나타날 것이다. 절망하거나 포기하지 말라고 일깨워 줄 수 있다. 우리는 인내하고 영광을 얻을 내면의 힘을 가지고 있다. 자기 자신을 심하게 몰아붙이고 있다면 잠시 물러나 진득해질 필요가 한다. 다른 사람이나 상황이 우리를 몰아붙인다면 사랑과 인내에서 나오는 힘을 기억하자. 그 힘이 가장 어려운 순간을 헤쳐 나가게 해 줄 것이다.

* 대극 카드: 전차 강력한 통제 | **8 컵** 피로, 힘이 부족함 | **6 소드** 생기 없음, 마음의 여유가 없음 | **5 펜타클** 건강이 좋지 않음, 유약함

* 강화 카드: 거꾸로 매달린 사람 시간을 가짐, 인내 | **9 완드** 지구력, 견디는 힘

9 은둔자

THE HERMIT

성찰
탐구
길잡이
고독

작 용

성찰함

숙고함	내면에 집중함
감각에 덜 집중함	고요히 머묾
내면에서 답을 구함	알 필요가 있음

역방향) 초기: 내면을 살피기 시작할 수 있다. 자기 정체성에 의문을 갖기 시작할지 모른다. 향후 생각할 시간이 많아질 수 있다. 고요한 시간이 중요해질 수 있다. 내적 여정에 오를 수 있다. | 후기: 자기 성찰의 시기가 끝나 간다. 이제 내면에 덜 집중한다. 중요한 내적 경험을 했다. 자기 분석이 더 이상 필요치 않다.

탐구함

더 큰 앎을 추구함	무언가를 찾음
어떤 일이 있어도 진실을 원함	개인적인 탐구를 계속함
더 많은 걸 필요로 함	새로운 방향성을 갈망함

역방향) 초기: 답을 찾기 시작할 수 있다. 더 배워야 할 수 있다. 사람들이 연구를 개시할 수 있다. 탐구가 시작될지 모른다. 누군가가 표면 아래를 보기 시작

할 수 있다. | 후기: 탐색이 종료된다. 더 이상 배우려 하지 않는다. 질문의 시기가 지나갔다. 진실을 향한 갈망이 사라진다. 주변을 살피려는 욕구가 줄어든다.

지침을 받거나 줌

멘토를 찾거나 멘토가 됨   현명한 조언을 받거나 제공함

구루에게 배우거나 구루가 됨   도움을 받거나 줌

신뢰받는 스승에게 의지하거나 그런 스승이 됨

역방향) 초기: 지침을 받기로 결심할 수 있다. 외부 의견이 유용할 수 있다. 머지않아 스승을 만날지 모른다. 치유 프로그램을 시작할 수 있다. | 후기: 지침의 원천을 잃어버린다. 자신의 조언이 더 이상 필요 없게 된다. 이제 유용한 도움은 거의 없다. 누군가가 지도를 거부한다. 조언이 줄어든다.

고독을 추구함

홀로 있고 싶어 함   고요함을 갈망함

속세에서 떨어져 나옴   은둔을 체험함

집중에 방해되는 것들을 끊음   자기만의 세상에 은둔함

역방향) 초기: 남들과 더 교류하지 않게 된다. 홀로 있으려는 욕구가 커질 수 있다. 누군가가 혼자 살기로 결심할지 모른다. 앞으로 더 고립될 수 있다. 조용한 시간이 매력적으로 다가올 수 있다. | 후기: 고독한 시기가 종료된다. 더 이상 혼자가 아니다. 분리된 느낌이 희미해진다. 지금은 떨어져 있을 필요가 거의 없다. 누군가가 자기만의 세상에서 나오고 있다.

해 설

전통적으로 은둔자라 하면 격리된 고난의 삶을 살고자 무리에서 나

온 무뚝뚝하고 수염이 난 캐릭터다. 9번 카드가 이를 잘 보여 준다. '은 둔자'는 사회에서 무언가를 얻고 소비하는 삶에서 멀어져 내면세계에 집중하려는 갈망을 나타낸다. 그는 내면에서 답을 찾고자 하며, 오로지 고요하고 고독한 시간을 통해 얻을 수 있다는 걸 알고 있다.

우리는 살면서 분명했던 것들이 의문스러워지는 시기를 맞이한다. 더 깊은 실체를 감지하고 그것이 무엇인지 찾기 시작한다. 보통 그런 탐색은 고독할 수밖에 없다. 바깥세상에 답이 있지 않고, 우리 자신에 게 있기 때문이다. 9번 카드는 손에 등불을 들고 정직한 사람을 찾아 나 선 금욕주의자 디오게네스를 연상시킨다. 디오게네스는 모든 자극적인 활동을 끊고 진실을 찾아 나선 '은둔자'의 표상이다.

리딩에서 '은둔자'는 종종 혼자 있을 시간이 필요하다고 조언한다. 즉 주의를 흐트러트리는 모든 것을 차단하고 숙고하는 시기다. 활동적 이고 에너지가 높은 시기에 균형을 위해 만들어져야 하는 고요한 중심 을 상징한다. 그는 또 지금은 물러나거나 칩거할 시기임을 알려 줄 수 있다. 덧붙여 '은둔자'는 다양한 탐색을 의미하는데, 특히 상황을 더 깊 이 이해하는 것이나 진실에 관한 탐색일 수 있다. "구하라, 그러면 찾 을 것이다"라는 말처럼 '은둔자'는 길잡이를 의미하기도 있다. 우리는 지혜로운 스승에게 도움받을 수 있고, 우리가 진보함으로써 다른 이들 을 도울 수도 있다.

* **대극 카드: 연인** 관계를 맺음, 성적 관심 | **세계** 세상에 관여함 | **2 컵** 연결, 파트너십 | **3 컵** 그룹에 소속됨, 타인과 함께 함 | **9 컵** 감각적 쾌감

* **강화 카드: 고위 여사제** 내면을 살핌, 물러남 | **4 컵** 움츠림, 내향적임 | **8 컵** 더 깊은 의미를 추구함 | **4 소드** 묵상, 고요함 | **7 소드** 홀로 있음, 타인 과 거리를 둠

10 운명의 수레바퀴
WHEEL OF FORTUNE

운명
터닝 포인트
움직임
개인적 비전

작 용

운명을 감지함

주어진 기회를 이용함	삶의 실타래가 엮인 것을 봄
우연한 일에서 기회를 찾음	행운이 열림
운명의 움직임을 느낌	기적을 목격함

역방향) 초기: 운명의 움직임을 감지하기 시작할 수 있다. 우연한 마주침이 중요해질지 모른다. 삶의 맥락이 하나로 엮일 수 있다. 향후 놀라운 전개가 가능해질 수 있다. | 후기: 운명의 순간이 지나갔다. 더 이상 천운에 열려 있지 않다. 뜻밖의 사건이 지나갔다. 기회의 역할이 줄어든다. 카르마적 순간이 작동했다.

터닝 포인트에 있음

반전이 일어남	다른 방향으로 움직임
상황을 뒤집음	운세를 바꿈
현재 진로를 변경함	사태 변화에 놀람

역방향) 초기: 터닝 포인트가 올 수 있다. 방향 전환을 고려하고 있다. 사건이 예기치 않은 반환점을 돌지 모른다. 머지않아 상황이 반전될 수 있다. | 후기:

터닝 포인트가 지나갔다. 지금은 변화 가능성이 희박하다. 더 이상 새로운 방향에 열려 있지 않다. 선택 사항이 줄어든다. 어떤 식으로든 진로가 정해졌다.

움직임을 느낌

변화를 경험함　　　　　　삶이 빠르게 진행되는 걸 느낌
새로운 전개에 휩쓸림　　　활기 띤 세상으로 복귀함
관여함

역방향) 초기: 움직임의 속도가 빨라질 수 있다. 더 많은 활동이 감지되기 시작할지 모른다. 사람들이 더 많이 움직일 수 있다. 더 확실히 동요하게 될 수 있다. 모두가 서두르기 시작할 수 있다. | 후기: 이제 활동이 줄어든다. 속도가 느려진다. 더 이상 많이 움직이지 않는다. 변화 횟수가 감소한다. 이동이 거의 없다.

개인적 비전을 지님

모든 게 어떻게 연결되는지 앎　　더 많은 걸 인식함
패턴과 주기를 발견함　　　　　시야가 넓어짐
더 큰 관점을 얻음　　　　　　자신의 역할과 목표를 찾음

역방향) 초기: 더 많은 걸 인식할 수 있다. 자신을 이해하기 시작할 수 있다. 패턴을 감지하기 시작할지 모른다. 시야가 넓어질 수 있다. 머지않아 직관적으로 통찰할 수 있다. | 후기: 개인적 비전을 얻었다. 명료한 순간이 지나갔다. 더 이상 모든 걸 망라해서 인식하지 못한다. 현재 이해도가 낮다. 자신의 꿈에 닿지 못하고 있다.

해 설

그리스 신화에는 운명의 세 여신이 나온다. 누군가가 태어나면 그 사

람의 운명을 돌려야 하는 책임이 세 여신에게 있다. 운명을 방적기에 비유한 것은 의외의 일이 아니다. 인간의 운명은 자신도 모르는 사이에 방향을 바꾸기 때문에 바퀴 이미지와 잘 맞는다. 이것이 10번 카드의 주제다.

'운명의 수레바퀴'는 메이저 아르카나에서 인간 형상에 초점을 두지 않은 몇 안 되는 카드 중 하나다. 왜냐하면 인간 영역 너머의 일이기 때문이다. 즉 삶의 태피스트리 안에 모두의 운명이 동시에 엮이는 고차원에서(카드에서 구름 이미지) 일어나는 일이다. 타로는 개인의 인생 여정을 인식하면서도 그것을 포함한 더 큰 주기의 영향을 받는다. 우리는 우연처럼 발생하는 사건을 통해 큰 계획의 일부를 경험한다.

리딩에서 '운명의 수레바퀴'는 더 큰 비전이나 깨달음을 암시할 수 있다. 곤란하고 힘든 상황에서 이 카드가 나오면 한걸음 떨어져 넓은 관점에서 모든 걸 봐야 답을 얻을 것이라는 신호일 수 있다.

'운명의 수레바퀴'는 또 예측하지 못한 일이 생기거나 운명에 반전이 일어날 수 있음을 의미한다. 우리는 그 경이로움을 예측할 수 없다. 단지 우리 주변에서 일어나는 일만 알 뿐이다. 때로 10번 카드는 바퀴의 움직임인 방향 전환, 반복되는 주기, 빠른 움직임 등을 암시한다. 우리 삶에 바퀴 에너지가 엄습할 때 삶이 속도가 빨라지는 걸 느낄 것이다. 우리는 어디로 데려다 놓을지 모를 큰 회오리바람에 잡혀 있다. "그녀가 돌고 돌아 어디서 멈출지는 아무도 모른다."

* **대극 카드:** 2 소드 갇힘, 답보 상태 | 4 소드 휴식, 평온, 느린 속도 | 4 펜타클 변화를 차단함, 움직임이 없음 | 7 펜타클 방향을 바꾸기 전에 검토함

* **강화 카드:** 8 완드 빠른 속도, 신속한 전개

11 정의
JUSTICE

정의
책임
결정
원인과 결과

작 용

정의를 존중함

공정성을 강조함 윤리적 원칙대로 행동함
법적 문제에 관련됨 정직할 것을 약속함
평등을 추구함 공평함
옳은 일을 하려고 노력함

역방향) 초기: 정의를 추구하려고 생각 중이다. 공정성에 의문을 표할 수 있다.
원칙이 중요해질지 모른다. 누군가가 평등한 대우를 모색할 수 있다. 법적 문
제에 관련될 수 있다. | 후기: 정의의 시기가 지났다. 법적 문제에 관심이 없다.
평등에 대한 관심이 적다. 원칙이 파기된다. 지금은 공정함이 이슈가 아니다.

책임을 짐

묵은 청구서와 빚을 청산함 책임감이 있음
진실을 인정함 개입을 인정함
상황을 처리함 해야 할 일을 함

역방향) 초기: 책임지기 시작할 수 있다. 감당할 생각 중이다. 누군가가 개입을

시인할 수 있다. 사람들이 더 신뢰할 수 있다. 행동에 책임을 져야 할지 모른다. | 후기: 양심적인 시기가 종료된다. 사람들이 의무를 다하려 하지 않는다. 더는 부담을 감당하지 않는다. 비난은 끝났다. 누군가는 예전처럼 신뢰하기 어렵다.

결정을 위한 준비를 함

문제를 다방면으로 판단함   앞으로의 진로를 정함

모든 요소를 저울질함   걸맞는 행동을 하기로 결심함

충분히 인식하고 선택함

역방향) 초기: 결정을 앞두고 있을 수 있다. 해결할 필요가 있을 수 있다. 선택지를 모색하기 시작할지 모른다. 누군가가 모든 측면을 고려할 수 있다. 곧 판결이 내려질 수 있다. | 후기: 결정의 시기가 지나갔다. 선택이 끝났거나 선택을 위한 시간이 종료된다. 판결이 났다. 지금 누군가는 결단력이 부족하다. 결단은 더 이상 중요하지 않다.

원인과 결과를 이해함

자신이 초래한 결과를 받아들임   선택으로 인한 상황을 봄

카르마 작용을 인식함   어떤 의미가 담겼는지 앎

사건들이 연계됨

역방향) 초기: 패턴이 보이기 시작할 수 있다. 과거의 영향력이 명백해질 수 있다. 상황이 이해되기 시작할지 모른다. 지금이 미래에 영향을 미칠 수 있다. | 후기: 인과관계가 덜 명확하다. 더 이상 이유를 이해하지 못한다. 운명적인 결과를 일어났음에도 그 원인을 모른다.

해 설

11번 카드에는 우리에게 익숙한 정의의 사도가 보인다. 그녀의 한 손

에는 평등과 공정이라는 판단의 저울이, 다른 한 손에는 결정을 가를 칼이 들려 있다. 타로에서 '정의'는 우리 삶이 궁극적으로 공정하고 정의롭다는 이해를 대변한다. 비록 변덕스런 일상의 삶이 우리로 하여금 그 사실을 의심하게 하지만, '정의'는 신성이 그 균형을 맞추고 있음을 상기시킨다. '황제'와 '정의'는 얼핏 비슷해 보인다. 두 카드 모두 보편적 질서를 보여 주기 때문이다. 그러나 '황제'는 기본적인 구조를, '정의'는 인과에 따른 카르마 작용을 보여 준다.

11번 카드는 진지한 법정 분위기를 풍긴다. 모든 법적 문제를 암시하지만 거기에 국한되지 않는다. 법정은 판단하고 결정을 내리는 곳이다. 법적 시스템은 공정, 평등, 진실 등 '정의'와 관련된 원칙들을 추구하는 공적인 영역이다.

리딩에서 '정의'는 종종 옳은 일을 해야 하거나, 확실히 받아야 할 대가에 관심을 가질 때 나타난다. 또 과거에 했던 실수나 선행이 그 영향을 미치는 것을 느낄 때 나타난다. 어떤 "원인"으로 우리는 움직였고, 이제 그 "결과"가 우리를 향해 온다.

때때로 '정의'는 해야 할 일을 하라는 신호다. 책임을 받아들이고 결산해야 하는 시기가 온다. 잘못을 모르고 개선하지 않으면 과거의 일들은 계속 우리의 발목을 잡을 것이다. 자신의 문제가 무엇인지 주의 깊게 고려하고, 미래에 영향을 미칠지 모를 중요한 결정을 해야 할 것이다.

* **대극 카드:** 2 소드 진실 회피, 자기 역할을 부인함 | 5 소드 도덕성 결여, 옳은 일을 하지 않음 | 7 소드 책임 회피

* **강화 카드:** 황제 정의, 규칙, 법적 문제 | 심판 결심, 과거의 행동이나 실수를 인정함 | 10 완드 의무를 받아들임, 책임을 짐 | 9 소드 과거에 대한 죄책감, 실수를 인정함 | 7 펜타클 자기 위치를 평가함, 향방을 결정함

12 거꾸로 매달린 사람
THE HANGED MAN

내려놓음
반전
보류
희생

작 용

내려놓음

감정적으로 해방됨   무언가를 받아들임

경험에 몸을 맡김   싸움을 끝냄

무르고 열린 상태로 있음   통제를 그만둠

역방향) 초기: 통제를 단념하기 시작할 수 있다. 더 무른 상태가 될 수 있다. 머지않아 굴복할지 모른다. 누군가가 양보할 준비를 할 수 있다. 이의 제기를 그만둘 수 있다. | 후기: 내려놓는 시기가 지나갔다. 해방은 이제 과거의 일이다. 누군가가 또는 무언가가 해방되었다. 지금은 분위기가 그리 열려 있지 않다. 굴복하는 시기가 지나갔다.

뒤집음

세상을 바꿈   생각을 바꿈

오래된 우선순위를 뒤집음   새로운 관점으로 봄

낡은 체제를 뒤엎음   180도 전환함

역방향) 초기: 방향을 바꿀 수 있다. 전환할 생각을 하고 있다. 누군가가 뒤집을지 모른다. 상황을 역전시켜야 할 수 있다. 판정이 번복될 수 있다. | 후기: 반전의 순간이 지나갔다. 지금은 상황이 바뀔 기미가 보이지 않는다. 더 이상 전환할 생각이 없다. 무효 또는 철회하려는 충동이 식는다.

행동을 보류함

반추하기 위해 잠시 멈춤	시간을 벗어난 느낌
그저 시간을 가짐	급한 마음을 버림
그 순간을 삶	절호의 기회를 기다림

역방향) 초기: 단절되는 느낌이 들기 시작할 수 있다. 휴지기가 올 수 있다. 사건이 보류될 수 있다. 미룰 가능성이 커질 수 있다. 앞으로 활동을 그만둘지 모른다. | 후기: 휴지기가 지나갔다. 더 이상 보류하지 않는다. 시간을 초월한 느낌이 사라진다. 지금은 잠시 멈출 가능성이 드물다. 휴식이 종료된다.

희생함

순교자가 됨	요구할 권리를 단념함
사리사욕을 버림	두 보 전진을 위해 한 보 물러남
대의명분을 위해 포기함	다른 사람을 우선시함

역방향) 초기: 희생하기로 생각하고 있다. 타인의 요구를 먼저 고려할 수 있다. 대의에 헌신하기 시작할지 모른다. 없어도 될 필요성이 점차 커질 수 있다. | 후기: 희생하는 시기가 지나갔다. 더 이상 자신을 부정할 필요가 없다. 이타적 봉사에 대한 요구가 줄어든다. 없어도 될 필요성이 줄어들고 있다. 순교적인 분위기가 시들해진다.

해 설

'거꾸로 매달린 사람'은 타로 덱에서 가장 미스터리한 카드다. 단순하지만 복잡하고, 매력적이지만 불안하다. 많은 모순을 안고 있다. '거꾸로 매달린 사람'은 우리 삶에서 일어나는 역설을 상징하기 때문에 불안한 것이다. 역설은 모순되어 보이지만 사실이다. '거꾸로 매달린 사람'은 진실을 보여 주지만, 그 반대편에 진실이 숨어 있다.

'거꾸로 매달린 사람'의 가장 큰 교훈은 내려놓음으로써 "통제"하는 것이다. 즉 항복함으로써 "승리"한다. 12번 카드 속 인물은 궁극의 항복을—스스로 자기 고통의 십자가에 죽는— 보여 준다. 하지만 신성을 깨달은 그는 빛나고 있다. 희생자를 자처했으나 승리자가 되었다. '거꾸로 매달린 사람'은 또 가만히 있음으로써 "앞으로 나아갈" 수 있다고 말한다. 우리는 시간을 유예시켜 세상의 모든 시간을 가질 수 있다.

리딩에서 '거꾸로 매달린 사람'은 문제를 해결하는 최선의 접근 방식이 늘 분명한 것이 아님을 상기시킨다. 자기 의지를 누군가에게 강요하고 싶으면 자신을 내려놔야 한다. 자기 방식대로 하고 싶으면 자신을 희생해야 한다. 최고로 빨리 행동하고 싶으면 기다려야 한다. 역설은 이런 모순되는 행동을 통해 우리가 찾고 있는 걸 발견하게 한다.

* **대극 카드: 마법사** 행동, 행위 | **전차** 자기주장 | **7 완드** 저항, 투쟁에 맞섬 | **10 완드** 전력을 다함 | **4 펜타클** 매달림, 통제

* **강화 카드: 바보** 있는 그대로 믿음, 흐름에 따름 | **고위 여사제** 활동을 보류함, 기다림 | **힘** 인내, 시간을 가짐 | **4 소드** 휴식, 활동을 유보함 | **10 소드** 희생, 순교

13 죽음
DEATH

종료
과도기
제거
냉혹한 힘

작 용

종료함

한쪽 문을 닫고 다른 쪽 문을 엶	무언가를 끝냄
한 시기를 완성함	미완성 사업을 끝맺음
과거를 잊음	갈림길에 있음

역방향) 초기: 끝을 향해 갈 수 있다. 갈림길에 접어들 수 있다. 마지막 게임에 임할 수 있다. 과업 완성이 목전에 있을지 모른다. 누군가가 끝내기로 결심할 수 있다. | 후기: 종료하는 시기가 지났다. 완결했다. 미완의 사업이 더 이상 문제되지 않는다. 오래된 방식이 사라져 간다. 끝내려는 충동이 식는다.

과도기를 겪음

사정이 바뀜	아는 것에서 모르는 것으로 이동함
표류함	중간 상태에서 대기 중임
도중에 있음	

역방향) 초기: 변화 시점에 들어설 수 있다. 상황이 곧 바뀔 수 있다. 흐름이 바

꿔기 시작할지 모른다. 누군가가 중간 상태에 이를 수 있다. 큰 변화가 일어날 수 있다. | 후기: 과도기가 지나갔다. 더 이상 사정이 바뀌지 않는다. 이동이 끝나 간다. 이제 사람들이 변화에 대한 관심이 적다. 전향할 필요성이 줄어든다.

초과분을 제거함

불필요한 것을 쳐냄	낡은 태도를 버림
요점만 남김	본질에 집중함
기본으로 돌아감	

역방향) 초기: 짐을 없애기 시작할 수 있다. 앞으로 무언가가 폐기될 수 있다. 불필요한 것들이 없어질 수 있다. 해고가 진행되고 있을지 모른다. 간소화하기 시작할 수 있다. | 후기: 제거 시기가 지났다. 지금은 축소시킬 여지가 거의 없다. 더 이상 해임을 고려하지 않는다. 삭감이 이뤄졌다. 없앨 필요성이 줄어든다.

냉혹한 힘을 경험함

휘몰아치는 변화의 길에 들어섬	불가피한 일에 붙들림
피할 수 없는 일을 겪음	강력한 움직임의 일부가 됨
운명에 올라탐	불가항력을 받아들임

역방향) 초기: 저항할 수 없는 사건이 일어날 수 있다. 뿌리까지 흔들리는 경험을 할지 모른다. 강력한 사건이 힘을 키울 수 있다. 압도적인 전개에 말려들 수 있다. | 후기: 강력한 순간이 지나갔다. 운명의 파고를 넘었다. 일생일대의 경험을 했다. 더 이상 기세에 휘둘리지 않는다. 이제 상황은 그리 단호하지 않다.

해 설

'죽음'! 정말 강력한 에너지다. 13번 카드의 음울한 해골 형상을 보고 불안해하지 않을 이가 누가 있겠는가. 여기서 우리의 깊은 두려움—가장 미지의 영역인—을 마주한다. 우리는 '죽음'을 절멸이라 생각하기에 이 카드에 움찔한다. 타로에서(그리고 필자가 제안하고 싶은 삶에서) '죽음'은 영원한 끝이 아닌 새로운 상태로의 진입이다. 삶의 형태는 바뀌어도 본질은 유구하다. 성장하기 위해, 나아가기 위해, 살아가기 위해, 낡은 것을 "죽여야" 새로운 것이 탄생한다.

타로에서 13번 카드의 작용이 육체적 죽음과 "거의" 관련이 없는 것은 자명하다. 책임감 있는 타로 리더라면 13번 카드를 절대 육체적 죽음으로 해석하지 않는다. 그런 시각은 매우 제한적이다. '죽음'은 우리 몸에 한 번 일어나는 일이 아니다. 육체적 차원 뿐 아니라 다양한 차원에서 계속 일어난다. 매 순간 우리는 현재를 죽여야 미래가 펼쳐질 수 있다.

리딩에서 '죽음'은 종종 거대한 변화의 시작을 알리는 중요한 결말을 의미한다. 한 시대가 끝나는, 하나의 문이 닫히는 그런 순간이다. 슬프고 내키지 않지만 한편으론 끝났다는 안도감이 느껴지는 순간이다. '죽음'은 또 기본에 충실하라고 제안한다. 죽는다는 것은 우리로 하여금 중요한 것에 집중하게 만든다. 이 카드는 불필요한 것을 쳐내라고 상기시킨다. '죽음'은 또 냉혹한 힘을 경험한다는 암시일 수 있다. '죽음'은 불가피하며, 때로 도망칠 수 없는 사건이다. 그럴 때는 자신의 운명에 올라타 어디로 데려갈지 보는 것이 최선이다.

* **대극 카드: 바보** 시작 | **여제** 탄생 | **심판** 부활, 새로운 출발

* **강화 카드: 탑** 엄청난 충격, 강력한 힘 | **8 완드** 결론, 종료 | **5 컵** 상실, 작별 | **8 컵** 다음으로 님어감, 끝나짐

14 절제
TEMPERANCE

절제
균형
건강
결합

작 용

절제함

중간 지점을 찾음	중용을 보여 줌
도가 지나친 것을 자제함	강경한 태도를 완화함
중도를 찾음	절충함
극단을 상쇄함	

역방향) 초기: 더 온건해지기 시작할 수 있다. 절제하려고 생각하고 있다. 누군가가 중간 지점을 찾을지 모른다. 중도적 입장이 탄력을 받을 수 있다. 자제심이 강해질 수 있다. | 후기: 중용의 시기가 종료된다. 지금은 덜 억제한다. 절도 있는 느낌이 더 이상 없다. 자제하려는 충동이 식어 간다. 분별력이 사라진다.

균형을 유지함

조화를 경험함	평형 상태에 이름
정반대되는 것을 합침	모든 면을 인식함
협력을 증진시킴	중심이 잡힌 안전한 느낌

역방향) 초기: 더 균형 잡힌 상황이 될 수 있다. 평형 상태가 목표가 될 수 있다. 더 차분해지기 시작할지 모른다. 평등에 초점을 맞추기 시작할 수 있다. 향후 냉정함을 유지할 수 있다. | 후기: 균형을 맞추는 시기가 종료된다. 더 이상 한 쪽이 다른 한쪽과 동등하지 않다. 지금은 조화를 덜 이룬다. 안정된 상황이 깨져 간다. 평정심을 잃고 있다.

건강을 경험함

에너지와 활력을 되찾음 치유됨

웰빙을 즐김 회복함

융성함

역방향) 초기: 활력을 되찾을 수 있다. 회복되기 시작할지 모른다. 건강에 관심을 갖기 시작할 수 있다. 더 많은 에너지를 사용할 수 있다. 육체적 조건이 좋아질 수 있다. | 후기: 건강 상태가 나빠진다. 활력을 덜 느낀다. 정력적인 시기가 끝나 간다. 누군가가 더는 건강하지 않다. 편안하고 안락한 시기가 지났다.

힘을 합침

필요한 것을 모음 다른 이들과 결합함

합병함 적절한 조합을 찾음

종합적으로 만듦 모든 걸 하나로 모음

역방향) 초기: 향후 합병이 일어날 수 있다. 연합이 가능해질 수 있다. 융합하기 시작할지 모른다. 동맹을 이룰 수 있다. 각 요소가 한데 합쳐질 수 있다. | 후기: 연합이 깨지고 있다. 구성원들이 더 이상 함께하지 않는다. 지금은 통합이 이뤄지지 않는다. 혼합되어 있던 것들이 뿔뿔이 흩어진다. 예전처럼 연대가 단단하지 않다

해 설

차분하게 평정심을 풍기는 사람들이 있다. 그들은 말수가 적고 침착하고 신중한 분위기로 일을 진행한다. 중심을 잡고 있는 그들의 존재는 힘이 된다. 이것이 '절제'가 주는 에너지다.

절제한다는 건 중용과 극기를 보여 주는 일이다. 욕망을 불러일으키는 것들로 가득한 이 세상에서 우리는 때로 중간 지대를 찾아야 할 필요가 있다. 합리적이긴 해도 다소 재미는 없을 것이다. '절제' 에너지가 겉으로는 평범해 보여도 허리케인의 눈 같은 차분함이다. 주변은 온통 소용돌이치는 바람이지만 그 중심은 모든 게 균형을 이뤄 정지해 있다.

리딩에서 '절제'가 나오면 중용이 필요하다고 말할 수 있다. 나이트 카드 같은 극단적인 카드와 같이 나오면 특히 더 그렇다. 이 카드는 또 균형의 필요성을 암시할 수 있으며, 갈등 상황에서 '절제'는 절충과 협력의 필요성을 제안한다. 그러므로 반대 그룹과 화합할 기회를 모색하라. 사실 "절제한다는" 것은 새로운 성분을 더해 조정하는 의미가 될 수 있다. 합치고 또 다시 합침으로써 우리는 이상적인 배합이나 해결책을 떠올릴 수 있다. '절제'는 육체, 정신, 감정 등 모든 면에서 건강하다는 카드다. 병이나 질환을 걱정하고 있을 때 '절제'는 활력과 웰빙을 약속한다.

* **대극 카드: 탑** 극단적 상태, 산산조각 남 | **5 완드** 이견, 경쟁, 불균형 | **7 컵** 무절제, 탐닉 | **5 소드** 불협화음, 조화의 부재 | **5 펜타클** 건강이 좋지 않음

* **강화 카드: 세계** 통합, 종합, 결합 | **2 컵** 연결, 함께 일함 | **3 컵** 힘을 합침, 같이 일함 | **2 펜타클** 균형, 적절한 배합을 찾음 | **3 펜타클** 팀워크, 결합

15 악마
THE DEVIL

구속
물질주의
무지
절망

작 용

구속을 경험함

원치 않는 상황을 받아들임   집착함

자신의 의지를 거스르는 느낌   자립심을 잃음

자신이 통제당하는 걸 허용함   중독되어 종속됨

다른 사람에게 복종함

역방향) 초기: 통제받는 느낌이 들기 시작할 수 있다. 집착할 수 있다. 누군가가 뭐에 하나 빠질 수 있다. 벽이 가까워지기 시작할 수 있다. 제한 상황이 올 수 있다. | 후기: 속박에 처한 시기가 끝이 난다. 집착은 과거의 일이다. 지금은 중독성이 덜 강하다. 더 이상 복종할 필요가 없다. 강박이 느슨해지고 있다.

물질에 집중함

외양에 사로잡힘   물질적인 것만 믿음

영적인 것을 망각함   돈을 벌고 소비함

감각에 지나치게 탐닉함

역방향) 초기: 물질적인 것에 집중하기 시작할 수 있다. 취득하는 게 중요해질

수 있다. 육체적 쾌락에 대한 욕망이 커질 수 있다. 더 안락한 환경을 원하기 시작할지 모른다. | 후기: 물질적 소유에 대한 흥미를 잃는다. 소비 욕망이 줄어든다. 이제 외관은 덜 중요하다. 더 이상 감각에 초점을 맞추지 않는다.

무지에 머묾

알지 못함	좁은 범위에서 움직임
제약을 경험함	어둠 속에 있는 걸 택함
미지의 것을 두려워함	겉모습에 넘어감

역방향) 초기: 정보를 얻지 못할 수 있다. 진실이 모호해지기 시작할 수 있다. 연락이 끊길 수 있다. 누군가는 달리 보기 시작할지 모른다. | 후기: 무지의 시기가 끝났다. 더 이상 진실을 모르지 않는다. 지금은 미개한 상태로 있는 것이 바람직하지 않다. 인식의 부족함은 종료된다.

절망을 느낌

최악의 경우를 믿음	자포자기함
믿음이 부족함	냉혹한 세상을 봄
부정적으로 생각함	미래를 비관적으로 내다봄
의심함	

역방향) 초기: 희망을 잃기 시작할 수 있다. 의심이 커질 수 있다. 전망이 보이지 않을 수 있다. 신념이 시험대에 오를지 모른다. 비관적인 분위기로 발전할 수 있다. | 후기: 절망의 시기가 지났다. 좌절감이 희미해진다. 지금은 세상이 적대적으로 보이지 않는다. 더 이상 의심하지 않는다. 침울한 분위기가 걷혀 간다.

해 설

'악마'를 루시퍼, 메피스토펠레스, 사탄, 어둠의 왕자 등 뭐라 부르든 우리는 나쁘고 달갑지 않은 것들을 그것에 비유한다. 인간의 관점에서 세상은 빛과 어둠의 투쟁이다. 우리는 악을 물리치고 선이 이기기를 원한다. 하지만 그림자가 그 근원과 분리될 수 없듯 선악도 분리될 수 없다. 어둠은 단순히 빛이 없는 상태다. 그로 인해 진실이 가려지고 오류가 발생한다. 15번 카드는 그 오류들을 보여 준다.

그 첫 번째는 무지다. 무지는 뭐가 진실인지 모르고, 자신이 모른다는 사실조차 인식하지 못하는 것이다. 두 번째는 물질주의다. 물질 외에는 존재하지 않는다는 믿음이다. 영적 존재로서 우리는 신성을 갈망하는데, 감각적인 것만 추구한다면 근원에 닿을 방법을 잊고 만다. 세 번째 절망이라는 오류는 기쁨과 빛을 향한 우리의 움직임을 앗아 간다.

전통적으로 '악마'가 사악함을 상징하지만 리딩에서는 그리 위협적인 의미는 아니다. 이 카드는 우리가 건강하지 못한, 생산적이지 못한 상황에 빠져 있음을 알려 준다. 즉 진실과 그 함의를 모른 채 어둠 속에 있을 수 있다. 우리는 유해한(어쩌면 그렇지 않을 수도 있는!) 지인, 관념, 물질, 패턴 등에 빠져 있을지 모른다. 때로 이 카드는 우리 자신과 미래를 의심하는 부정적인 측면을 보여 준다. 살면서 우리는 많은 실수들을 한다. 15번 카드가 주의를 요하는 심각한 순간을 알려 준다. '악마'를 만나면 사실로 간주했던 것들을 세심하게 살펴보라. 자신과 상황을 잘못 인식하고 일하는 것이 아닌지 확인하라. 자신이 누구인지에 대한 상위 차원의 비전을 고수하라.

* **대극 카드: 바보** 신뢰함, 믿음 | **별** 희망, 믿음, 낙관주의 | **4 완드** 자유, 해방 | **6 컵** 선의, 순수, 단순한 기쁨 | **10 컵** 기쁨, 평화, 축복

\' **강화 카드: / 컵** 탐닉, 부설제 | **8 소드** 혼논, 제약 | **9 소드** 절망, 기쁨의 부재

16 탑
THE TOWER

갑작스런 변화
분출
몰락
계시

작 용

갑작스런 변화를 겪음

대격변을 경험함	계획이 흐트러짐
놀라게 됨	위기를 겪음
일상이 흔들림	대혼란에 빠짐

역방향) 초기: 위기가 발생할 수 있다. 거대한 변화가 닥칠지 모른다. 혁명이 진행되고 있을 수 있다. 혼란스러운 상황을 경험할 수 있다. 머지않아 급격히 변화할 수 있다. | 후기: 위기는 과거의 일이다. 격변의 시기가 종료된다. 더 이상 혼돈 속에 빠져 있지 않다. 이제 놀랄 가능성은 적다. 혼란이 잦아든다.

분출함

폭발함	감정을 분출함
분노가 터져 나옴	자기방어 기제가 무너짐
가식을 벗어던짐	모든 걸 놓음

역방향) 초기: 분노가 쌓여 갈 수 있다. 폭발하기 일보 직전일 수 있다. 모든 걸 털어 내야 할 수 있다. 머지않아 둑이 무너질지 모른다. 에너지를 분출할 필요가 있을 수 있다. | 후기: 해방은 과거의 일이다. 감정 폭발이 일어났다. 더 이상 격렬하게 덤벼들고 싶지 않다. 지금은 통제력을 잃을 가능성이 적다. 분노가 사그라든다.

몰락함

겸손해짐	추락을 경험함
정점에서 고꾸라짐	행운이 기욺
자존심에 타격을 입음	

역방향) 초기: 몰락이 진행되고 있다. 앞으로 겸손해지는 경험을 할 수 있다. 누군가가 정점에서 고꾸라질지 모른다. 실패를 향해 가는 중일 수 있다. | 후기: 몰락은 과거의 일이다. 파멸의 시기가 종료된다. 좌절은 지나갔다. 더 이상 실패를 걱정하지 않는다. 추락은 이미 일어났다.

계시를 받음

갑자기 진실을 깨달음	숨겨진 것을 폭로함
통찰력이 폭발함	환영을 꿰뚫어 봄
해답을 얻음	순식간에 모든 게 보임

역방향) 초기: 계시가 올 수 있다. 진실이 폭로될 수 있다. 한순간에 모든 게 보일지 모른다. 눈이 번쩍 뜨이는 일이 닥칠 수 있다. | 후기: 깜짝 놀랄 폭로가 일어났다. 진실이 드러났다. 충만한 깨달음을 경험했다. 계시는 과거의 일이다. 누군가가 더 이상 진실을 까발리지 않는다.

해 설

'탑'은 동요를 일으키는 카드다. 불, 번개, 뾰족한 바위에 떨어지는 사람들, 확실히 파란이 일고 있다! 변화를 싫어하는 사람은 16번 카드가 달갑지 않을 것이다. 이 카드는 갑작스런 돌발 상황, 극적인 변화, 운명의 반전 등을 의미한다. 통상적으로 변화는 차츰 진행되고 우리에게 적응할 시간을 준다. 하지만 때로는 빠르고 폭발적으로 일어난다. 이것이 '탑'의 작용이다.

영화를 보면 가끔 주인공이 비틀거리거나 횡설수설하는 누군가의 뺨을 때리는 장면이 나온다. 여러 가지 방법을 시도하다 마지막에 정신 차리라고 강한 자극을 가한다. 갑작스런 위기는 삶이 우리에게 깨어나라고 말하는 것이다. 뭔가 잘못되었는데 왜 대응하지 않는가? 지나치게 자신하는 것일까? 에고가 받을 타격을 기대하라. 화를 억제하는 것일까? 댐이 터질 것을 기대하라. 관습에 갇힌 탓일까? 눈이 번쩍 뜨일 일을 기대하라.

'탑'이 가하는 변화에 우리가 어떻게 대응할지에 따라 불편한 경험의 크기는 달라진다. 필요하니까 무너진다고 생각하라. 변화를 받아들이는 게 버거워도 긍정적인 부분을 찾으려고 노력하라. 새로운 방향을 강요당한 것이 종국에는 엄청난 해방감을 맛보게 할 것이다. 자신의 상황을 꿰뚫어 보는 통찰력이 폭발해 새로운 차원의 이해에 도달할 수 있다.

* **대극 카드**: 전차 승리, 통제 | **절제** 중간 지대, 함께 함, 자제 | **별** 평온함, 차분함 | **6 완드** 환호, 자부심 | **10 컵** 평화, 평온

* **강화 카드**: **죽음** 휘몰아치는 충격, 강한 힘 | **태양** 깨달음, 계시 | **5 펜타클** 힘든 시기

17 별
THE STAR

희망
영감
관대함
평온

작 용

희망을 되찾음

미래에 대한 믿음이 있음   긍정적으로 생각함

믿음   좋은 일들을 헤아림

터널 끝에서 빛이 보임   기대감이 커짐

성공을 내다봄

역방향) 초기: 희망이 생겨날 수 있다. 앞으로 더 자신감을 갖게 될지 모른다. 성공 가능성이 커질 수 있다. 기대치가 높아질 수 있다. | 후기: 희망이 사라진다. 더 이상 긍정적인 결과에 대한 믿음이 없다. 터널 끝에 보이던 빛이 사라져 간다. 이제 전처럼 믿음이 굳건하지 않다. 영혼이 쇠약해진다.

영감을 받음

동기를 회복함   내면의 힘을 자각함

길이 선명하게 보임   상위 차원으로 고양됨

창조함   답을 받음

역방향) 초기: 영감을 받기 시작할 수 있다. 창의적인 충동이 일어날 수 있다.

누군가가 동기 부여가 될 수 있다. 긍정적인 사례에 자극받을지 모른다. 상위 차원으로 고양될 수 있다. | 후기: 영감을 받는 시기가 종료된다. 지금은 동기가 부족하다. 더 이상 길이 분명하지 않다. 위대한 것을 떠올리는 일이 사라진다. 격려를 받기가 더 어려워진다.

관대함

주거나 나누고 싶어 함   행복을 퍼뜨림

마음을 엶   받은 것을 갚음

자유롭게 사랑이 흐르게 둠   주저하지 않고 제공함

전혀 망설이지 않음

역방향) 초기: 관대함을 느끼기 시작할 수 있다. 선물이 곧 도착할 수 있다. 나눔의 정신이 발달할 수 있다. 누군가 사랑하고 용서하는 마음이 커질 수 있다. 앞으로 공개적으로 기부할지 모른다. | 후기: 아량을 베푸는 시기가 종료된다. 더 이상 기꺼이 지원할 마음이 없거나 지원할 수 없다. 전처럼 마음이 열려 있지 않다. 자선하려는 충동이 식는다. 경비를 아끼지 않으려는 욕구가 감소한다.

평온을 느낌

마음의 평화를 경험함   편안함

자신의 고요한 중심을 찾음   마음이 흐트러지지 않은 채 머묾

완벽한 고요를 맛봄   걱정 속에서도 차분함

조화로움을 만끽함

역방향) 초기: 주변 상황이 평화로워질 수 있다. 더 차분해지기 시작할지 모른다. 평정심을 되찾을 수 있다. 평온한 시기가 올 수 있다. | 후기: 더 이상 차분하지 않다. 평온한 분위기는 점차 사라진다. 중심을 잡는 능력을 잃어버린다. 지금은 사람들이 조화를 이루지 않는다. 평화로운 순간이 지나갔다.

해 설

사람들은 늘 희망과 영감의 원천으로 별을 바라봤다. 반짝이는 별빛에는 우리를 상위 차원으로 끌어들이는 무언가가 있다. 우리가 천상으로 눈을 돌릴 때 지상의 고통은 더 이상 느껴지지 않는다. '별'은 소프라노의 청아하고 높은 목소리를 떠올리게 한다. 그것은 초자연적인 어떤 것이다. 일상의 거칠고 조밀한 모든 것이 정제되고 남은 순수한 본질이다. '별'에 노출된 후 우리는 고양되면서 지복감을 누린다.

리딩에서 '별'은 슬픔과 절망에 눌려 있을 때 가장 반가운 카드다. 칠흙 같이 어두운 순간에도 희망이 있음을, 긴 터널 끝에 빛이 기다리고 있음을 우리는 알아야 한다. '별'은 미래에 대한 우리의 믿음을 제거하는 '악마'와 대비된다. 17번 카드는 우리가 결국 마음의 평화를 얻으리라 약속한다. '별'은 또 마음을 열고 두려움과 의심을 떨쳐 낼 것을 상기시킨다. 어떤 식으로든 참고 있었다면 지금은 아낌없이 베풀 때다.

'별'이 주는 영감은 중요하지만 그것이 현실적인 해결책이나 최종 답안은 아니다. 희망이 없으면 우리는 아무것도 이룰 수 없지만, 희망은 시작일 뿐이다. 17번 카드는 우리가 올바른 궤도에 들어섰음을 알려 준다. 우리의 목표와 염원이 축복받고 있으므로, 그것을 실현할 적극적인 행동이 필요하다. 우리의 노력이 '별'의 빛을 따라가게 하라.

* **대극 카드: 악마** 절망, 믿음 부족, 비관적 | **탑** 격변, 혼돈 | **달** 당혹, 불안, 근심 | **2 소드** 감정의 흐름이 막힘 | **9 소드** 죄책감, 고뇌

* **강화 카드: 바보** 순수, 믿음, 신뢰 | **여제** 관대함, 막힘없이 흐르는 사랑 | **6 컵** 선의, 나눔 | **10 컵** 기쁨, 긍정적인 감정, 축복

18 달
THE MOON

두려움
환영
상상
당혹

작 용

두려워함

내면의 악마가 풀려남	원인 모를 걱정에 휩싸임
공포에 시달림	자아의 그림자에 굴복함
용기가 부족함	불안감에 휩싸임

역방향) 초기: 불안하기 시작할 수 있다. 모호한 분위기로 흘러갈 수 있다. 누군가가 염려할 수 있다. 숨어 있던 두려움이 나타날 수 있다. 조금 꺼려지기 시작할지 모른다. | 후기: 두려움이 감소한다. 지금은 내면의 악마가 힘이 세지 않다. 더 이상 겁먹지 않는다. 불안한 순간이 지나갔다. 불길한 예감이 사라진다.

환영을 믿음

잘못된 심상을 받아들임	자신을 기만함
현실성이 떨어지는 생각을 함	진실을 잘못 이해함
왜곡된 것을 경험함	판타지를 뒤좇음

역방향) 초기: 환영에 빠질 수 있다. 잘못된 심상이 전개될 수 있다. 스스로를 기만하기 시작할지 모른다. 진실을 이해하지 못할 수 있다. 망상이 더 강력해

질 수 있다. | 후기: 환영이 나타났다. 더 이상 외관에 현혹되지 않는다. 거짓 현실에서 벗어나고 있다. 이제 환상에 덜 흔들린다. 누군가가 속이려는 시도를 관뒀다.

상상력을 자극함

생생한 꿈이나 비전을 지님	상상에 열려 있음
무의식을 캠	독특한 생각을 지님
희한하고 별남	

역방향) 초기: 상상력을 이용하기 시작할 수 있다. 낯섦과 기이함에 개방적일 수 있다. 무의식의 질료가 겉으로 나타날 수 있다. 누군가가 가상 세계에 빠지기 시작할지 모른다. | 후기: 환상이 힘을 잃어 간다. 이제 상상력이 풍부하지 않다. 누군가가 꿈에 흥미를 잃는다. 공상을 덜한다. 기이한 일들이 줄어든다.

당혹감을 느낌

방향과 목적을 잃어버림	분명한 생각을 하기가 어려움
혼란스러움	쉽게 산만해짐
방향 감각을 상실함	목적 없이 방황함

역방향) 초기: 혼란스러워지기 시작할 수 있다. 불확실성이 커질 수 있다. 길이 분명치 않을 수 있다. 누군가가 헤매기 시작할지 모른다. 방향을 잃어버릴 수 있다. | 후기: 당혹스런 시기가 지나갔다. 더 이상 혼란스럽지 않다. 목적 없는 방황이 끝났다. 마음 속 안개가 걷힌다. 누군가는 이제 덜 혼란스럽다.

해 설

지금 자신이 있는 공간을 둘러보면 (아마도!) 익숙하기 때문에 사람과 물건들이 편안하게 보일 것이다. 모든 게 자신의 예상대로다. 눈을 감았다 떠도 그대라는 걸 "알고" 있다. 그런데… 그 자리에 있어야 할 것이 없어져 가늠할 수 없는 기이한 세상처럼 보였던 적이 있는가? 이것이 우리가 경험하는 '달'이다.

대부분의 시간을 우리는 안전한 장막에 둘러싸인 평범함이라는 작은 주머니 속에서 살아간다. 그 바깥에는 신비한 세상이 기다리고 있지만 우리는 등지고 살아간다. 가끔 상상력을 발휘해 그곳을 엿보거나, 환상이나 의식을 확장시켜 모험을 떠날 수 있다. 약, 광기, 전쟁 등 강력한 체험이 준비도 안 된 우리를 떠밀기도 한다.

'달'은 그 영역, 즉 그림자와 밤의 세상을 비추는 빛이다. 그곳은 우리를 놀래키지만 무서워하지 않아도 된다. 적절한 상황에서 '달'은 영감을 주고 우리는 매료된다. 상상하는 모든 것이 우리 것이 될 수 있다고 약속한다. '달'은 우리를 미지의 세계로 데려가 삶에 특별한 무언가를 허용하게 만든다.

안타깝게도 많은 이들이 '달'을 두려워한다. 리딩에서 이 카드는 가장 어두운 곳에서 밀려오는 두려움과 불안감을 암시할 때가 있다. 18번 카드는 또 환영을 의미한다. 달빛 아래서 우리는 쉽게 길을 잃는다. 자기기만과 잘못된 생각이 잘못된 길로 안내하지 않도록 주의하라. 때때로 '달'은 길을 잃고 목적 없이 방황하고 있다는 신호다. 우리는 돌아갈 길과 분명한 목적을 찾아야 한다.

* **대극 카드: 별** 평온함, 흐트러짐이 없음, 평화로움 | **태양** 확신, 명료함, 깨달음

* **강화 카드: 7 컵** 환영, 비현실적인 생각, 공상 | **2 소드** 자기기만, 진실을 보지 못함 | **8 소드** 혼돈, 명료하지 못함

19 태양

THE SUN

깨달음
위대함
활력
확신

작 용

깨달음을 얻음

이해함

새로운 수준의 통찰을 하게 됨

문제의 핵심에 이름

혼돈 속에 숨겨진 의미를 앎

지적으로 약진함

진실을 알아차림

역방향) 초기: 이해하기 시작할 수 있다. 통찰을 얻기 시작할 수 있다. 돌파구에 더 근접할 수 있다. 누군가가 신의 계시를 받을지 모른다. 시야가 더 넓어질 수 있다. | 후기: 깨달음의 시기가 지나갔다. 현시를 경험했다. 지금은 덜 자각한다. 진실을 파악하는 힘을 잃는다. 태양이 구름 뒤로 가려진다.

위대함을 경험함

이름을 날림

개인적인 영광의 순간을 맞음

눈부시게 빛남

주목의 대상이 돼

주목을 받아 선발됨

뛰어난 본보기가 됨

우수성을 증명함

역방향) 초기: 이제 막 주목받기 시작할 수 있다. 자신이 더 빛날 수 있다. 재능이 발달할 수 있다. 영광의 순간이 다가올지 모른다. 누군가가 더 큰 장래성을 보여 줄 수 있다. | 후기: 명성을 날린 시기가 끝나 간다. 더 이상 두각을 보이지 않는다. 성공의 정점을 뒤로 한다. 명성이 떨어진다. 리더로서의 시기가 종료된다.

활력을 느낌

에너지가 넘침	의욕이 불탐
기쁨을 체험함	활기가 솟음
기분이 고조됨	최상의 건강 상태를 누림

역방향) 초기: 생기가 느껴지기 시작할 수 있다. 분위기가 좋아질 수 있다. 원기가 회복될지 모른다. 열정이 커질 수 있다. 사람들이 에너지를 얻기 시작할 수 있다. | 후기: 활력이 떨어진다. 더 이상 에너지가 넘치지 않는다. 생명력이 감소한다. 정력적인 시기가 지나갔다. 지금은 걷는 속도가 더디다.

확신을 가짐

자유롭고 확장되는 느낌	참나를 존중함
자신이 성공하리란 걸 앎	자신감에 차 있음
자신의 가치를 믿음	자신의 능력을 신뢰함
자신을 용서함	

역방향) 초기: 어떤 확신을 가질 수 있다. 이제 막 자신의 능력을 믿기 시작할지 모른다. 자신감을 회복할 수 있다. 자유로워지고 확장될 수 있다. | 후기: 지금은 자신감이 하락한다. 더 이상 확신하지 못한다. 사람들이 담대함을 잃고 있다. 자신에 대한 믿음이 사라진다. 신념이 예전처럼 강하지 않다.

해 설

찬란함, 환함, 반짝임 등 우리가 쓰는 단어에는 이처럼 빛의 힘과 영광을 반영하는(!) 말들이 많다. 어두운 방에 불을 켜면 그 빛으로 구석구석 볼 수 있다. 마음에 불이 켜지면 깨달음을 얻는다. 진실이 더 분명히 보이고 이해 가능해진다. 빛 에너지가 우리의 한계를 안팎으로 넓혀 우리를 빛나게 한다.

유사 이래 사람들은 '태양'을 빛과 따뜻함의 근원으로 여기고 경외심을 품어 왔다. 여러 문화권의 신화에서 '태양'은 활력이 넘치고, 가장 용감하고, 명망 높은 신이다. 지상에 생명체가 있을 수 있는 생명 에너지의 중심이다. 타로에서 '태양'은 활력과 위풍을 상징한다. '태양'은 확실히 온순하고 움츠러드는 카드가 아니다.

자신을 태양신이라 상상해 보면 리딩에서 19번 카드를 이해할 수 있다. 어떤 생각과 느낌이 드는가? 자기 자신을 전적으로 믿을 수 있다. 자만하지 않으면서 자신의 힘에 관한 한 뿌리 깊은 확신이 있다. 우리는 무한한 에너지와 최상의 건강 상태로 빛이 난다. 위대하기 때문에 두각을 드러낸다. 끝으로 자신의 영역에서 일어나는 모든 것을 보고 또 이해한다. 이 카드를 만나면 자신이 하는 모든 일이 성공할 것임을 알아라. 이제 자신의 빛을 내비칠 때다.

* **대극 카드:** 달 혼돈, 방향을 잃음, 환영 | 8 컵 피로 | 6 소드 의기소침, 생기 없음 | 5 펜타클 지침, 피곤함

* **강화 카드:** 탑 깨달음, 계시 | 세계 완성, 위대한 성취 | 2 완드 개인적 역량, 활력, 광채 | 6 완드 찬사, 명성

20 심판
JUDGEMENT

심판
부활
내적 소명
사면

작 용

판결을 내림

평가하는 날을 가짐   좋고 나쁨을 구별함

정직하게 평가함   중립에서 벗어남

비판 능력을 이용함   입장을 취함

어려운 선택을 함

역방향) 초기: 판단을 내려야 할 수 있다. 선택할 준비를 하고 있다. 의견이 제시될 수 있다. 중립적인 입장을 버릴지 모른다. 결론에 다다를 수 있다. | 후기: 지금은 덜 판단한다. 자신의 행동은 더 이상 관찰 대상이 아니다. 결정을 내렸다. 평가의 시기가 지나갔다. 비평 기간이 끝나 간다.

부활한 느낌

가능성들을 인식함   변형시킴

다시 시작된 희망을 만끽함   새롭게 출발함

모든 걸 새로운 관점에서 봄   기쁨을 발견함

역방향) 초기: 누군가가 다시 시작할 수 있다. 기존의 것을 새롭게 하는 일이 진행되고 있다. 각성하는 순간이 올 수 있다. 앞으로 모든 걸 다르게 볼 수 있다. | 후기: 새로운 출발이 지나가고 있다. 변형되는 경험을 했다. 찬란한 새 시작은 과거의 일이다. 새로 찾은 희망이 시들해진다. 지금은 덜 기쁘다.

소명을 들음

자신의 천직을 확인함	내면에서 확신함
행동하려는 충동을 느낌	달라지고자 결심함
새로운 방향으로 이끌리는 느낌	무엇을 해야 할지 앎
요구에 부응함	

역방향) 초기: 자기 길이 보이기 시작할 수 있다. 새로운 방향으로 이끌릴 수 있다. 자신감이 커질 수 있다. 앞으로 가야 할 길이 더 분명해질지 모른다. | 후기: 목적의식을 잃어버린다. 더 이상 선택한 분야에 전념하지 않는다. 확신이 점차 없어진다. 누군가가 부름에 귀 기울이지 않는다.

사면을 받음

정화되고 상쾌해진 느낌	죄책감과 슬픔에서 해방됨
자신과 다른 사람을 용서함	과거의 실수를 속죄함
부담을 덜어 냄	죄를 씻어 낸 느낌

역방향) 초기: 용서를 구하기 시작할 수 있다. 부담을 덜기 시작할지 모른다. 과거를 청산하는 게 가능해질 수 있다. 누군가가 속죄할 준비를 하고 있다. | 후기: 사면받는 걸 경험했다. 죄를 씻었다. 속죄하고픈 욕구가 시들해진다. 지금은 형 집행이 취소될 가능성이 적다. 더 이상 범죄를 눈감아 주지 않는다.

해 설

20번 카드에서 우리는 천사의 부름에 일어서는 사람들을 본다. 신앙이 독실한 자가 천상으로 가는 '심판'의 날, 구원받지 못한 이들은 어떻게 될까? 심판받은 그들은 자신의 부족함을 알았을까? 그들은 자신의 죄로 인해 신성의 존재를 부정할까? 심판의 이런 측면들이 우리를 심란하게 한다. 용서와 심판이 어떻게 어우러질 수 있을까?

두 유형의 심판이 있다. 하나는 "당신이 한 일은 잘못했고, 그래서 당신은 해롭고 가치 없다"는 말로 상처를 준다. 이 유형은 구분 지을 뿐 구원의 여지가 없다. 다른 하나는 죄를 단정 짓지 않고, 문제의 모든 측면을 깊이 검토하고 진실을 가리려고 노력한다. 선택에 대한 책임을 인식하고 지혜를 발휘할 용기를 희망한다. 단 비난하지 않고.

리딩에서 20번 카드는 판단의 필요성을 상기시킬 수 있다. 즉 결정을 내려야 한다. 문제를 심사숙고하고 비난하지 않으려는 다짐을 하는 것이 최선이다. 자신을 심판한다면 그 과정에서 배워라. 무엇이 가치 있는 일인지 알고 바로잡아 고치되, 자신의 가치를 절대 잃지 마라.

이 카드는 또 구원에 따른 감정을 의미한다. 천사의 부름에 우리는 모든 죄책감과 걱정이 씻겨 내려가고 다시 태어난다. 지난 잘못을 뒤로하고 이제 새로 시작할 준비가 되었다. 해야 할 일이 무엇인지, 즉 자신의 소명을 확실히 느낄 수 있다. 희망과 용서가 필요한 상황에서 우리의 에너지가 낮다면 '심판'은 새로운 시작이 임박했음을 의미할 수 있다.

* **대극 카드: 죽음** 종료 | **5 컵** 회한, 잘못 | **9 소드** 죄의식, 비난, 자책감

* **강화 카드: 바보** 부활, 새 출발 | **정의** 결심, 과거의 잘못이나 행동을 받아들임 | **7 펜타클** 결정의 순간

21 세계
THE WORLD

통합
성취
참여
충족

작 용

통합함

온전함을 경험함

역동적인 균형 상태에 이름

종합적으로 만듦

한마음으로 일함

모든 부분을 합침

결합함

함께 참여함

역방향) 초기: 온전함을 느끼기 시작할 수 있다. 모든 게 합쳐지기 시작할지 모른다. 화합하는 정신이 발달할 수 있다. 종합하는 게 가능해질 수 있다. 하나 되는 시기가 올 수 있다. | 후기: 결합이 분리된다. 사람들은 더 이상 한마음이 아니다. 온전하다는 느낌을 잃어 간다. 부품이 분해된다. 지금은 덜 협응한다.

성취함

목표를 실현함

염원을 이룸

활짝 핌

번창함

꿈이 이뤄지는 걸 봄

훌륭한 해결책을 찾음

역방향) 초기: 목표를 향해 나아갈 수 있다. 성취할 수 있다. 꿈이 실현되기 시

작할지 모른다. 성공을 향한 첫 발을 내딛을 수 있다. 번영을 되찾을 수 있다. | 후기: 성취는 지나간 일이다. 위업을 이룬 시기가 끝나 간다. 더 이상 목표에 이르지 못한다. 꿈을 실현할 기회가 없어진다. 번영의 시대가 막을 내린다.

참여함

기여함	치유함
봉사함	재능을 이용함
가진 걸 나눔	자신을 내줌
관여된 느낌	활동적임

역방향) 초기: 참여하기 시작할 수 있다. 누군가가 도와줄 수 있다. 기여할 준비를 하고 있다. 봉사에 대한 갈망이 커질지 모른다. 머지않아 연결 고리가 구축될 수 있다. | 후기: 지금은 덜 참여한다. 더 이상 관여되는 느낌이 없다. 누군가가 떠난다. 열정적으로 활동하는 시기가 끝난다. 봉사에 대한 관심이 식는다.

충만함을 느낌

현재를 만끽함	삶의 기쁨을 얻음
마음의 평화를 즐김	만족감을 얻음
흡족해함	자신이 받은 복을 헤아림

역방향) 초기: 더 만족해질 수 있다. 행복한 시기가 시작될지 모른다. 흡족한 마음이 커질 수 있다. 충만한 때가 올 수 있다. | 후기: 지금은 덜 충만하다. 전처럼 만족스럽지 않다. 행복한 분위기가 사라진다. 더 이상 마음이 평화롭지 않다.

해 설

추수 감사절에 당신은 맛있는 식사를 마치고 한 손에는 따뜻한 커피

잔을 들고 있다. 지인들과 가족들은 최근 낭패 본 일들을 왈가왈부하고, 식탁 너머에서 아기의 옹알이가 들려오고, 당신 발은 반려견의 배를 문지르고 있다. 행복하고 만족스러워 당신은 진심으로 감사해한다(적어도 설거지를 하러 가기 전까지는!). 지금 이 순간 모든 '세계'가 당신의 것이다.

이 느낌을 우리는 잘 알고 있다. 언제 어디서든 가능한 이 감정은 늘 반갑다. 마당에서 나뭇잎을 쓸 때든, 노벨상을 받았을 때든 '세계' 카드를 느낄 수 있다. 그것은 차분하고 소박할 수 있고, 열광적이고 화려할 수도 있다. 그 느낌이 무엇이고 어디에서 오는 것일까? 우리가 그것을 알 수 있게 21번 카드가 도울 것이다.

행복을 느끼는 중요한 요소는 완전함, 즉 모든 게 조화롭게 돌아간다는 느낌이다. 그것은 정적인 것이 아닌 역동적인 방식으로 균형을 이룬다. 참여도 역시 중요하다. 주변과 연결된 느낌이 들 때 행복하다. 또 성취감이 있다. 그것은 우리에게 목표가 있고 성공적으로 나아가고 있음을 아는 것이다. 이 모든 요소가 모이면 충만함과 축복을 느낀다.

'세계'는 그 순간과 그 안의 모든 것을 의미한다. 리딩에서 이 카드는 우리가 진심으로 원하는 걸 실현시킬 지점에 와 있다는 매우 긍정적인 신호다. 그게 무엇인지는 상황에 따라 다르지만 희열을 느낄 것이다. 그러나 잊지 마라. 21번 카드가 능동적인 참여와 봉사를 상징하고 있음을. 우리 손에 '세계'를 쥐려면 기꺼이 우리 자신을 내줄 수 있어야 한다. 그것이 진정한 행복의 원천이다.

* **대극 카드:** 은둔자 고립 | 4 컵 참여 부족, 무관심, 철회 | 5 완드 서로 다른 의도로 일함, 통합의 부재

* **강화 카드:** 절제 통합, 종합, 결합 | 태양 인성, 성취 | 9 컵 염원을 이룸 | 10 컵 행복, 정서적 충만감 | 10 펜타클 풍요, 물질적 충족감

마이너 아르카나

키워드: 에이스부터 10까지

	완드	컵	소드	펜타클
에이스	창의적인 힘 열정 자신감 용기	감정적인 힘 직관 친밀감 사랑	정신적인 힘 의연함 정의 진실	물질적인 힘 번창함 실용성 신뢰
2	개인적 역량 대담함 독창적임	연결 휴전 끌어당김	닫힌 감정 회피 궁지	저글링(여러 가지를 다룸) 유연함 재미
3	탐험 선견지명 리더십	활기참 우정 공동체	비통 외로움 배신	팀워크 계획 유능함
4	축하 자유 흥분	자기 몰입 무관심 내면으로 향함	휴식 묵상 차분한 준비	소유욕 통제 변화 차단
5	의견 충돌 경쟁 소동	상실 이별 후회	자기 이익 알력 공개된 비리	힘든 시기 건강 악화 거절
6	승리 환호 자부심	선의 순수함 어린 시절	우울 회복 이동	있음/없음: 자원, 지식, 힘
7	공격 저항 확신	희망 사항 선택 무절제	도주 외톨이 늑대 숨겨진 비리	평가 보상 방향 전환
8	신속한 행동 결론 새 소식	더 깊은 의미 넘어감 피로	구속 혼란 무력감	근면 지식 세부 사항
9	방어 끈기 지구력	소망 실현 만족 감각적인 쾌감	걱정 죄책감 괴로움	훈련 자립 세련됨
10	과도함 부담 고군분투	기쁨 평화 가족	최저점 피해 의식 순교	풍족 영속성 관습

키워드: 코트 카드

	완드	컵	소드	펜타클
페이지	창의적임 열정적임 자신함 용감함	감정적임 직관적임 친밀함 사랑을 함	머리를 씀 진실함 공정함 기개가 있음	영향을 미침 실용적임 번영함 신뢰함
나이트 - 긍정	매력적임 자신 있음 대담함 모험을 즐김 열정적임	낭만적임 상상력이 풍부함 민감함 세련됨 자기 성찰적임	직접적임 권위가 있음 예리함 박식함 논리적임	흔들리지 않음 신중함 철저함 현실적임 열심히 일함
나이트 - 부정	피상적임 오만함 무모함 가만히 못 있음 성급함	지나치게 감정적임 공상에 빠짐 신경질적임 지나치게 정제함 내향적임	퉁명스러움 고압적임 매서움 독단적임 냉담함	고집이 셈 모험심이 없음 강박적임 염세적임 지치도록 일함
퀸	매혹적임 전심을 다함 활기참 유쾌함 자신이 있음	애정이 넘침 온화함 직관적임 정신적임 영적임	정직함 영리함 단도직입적임 기지가 번뜩임 노련함	양육함 마음이 넓음 현실적임 수완이 좋음 믿을 수 있음
킹	창의적임 고무시킴 강력함 카리스마 과감함	현명함 차분함 외교적임 배려함 관대함	지적임 분석적임 분명하게 표현함 공정함 윤리적임	진취적임 숙련됨 믿음직스러움 지지함 안정적임

에이스 완드
ACE OF WANDS

창의적인 힘
열정
자신감
용기

작 용

창의적인 힘을 이용함

더 나은 방법을 고안함	잠재력을 증폭시킴
더 많은 가능성을 엶	꿈을 품음
자기를 표현함	상상력을 자극시킴
재능을 펼침	해결책이 떠오름

역방향) 초기: 창의적이 될 기회가 있을 수 있다. 독창적인 아이디어가 구현될 수 있다. 누군가가 새로운 접근 방식을 생각해 낼 수 있다. 자신의 재능을 발휘하는 현장이 마련될지 모른다. | 후기: 창의적인 힘을 활용할 기회가 사라진다. 새로운 무언가를 할 기회가 지났다. 독창적인 아이디어에 대한 지지가 줄어든다. 창조적 순간은 자주 일어나지 않는다.

열정을 보임

열의가 높고 간절히 원함	흥분한 아우라를 풍김
세상에 맞설 준비를 마침	다른 이들에게 영감을 줌
낙관론을 유지함	100퍼센트 쏟아 냄

역방향) 초기: 열정적이 되는 기회가 있을 수 있다. 고무되는 계기가 생길 수 있다. 누군가가 흥분되는 제안을 할 수 있다. 승리자를 지지할 수 있다. 지지가 쌓이기 시작할지 모른다. | 후기: 열정적일 기회가 없어진다. 참여하고픈 열망이 덜하다. 기세가 누그러진 듯 보인다. 더 이상 도전하려 하지 않는다. 이제 낙관적일 이유가 거의 없다.

자신감을 가짐

스스로를 믿음	자기 능력을 확신함
성공에 대한 확신이 있음	자존감이 매우 높음
자기 길에 대한 믿음이 있음	일이 잘 풀릴 것을 앎

역방향) 초기: 자신감을 보여 줄 기회가 생길 수 있다. 자신을 증명할 기회가 올지 모른다. 능력을 시험하게 될 수 있다. 신념을 걸어야 할 수 있다. | 후기: 자신감을 드러낼 기회가 사라진다. 누군가를 납득시키는 순간이 지나갔다. 이제 확신을 증명할 수 없다. 사람들이 더 이상 나의 실적에 집중하지 않는다.

용기를 갖고 진행함

도전적인 일을 다룸	자신의 한계를 넘음
신념에 충실함	과감한 입장을 취함
두려움에 맞섬	되든 안 되든 해 봄

역방향) 초기: 용기를 보여 줄 기회가 생길 수 있다. 도전에 맞서야 할 수 있다. 시험을 치를 시기가 올지 모른다. 입장을 취해야 할 수 있다. | 후기: 용기를 보여 줄 기회가 사라진다. 더 이상 도전을 받아들이지 않는다. 자신의 기개가 시험대에 오르는 일이 지나갔다. 두려운 상황이 종료된다.

해 설

'에이스 완드'는 창의성, 흥분, 탐험, 용기, 개인적 역량이라는 영역에 잠재하는 가능성들을 상징한다. 우리가 아직 의식하지 못해도 대담한 열정이라는 씨가 우리 삶에 심어져 있음을 리딩을 통해 알 수 있다. 그 씨가 싹을 틔울 때면 거의 모든 형태를 갖출 것이다. 그것은 창의적인 아이디어, 낙관론의 급상승, 대담한 행동의 필요성 등일 수 있다. 또 외부의 제안, 선물, 기회, 만남, 동시적 사건 등으로 나타날 수 있다.

이 에이스를 만나면 그 강력하고 대담한 에너지가 우리 삶에 어떻게 작용하는지 살펴보라. 대담하고 용감해져라. 원하는 걸 얻기 위해 때로는 위험을 감수해야 한다. 흥분을 고조시키고 한계를 넘을 방법을 찾아라. 주도적으로 나서서 새로운 수준의 열정으로 끌어올려라. 완드 슈트는 개인적 역량과 성취를 상징한다. 이 에이스는 우리의 열정이 시작되는 때임을 알려 준다. 모두가 알 정도로 우리는 최선을 다할 수 있을 것이다.

'에이스 완드'는 또 창의성을 보여 주는 카드다. 우리는 영감과 창작의 도관이 될 수 있다. 고리타분하고 진부한 해결책은 잊어라. 독창적일 기회가 있다. 자신의 잠재된 창의력을 믿어라. 그러면 우리는 많은 것들을 성취할 수 있을 것이다.

* **에이스 짝**: 에이스 짝은 우리 삶에 새로운 정신이 들어오고 있음을 암시한다. 창의성, 흥분, 탐험, 용기, 개인적 역량을 상징하는 '에이스 완드' 에너지에 다음의 에이스 에너지들이 더해진다.

에이스 컵 깊은 감정, 친밀감, 조율, 연민, 사랑

에이스 소드 지성, 이성, 정의, 진실, 명료함, 의연함

에이스 펜타클 번영, 풍요, 신뢰, 안전, 현실적 근거

2 완드

TWO OF WANDS

개인적 역량
대담함
독창적임

작 용

개인적 역량이 있음

관심과 존경을 독차지함   주변 사람들을 감독함

세상이 내 손아귀에 있음   영향력을 행사함

결정권이 있음   권위를 지님

내 입장이 타인을 흔들어 댐   목표에 도달할 수 있음

역방향) 초기: 더 많은 힘을 가질 수 있다. 사람들이 주목하기 시작할 수 있다. 입지가 더 견고해질지 모른다. 통제권을 쥘 수 있다. 앞으로 책임을 맡게 될 수 있다. | 후기: 힘이 약해진다. 권위를 주장하는 게 전처럼 쉽지 않다. 사람들이 덜 주목한다. 고삐 쥔 손에서 힘이 빠지고 있다.

대담함

원하는 걸 과감히 함   위험을 무릅씀

무모한 일을 자기 방식대로 함   정면 승부를 펼침

주도권을 잡음   생각을 말함

두려움에 맞섬   기회를 잡음

역방향) 초기: 대담해질 수 있다. 위험을 감수해야 할 수 있다. 과감하게 표현해야 할지 모른다. 주도권을 잡아야 할 수 있다. 행동을 취할 기회가 생길 수 있다. | 후기: 덜 대담해진다. 용기가 사라진다. 위험을 감수할 기회가 지나갔다. 위험한 상황에서 물러난다. 도박을 걸어 볼 충동이 시들해진다.

독창성을 보여 줌

누구도 하지 않은 일을 함	자기 스타일을 창조함
개척자가 됨	접근 방식을 달리함
새로운 걸 개발함	무리로부터 벗어남
관습을 깸	

역방향) 초기: 더 창의적이 될 수 있다. 무리로부터 벗어나는 게 더 편할 수 있다. 참신한 길이 열릴 수 있다. 독특한 경험을 할지 모른다. 새로운 일이 일어날 수 있다. | 후기: 창의성이 떨어지는 것을 느낀다. 지금은 새로운 접근 방식이 적다. 더 이상 자신의 스타일을 취하기가 어려워진다. 독특한 경험이 끝났다.

해 설

'2 완드'는 개인의 용기와 위대함에 찬사를 보낸다. '마법사'와 동일한 에너지를 사용하지만 중요한 차이점이 있다. '마법사'는 힘의 원형, 즉 창의력과 힘의 비인격적인 에너지를 의미한다. '2 완드'는 그 힘이 지상으로 내려와 개인적 역량이 되었음을 보여 준다. 개인적 역량은 자신을 채워 스스로 위대해지도록 용기를 북돋아 주는 힘이다. 그 힘이 강한 사람은 마치 자석처럼 일정 영역 안에 있는 모든 이들을 끌어당긴다.

진짜 힘은 늘 신성에서 시작되고 우리를 통해 세상에 흐른다. 이러한 관계를 이해할 때 그 흐름이 가져오는 엄청난 확장과 성취의 축복을 누릴 수 있다. 우리는 뭐든 해낼 수 있음을 느낀다. 힘의 "원천"이 우리가 아님을 기억하라. 우리는 그저 도관일 뿐이다. 그걸 망각할 때 문제가 발생한다. 그 힘에 따라오기 마련인 도취된 느낌이 우리로 하여금 분별심을 잃게 만들고, 우리의 진짜 염원과 의도를 보지 못하게 할 것이다. 그러니 주의하라.

리딩에서 '2 완드'는 현재 상황에서 주요 이슈가 힘임을 보여 준다. 자신이나 다른 이가 힘을 가졌거나 갖기를 원한다. 이 카드를 만나면 힘을 지혜롭게 사용하고 있는지 자신의 목표와 활동들을 면밀히 살펴라. 힘 자체를 지지할 것이 아니라 우리의 가치 있는 목적에 활용되고 있음을 즐겨라. 상황을 긍정적으로 만드는 데 이 선물을 사용하라.

'2 완드'는 또 대담성과 창의성을 추가로 보여 줄 수 있다. 이 카드가 나오면 자신도 놀랄 정도로 대담하고 창의적으로 활동할 시기임을 믿어라. 감지하기 어렵고, 오래되고, 지루한 접근 방식을 버려라. 자신에게 완전한 자유를 허용하면 그 결과에 놀라게 될 것이다.

* **대극 카드: 고위 여사제** 수동적임, 전면에 나서지 않음 | **교황** 순응함, 그룹과 함께 함 | **8 소드** 무력감, 행동하기를 두려워 함 | **10 소드** 피해 의식, 무기력함 | **10 펜타클** 규칙을 따름, 관습적임

* **강화 카드: 마법사** 개인적 역량, 강력한 힘을 행사함 | **황제** 권위 | **전차** 개인의 힘, 지휘함 | **태양** 활력, 총명함, 위대함

3 완드
THREE OF WANDS

탐험
선견지명
리더십

작 용

미지를 탐험함

미지의 영역을 찾아냄   새로운 모험을 추구함

시야를 넓힘   안전지대에서 벗어남

색다른 걸 다룸

역방향) 초기: 새로운 가능성을 탐색 중이다. 모험이 시작될 수 있다. 미래가 더
열려 있을 수 있다. 낯선 영역으로 옮겨 갈지 모른다. 누군가가 미지의 세계를
시험해 보기로 결심할 수 있다. | 후기: 모험의 시기가 종료된다. 탐색에 대한
갈구가 식는다. 더 이상 미지의 영역을 다루는 데 관심이 없다. 지금은 새로운
걸 추구할 필요가 거의 없다.

선견지명이 있음

통찰력이 있음   더 큰 가능성을 찾음

앞서서 계획함   무엇이 기다리고 있는지 앎

징후를 포착함   장애물을 예측함

장기적으로 봄

역방향) 초기: 미래를 위한 계획이 필요할 수 있다. 사람들이 장기적인 안목을 갖기 시작할지 모른다. 문제를 예측할 수 있다. 다가올 일을 예감할 수 있다. | 후기: 미래를 계획하려는 시도가 줄어든다. 더 이상 예지력을 보이지 않는다. 앞을 내다보는 일에 덜 집중한다. 사람들이 큰 그림에 대해 관심을 덜 갖는다.

리더십을 증명함

사람들에게 길을 제시함	중요한 역할을 맡음
필요한 지침을 제공함	자신의 지지 세력을 동원함
책임 있는 자리를 맡음	본보기가 됨
대표로 일함	

역방향) 초기: 리더십을 발휘하는 위치에 있을 수 있다. 지휘를 할 기회가 생길 수 있다. 모범을 보여야 할지 모른다. 중요한 역할을 맡을 수 있다. 대표로 선출될 수 있다. | 후기: 통솔하고 관할할 수 있는 권한이 없어진다. 리더로서의 역할이 끝나 간다. 더 이상 본보기가 되지 않는다. 예전에 비해 방향성을 덜 제시한다. 지휘관이 물러난다.

해 설

'3 완드'에는 누군가가 절벽 위에서 바다 너머 먼 산을 바라보고 있다. 그는 높은 곳에서 모든 것을 내려다 보고 있다. 이것은 비전과 예지의 카드임을 가리킨다. 높은 곳에 오름으로써 우리의 영역은 확대된다. 우리는 떨어져서 시야를 확보한다.

리딩에서 '3 완드'는 장기적인 관점을 가지라는 말일 수 있다. 순간의 흥분 상태에서 반응하지 말고, 조금 뒤로 물러나 현 상황이 큰 그림에서 어떤 의미인지를 생각하라. 이 카드는 현재의 한계를 뛰어넘어 꿈을 꾸는 비전을 지닌 자가 될 것을 요구한다. 그것은 앞으로 일어날 일에 대한 징조나 다른 직관을 가리킬 수 있다.

장기적 관점을 갖는다는 것은 리더십의 일면이고, 이것은 '3 완드'의 또 다른 의미가 된다. 길을 아는 자는 따르는 이들에게 그 길을 보여 줄 수 있다. '3 완드'는 현재 자신의 비전을 받아들이고, 다른 이들을 이끌 수 있음을 확신하는 시기라고 말한다.

리더란 멀리 내다볼 뿐 아니라 기꺼이 앞장서는 사람이다. 이런 이유로 '3 완드'는 탐험의 카드가 된다. '바보'의 인물과 비교해 보라. 둘 다 절벽 끝에 서 있지만 '바보'는 자신의 운명에 뛰어들었음을 인식하지 못하고, 천진난만하게 전진한다. 반면 '3 완드'의 탐험가는 자신이 뭘 하는지 완벽하게 인식하고, 기꺼이 나아가고자 한다. 그의 용기가 '바보'에 비하면 자발적인 면은 떨어지지만 많은 걸 알고 있다. '3 완드'는 우리에게 두려워 말고 새로운 영역으로 들어가라고 응원한다.

* **대극 카드: 2 소드** 사실을 회피함, 꼼짝하지 않음 | **10 펜타클** 보수적임, 안전에 집중함

* **강화 카드: 바보** 시야를 넓힘, 영역에 들어섬 | **황제** 리더십, 방향을 제시함 | **8 컵** 여행을 감, 여정에 나섬 | **3 펜타클** 계획함, 미래를 대비함

4 완드
FOUR OF WANDS

축하
자유
흥분

작 용

축하함

행복한 일로 기뻐함

기념일, 이정표, 특별한 때를 앎

성과를 반영함

행사나 의식에 참석함

성공을 인식함

일이 잘되어 축하함

정당한 보상을 누림

역방향) 초기: 중요한 경축 행사가 다가올지 모른다. 기쁜 일이 생길 수 있다. 이정표에 도달할 수 있다. 축하를 받을 수 있다. | 후기: 이벤트나 기념일은 과거의 일이다. 축제가 지나갔다. 기념비적인 일에 도달했고 지나갔다. 환호하는 분위기가 식어 간다. 더 이상 축하할 이유가 없다.

자유를 찾음

답답한 상황에서 벗어남

자유로워짐

불운한 상황에서 탈출함

한계를 내버림

속박에서 풀려남

새로운 가능성을 엶

자기 결정권을 요구함

역방향) 초기: 자유를 요구하기로 결심할 수 있다. 억압에서 해방될 수 있다. 탈출 계획을 세워야 할지 모른다. 구속하던 어떤 것을 끊어 낼 수 있다. 곧 구출될 수 있다. | 후기: 자유를 향한 탈주는 과거의 일이다. 탈출했다. 옭아매는 것들이 끊어졌다. 더 이상 독립을 주장할 필요가 없다. 무한 가능성의 시기가 끝나 간다.

흥분을 느낌

기쁨이 솟아오름	전율을 느낌
기대하고 있음	그 순간에 사로잡힘
환희에 차 있음	놀라게 됨

역방향) 초기: 흥분되는 일을 찾기 시작할 수 있다. 스릴을 추구하기 시작할지 모른다. 큰 모험을 하게 될 수 있다. 열정이 커질 수 있다. 놀라운 일이 일어날 수 있다. | 후기: 흥분된 분위기가 시들해진다. 예전만큼 열정적이지 않다. 지금은 스릴이 중요하지 않다. 모험 정신이 전처럼 강하지 않다. 떠들썩한 분위기가 수그러든다.

해 설

어릴 적 촛불 켜진 생일 케이크를 보며 신이 나던 기분을 기억하는가? 롤러코스터를 타기 위해 기다리던 순간은? 첫사랑과 천천히 춤을 추던 그때는? 신이 나서 매우 흥분한 감정이 '4 완드'의 중심에 자리한다. 필자의 아들은 아주 어렸을 때 그런 감정을 "기쁨의 댄스"로 표현했다. 아들은 제자리 뛰기의 속도를 점점 올리면서 기쁜 감정을 간신히 조절할 수 있었다. 물론 성숙한(!) 어른도 그런 감정을 느낄 때가 있지만 완전히 내뿜지 않는다. 우리에게는 여전히 밖으로 나오기를 기다리는 흥분한 어린아이가 있다.

리딩에서 '4 완드'는 종종 그런 흥분을 일으키는 사건, 경험 등을 암시한다. 어떤 일인지는 사람마다 다르겠지만 감정의 동요는 매한가지다. '4 완드'는 놀라움이나 자의에 의한 스릴을 의미할 수 있다. 또 결혼, 기념일, 생일이나 승리를 기념하는 파티 등 축하 행사가 예정되어 있음을 암시한다. 이런 이벤트들이 진지한 측면이 있지만 삶의 기쁨을 느끼게 해 줄 기회다.

때때로 '4 완드'는 자유를 뜻한다. 자유에는 여러 형태가 있지만 항상 들뜬 감정을 동반한다. 육체적, 정신적, 감정적으로 자신을 구속하던 끈을 끊으면 성공한 기분을 만끽하면서 성장과 행복의 새로운 시기로 나아갈 수 있다. 지금 자신이 구속받거나 막혀 있는 느낌이라면 이 '4 완드' 에너지를 이용해 자유를 얻어라. 자신에게 정당하게 열린 전망을 요구하는 것을 두려워하지 마라.

* **대극 카드:** 악마 속박, 자유의 부재 | 10 완드 부담, 강압적 상황 | 4 컵 무관심, 흥분감 결여, 밋밋한 감정 | 6 소드 가벼운 우울감, 축하할 일이 거의 없음 | 8 소드 구속, 자유의 부재

* **강화 카드:** 3 컵 흥분, 고양된 정신, 축하 행사 | 2 펜타클 재미, 흥분, 파티

5 완드
FIVE OF WANDS

의견 충돌
경쟁
소동

작 용

의견이 맞지 않음

모두의 의도가 어긋나는 걸 느낌   의견 차이로 분열됨

다투고, 주장하고, 언쟁함   논쟁에 휘말림

서로 갈등을 빚음   사소한 일에 트집을 잡음

역방향) 초기: 의견이 일치하지 않을 수 있다. 논쟁이 벌어질지 모른다. 합의점이 없는 게 확연해질 수 있다. 사람들이 사소한 일에 트집을 잡기 시작할 수 있다. | 후기: 의견 차이가 줄어든다. 사람들이 더 이상 언쟁을 많이 하지 않는다. 서로 주장하는 시기가 끝이 난다. 지금은 전처럼 차이점이 극명하게 드러나지 않는다. 토론이 막바지를 향해 간다.

경쟁을 경험함

시합의 전율을 느낌   적수와 맞섬

도전에 응함   게임이나 스포츠에 참여함

자신을 뛰어넘기 위해 노력함   전력을 다함

싸우고 싶어 함   라이벌이 있음

역방향) 초기: 경쟁 요소가 늘어날 수 있다. 라이벌 관계로 발전할 수 있다. 적수와 맞붙을 수 있다. 결전의 날이 다가올지 모른다. 앞으로 도전할 일이 생길 수 있다. | 후기: 경쟁이 종료된다. 지금은 반대에 덜 부딪친다. 더 이상 경쟁자나 도전자와 겨룰 필요가 없다. 결전의 날이 지나갔다. 사람들이 예전처럼 서로를 앞지르는 일에 관심이 없다.

소동을 겪음

요구 사항으로 귀찮음   작은 차질이 생김

세세하게 신경 써야 함   짜증나는 일에 시달림

사소한 일로 곤혹스러움

역방향) 초기: 약간의 차질이 생길 수 있다. 사소한 짜증들이 늘어날 수 있다. 향후 몇 가지 소동이 발생할 수 있다. 번거로운 문제를 처리해야 할지 모른다. | 후기: 소동이 줄어든다. 귀찮은 문제를 해치웠다. 더 이상 방해로 인해 늦춰지지 않는다. 요구 사항이 전처럼 성가시지 않다.

해 설

어느 날 당신은 잠에서 깨 화장실을 가는데 발가락을 찧고, 샤워를 하는데 비누가 없다. 아침 식사를 하다 셔츠에 주스를 흘리고, 출근하려고 차에 시동을 거는 데 배터리가 방전되었다. 끔찍하고, 불쾌하고, 좋지 않은, 매우 나쁜 하루일 것이다.[9] 귀찮은 일들에 시달렸고, 그 성가신 일들이 너무 사소하기 "때문에" 화가 난다.

'5 완드'는 주변 환경이 우리에게 시비를 걸어오는 것 같은 순간을 보여 준다. 뭐 하나 매끄럽게 흘러가지 않는다. 모든 사람이 서로 다른 의도를 갖고 일한다. 카드에서 보이는 인물들은 협조 또는 합의하는 모양새가 아니다. 이 카드를 만나면 순탄하지 않을 길에 대비하라. 즉 무

언가를 성취하는 데 있어 더 많은 인내와 끈기가 필요할 것이다. '5 완드'는 심각한 방해는 아니지만, 사소하고 짜증나는 것들이 많음을 알려 준다.

이 카드는 또 경쟁을 의미한다. 정당한 환경에서 경쟁은 오히려 유용하다. 우리를 더 노력하게 하고, 흥분을 불러일으키고, 최선을 다하게 만든다. 리딩에서 '5 완드'가 나오면 경쟁 요소들을 점검하라. 대회, 시합, 게임 등에 참여할 수 있다. 경쟁자나 도전자가 있다는 걸 발견할 수 있다. 먹고 먹히는 상황 때문에 낙담할 수(또는 활력이 샘솟을 수도!) 있다. 경쟁은 본질적으로 분열을 초래한다. 다른 사람과 경쟁하는 것이 자신의 진짜 목표에 도움이 되는지 확인하라. 그렇지 않다면 협력에 힘써라.

* **대극 카드:** 절제 균형, 합의, 함께 일함 | 세계 통합, 협력함 | 2 컵 휴전, 동의, 함께 함 | 2 펜타클 순조롭게 진행함, 사람들을 모음 | 3 펜타클 팀워크, 협조

* **강화 카드:** 7 완드 반대, 투쟁 | 10 완드 싸움, 번거로움, 저항에 부딪침 | 5 소드 불화, 서로를 적대시하는 사람들

6 완드
SIX OF WANDS

승리
환호
자부심

작 용

승리함

전성기를 맞이함

상을 휩쓺

경기에서 이김

정당화됨

모든 도전자들을 압도함

성공을 이룸

역방향) 초기: 성공의 조짐이 보일 수 있다. 승리가 가까워질 수 있다. 자신을 증명하는 날이 올 수 있다. 누군가가 이기기 시작할지 모른다. | 후기: 승리는 과거의 일이다. 성공의 시간이 지나갔다. 사람들이 시합에 대한 관심이 식어 간다. 입증할 기회가 없어진다. 더 이상 이기는 것에 집중하지 않는다.

환호를 받음

인정받음

권위를 얻거나 상을 받음

갈채를 받음

격려를 받음

호평이나 찬사를 받음

명성을 얻음

역방향) 초기: 포상을 받거나 인정받을 수 있다. 열심히 한 일이 결실을 맺기 시작할 수 있다. 노력을 인정받을 수 있다. 명성이 중요해질 수 있다. 사람들이 주목하기 시작할지 모른다. | 후기: 찬사와 환호가 시들해진다. 더 이상 노력을 인정받지 못한다. 포상이나 보상은 과거의 일이다. 누군가가 찬사나 격려를 받았다.

자부심을 느낌

건강한 자존감을 만끽함	기량을 뽐냄
매우 의기양양해함	주목받을 가치가 있다고 느낌
자신을 높이 평가함	다른 이보다 자신을 우위에 둠
거만함	잘난 체함
자부심이 강함	

역방향) 초기: 자신감이 더 넘칠 수 있다. 오만함이 문제가 될지 모른다. 누군가가 잘난 척할 수 있다. 건강한 자부심이 자기 과신으로 바뀔 수 있다. | 후기: 자존감에 타격을 받았다. 겸허해지는 경험을 했다. 자신감이 떨어진다. 지금은 덜 오만하다. 사람들이 더 이상 자신에 대한 확신이 없다.

해 설

'6 완드'는 마이너 아르카나이지만 '전차'와 상응한다. 두 카드 모두 승리와 영광의 순간을 보여 준다. 우리는 때로 1등을 원한다. 운동선수, 정치가, 챔피언 들이 승리의 문턱에 막 들어설 때 그들 얼굴에서 그 꿈을 볼 수 있다. 모든 과정이 가치가 있었다. 나는 최고다. 나는 이겼다!

리딩에서 '6 완드'는 목표를 향해 열심히 노력했고 마침내 성공에 도달할 때 나온다. 오랫동안 바랐던 인정을 받는다. 받아 마땅한 찬사, 존경, 보상 등을 받게 될 것이다. 지금 당장 승리가 와닿지 않아도 최선을 다하고 있으면 오리란 걸 알아라. 이 카드가 주는 승리는 다른 사람을 이기는 것과 관련되지 않는다. 자기 자신, 환경, 역경을 극복한 데 대한 승리다.

'6 완드'는 또 건강한 자부심을 의미한다. 자신이 이룬 성과를 기분 좋게 느끼는 것은 성공을 장식하는 중요한 요소 중 하나다. 그러나 그 자부심이 과하면 오만과 허세에 빠진다. 이 카드를 만나면 타인에 대해 우월감을 갖고 있는지 확인하라. 개인의 성취는 사실 개인의 것이 아님에도 우리는 이것을 쉽게 망각한다. 우리의 재능은 신성에서 출발해 사람들의 사랑과 응원으로 발전하고 종국에 우리를 통해 발현된다. 이걸 안다면 어떻게 교만할 수 있겠는가?

단테는 『연옥Purgatorio』에서 천국에 가려는 영혼이 먼저 극복해야 할 첫 번째이자, 제일 큰 죄를 자만심으로 여긴다. '6 완드'가 나오면 자신에게 찾아온 영광을 즐기고 자신을 대견하되, 단테의 말을 기억하라. "오 재능을 가진 인간이여, 일등에 대한 자만심이 얼마나 빨리 월계관의 푸르름을 시들게 하는지. 바람의 숨결만이 이 세상 명성의 전부임을, 이리 저리 부는 바람으로 방향이 바뀌면 이름 또한 바뀌는 것을."10)

* **대극 카드: 탑** 겸손, 명성을 잃음 | **5 컵** 상실, 패배 | **10 소드** 자기 비하, 나락에 빠짐 | **5 펜타클** 거절, 인정받지 못함

* **강화 카드: 전차** 승리, 자기 확신 | **태양** 호평, 명성 | **9 컵** 자기만족, 원하는 걸 이룸

7 완드
SEVEN OF WANDS

공격
저항
확신

작 용

공격적임

원하는 걸 좇음

공격 태세를 취함

싸움

우위를 선점함

자기를 주장함

첫 포문을 엶

자기주장을 밀고 나감

역방향) 초기: 공격성이 커질 수 있다. 적개심이 생길 수 있다. 싸울 생각을 할지 모른다. 우위를 선점할 기회가 올 수 있다. 자기주장을 더 강하게 밀어붙여야 할 수 있다. | 후기: 공격 시기가 종료된다. 더 이상 싸움에 연루되지 않는다. 이제 자기주장을 펼칠 기회가 없어진다. 더 이상 우위를 점하지 못한다. 누군가가 이미 첫 포문을 열었다.

저항함

압박에 굴하지 않음

모든 도전자들과 겨룸

양보를 거부함

권위에 저항함

자기 입장을 옹호함

비난에 맞섬

"아니오!"라고 말함

역방향) 초기: 더 반항적이 될 수 있다. 저항이 커질 수 있다. 자기 입장을 방어해야 할 수 있다. 누군가가 뻗댈 결심을 할 수 있다. 사람들이 들고 일어날지 모른다. | 후기: 더 이상 저항하지 않는다. 반항이 시들해진다. 지금은 전처럼 세게 반발하지 않는다. 도전자들이 물러난다. 거부가 더 이상 문제되지 않는다.

확신을 보여 줌

자신이 옳다는 걸 알고 확신함	입장이 확고함
강한 기질을 증명함	자기 신념을 지킴
단호하게 행동함	흔들리지 않음

역방향) 초기: 확신이 커질 수 있다. 자신감을 얻을지 모른다. 방향을 고수하기로 결심할 수 있다. 누군가 강하게 말할 수 있다. 기질이 중요해질 수 있다. | 후기: 확신이 사라진다. 더 이상 자기가 옳다고 설득하지 못한다. 누군가가 포기한다. 확고했던 결의가 무너진다. 사람들이 말할 용기를 잃는다.

해 설

'7 완드'는 입장을 취하는 것과 관련이 있다. 입장을 취한다는 건 세상 에너지의 흐름을 좋든 나쁘든 바꿔 놓는 강력한 행동이다. 시간은 강물처럼 흐르고 우리 인생도 그렇게 흘러간다. 별다른 노력 없이 사건과 감정이 우리를 앞으로 나아가게 하지만, 흘러가는 것에 만족하지 않을 때가 있다. 흐름에 저항하거나, 흐름을 완전히 바꾸고 싶어 한다!

'7 완드' 속 인물은 고군분투하는 것 같다. 공격하는 것 같기도 하고 공격을 받고 있는 것 같기도 하다. 어쩌면 둘 다일 수 있다. 입장 표명은 저항 에너지에 불을 붙인다. 자신의 입장이 확고할수록 다른 사람도 그렇게 된다. '7 완드'는 동전의 양면처럼 공격"과" 방어를 동시에 의미한다.

어떤 투쟁은 중요하고 가치 있는가 하면, 또 어떤 투쟁은 단순한 골 칫거리에 불과할 수 있다. 만일 분쟁에 연루되어 있으면 그 일이 자신에게 가치가 있는지 자문해 보라. 정말 중요한 일인가? 그 결과가 자신 또는 다른 사람을 만족시키는가? 그렇다면 대담하고 공격적이어야 한다. 자기 입장을 사수하고 양보를 거부하라! 그렇지 않은 일이라면 분쟁을 푸는 방향을 고려하라. 이때 자신에게 솔직해야 한다. 그 일에 많은 시간과 에너지를 쏟았다는 이유만으로 입장을 고수하려는 유혹에 빠질 수 있기 때문이다.

'7 완드'는 또 강한 신념을 암시할 수 있다. 강경한 태도를 취하려면 자신과 자신의 입장에 대한 믿음이 있어야 한다. 자신을 꿰뚫어 보기 위해 도덕성과 강인한 기질이 필요할 것이다. 정당한 명분이 '7 완드' 에너지에 변화를 가져온다.

* 대극 카드: **고위 여사제** 수동적임, 자제함 | **거꾸로 매달린 사람** 기다림, 내려놓음 | **3 펜타클** 팀워크

* 강화 카드: **5 완드** 반발, 싸움 | **9 완드** 자기 입장을 옹호함, 양보를 거부함 | **5 소드** 충돌, "나 대 그들"이라는 사고방식

8 완드
EIGHT OF WANDS

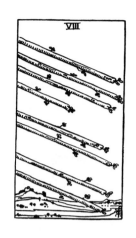

신속한 행동
결론
새 소식

작 용

신속하게 행동함

행동을 취함

공개적으로 자신을 표명함

새로운 영역으로 돌진함

변화를 따라잡음

쇠뿔도 단김에 뺌

계획을 실행에 옮김

최고 속도로 움직임

역방향) 초기: 공개적으로 자신을 표명할 생각을 하고 있다. 점점 가속이 붙을수 있다. 사람들이 행동하기로 결심할 수 있다. 변화가 분명해질 수 있다. 일격을 가할 시기가 올지 모른다. 이벤트가 이제 막 시작될 수 있다. | 후기: 급격한변화가 과거에 있었다. 속도가 줄어든다. 행동하는 시기가 지나갔다. 더 이상서두르지 않아도 된다. 지금은 후유증에 대처하고 있다.

결론에 이름

노력의 정점에 다다름

활동을 끝냄

성공적인 해결책을 찾음

모든 요소를 합함

웅장한 피날레를 경험함

미완의 작업을 마침

역방향) 초기: 문제를 마무리 지으려고 생각하고 있다. 마지막 행동을 개시할 수 있다. 최종 해결책이 보이기 시작할지 모른다. 정점을 향해 갈 수 있다. | 후기: 상황이 해결되었다. 모든 게 종료되었다. 마지막 무대의 막이 내려진다. 어떤 활동을 마무리했다. 최종 발언이 거의 끝나 간다.

새 소식을 받음

중요한 메시지를 얻음	필요한 정보 일부를 입수함
잃어버린 퍼즐 조각을 찾음	진실을 발견함
의미심장한 대화가 오고감	더 많이 배움

역방향) 초기: 어떤 새로운 소식이 오는 중일 수 있다. 중요한 공지 사항을 들을 수 있다. 진실에 더 가까워질지 모른다. 누군가가 의미 있는 대화를 시작할 수 있다. | 후기: 새로운 소식이 전달되었다. 알아야 할 것을 얻었다. 진실이 분명해졌다. 새로운 소식이 줄어든다. 더 이상 보고를 받지 못한다. 정보를 얻을 기회가 드물다.

해 설

영화 「십계」에서 모세는 지팡이로 물을 건드려 재앙을 일으킨다. 그의 지팡이는 사건을 일으키는 힘의 대리인이다. 이 카드의 완드는 모세의 지팡이를 떠올리게 한다. 그것은 행위의 시작과 결과를 상징한다. 우리는 행동하기 전에 생각하고 상상하고 추측하고 이야기하고 꿈꾼다. 이는 모두 공기의 영역, 즉 하늘에서 일어난다. 그리고 나서 마침내 우리는 움직인다. 우리의 생각을 땅으로 가져와 행동으로 옮긴다.

리딩에서 '8 완드'는 종종 "지금"이 자신을 표명할 때라는 신호다. 망설이지 않는 한 준비를 마친 모든 것들이 우리를 위해 일할 것이다. 진행 중인 사건이면 그 속도는 더욱 빨라질 것이다. 회오리바람에 휩쓸리는 느낌이 들 수 있지만, 먼지는 곧 가라앉고 계획이 어떻게 실행되었는지 알게 될 것이다.

'8 완드'는 또 새로운 소식이나 정보가 온다는 것을 의미한다. 하지만 위장한 채 나타날 수 있으니 주의하라. 중요한 무언가를 보고 들을 수 있으므로 모든 것에 주의를 기울여라.

이 카드는 또 종결을 암시한다. 조만간 모든 활동은 그 과정을 끝마칠 것이다. 카드 속 8개의 지팡이는 사건의 움직임 뿐만 아니라 실현되는 것까지 암시한다. 리딩에서 '8 완드'는 지금껏 우리가 무슨 일을 해왔건 끝낼 시기임을 알려 줄 수 있다. 지나간 일은 기리되, 새로운 일로 옮겨 갈 준비를 하라.

* **대극 카드: 고위 여사제** 기다림, 보류 | **4 소드** 급히 뛰어들지 않음, 준비함 | **7 펜타클** 평가, 행동하기 전에 점검함

* **강화 카드: 마법사** 행동함, 계획을 실행함 | **운명의 수레바퀴** 빠른 페이스, 급격한 전개 | **죽음** 결말, 종료 | **8 컵** 끝냄, 한 챕터를 마침

9 완드
NINE OF WANDS

방어
끈기
지구력

작 용

자신을 방어함

악의가 있다고 간주함   최악을 예상함

각별히 조심함   편집증적임

경계하고 신중해짐   다른 이들을 보호함

과거에 받은 공격이 기억남

역방향) 초기: 조심하게 될 수 있다. 자신을 지켜야 할 수 있다. 누군가가 편집
증을 보이기 시작할지 모른다. 경계하는 분위기가 만들어질 수 있다. 보호가 필
요할 수 있다. | 후기: 더 이상 방어적이지 않다. 신중할 필요성이 없어진다. 지
금은 공격할 가능성이 적다. 편집증적인 분위기가 사라진다. 더이상 가외로 조
심하지 않아도 된다.

끈기가 있음

온갖 역경에도 끝까지 함   "아니오"라는 대답을 거부함

무언가를 끝까지 봄   쓰러져도 일어남

결심을 유지함   여러 차례 시도함

역방향) 초기: 결의가 더 강해질 수 있다. 더 헌신할 수 있다. 사람들이 더 강한 투지를 보여 줄지 모른다. 계속하려는 결심을 할 수 있다. 여러 차례 시도할 수 있다. | 후기: 의지가 점차 약해진다. 지금은 열심히 노력하지 않는다. 결심이 흐려진다. 쓰러졌는데 다시 일어나려 하지 않는다. 지금의 노력이 더 이상 가치 있어 보이지 않는다.

지구력을 보여 줌

피곤하지만 계속함	단단히 붙잡음
비축한 것을 끌어모음	의지력을 모음
육체적 힘을 입증함	페이스를 유지함

역방향) 초기: 힘이 회복될 수 있다. 페이스를 유지하는 게 더 수월해질 수 있다. 체력이 더 올라갈 수 있다. 단단히 버텨야 할 수 있다. 지속성을 시험하는 일이 닥칠지 모른다. | 후기: 에너지가 감소한다. 힘이 떨어진다. 더 이상 계속하는 게 불가능하다. 참을성이 예전 같지 않다. 조금 해이해지고 있다. 지구력을 보여 주는 시험이 종료된다.

해 설

'9 완드'의 인물은 어려운 시기를 통과했다는 것을 여실히 보여 준다. 그는 머리와 팔에 붕대를 감고 있고 "목발"에 의지해 서 있다. 이 전사는 어떤 전투를 치른 것 같은데, 여전히 서 있다! 다쳤지만 쓰러지지 않았다. 우리가 좋지 않은 경험을 하고 나면 지치고 상흔이 남는다. 육체적 상처는 없더라도 정신적 상처가 남는다. 열린 마음, 순수함, 신뢰 등은 사라지고 경계하고 방어하는 태도가 그 자리를 꿰찬다.

리딩에서 '9 완드'는 더 신중하게 진행하라는 경고일 수 있다. 경계의 눈초리를 유지하지 않으면 상처받을 수 있다. 삶의 교훈은 쓰디쓴 경우가 많다. 희망이 꺾일 때면 더욱 그렇다. 그럴 때 방어적이 되는 건 자연스럽지만, 너무 과해지지 않도록 노력한다. 자신에게 상처를 준 그것이 힘을 끌어올리는 원천이 되기도 한다.

힘은 '9 완드'의 또 다른 모습이다. 이 전사는 강하다. 그는 어떤 역경에도 육체적인 힘과 내적인 추진력으로 인내심 있게 버텨 낸다. 영화「터미네이터」에서 아널드 슈워제네거는 미래에서 온 포기할 줄 모르는 기계 인간을 연기한다. 마지막에 그는 철조 골격과 번쩍이는 눈만 남은 몸을 바닥에 질질 끌며 여전히 목표를 향해 간다. 이것이 '9 완드'의 정신이다(악의 없는!). 이 카드는 우리에게 무슨 일이 있어도 계속 나아가라고 말한다. 비록 지금은 모든 사람과 상황이 우리를 반대하는 것 같지만 포기하지 마라. 우리에게는 극복할 수 있는 충분한 예비 전력이 숨어 있다.

* **대극 카드:** 3 컵 우정, 누군가를 신뢰함 | 6 컵 순수함, 가장 좋은 걸 믿음 | 8 컵 무기력, 피로

* **강화 카드:** 힘 인내, 결의, 연민 | 7 완드 입장을 옹호함, 버팀 | 2 소드 방어함, 자신을 고립시킴 | 8 펜타클 끈기

10 완드
TEN OF WANDS

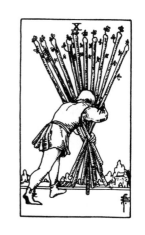

과도함
부담
고군분투

작용

과도함

너무 많은 걸 하려고 애씀	"아니오"라고 말하는 걸 거부함
모든 책임을 짐	다른 이의 부채를 안음
가장 큰 몫을 해냄	야근해야 함
모든 일을 떠맡음	추가 하중을 짊어짐

역방향) 초기: 지나치게 확장할 수 있다. "아니오"라고 말하는 게 더 어려워질 수 있다. 많은 부분이 자신에게 할당될 수 있다. 앞으로 업무가 추가될지 모른다. 위임해야 할 수 있다. | 후기: 요구가 줄어든다. 더 이상 책임지지 않아도 된다. 이제 초과 근무가 줄어든다. 작업의 일부를 위임했다.

부담을 느낌

휴식 시간이 전혀 없음	쳇바퀴 도는 느낌
극한으로 혹사함	의무를 다함
책임을 짊	못마땅한 직무를 수행함
성가신 상황을 정리함	책임을 뒤집어 씀

역방향) 초기: 이제 막 부담을 느끼기 시작할 수 있다. 일이 늘어날 수 있다. 능력을 초과해서 일할 수 있다. 부담스런 문제가 곧 닥칠지 모른다. 걱정이 더 압박해 올 수 있다. 책임감이 이슈가 될 수 있다. | 후기: 부담이 줄어든다. 내키지 않은 일이 지나갔다. 쳇바퀴 도는 일에서 해방되었다. 더 이상 주요 책임자가 아니다. 이제 짐이 한결 가벼워졌다.

고군분투함

힘겨운 싸움을 함	모든 일을 고생스럽게 함
저항을 겪음	흐름을 거슬러 밀어붙임
보수를 위해 늘 일해야 함	쉽게 오는 게 전혀 없음을 앎
난항 중임	

역방향) 초기: 고군분투가 시작될 수 있다. 저항이 있을 수 있다. 이득을 얻으려면 매번 싸워야 할 수 있다. 나아갈 길이 험난할 수 있다. 반대에 부딪쳐 일이 더 어려워질지 모른다. | 후기: 고군분투가 끝이 난다. 이제 저항이 덜하다. 더 이상 열심히 일할 필요가 없다. 내리막길이 앞에 있다. 힘든 시기가 지나갔다.

해 설

'10 완드'에는 10개의 무거운 막대기를 운반하느라 허리가 휜 사람이 보인다. 그는 막대기들이 너무 가까이에 있어 어디로 가는지조차 보지 못한다. 그에게 짐과 책임 말고는 없다. 사실 많은 현대인들이 그렇다! 해야 할 일을 다 해내려고 많은 일들을 짊어진다. 주말(또는 휴가나 학기가 끝나는 날)까지 버티면 쉴 수 있을 거라 생각하지만 주말이 와도 과부하는 이어진다.

리딩에서 '10 완드'는 자신을 너무 몰아붙이고 있다는 신호일 수 있다. 하루하루 의무와 고된 일들이 계속된다면 건강과 웰빙을 장담할 수 없다. 가벼워질 필요가 있다. 일을 줄이고 오로지 자신이 즐거울 수 있는 활동을 하라. 자기 일을 아무리 사랑해도 거기에만 전력투구하면 한쪽으로 치우친 삶이 된다. 다른 관심사들로 삶의 균형을 잡아라.

'10 완드'는 또 가장 큰 책임을 지는 시기임을 암시할 수 있다. 비난 때문에 그럴 수도 있고, 책임을 뒤집어쓰는 것일 수도 있다. 반면에 충분히 유능한 사람이라 솔선수범해서 책임지는 것일 수도 있다. 그 이유가 정당하든 아니든 일의 마무리는 당신에게 달려 있다.

'10 완드'는 당분간 삶이 평소보다 고달플 것임을 보여 준다. 매사에 작은 이익도 힘겹게 얻을 것이다. 한 계단 한 계단이 난항으로 느껴질 것이다. 이 카드가 나타나면 자신에게 친절하라. 가능한 짐을 가볍게 하고, 다른 이들이 당신을 돕게 하라. 모든 걸 혼자 처리할 필요가 없다.

＊대극 카드: 바보 태평함, 순간을 즐김 | **거꾸로 매달린 사람** 내려놓음 | **4 완드** 부담감에서 자유로움, 압박에서 벗어남 | **4 소드** 긴장을 풂, 휴식 | **7 소드** 책임을 피함

＊강화 카드: 정의 의무를 받아들임, 책임짐 | **5 완드** 분투, 성가심, 저항 | **6 소드** 그럭저럭 살아감, 고군분투하며 나아감 | **9 소드** 걱정 | **5 펜타클** 애씀, 힘든 시기

페이지 완드
PAGE OF WANDS

창의적임
열정적임
자신함
용감함

작 용

창의적임

새로운 접근법을 취함   독창적임
발명함   자기표현의 새 영역을 찾음
자신만의 기술을 이용함   해결책을 내놓음
새로운 방향으로 감

역방향) 초기: 창의적이 될 기회가 생길 수 있다. 누군가가 독창성을 보여 줄수 있다. 참신한 접근이 필요한 때가 온다. 새로운 방향으로 갈 것을 요청받을지 모른다. | 후기: 창의력을 발휘하는 시기가 끝나 간다. 지금은 자신만의 기량을 보여 줄 기회가 드물다. 방향을 바꿀 기회가 있었다. 더 이상 새로운 것에 관심이 많지 않다.

열정적임

진심을 다해 뛰어듦   흥분함
낙관함   가장 먼저 지원함
격정적임   혈액 순환이 되게 함

역방향) 초기: 자원하라는 요청을 받을 수 있다. 열정적이 될 기회가 올지 모른다. 마음을 다해 전념할 기회가 생길 수 있다. 누군가가 더 큰 낙관론을 펼치고 있다. | 후기: 열정의 시기가 끝나 간다. 이제 덜 격정적이다. 흥분할 기회는 거의 없다. 누군가가 전부를 쏟아 냈지만 흥미를 잃어 간다.

자신함

도전에 맞섬   "물론, 난 할 수 있어!"라고 말함
자신을 믿음   자신의 한계를 넓힘
의심의 여지없이 움직임   성공에 초점을 맞춤
뜻이 있는 곳에 길이 있음을 앎

역방향) 초기: 도전하게 될 수 있다. 자신감을 가질 수 있는 기회가 올지 모른다. 누군가가 의심을 내려놓아야 할 수 있다. 성공할 기회가 생길 수 있다. | 후기: 자신감이 넘치는 시기는 과거의 일이다. 도전적인 이벤트가 끝났다. 지금은 성공 가능성이 적다. 누군가가 자기 확신을 증명했을 수 있다.

용감함

위험을 감수함   대담함
모험을 함   당연한 것을 무효로 함
단호하게 조치함   리더가 됨
두려움을 극복함

역방향) 초기: 단호하게 행동할 시기가 올 수 있다. 선두에 설 것을 요청받을지 모른다. 두려움을 극복할 기회가 있을 수 있다. 모험이 진행되고 있다. | 후기: 지금은 대담하게 움직일 필요가 없다. 용기를 보여 줄 기회가 없어진다. 지금은 단호한 조치가 필요 없다. 리드할 기회가 과거에 있었다.

해 설

'페이지 완드'는 열정적이 될 기회를 가져다주는 전령이다. 그는 창의성, 용기, 매력, 영감 등을—모두 완드 슈트가 지닌 경이로움들이다—경험할 수 있는 좋은 기회를 선사한다. 리딩에서 이 페이지는 우리가 흥분하고, 능력을 배양하고, 더 뛰어나도록 용기를 발휘하는 그 시작이 나타날 수 있음을 암시한다. 그런 기회가 보이면 행동하라!

'페이지 완드'는 또 독립심, 높은 에너지, 위험을 감수하는 행동, 공유된 열정 등과 관련해 당신과 상호 작용하는 어린아이 또는 마음이 젊은 어른을 가리킬 수 있다. 때로 '페이지 완드'는 전체적인 상황이 흥분과 모험 정신으로 가득 차 있음을 의미한다. 그럴 때는 가벼운 마음으로 당신의 개성과 힘을 자유롭게 표현하라.

* **코트 카드 짝**: '페이지 완드'는 다른 코트 카드와 짝을 이룰 수 있다. 두 카드의 위계와 슈트를 비교해 그 짝의 의미를 확인한다.

나이트 완드
KNIGHT OF WANDS

매력적임/피상적임
자신 있음/오만함
대담함/무모함
모험을 즐김/가만히 못 있음
열정적임/성급함

작 용

매력적임/피상적임

육체적으로 매력적임/스타일과 외형에 집중함

미소로 상대를 무장 해제시킴/경솔하고 둔감할 수 있음

섹시하고 유혹적임/성적으로 정복하는 걸 추구함

황홀하게 하고 흥분시킴/깊거나 진지한 문제는 피함

감미롭게 말함/적당히 말하고 적당히 행동함

역방향) 초기: 더 매력적이 될 수 있지만 더 피상적이 될 수도 있다. 흥분되는 것에 호감을 가지면서 진지한 것에는 그렇지 않은 누군가가 등장할 수 있다. 쉽게 납득될 뿐 아니라 편리 위주로 가려는 분위기가 전개될 수 있다. | 후기: 매력이 떨어지지만 경솔함도 줄어든다. 섹시하지만 교묘하게 조종하는 누군가가 퇴장한다. 무심하게 매혹적인 분위기는 종료된다.

자신 있음/오만함

자신을 전혀 의심하지 않음/능력을 과대평가함

의욕적인 태도를 보임/뽐내고 자랑함

자신의 재능을 확신함/성취한 것을 과장함

늘 자신만만함/무례하고 뻔뻔함

자질구레한 일에 신경 쓰지 않음/때로는 건방짐

역방향) 초기: 자기 확신이 더 강해질 수 있지만 더 뻔뻔해질 수도 있다. 의욕적인 태도를 보이지만 건방진 누군가가 등장할 수 있다. 자신하지만 너무 으스대는 분위기가 형성될 수 있다. | 후기: 자신감이 줄어들지만 건방진 성향도 줄어든다. 자신에 대한 회의감과 반성이 부족한 누군가가 퇴장하고 있다. 자기 주장이 강하지만 너무 자유분방한 분위기가 끝나 간다.

대담함/무모함

어떤 위험도 두려워하지 않음/무모하고 경솔함

남이 피하는 일을 하려 함/자신과 다른 이들을 위험에 빠트릴 것임

위험한 일에 먼저 나섬/위험에 수반되는 주의를 하지 않음

영웅이 되는 걸 좋아함/충동적임

아무도 가지 않은 길을 대범하게 감/앞뒤 가리지 않고 덤빔

역방향) 초기: 더 대담해질 수 있지만 더 무모해질 수도 있다. 위험을 마다하지 않지만 주의력이 부족한 누군가가 등장할 수 있다. 용감무쌍하나 무모한 분위기가 만들어질 수 있다. | 후기: 대담함이 덜하지만 성급함도 덜하다. 선뜻 자진해 나서지만 어쩌면 어리석은 누군가가 퇴장하고 있다. 두려워하지 않지만 충동적인 분위기가 종료된다.

모험을 즐김/가만히 못 있음

여행과 새로운 경험을 좋아함/가만히 있는 것에 절대 만족하지 못함

참신함과 변화를 추구함/뿌리를 내리거나 정착할 수 없음

무슨 일이든 만들어 냄/내면의 평화와 평정심이 부족함

모든 도전에 응함/장미 향기를 맡기 위해 멈추지 않을 것임

구애받지 않고 자유로움/끊임없이 자극을 필요로 함

역방향) 초기: 더 자유로울 수 있지만 더 제멋대로일 수도 있다. 새로움을 선호하지만 차분함을 싫어하는 누군가가 등장할 수 있다. 변화가 일지만 뿌리내리지 못하는 분위기가 형성될 수 있다. | 후기: 덜 안절부절하지만 덜 자유분방하다. 여행을 좋아하지만 가만히 있지 못하는 누군가가 퇴장한다. 도전적이지만 안정적이지 않은 분위기가 종료된다.

열정적임/성급함

바로 행동함/쉽게 분노함

강한 충정심을 느낌/싸울 준비가 되어 있음

모든 걸 강하게 느낌/화가 나면 더 몰아침

목소리를 높임/종종 생각 없이 행동함

적극적으로 뛰어듦/사소한 일에 발끈할 수 있음

역방향) 초기: 더 열정적이 될 수 있지만 더 성급해질 수도 있다. 입장을 드러내지만 생각 없이 그러는 누군가가 등장할 수 있다. 행동에 옮기지만 거슬리는 분위기가 형성될 수 있다. | 후기: 안달복달하는 정도가 줄어들지만 충정심도 줄어든다. 강하게 느끼지만 성난 감정의 누군가가 퇴장하고 있다. 화가 나면 더 충성스러워지는 분위기가 끝나 간다.

해 설

'나이트 완드'의 긍정적인 부분은 에너지와 생명력이 가득하다는 것이다. 그는 새로운 걸 시도하는 데 있어 두려워하지 않고 열정을 다해 뛰어든다. 그의 미친 곡예와도 같은 행동에 사람들은 혀를 내두르지만, 그의 용기와 열정에는 감탄한다. 그의 섹시함은 저항하기 어려울 정도로 언제나 매력적이다.

이 나이트의 부정적인 면은 자신과 자신의 능력을 지나치게 믿는다는 것이다. 그는 피상적이고 생각 없는 경향이 있으므로 막중한 책임감을 기대하지 않는 게 좋다. 그는 또 무모하고 무책임하다. 생각 없이 행동하는 기질이 문제를 계속 일으킨다.

리딩에서 '나이트 완드'는 그의 자신감 있고 열정적인 스타일이 당신, 다른 사람, 전체 분위기와 관련되어 있음을 암시한다. 이렇게 자문해 보라. "이 나이트의 에너지가 득일까, 독일까?"

그의 스타일이 분명하게 나타나면 균형을 잡아야 할 것이다. 내 자신감이 정말 오만한가? 늘 화가 나 있고 참을성이 없는가? 마음 아프게 하는 어떤 사람에게 빠져 있는가? 회사가 아무런 준비 없이 무모하게 일을 서두르는가? 변화가 필요한 때일 수 있다.

만약 이 나이트의 에너지가 부족하면 열정과 대담성이 요구될 수 있다. 나는 틀에 박혀 있는가? 새로운 일을 시도하라. 항상 궁극의 세부 사항까지 계획하는가? 다음에는 즉흥적으로 해 보라. 너무 열심히 일하는가? 밖으로 나가 재미를 좀 즐겨라. '나이트 완드'가 그의 도전, 흥분, 모험의 세계로 우리를 안내하게 하라.

* **코트 카드 짝**: '나이트 완드'는 다른 코트 카드와 짝을 이룰 수 있다. 두 코트 카드의 위계와 슈트를 비교해 그 짝의 의미를 확인한다.

퀸 완드
QUEEN OF WANDS

매혹적임
전심을 다함
활기참
유쾌함
자신이 있음

작 용

매혹적임

마음을 끌고 인기가 있음   강한 첫 인상을 남김
친구를 쉽게 사귐   성적 매력이 뛰어남
따뜻하고 사교적임

역방향) 초기: 더 사교적이 되고 인기가 있기 시작할지 모른다. 섹시하고 매력
적인 누군가가 등장할 수 있다. 호의적인 분위기가 조성될 수 있다. | 후기: 따
뜻함과 사교성이 덜하게 된다. 누군가가 더 이상 강렬한 인상을 주지 못한다.
성적인 분위기는 덜 두드러진다.

전심을 다함

열정이 가득함   혼신을 다해 일을 처리함
어떤 상황이든 최선을 다함   열려 있고 성실함
전혀 망설이지 않음

역방향) 초기: 더 열려 있고 더 진실할 수 있다. 진심을 다하는 누군가가 등장할 수 있다. 헌신적인 분위기가 만들어질 수 있다. | 후기: 헌신의 정도가 덜하다. 누군가가 망설일 가능성이 크다. 성실한 분위기가 두드러지지 않는다.

활기참

바쁘고 활동적인 삶을 이끌어 감   원기 왕성하고 강함
건강과 활력을 발산함   내적 활력이 있음
타고난 운동선수임

역방향) 초기: 더 건강하고 활기가 넘치기 시작할 수 있다. 운동하는 누군가가 관련될 수 있다. 바쁘고 활동적인 분위기가 우세해질 수 있다. | 후기: 원기와 강건함이 약화된다. 누군가가 전처럼 에너지를 발산하지 못한다. 지속적으로 활동하는 분위기가 끝나 간다.

유쾌함

긍정적이고 낙관적임   모든 이에게 격려의 말을 함
분위기가 밝아짐   따뜻하고 명랑한 성향을 지님
우울함을 쉽게 떨칠 수 있음

역방향) 초기: 우울함에서 벗어나기 시작한다. 따뜻하고 명랑한 누군가가 중요해질 수 있다. 분위기가 낙관적으로 흐를 수 있다. | 후기: 생기발랄함이 떨어진다. 누군가가 전처럼 용기를 북돋아 주지 않는다. 밝고 활발한 분위기가 뚜렷하게 나타나지 않는다.

자신이 있음

조용히 자신감을 드러냄   침착하게 모든 상황을 처리함
쉽게 흔들리거나 자극받지 않음   자발적이고 실패에도 너그러움
자신의 능력을 믿음

역방향) 초기: 자신감이 생기기 시작할 수 있다. 흔들리지 않는 누군가가 등장할 수 있다. 쉽게 능력을 믿는 분위기가 조성된다. | 후기: 자기 확신이 덜하다. 상황을 처리하던 누군가가 떠난다. 자신감이 넘치는 분위기가 종료된다.

해 설

'퀸 완드'의 개성은 완드 슈트의 긍정적인 불 에너지와 퀸의 내면을 향한 집중이 결합한다. 그녀가 속한 무리에서 인기투표를 하면 항상 그녀가 뽑힌다. 늘 매혹적이고, 외모가 수려한 경우도 있다. 따뜻한 미소와 여유 있는 매너에 많은 친구와 팬들이 몰린다. 그녀의 에너지는 전염되고, 그녀의 열정은 총력적이다. 어떤 일이든 진심을 다해 헌신하고, 전력을 다해 해결한다. 그 어떤 것도 그녀를 낙담시키지 못한다. 항상 낙관적이고 생기 넘치는 그녀는 모든 상황에서 긍정적인 부분을 찾을 준비가 되어 있다.

그녀는 바쁘게 열심히 산다. 그런 삶을 선호하기 때문이다. 앞으로 나아가고 행동하기를 좋아한다. 매우 건강하고 튼튼하기 때문에 그런 페이스를 유지할 수 있다. 그녀의 타고난 강인함과 몸에 대한 컨트롤이 그녀를 뛰어난 운동선수처럼 보이게 할 때가 있다. '퀸 완드'는 자기 능력을 깊이 신뢰하되, 절대 오만하지 않다. 그녀의 차분한 자신감은 마음먹은 일이면 뭐든 이룰 수 있다는 앎에서 나온다.

리딩에서 '퀸 완드'는 우리에게 그녀처럼 "생각하고 느낄" 것을 요구

한다. 자신이 매력적으로 느껴지는가? 자신을 믿는가? 에너지가 넘치는가? 우울감을 떨칠 수 있는가? 자기 삶에 열성을 다하는가?

이 퀸은 또 그녀와 같은 인물 또는 생기발랄하고 자신감 넘치는 열정적인 분위기를 암시할 수 있다. 리딩에서 그녀는 자신의 특별한 에너지가 지금 우리에게 유의미하다고 말한다. 이 퀸이 우리 삶에 어떤 모습으로 나타나든 그녀에게서 영감을 얻으라.

* **코트 카드 짝:** '퀸 완드'는 다른 코트 카드와 짝을 이룰 수 있다. 두 코트 카드의 위계와 슈트를 비교해 그 짝의 의미를 확인한다.

킹 완드
KING OF WANDS

창의적임
고무시킴
강력함
카리스마
과감함

작용

창의적임

혁신 사업과 아이디어를 개발함   새로운 경험의 장을 엶

타고난 예술적 재능이 있음   유용하게 자기표현을 함

새로운 전략을 주도함   독창적이고 창의성이 풍부함

역방향) 초기: 더 독창적이기 시작한다. 창의적인 이가 키맨이 될 수 있다. 혁신적인 분위기가 조성될 수 있다. | 후기: 새 가능성에 대한 탐구 의지가 적다. 전략적인 지도자가 도움이 되지 않는다. "뭐든 가능하다"는 분위기가 종료된다.

고무시킴

열정을 전파함   흥이 나는 분위기를 만듦

다른 이들의 본보기가 됨   자신감을 불어넣음

강하고 타고난 리더임

역방향) 초기: 리더십을 보여 주기 시작한다. 누군가가 본보기가 되기 시작할 수 있다. 흥이 나는 분위기가 형성될 수 있다. | 후기: 열정이 덜하다. 결집시킬

지지자들의 수가 적다. 고무적인 분위기가 두드러지지 않는다.

강력함

상황을 장악하는 것 같음   존재감이 압도적임

필요할 때 강하게 주장함   존경과 추종 세력을 얻음

자연스레 권위를 지님

역방향) 초기: 자신을 더 주장하기 시작한다. 존경을 받고 추종 세력이 있는 누군가가 등장할 수 있다. 권위적인 분위기가 만들어질 수 있다. | 후기: 주변 환경에 미치는 영향력이 적다. 압도적인 존재감을 드러내는 누군가가 떠났다. 명령하는 분위기가 예전처럼 용이하지 않다.

카리스마가 있음

때로 화려하고 극적임   세련된 제스처를 즐김

자연스레 이목을 끎   다른 이들을 강하게 끌어당김

관찰, 모방, 회자의 대상이 됨

역방향) 초기: 관심의 중심에 서기 시작할 수 있다. 카리스마 있는 인물이 등장할 수 있다. 극적인 분위기가 조성될 수 있다. | 후기: 사람들의 관심을 덜 끈다. 누군가가 전처럼 회자되지 않는다. 지금은 화려하고 극적인 분위기가 흔하지 않다.

과감함

용맹스러움   리스크가 큰 기회를 잡으려 함

반대에 맞섬   과감하게 입장을 달리함

다른 이들의 생각에 무심함   소신대로 행동함

역방향) 초기: 더 많은 용기를 보여 주기 시작할 수 있다. 타인의 생각을 고려하지 않는 대담한 누군가가 영향력을 발휘할 수 있다. 위험에 노출되는 상황이 전개될 수 있다. | 후기: 눈에 띄고 싶어 하지 않는다. 대립을 일삼는 인물이 진정되었다. 용감한 분위기는 덜 두드러진다.

해 설

'킹 완드'의 개성은 완드 슈트의 긍정적인 불 에너지와 킹의 활동적인 외향성이 결합한다. 그는 창의적이고, 구시대적인 진부한 접근 방식에 안주하지 않는다. 자신의 독창성을 믿고 영감을 구체화시킨다. 그는 열정적이다. 기회가 오면 앞장서서 사람들을 이끈다. 그가 확신에 차 방향을 제시하면 사람들은 따른다. 힘 있게 목표를 추구하는 그는 자신이 의도하지 않는 한 조용하고 수동적인 관찰자가 아니다. 기꺼이 뛰어들어 결과를 만들어 낸다. 그는 극적인 경향이 있고 흥분에 차 있다.

이 킹은 결코 월플라워wallflower(무리에 끼지 못하는 내성적인 사람을 비유. 옮긴이)가 아니다. 관심의 중심에 자주 선다. 강하고 대담해서 안전하고 쉬운 길을 거부한다. 위험을 감수해도 승산이 있다는 확신과 에너지가 있다. '킹 완드'는 늘 자신을 믿고, 자기가 확신하는 일에 대담하다.

리딩에서 '킹 완드'는 우리에게 그처럼 "행동"할 것을 요구한다. 걸작을 만들고, 앞장서고, 위험을 감수하고, 평판을 얻는 일 등이다. 또는 그처럼 행동하는 인물 또는 흥분, 대담함, 박진감 넘치는 분위기를 암시할 수 있다. 리딩에서 그는 자신의 특별한 에너지가 지금 우리에게 유의미하다고 말한다. 이 킹이 우리 삶에 어떤 모습으로 나타나든 그에게서 영감을 얻으라.

* **코트 카드 짝:** '킹 완드'는 다른 코트 카드와 짝을 이룰 수 있다. 두 코트 카드의 계급과 슈트를 비교해 그 짝이 의미를 확인한다.

에이스 컵
ACE OF CUPS

감정적인 힘
직관
친밀감
사랑

작 용

감정적인 힘을 이용함

자신의 느낌에 접촉함   가슴이 이끌게 함

타인에게 감정 이입함   깊은 감정을 표현함

본능적으로 반응함

역방향) 초기: 감정적인 힘을 이용할 기회가 있을 수 있다. 느낌을 표현할 기회가 생길 수 있다. 향후 누군가가 강하게 반응할지 모른다. 감정을 뒤흔드는 만남이 곧 올 수 있다. | 후기: 감정적인 힘을 활용할 기회가 사라진다. 느낌을 드러낼 기회가 지나갔다. 격정적인 시기가 끝나 간다. 더 이상 감정적으로 반응하지 않는다.

직관을 계발함

내면의 목소리를 믿음   내면의 메시지에 반응함

직접적인 앎을 경험함   정신적 자각 능력이 강화됨

자기 자신과 조화를 이룸   직감을 따름

역방향) 초기: 직관적이 될 기회가 생길 수 있다. 내면으로 들어가는 시기가 열릴 수 있다. 직접적인 앎을 경험할지 모른다. 불가사의한 심적 작용이 일어날 계기가 오고 있다. | 후기: 직관적이 될 기회가 없어진다. 지금은 마음을 이해하기 어렵다. 직접적으로 아는 경험을 덜하게 된다. 더 이상 직감적 반응이 강하게 오지 않는다.

친밀감을 경험함

더 끌리는 느낌	사랑에 빠짐
다른 이와 유대감을 형성함	관계가 발전함
누군가와 가까워짐	더 깊은 단계로 나아감

역방향) 초기: 친해지는 기회가 생길 수 있다. 긴밀해지는 순간이 오고 있다. 사태를 공유할 가능성이 있다. 앞으로 새로운 관계가 만들어질지 모른다. | 후기: 친밀해질 기회가 사라진다. 누군가를 알게 될 기회가 지나갔다. 현 상황이 그리 사적인 편이 아니다. 사람들이 더 이상 유대감을 가지려 하지 않는다.

사랑으로 나아감

애정을 표현함	다른 이에게 마음을 엶
연민을 담아 반응함	자신의 사랑이 빛을 발함
어려운 사람들에게 기부함	부정적인 걸 없앰
용서하고 잊어버림	

역방향) 초기: 사랑을 할 기회가 생길 수 있다. 향후 누군가가 고백에 더 열려 있을 수 있다. 배려하는 제스처가 필요할 수 있다. 용서할 기회가 올지 모른다. | 후기: 사랑을 할 기회가 사라진다. 더 이상 자신의 관심이 환영받지 못한다. 매너를 보여 줄 기회가 지나갔다. 친목을 다지지 않는다. 지금은 사과할 기회가 쉽지 않다.

해 설

'에이스 컵'은 깊은 감정, 친밀감, 조율, 연민, 사랑이라는 영역에 잠재하는 가능성들을 상징한다. 우리가 아직 의식하지 못해도 감정적 자각이라는 씨가 우리 삶에 심어져 있음을 리딩을 통해 알 수 있다. 그 씨가 싹을 틔울 때면 거의 모든 형태를 갖추고 있을 것이다. 그것은 끌림, 강한 느낌, 직관적 이해, 감정 이입 등일 수 있다. 또 외부의 제안, 선물, 기회, 만남, 동시적 사건 등으로 나타날 수 있다.

이 에이스를 만나면 그 사랑의 에너지가 우리 삶에 어떻게 작용하는지 살펴보라. 이 카드는 종종 현 상황의 본질이 사랑임을 보여 준다. 그것은 로맨틱한 연애일 수도 있고, 아닐 수도 있다. 다른 사람과 관계를 시작할 수 있는 방법을 찾아라. 용서하거나 용서받고픈 누군가가 있는가? 화를 내는 대신 평화로울 수는 없는가? 숨겨 둔 감정을 표현하고 싶은가? '에이스 컵'이 지금이 바로 그때라고 말한다.

이 카드는 또 내면의 조율과 영성을 암시한다. 컵 슈트가 가슴을 의미하고, 에이스가 가슴에서 우러나오는 직관적 앎을 의미한다. 자기 감정이 하는 말을 믿으라. 자신의 의식과 영혼과의 연결 관계를 탐색할 수 있는 방법을 찾으라. 감정적인 힘이 새로운 방향으로 이끄는 것을 허용하라. '에이스 컵'이 주는 사랑을 끌어안으라.

* **에이스 짝:** 에이스 짝은 우리 삶에 새로운 정신이 들어오고 있음을 암시한다. 깊은 감정, 친밀감, 조율, 연민, 사랑을 상징하는 '에이스 컵' 에너지에 다음의 에이스 에너지들이 더해진다.

에이스 완드 창의성, 흥분, 탐험, 용기, 개인적 역량

에이스 소드 지성, 이성, 정의, 진실, 명료함, 의연함

에이스 펜타클 번영, 풍요, 신뢰, 안전, 현실적 근거

2 컵
TWO OF CUPS

연결
휴전
끌어당김

작 용

연결함

다른 사람과 합침	결혼 또는 연합을 축하함
우정을 견고히 함	파트너십을 굳힘
함께 일함	공유함
도움을 주고받음	공통점을 발견함

역방향) 초기: 연결 고리가 생길 수 있다. 사람들이 모일 수 있다. 일시적으로 관련될 수 있다. 결혼이나 다른 형태로 연계될지 모른다. 다른 사람과 함께 일해야 할 수 있다. 공유가 문제시될 수 있다. | 후기: 관계가 점차 소원해진다. 지금은 유대감이 덜하다. 연결 고리가 느슨해진다. 결혼이 성사되었거나 이루어지지 않았다. 관계가 깨져 간다. 더 이상 누군가에게 다가가지 않는다.

휴전을 선언함

갈라진 관계를 치유함	반대 측과 화해함
지난 일은 잊어버림	만족한 합의에 이름
평화를 선언함	용서하고 잊어버림

역방향) 초기: 어떤 평화적 제안을 고려할 수 있다. 어느 순간 싸움을 그만둘지 모른다. 휴전이 가능해질 수 있다. 용서를 생각하기 시작한다. 냉전 중인 사람들이 화합하기 시작할 수 있다. | 후기: 휴전이 끝나 간다. 평화로운 관계는 과거의 일이다. 합의가 깨지고 있다. 누군가가 과거를 그냥 넘기지 못한다. 용서하는 것이 쉽지 않다.

끌어당김을 인식함

연대감이 발전하는 걸 인식함	자신의 선호도를 인정함
스스로 빠져듦	다가감
긍정적인 반응을 느낌	

역방향) 초기: 끌어당기는 힘이 커질 수 있다. 연대가 형성될 수 있다. 누군가 또는 무언가에 빠져들지 모른다. 앞으로 더 긍정적으로 느낄 수 있다. | 후기: 끌어당기는 힘이 멎는다. 누군가에게서 본 무언가를 추측하기 어렵다. 더 이상 그 문제를 긍정적으로 보지 않는다. 매력이 떨어진다. 사람들이 흥미를 잃었다.

해 설

한 쌍의 남녀가 서로 마주 보고 자신들의 컵(감정)을 나눌 준비를 하고 있다. 매우 로맨틱한 이 그림은 서로 성적으로 끌리고 있음을 보여 준다. 둘 사이에서 일어나는 에너지는 분명하다. '2 컵'은 두 사람이 함께 할 때 창조되는 아름다움과 그 힘을 암시한다. 마이너 아르카나 카드지만 '연인' 카드와 여러 면에서 상응한다.

'2 컵'에는 더 깊은 의미도 있다. 두 힘이 서로 끌어당길 때마다 결합할 가능성이 있다. 이 카드는 사람, 집단, 생각, 능력 등 그 영역 안에서 각각의 두 실체가 합쳐질 수 있음을 보여 준다.

리딩에서 '2 컵'은 각별한 일대일 관계를 찾으라고 말한다. 지금은 떨어져 있거나 멀리할 시기가 "아니다". 다른 사람과 파트너십을 갖고 일할 때다. 누군가와 대립 중이면 휴전을 고려하고, 용서하고 용서받을 기회를 찾아라. 두 선택지나 두 경향 사이에서 고민하고 있다면, 그 둘을 조화시켜라.

리딩에서 '2 컵'이 나오면 일반적으로 환영할 만하지만, 한편으로는 경고의 신호일 수 있다. 일대일 관계를 이루는 두 에너지가 모두 강력하기 때문이다. 사랑하는 연인 사이에 껴 본 적이 있다면 무슨 말인지 알 것이다. 연인인 그 둘은 자신들의 세상을 창조하기에 다른 사람은 배척당하는 느낌을 받을 수 있다. "2는 친구이고, 3은 군중이다." 짝을 이루려는 경향이 현 상황에 불협화음을 일으키는지 확인하라.

* **대극 카드: 은둔자** 홀로 있고 싶어 함, 고독 | **5 완드** 의견 차이, 떨어져 있음, 평화롭지 않음 | **4 컵** 자신에게 열중함, 혼자 있음 | **5 컵** 관계가 깨짐

* **강화 카드: 연인** 결합, 결혼, 연결 | **절제** 연합, 함께 일함 | **10 컵** 연대감, 가족 관계, 연결

3 컵
THREE OF CUPS

활기참
우정
공동체

작 용

활기가 넘침

에너지가 가득함   흐름을 타고 있음
축배를 듦   고양된 정신으로 충만함
세상에서 최고가 된 느낌   춤추고 노래함
적극적으로 나섬

역방향) 초기: 더 많은 에너지를 느끼기 시작할 수 있다. 앞으로 분위기가 더
가벼워질 수 있다. 사람들이 어느 순간 축하하고 싶은 기분이 들지 모른다. 즐
거운 기념일이 다가올 수 있다. | 후기: 지금은 흥이 덜 난다. 사람들이 더 이상
활기가 없다. 의기충천한 마음이 시들해진다. 축제는 과거의 일이다. 춤과 노
래가 끝나 간다.

우정을 만끽함

좋아하는 이들과 함께함   동지애를 경험함
대접을 하거나 받음   나눔
동료들을 발견함   다른 사람들을 믿음
외부 도움에 기댐

역방향) 초기: 우정을 다질 기회가 생길 수 있다. 얼굴만 알던 누군가와 가까워질 수 있다. 앞으로 친구에게 기댈지 모른다. 친구를 만날 기회가 구체화될 수 있다. | 후기: 우정이 깨지고 있다. 더 이상 누군가를 믿지 못한다. 친구를 만날 기회가 드물다. 지금은 동료가 덜 중요하다.

공동체를 중시함

지지하는 그룹의 일원이 됨 　　　공동체 또는 연대 의식이 발달함
함께 일하거나 서로 도움 　　　　다른 이들과 결속함
공동의 목표를 찾음

역방향) 초기: 공동체의 일원이 될 수 있다. 앞으로 연대 의식이 발전할 수 있다. 생각이 비슷한 사람들과 함께할 계획이다. 이웃과 더 가까워질 기회가 있다. 도움을 받을지 모른다. | 후기: 공동체가 깨지고 있다. 사람들이 공동의 목표를 간과한다. 이웃 사람들이 덜 우호적이다. 지지하던 그룹이나 팀에서 나온다. 끈끈한 연대 의식이 약해진다.

해 설

타로에는 그룹에 초점을 둔 카드가 세 장 있다. 그 초점의 방향은 각기 다르다. '교황'은 관습, '3 펜타클'은 팀워크, '3 컵'은 감정에 초점을 둔다. 다른 이들과 함께한다는 건 어떤 느낌일까? 우정과 공동체란 뭘까? 이 질문들에 대한 답이 '3 컵'에 있다.

이 카드에는 원을 그리며 춤추는 세 명의 여성이 있다. 모두 자신들의 감정(컵)을 잇기 위해 팔을 뻗고 있다. 사람들을 모아 사회적 결속을 만들고 육성시키는 일은 대부분 여성들이 한다. 물론 이런 감정이 여성에게만 일어나는 것은 아니다.

리딩에서 '3 컵'은 친구나 우정을 의미할 수 있다. 그것은 우리가 다

른 사람과 교류하거나 결속을 다질 때 생기는 지원군, 즉 공동체를 의미할 것이다. '3 컵'을 만나면 자기 삶에 있어 그룹에 대한 애착이 어느 정도인지 감정적인 관점에서 살펴보라. 도움을 주거나 받기 위해 다가갈 것을 고려하라. 이 카드는 상담, 사회봉사 같은 공식적인 지지를 포함한 모든 형태의 지원군을 의미한다.

'3 컵'의 여성들은 또 즐거움과 고양된 정신을 보여 준다. 사람들은 서로 연결되고, 사랑받고, 안전하다고 느끼면 자연스레 축배를 든다. '3 컵'은 춤추고 노래하고 싶은 분위기나 경험을 의미할 수 있다.

* **대극 카드:** 은둔자 그룹에서 떨어져 홀로 있음 | 9 완드 신뢰 부족, 경계함 | 3 소드 홀로 있음, 고립됨, 마음을 다침 | 6 소드 슬픔, 의기소침 | 9 소드 고뇌에 차 있음, 즐겁지 않음

* **강화 카드:** 교황 그룹에 초점을 맞춤 | 절제 힘을 합침, 함께 일함 | 4 완드 흥분, 고양된 정신, 축제 | 3 펜타클 무리를 지어 일함

4 컵
FOUR OF CUPS

자기 몰입
무관심
내면으로 향함

작 용

자신에게 몰입함

자기 감정에 집중함
다른 사람을 의식하지 못함
애정을 보류함
선물과 축복을 간과함

자기 자신을 위함
주는 게 거의 없음
자기 관점에서만 봄

역방향) 초기: 자신에게 집중하려고 생각 중이다. 어느 순간 다른 사람을 간과
하기 시작할 수 있다. 앞으로 누군가가 애정을 보류할 수 있다. 관심 영역이 좁
아지기 시작할지 모른다. | 후기: 자신에게 덜 몰입한다. 더 이상 자신에게 얽매
이지 않는다. 이기적인 행동이 줄어든다. 개인적인 걱정거리가 뒤로 밀려난다.

무감각하게 느낌

수동적으로 받아들임
유리된 느낌
삶이 진부하고 시시하다고 여김
욕망이 거의 없음

흥미를 잃음
노력을 거의 하지 않음
동기 부여가 부족함

역방향) 초기: 흥미가 떨어질 수 있다. 앞으로 욕망이 없어질 수 있다. 머지않아 그렇게 신경 쓰지 않아도 될 수 있다. 사람들이 어느 순간 싫증을 낼지 모른다. | 후기: 무심한 태도가 사라진다. 더 이상 유리되어 있지 않다. 결핍된 의욕이 점차 살아난다. 지금은 사람들이 그렇게 수동적이지 않다. 누군가가 덜 냉담하다.

내면으로 향함

자기 성찰	명상 또는 심사숙고
꿈을 꾸거나 공상에 잠김	반성하기 위해 잠시 멈춤
참여를 철회함	외부를 의식하지 못함

역방향) 초기: 내적인 삶에 집중하기 시작할 수 있다. 명상과 반성이 중요해질 수 있다. 앞으로 누군가가 뒤로 물러날 생각을 하고 있다. 어느 순간 꿈이 생생하게 보일 수 있다. | 후기: 자기 성찰이 줄어든다. 꿈과 내면을 경험하는 일이 드물다. 내면에 덜 집중한다. 누군가에게 연락하는 게 더 이상 어렵지 않다.

해 설

카누처럼 강에서 즐기는 스포츠를 좋아하는 사람이라면 물살이 원을 그리면서 위험하게 흐르는 곳이 있다는 걸 알 것이다. 앞으로 나아가지 못하게 되돌려 놓는다. 이런 식으로 우리는 "감정적인" 수압에 갇힐 때가 있다.

'4 컵'은 그런 자기 몰입의 시기를 보여 준다. 자신에게 몰입할수록 모든 것이 자신의 관심사와 욕망으로 투사된다. 이 카드에는 누군가가 내미는 컵을 보지 못하는 사람이 있다. 내면으로 눈을 돌렸기 때문에 선물이 보이지 않는다. 리딩에서 이 카드는 자기만의 세상에 잠시 빠져 있음을 암시할 수 있다.

어떤 경우에는 자신에게 집중해야 한다. 삶이 스트레스로 넘친다면 자신을 위해 시간과 에너지를 쏟아야 한다. 이때 '4 컵'은 성찰하고 회복하기에 좋은 시기임을 의미할 수 있다. 꿈, 영감, 자성의 시간들이 감정의 균형을 찾아 줄 것이다.

때로 '4 컵'은 무관심의 징후다. 평소 즐기던 활동들에 흥미를 잃고 삶이 진부하고 시시하다고 느껴질 수 있다. 동기 부여가 결핍되어 있다. 이때 '4 컵'은 우리에게 감정적으로 막혀 있다고 알려 줄 것이다. 강을 따라 내려가는 길이 트이려면 자신의 생각과 마음을 끌고 갈 무언가에 집중해야 한다.

* **대극 카드:** 세계 관여, 돌봄, 참여함 | 4 완드 흥분, 높은 에너지, 낙관적임 | 2 컵 연결, 다른 사람과 공유함 | 8 펜타클 노력함, 열심히 일함

* **강화 카드:** 은둔자 외떨어짐, 내향적임 | 4 소드 심사숙고, 홀로 시간을 가짐 | 6 소드 기운이 없음, 의기소침

5 컵
FIVE OF CUPS

상실
이별
후회

작 용

상실감에 시달림

희망을 놓음   우승을 포기함

좌절을 경험함   패배함

갖고 있던 걸 뺏김   작별을 고함

역방향) 초기: 상실을 경험할 수 있다. 앞으로 누군가가 떠날지 모른다. 가진 걸
잃을 수 있다. 패배 가능성이 있다. 결국에는 희망을 놓아 버릴 수 있다. | 후기:
상실은 지나간 일이다. 좌절에 대처하고 있다. 실패를 경험했다. 소유물을 도난
당했다. 작별 인사를 했다. 놓아 버리는 일이 끝나 간다.

이별 후 남겨진 느낌

관계가 깨짐   사랑을 박탈당한 느낌

재회를 갈망함   비탄에 잠김

슬픔을 느낌

역방향) 초기: 나중에 누군가를 그리워할 수 있다. 머지않아 사랑하는 누군가가 떠날 수 있다. 사별의 시기가 올지 모른다. 슬픈 분위기가 전개될 수 있다. 이별 가능성을 생각하고 있다. | 후기: 이별의 시기가 끝나 간다. 더 이상 슬픔을 느끼지 않는다. 사랑하는 사람이 떠났다. 관계가 깨진 일은 과거의 일이다. 지금은 박탈감을 덜 느낀다.

후회함

어떤 사건으로 낙담함   시간을 되돌리고 싶어 함

있었을지 모를 일을 소망함   자신의 선택이 잘못되었다고 믿음

실수를 인정함

역방향) 초기: 앞으로 후회하게 될 수 있다. 누군가가 차선을 생각할지 모른다. 용서를 구해야 할 수 있다. 언젠가는 가책에 시달릴 수 있다. 내일 당장 이불 킥을 하게 될지 모른다. | 후기: 더 이상 후회하지 않는다. 양심의 가책을 덜 느낀다. 엎질러진 물로 우는 일이 무의미하다. 이제 꺼림칙함을 덜었다.

해 설

'5 컵'은 상실에 관한 카드다. 우리는 이 카드에서 검은 옷을 두르고 슬픔에 잠겨 있는 인물을 본다. 그의 존재감이 워낙 압도적이라 그 이상으로 눈에 들어오는 게 없다. '5 컵'은 상실의 고통이 제일 클 때임을 암시한다. 이 남자에게는 앞에 엎어진 컵만 보인다. 지금으로써는 아직 서 있는 두 컵은 눈에 들어오지 않는다.

리딩에서 '5 컵'으로 크든 작든 상실감을 겪을 가능성과 그로 인한 슬픔, 후회, 거절 등의 감정을 경고할 수 있다. 그 상실은 돈이나 관계 등 유형인 것일 수도 있고, 기회나 명성 등 무형의 것일 수도 있다. 이 카드가 우리를 낙담하게 만들지만, 한편으로는 긍정적인 작용도 한다. 어떤

상실이든 변화로 이어지기 때문에 성장의 새 가능성이 열린다. 그러나 변화를 받아들이는 게 쉽지는 않다. 우리의 이성이 변화의 흐름을 받아들인다 해도, 사랑하는 그 무엇과 떨어지는 일일 때 우리의 감정은 "그럴 수 없어!"라고 말한다.

『Zen Flesh, Zen Bones』[11]에는 이런 이야기가 나온다. 큰스님 하쿠인Hakuin은 아들이 있다는 누명을 쓰고 절에서 쫓겨난다. 그는 스님 자격을 박탈당한 상실감을 받아들이고 아이를 살뜰히 보살핀다. 몇 년의 세월이 흐른 어느 날 아이의 친부가 갑자기 나타난다. 하쿠인은 기꺼이 아이를 내주고 다시 한 번 상실감을 감당한다. 선禪의 대가가 아닌 우리로서는 그런 사건이 가볍게 흘러가지만은 않을 것이다. 하지만 이 이야기를 통해 우리는 배울 수 있다. 떠나는 것을 잡으려고 아등바등할수록 더 고통스러워진다는 것을 말이다.

* **대극 카드:** 연인 관계를 맺음 | 심판 후회를 내려놓고 자신을 용서함 | 6 완드 영광, 승리 | 2 컵 관계 | 9 컵 만족, 충족

* **강화 카드:** 죽음 상실, 작별 | 3 소드 헤어짐, 사랑을 잃음, 마음의 고통 | 6 소드 슬픔 | 5 펜타클 거절, 응원이 부족함, 인정 받지 못함

6 컵
SIX OF CUPS

선의
순수함
어린 시절

작 용

선의를 경험함

친절하거나 너그럽게 행동함   다른 사람에게 호의를 베풂

가진 것을 나눔   숭고한 충동을 지님

선물을 받음   축복받는 느낌

좋은 의도를 지님

역방향) 초기: 결국에는 선의를 느낄지 모른다. 앞으로 누군가가 너그러워질 수 있다. 어느 시점에 선의가 존재할 수 있다. 나누게 될 가능성이 있다. 선물이 곧 올지 모른다. | 후기: 호의가 사라진다. 더 이상 친절하다고 느끼지 않는다. 이제 연민을 덜 느낀다. 선물이 오는 시기가 지났다. 이제 도움은 유용하지 않다.

순수함을 즐김

소박한 만족감을 느낌   선량함이 주변을 감쌈

행복에 겨워 아무것도 모름   양심에 거리낌이 없음

부정 행위를 멀리함   죄가 없음

단순한 기쁨에 감사해 함

역방향) 초기: 순수성을 인정받을 수 있다. 마침내 양심이 깨끗해질지 모른다. 무죄 판결이 가까워질 수 있다. 앞으로 누군가에게 비난의 여지가 없을 수 있다. | **후기:** 순수한 시기가 끝나 간다. 더 이상 아무것도 모른 채 마냥 행복하지 않다. 이제 부정부패에 대한 저항이 덜하다. 선의를 지니려는 갈망이 식어 간다. 누군가가 죄가 없다는 판결을 받았다.

어린 시절에 초점을 맞춤

어린이나 청소년과 함께함	태평한 느낌
돌봄	향수를 느낌
마음껏 놂	아기를 가짐

역방향) 초기: 아기나 어린아이가 중요해질 수 있다. 임신이나 출산이 다가올 수 있다. 아이들과 관련될 수 있다. 놀 기회가 있을 수 있다. 어린 시절의 기억이 떠오를지 모른다. | **후기:** 임신이나 출산이 일어났다. 더 이상 아이들에게 집중하지 않는다. 장난기 있는 순간들이 없어진다. 이제 누군가가 아이처럼 행동하지 않는다. 아기나 어린아이가 더 이상 중심에 있지 않다.

해 설

영화 『부모가 된다는 것Parenthood』에는 대가족 구성원 모두가 출산을 지켜보는 장면이 나온다. 카메라는 한 사람 한 사람 옮겨가며 가족들의 첫 반응을 보여 준다. 세상 밖으로 아기가 나올 때까지 분위기는 매우 달콤하다. 이것이 바로 '6 컵'에 담긴 정신이다.

세상에는 당연히 폭력, 분노, 비열함 등이 존재한다. 아니 넘쳐 난다. 그러나 선의와 배려도 충분히 넘치고 있다. 엄마는 아이가 우유를 마실 수 있도록 손을 내밀어 주고, 친구는 주말에 차를 빌려 주고, 아픈 직원을 대신해 다른 동료가 일을 한다. '6 컵'은 악의 없는 선의의 카드다.

우리에게 친절함, 관대함, 용서를 베풀라고 부추긴다.

'6 컵'은 또 순수함을 보여 준다. 순수하다는 말에는 많은 의미가 있다. 죄가 없다는 법적 의미에서의 결백일 수 있고, 어떤 비밀을 모르는 진실에 관한 순진함일 수도 있다. 또 속임수나 부정 행위 없는, 즉 숨은 저의가 없는 순수함일 수도 있다. 마지막으로 도덕적이고 고결함을 뜻하는 순수함일 수 있다. 이런 모든 가능성이 '6 컵'에 적용될 수 있다.

'6 컵'에 보이는 두 인물이 아이들임에 주목하라. 이 카드가 아기나 어린아이를 직접적으로 의미할 때도 있다. 더 넓게는 어린 시절의 모든 것, 어린시절하면 떠오르는(가장 이상적인!) 느낌들까지 포함한다. 말하자면 걱정 없고, 놀기 좋아하고, 안전하고, 사랑받는 느낌들이다. 아이들은 우리의 보물이기에 '6 컵'에 담긴 특별한 달콤함 역시 귀하게 여겨야 할 속성이다.

* **대극 카드: 악마** 부정, 부패, 탐욕 | **9 완드** 순수성 결여, 최악의 경우를 생각함 | **5 소드** 냉소적, 적대적, 이기적 | **7 소드** 기만, 속임수 | **9 소드** 죄책감

* **강화 카드: 별** 선의, 나눔 | **10 컵** 축복받는 느낌, 행복, 즐거움

7 컵
SEVEN OF CUPS

희망 사항
선택
무절제

작 용

희망적인 생각에 빠짐

공상을 함   꿈을 꿈
환영에 꽂힘   상상력을 마음껏 펼침
사실을 농담으로 치부함   공중누각
기회가 오기만을 기다림   집중과 헌신이 부족함
생각을 시험해 보는 걸 회피함

역방향) 초기: 희망적인 생각이 문제가 될 수 있다. 어느 순간 진실에 대한 감
각을 잃을 수 있다. 환영에 사로잡힌 삶이 전개될 수 있다. 앞으로 환상이 더 짙
어질지 모른다. | 후기: 더 이상 꿈을 믿지 않는다. 거품이 터졌다. 희망이 사라
져 간다. 이제 환상은 덜 매력적이다. 공상에서 벗어났다.

선택 사항이 많음

많은 대안이 제시됨   다양한 선택을 마주함
무한한 가능성을 믿음   넓고 열린 현장을 봄
골라서 선택할 수 있음

역방향) 초기: 어느 순간 선택지가 늘어날 수 있다. 머지않아 더 많은 선택을 할 수 있다. 많은 가능성들이 발전할 수 있다. 시야가 넓어질 수 있다. | 후기: 선택의 폭이 좁아졌다. 지금은 옵션이 거의 없다. 사람들이 더 이상 골라서 선택할 수 없다. 몇 가지 가능성들이 사라졌다. 일부 대안들을 없앴다.

무절제함

지나치게 탐닉함	모든 걸 내버려 둠
무질서해짐	과하게 먹고 마시는 파티를 엶
건강을 등한시함	중독성 있는 패턴에 빠짐
나태해지려는 경향이 있음	게으름
꾸물댐	

역방향) 초기: 나태함이 문제가 될 수 있다. 방만한 삶이 매력적으로 보이기 시작할지 모른다. 머지않아 모든 걸 놔 버릴 수 있다. 주변 환경이 무질서해질 수 있다. 중독에 빠질 수 있다. | 후기: 방탕함에서 벗어난다. 더 이상 탐닉하지 않는다. 중독 성향이 통제되고 있다. 이제 덜 흐트러진다. 흥청망청 마시고 노는 일이 끝나 간다.

해 설

어질러진 방을 둘러보고 혼란스러워하는 필자에게 그것이 좋든 나쁘든 '7 컵'은 이렇게 말한다는 것을 안다. "그래, 정리도 좋고 열심히 일하는 것도 좋아. 하지만 그냥 내버려 두는 게 더 재미있지 않을까?" 모든 걸 내버려 두라는 것이 '7 컵'에 대한 전부다.

효율과 정돈의 신을 찬양하기란 쉽다. 누구나 잘 깎인 잔디밭, 순서대로 정리된 파일철, 시간 관리 등을 선호한다. 이것은 '황제'의 세계다. 우리는 모든 형태의 질서를 존중하고 다른 것도 그렇게 되기를 바란다.

거기에 균형을 잡아 주는 것이 '7 컵'이다. 이 카드는 허접한 비현실적인 것들, 모든 느슨한 것들을 상징한다.

리딩에서 '7 컵'이 나오면 주변 상황이 얼마나 무질서한지 주의 깊게 살피는 게 중요하다. 모든 게 너무 통제되어 있고 규칙적인가? 어쩌면 조금 엉성하게 놔둘 필요가 있다. 완고한 체계가 무너졌을 때 놀라운 창의력이 튀어나올 수 있다. '7 컵'의 남자는 자기 앞에 놓인 여러 옵션들에 놀라고 있다.

반면, 혼란스러운 상황에서 이 카드가 나오면 다소 엄격해질 필요가 있다. 무분별한 환경에서는 누구도 행복하고 생산적일 수 없다. 규칙성이 삶의 구조를 만든다. '7 컵'의 느슨함이 극단적이면 타락, 중독, 방종 등 해로운 패턴에 빠질 수 있다.

게으름은 종종 생각이나 꿈에도 적용된다. 뭘 바라는 것은 쉽지만 그것을 실제로 이루기는 어렵다. 이 카드를 만나면 계획에 필요한 작업과 노력이 뒷받침되고 있는지 확인하라. 우리 삶에 헐렁한 나사들을 조이고, 목표를 이루기 위해 해야 할 일들에 전념하라. 그게 비록 … (한숨) 집안 청소를 가리키더라도 말이다.

* **대극 카드: 마법사** 집중과 전념 | **황제** 규율, 체계 | **절제** 균형, 중용 | **4 펜타클** 질서, 통제 | **8 펜타클** 열심히 일함, 전념함 | **9 펜타클** 단련, 자제, 정제

* **강화 카드: 악마** 탐욕, 방탕 | **달** 환영, 비현실적인 생각, 공상 | **9 컵** 지나치게 감각적임

8 컵
EIGHT OF CUPS

더 깊은 의미
넘어감
피로

작 용

더 깊은 의미를 추구함

개인적인 진실에 집중함
답을 찾고 있음
앎의 여정을 시작함
영적인 것에 시간을 더 들임

쳇바퀴 도는 삶을 그만둠
중요한 무언가에 전념함
사실을 알아냄

역방향) 초기: 더 깊은 의미를 찾기 시작할 수 있다. 진리에 대한 갈망이 생길지 모른다. 머지않아 탐사 여행을 시작할 수 있다. 영적인 문제가 중요해질 수 있다. 분위기가 진지해질 수 있다. | 후기: 지금은 의미를 추구하는 일이 덜하다. 솔직한 답은 더 이상 중요하지 않다. 진지한 풍조가 없어진다. 사람들이 중요한 무언가를 잊고 있다. 영성을 향한 동경이 식어 간다.

넘어감

현 주기가 끝났음을 인식함
스스로를 해방시킴
놓아줌

가망 없는 상황에서 빠져나옴
미지의 구간을 여행하기 시작함
끝내고 떠남

역방향) 초기: 앞으로 계속 나아가야 할 수 있다. 내려놓는 시기가 다가온다. 누군가가 떠나기로 결심할지 모른다. 현 상황에서 손을 뗄 생각을 하고 있다. | 후기: 누군가가 이동했다. 그 문제에서 빠져나왔다. 문이 닫혔다. 작별 인사를 건넸다. 한 단계가 끝나 간다. 더 이상 나아갈 필요가 없다.

피로감이 커짐

요구로 인해 녹초가 됨	하루가 매우 느리게 감
피곤하고 내키지 않음	에너지가 부족함
희망을 잃음	걱정으로 짓눌림
번아웃 상태가 됨	

역방향) 초기: 지칠 수 있다. 누군가는 상황에 대한 피로도가 커질 수 있다. 머지않아 걱정에 사로잡힐 수 있다. 번아웃이 문제가 될지 모른다. 악전고투로 결국 지칠 수 있다. | 후기: 에너지 부족이 더 이상 문제되지 않는다. 어깨를 짓누르던 세상의 무게를 내려놨다. 지금은 피로를 덜 느낀다. 번아웃에 빠질 위험이 없어진다. 체념하는 분위기는 막을 내린다.

해 설

심리학자인 친구가 이런 말을 했었다. 팀이 깨질 때가 되면 제일 먼저 팀원들에게서 미묘한 징조들이 보인다고. 그들은 불안한 기색을 감추지 못한다. 미팅에 늦고, 소통이 줄어들고, 주의는 산만해진다. 팀원들은 다음 단계로 넘어갈 시기라는 걸 알지만 마지막 단계를 마무리할 시간이 필요하다.

이런 과정은 끝을 향해 가는 상황에서 많이 나타난다. 삶에서 영원한 것은 없다. 언젠가 모든 것이 우리 곁을 훌쩍 떠나거나… 우리가 그것들을 떠난다. '8 컵'은 과거가 지나갔음을 완전히 자각한 순간을 의미한다. 그간의 사실은 더 이상 사실이 아니다. 변화의 징조가 눈앞에서 펼쳐지고 있고, 이제 그것을 받아들여야 한다. 다른 데로 넘어가야 할 때다.

넘어간다는 것이 직업, 장소, 관계 등 물리적인 것들이 바뀌는 것일 수도 있고, 내면의 변화로 나타날 수도 있다. 내면의 변화는 특히 오랫동안 자신의 생각과 감정을 지배한 패턴을 버리는 걸 의미할 수 있다. '8 컵'에서 우리는 여정에 나서는 사람을 본다. 그는 자신의 묵은 감정(컵/강)을 등지고 새로운 궤도에 올라서고 있다. 더 깊은 진리나 진실을 찾기 위해 떠나는 것일 수 있다. 어느 날 우리는 정신을 차리고 그동안 자신의 삶이 잠들어 있었음을 깨닫는다. 더 이상 충족되지 않는 꿈을 꾸며 살았음을 알게 된다.

어떤 변화는 우리를 피곤하게 할 것이다. 무엇을 끝낸다는 것이 쉽지 않다. 떠날 준비가 되었음을 알리는 신호 중 하나는 에너지 부족이다. 피곤하고 의기소침해 있으면 무언가가 잘못되었음을 알고 새로운 방향을 모색하라. 자신의 삶과 우선순위를 재검토하라. 삶의 여정에서 어디로 가야 할지 찾을 수 있을 것이다.

* **대극 카드: 힘** 인내, 힘 | **태양** 활력, 높은 에너지 | **9 완드** 견딤, 끈기

* **강화 카드: 은둔자** 더 깊은 의미를 추구함 | **죽음** 이동, 떠남 | **3 완드** 여행을 감, 새로운 영역에 들어섬 | **8 완드** 종결, 한 챕터를 끝냄 | **6 소드** 계속 나아감, 여행을 감

9 컵
NINE OF CUPS

소망 실현
만족
감각적인 쾌감

작 용

소망을 성취함

원하는 바에 도달함   목표를 달성함
바라는 것을 얻음   꿈을 실제로 이룸

역방향) 초기: 진심으로 원하던 일이 실현될 수 있다. 목표에 더 가까워질 수 있다. 앞으로 누군가의 소원이 이루어질 수 있다. 기도에 대한 응답을 받을지 모른다. | 후기: 소망이 이뤄지는 시기가 지나갔다. 더 이상 꿈에 초점을 맞추지 않는다. 이제 목표 달성은 덜 중요하다. 욕망이 시들해진다.

만족감을 느낌

다소 잘난 체함   그저 상황을 즐김
몹시 기쁨   기대한 결과를 얻음
만사가 순조롭다고 느낌   만족스러움

역방향) 초기: 만족하게 될 수 있다. 상황이 더 좋아질 수 있다. 흡족해할 가능성이 있다. 머지않아 결과에 대해 기뻐할지 모른다. | 후기: 지금은 만족감이 덜하다. 상황이 더 이상 흡족하지 않다. 만족도가 떨어진다. 누군가가 일을 망쳐

놓았다. 사람들이 전처럼 잘난 체하지 않는다.

감각적인 쾌감을 즐김

맛난 음식을 즐김   예술품을 감상함

성적인 관계를 가짐   편안함

아름다움과 화려함을 경험함   육체적 활동을 만끽함

역방향) 초기: 쾌감을 추구하기 시작할지 모른다. 오감을 즐길 기회가 생길 수 있다. 성적 만남이 일어날 수 있다. 앞으로 더 호화로운 생활을 할 수 있다. | 후기: 쾌감에 대한 관심이 떨어진다. 감각적으로 경험하는 일이 드물다. 더 이상 성관계는 주요 사안이 아니다. 주변 상황이 전처럼 유쾌하지 않다. 예전 같은 수준으로 탐닉할 여유가 없다.

해 설

'9 컵'의 남자를 보면 카나리아를 삼킨 고양이가 떠오른다. 카나리아를 잡아먹은 고양이는 제법 우쭐할 것이다. 이 순진한 탐닉, 자기만족이 '9 컵'이 안내하는 느낌이다.

육체적 차원에서 '9 컵'은 오감에서 오는 쾌감이다. 이 카드는 어떤 식으로든 육체적 쾌감을 만끽하고 추구할 것을 부추긴다. 우리는 자연 세계, 즉 어머니 지구인 대지와도 교감할 수 있다. 그녀 또한 기꺼이 자신의 풍요를 나눈다.

개인적 차원에서 '9 컵'은 현재 매우 만족스럽다는 뜻이다. 카드에서 보이는 남자의 모습에 주목하라. 그는 미소를 띠고 팔짱을 긴 채 자신감에 차 앉아 있다. 원하는 걸 다 가진 그는 이렇게 말하고 있는 것 같다. "보라, 내가 가진 집들을! 병상하시 않은가?"

때로는 수수방관하며 세상이 잘 굴러갈 것을 아는 차원을 즐기는 것은 멋진 일이다. 주의할 것은 다른 사람을 희생시키면서(카나리아를 삼킨 짓궂은 고양이처럼!) 탐닉하려는 유혹이 있을 수 있다. 그 순간은 좋을 수 있어도, 곧 자신의 입가에 묻은 깃털을 발견하고 후회하기 시작할 것이다.

전통적으로 '9 컵'은 소망 카드로 알려져 있다. 실제로 소망이 이루어질 것이다. 멋진 예측이지만 자신이 진정으로 원하는 것이 무엇인지 알고, 그에 따른 책임을 받아들여야 한다.

* **대극 카드: 은둔자** 감각에 덜 집중함 | **5 컵** 후회

* **강화 카드: 여제** 감각을 즐김 | **연인** 성적 쾌감 | **세계** 진심으로 바라던 걸 이룸 | **6 완드** 자부심, 원하는 걸 해냄 | **7 컵** 지나치게 감각적임

10 컵
TEN OF CUPS

기쁨
평화
가족

작 용

기쁨을 느낌

행복을 기꺼이 받아들임

사랑을 퍼뜨림

받은 축복을 헤아림

잘 살고 있다는 느낌

행운을 만끽함

기쁨을 표현함

역방향) 초기: 기쁨을 느낄 수 있다. 행복한 순간이 시작될지 모른다. 사랑을 할 가능성이 있다. 미래가 더 밝아질 수 있다. 더 긍정적으로 전망해 볼 수 있다. | 후기: 행복이 사라져 간다. 기쁨에 들뜬 분위기가 사그라든다. 주어진 축복에 감사하기가 점점 어려워진다. 행운의 시기가 지나갔다. 사랑이 더 이상 견고하지 않다.

평화를 누림

평온함을 경험함

조화를 되찾음

만족스럽고 안락한 느낌

편안함

적개심을 버림

스트레스와 긴장이 줄어듦

휴전을 선언함

역방향) 초기: 평화로운 움직임이 일어나기 시작할 수 있다. 화합이 가능해질지 모른다. 싸우던 이들이 대화를 시작할 수 있다. 더 차분하고 편안해질 수 있다. 머지않아 다시 조화를 이룰 수 있다. | 후기: 평화가 끝나 간다. 화해의 시기가 지났다. 이제 합의에 대한 욕구가 시들해진다. 평온한 분위기가 끝나 간다. 더 이상 차분하게 응답하지 않는다.

가족을 돌봄

집안의 평화를 위해 일함	가족 행사에 참석함
가족과의 약속을 다시 확인함	도움이 필요한 친지를 지원함
가족 간 유대감을 다짐	가족 중 누군가를 용서함

역방향) 초기: 가족이 한데 모일 수 있다. 가정이 화목해질 수 있다. 가족 문제가 곧 해결될 수 있다. 가족 행사가 다가올지 모른다. | 후기: 가족 간 유대감이 약화된다. 누군가가 가족을 흔들어 놓았다. 가족 행사가 끝났거나 치루지 않았다. 가족 문제가 덜 중요해진다. 더 이상 가족과 연관되지 않는다.

해 설

'10 컵'에는 사랑하는 커플과 걱정 없이 노는 그들의 자녀들이 보인다. 머리 위에 무지개 모양으로 늘어선 컵들이 마치 그 장면을 축하하는 듯하다. 이것은 우리의 감정적 삶이 최상일 수 있음을 상징한다.

거기에는 제일 먼저 기쁨이 존재한다. 기쁨은 행복, 만족감, 즐거움 그 이상이다. 우리 모두 하나이고, 그것이 좋다는 걸 깊은 수준에서 알 때 드는 감정이다. 안타깝지만, 이것은 분명 흔한 감정은 아니다! 우리는 자주 삶의 시련에 눈멀고 그 시련에 사로잡힌다. 그러나 기쁨은 존재하고, 이는 우리의 타고난 권리다.

'10 컵'의 또 다른 모습은 평화다. 즉 모든 요소가 조화를 이룰 때 찾아오는 평온함이다. 내적 평화와 외적 평화는 서로를 반영한다. 내면이 조화를 이룰 때 주변 상황이 조화로워지는 "경험"을 하게 된다. 이 카드를 만나면 내적으로든 외적으로든 적대감이 사라지고 있음을 알아라.

리딩에서 이 카드는 종종 축복이 넘치는 시기임을 가리킨다. 기쁨을 자각하고 평화를 이룰 수 있는 방법을 찾아라. 가족에게서 행복의 열쇠를 찾을 수 있다. 좋든 나쁘든 가족은 우리를 감정적으로 끌어당기는 집단이다! 현재 가정에 불화가 있다면 화목함을 되찾으려고 노력하라. 더욱 가까워져야 할 때다.

* **대극 카드: 악마** 기쁨 또는 평화의 부재 | **탑** 대격변, 혼란 | **3 소드** 큰 슬픔, 외로움 | **9 소드** 비통함, 슬픔, 좌절 | **10 소드** 허덕임, 피해 의식

* **강화 카드: 연인** 가족 같은 관계, 유대감 | **별** 기쁨, 긍정적인 감정, 축복 | **세계** 행복, 정서적 충만감 | **6 컵** 축복받는 느낌, 행복, 즐거움

페이지 컵
PAGE OF CUPS

감정적임
직관적임
친밀함
사랑을 함

작 용

감정적임

감동을 주거나 받음   자기 감정을 드러냄

아름다움에 반응함   감상적이거나 낭만적임

무심함을 버림   가슴이 이끌게 함

역방향) 초기: 감정적이 될 기회가 생길 수 있다. 누군가가 자신의 감정을 표현할 수 있다. 낭만적인 기회가 찾아올 수 있다. 아름다움의 진가를 아는 순간이 올지 모른다. | 후기: 어떤 계기로 감동을 받았다. 감정적인 시기가 지나갔다. 이제 누군가는 가슴이 이끄는 대로 하지 않는다. 감정은 덜 두드러진다.

직관적임

내면의 안내를 받음   직감에 따라 행동함

꿈을 기억함   영적인 경험을 함

직접적인 앎을 얻음   자신의 육감적 반응을 믿음

역방향) 초기: 자신의 육감을 믿으라는 요구가 있을 수 있다. 직관을 신뢰하는 계기가 생길 수 있다. 직감에 따라 행동할 기회가 올지 모른다. 직접적인 앎이 더 유용할 수 있다. | 후기: 이제 내면의 안내에 덜 열려 있다. 직관적인 충동이 과거에 있었다. 영적인 체험을 했다. 직감에 따라 행동하는 기회가 사라진다.

친밀함

연애를 시작하거나 재개함   끌리는 누군가를 만남

누군가와 가까워짐   격식을 따지지 않음

특별한 순간을 함께함   우정이 단단해짐

사적인 것을 공유함

역방향) 초기: 친해지는 기회가 올 수 있다. 누군가와 가까워질지 모른다. 형식의 구애를 덜 받는 기회가 생길 수 있다. 누군가가 사적인 걸 공유할 기회가 있을 수 있다. | 후기: 연애가 끝이 난다. 끌리는 대로 행동하는 기회가 지나갔다. 누군가가 단란한 시간을 경험했다. 지금은 친구를 사귈 기회가 드물다.

사랑을 함

사려 깊게 표현함   연민과 이해를 드러냄

자신을 용서함   자신에게 상처 준 이를 용서함

자신이 상처 입힌 이에게 사과함   깨진 관계를 개선함

분노보다 배려로 대응함   판단이나 비판을 거부함

역방향) 초기: 누군가를 용서하라는 요청을 받을 수 있다. 판단을 자제하는 순간이 올 수 있다. 사랑한다는 표현이 가능해질 수 있다. 누군가는 배려를 보여 줘야 할지 모른다. | 후기: 관계를 개선할 기회가 지나갔다. 사죄했고 용서를 받았다. 누군가의 관심을 받았다. 지금은 사랑을 할 기회가 흔치 않다.

해 설

'페이지 컵'은 사랑할 기회를 가져다주는 큐피드다. 그는 컵 슈트의 덕목인 연애, 깊은 감정, 내적 삶을 경험하는 좋은 기회를 선사한다. 리딩에서 이 페이지는 우리의 감정을 흔들고, 심금을 울리며, 큰 기쁨을 안길 무언가가 시작되었음을 암시한다. 그런 기회가 보이면 행동하라!

'페이지 컵'은 또 감정적 욕구, 변덕스러운 기분, 사랑, 친밀감, 영성 등과 관련해 당신과 상호 작용하는 어린아이 또는 마음이 젊은 어른을 가리킬 수 있다. 때로 '페이지 컵'은 전체적인 상황이 사랑과 감정으로 뒤덮여 있다고 암시한다. 그럴 때는 가벼운 마음으로 자유롭게 감정을 표현하고 즐겨라.

* **코트 카드 짝:** '페이지 컵'은 다른 코트 카드와 짝을 이룰 수 있다. 두 코트 카드의 위계와 슈트를 비교해 그 짝의 의미를 확인한다.

나이트 컵
KNIGHT OF CUPS

낭만적임/지나치게 감정적임
상상력이 풍부함/공상에 빠짐
민감함/신경질적임
세련됨/지나치게 정제함
자기 성찰적임/내향적임

작 용

낭만적임/지나치게 감정적임

사랑을 이상화함/자제력이 부족함

느낌을 중시함/질투가 잦음

삶의 아름다움에 집중함/과장하고 극단적인 경향이 있음

특별한 순간을 기억함/애정이 변덕스러움

감성을 아름답게 표현함/꽃을 챙기다 차에 기름 넣는 걸 잊음

역방향) 초기: 더 낭만적이 될 수 있지만 지나치게 감정적이 될 수도 있다. 아름다운 것을 선호하나 노력을 기울이지 않는 누군가가 등장할 수 있다. 사랑을 드러내지만 질투하는 분위기가 전개될 수 있다. | 후기: 과장을 덜하지만 덜 느끼기도 한다. 감성적이지만 극단적인 누군가가 퇴장한다. 자제력이 부족한 감정적인 분위기가 종료된다.

상상력이 풍부함/공상에 빠짐

비옥한 무의식을 활용할 수 있음/일장춘몽에 사로잡힘

확실한 것 너머를 봄/아무 소용 없는 원대한 계획을 세움

결코 흔한 길을 선택하지 않음/비현실적으로 접근함

경이로운 이야기를 들려 줌/상상력이 지나침

비전이 있음/진실이 가려질 수 있음

역방향) 초기: 상상력이 더 풍부해지지만 더 비현실적이 될 수도 있다. 원대한 생각을 하는 것을 좋아하지만 행동이 받쳐 주지 않는 누군가가 등장할 수 있다. 꿈같은 일이지만 생산적이지 못한 분위기가 조성될 수 있다. | 후기: 현실과의 괴리가 좁혀지지만 비전이 부족하다. 꿈을 꾸지만 결과물 없는 누군가가 퇴장하고 있다. 초점 없이 내부를 들여다보는 분위기가 막을 내린다.

민감함/신경질적임

분위기와 느낌을 의식함/분위기 변화에 취약함

다른 이들이 마음을 열도록 도움/별나고 까다로울 수 있음

삶에 대해 깊이 반응함/애수에 젖고 우울해함

다른 이의 고통을 이해함/지나치게 곱씹음

재치 있고 요령이 있음/쉽게 공격성을 드러냄

역방향) 초기: 더 민감해질 수 있지만 더 신경질적이 될 수도 있다. 수완이 좋지만 생각이 너무 많은 누군가가 등장할 수 있다. 연민이 담겨 있지만 우울한 분위기가 조성될 수 있다. | 후기: 별난 정도가 덜하지만 재치도 떨어진다. 심도 있게 반응하지만 공격적인 누군가가 퇴장하고 있다. 감정은 깊지만 우울한 분위기가 끝나 간다.

세련됨/지나치게 정제함

모든 형태의 아름다움을 알아봄/싫은 일을 남에게 넘김

최상의 것을 추구함/불쾌함을 견디지 못함

즐거운 환경을 만듦/건강 상태가 썩 양호하지 않음

미묘함을 앎/본질보다 외형을 중시함

상냥하고 우아함/강박에 사로잡힘

역방향) 초기: 더 세련될 수 있지만 더 물러질 수도 있다. 쾌적한 환경을 선호하고 불쾌함을 참지 못하는 누군가가 등장할 수 있다. 우아하지만 외적인 것에 치중하는 분위기가 조성될 수 있다. | 후기: 덜 여리지만 민감함도 덜하다. 스타일을 중시하면서 본질이 없는 누군가가 퇴장하고 있다. 세련되지만 깊이 없는 분위기가 종료된다.

자기 성찰적임/내향적임

내면의 삶에 가치를 둠/지나치게 내성적임

왜 그런지 이해하려고 노력함/적극적으로 참여하지 않을 수 있음

동기에 의문을 품음/자기반성으로 치달음

자기 수양을 추구함/개인적인 약점을 과장함

속을 들여다봄/사람들과 있으면 편하지 않음

역방향) 초기: 자기 성찰을 더 하게 될 수 있지만 어쩌면 과해질 수 있다. 자기 수양을 위해 노력하지만 지나치게 몰아가는 누군가가 등장할 수 있다. 반성하는 분위기이지만 너무 움츠러들 수 있다. | 후기: 내향적인 성향이 덜해지지만 자신에 대한 인식도 부족해진다. 동기 부여를 이해는 하지만 참여하지 않는 누군가가 퇴장하고 있다. 내면에 집중하고 외부와 격리되는 분위기가 종료된다.

해 설

'나이트 컵'의 긍정적인 부분은 민감한 영혼이라는 것이다. 그는 시인이고, 낭만과 정제된 것들을 사랑한다. 경의로운 방식으로 상상력을 이용해 감정의 가장 깊은 수준을 건드린다. 그는 또 아름다움을 창조하고 그것을 사람들과 나눌 줄 안다.

이 나이트의 부정적인 면은 공상과 환상에 쉽게 들뜬다는 것이다. 애수에 젖은 그의 분위기는 가히 전설적이라 할 수 있고, 자신조차 자신의 감정에 잡아먹힐 때가 있다. 매우 신경질적이고 공격성을 쉽게 드러낸다. 불쾌한 것을 딱 질색해 늘 남들이 처리하도록 떠넘길 것이다.

리딩에서 '나이트 컵'은 그의 민감한 스타일이 당신, 다른 사람, 전체 분위기와 관련되어 있음을 암시한다. 이렇게 자문해 보라. "이 나이트의 에너지가 득일까, 독일까?"

그의 스타일이 분명하게 나타나면 균형을 잡아야 할 것이다. 내 감정이 적절한가, 지나친가? 너무 비현실적인 꿈을 꾸고 있는가? 우울한 어떤 사람 때문에 미칠 지경인가? 가정생활에 상식이 아닌 감정이 지배하는가? 변화가 필요한 때일 수 있다.

만약 이 나이트의 에너지가 부족하면 시詩를 가까이 할 필요가 있다. 너무 자제하는가? 감정을 드러내라. 늘 가장 실용적인 선택을 하려고 하는가? 호사스런 선택도 해 보라. 자기 성찰을 주저하는가? 잠시 시간을 내어 자기 내면을 들여다보고 삶을 반추해 보라. '나이트 컵'이 그의 낭만과 아름다움의 세계로 우리를 안내하게 하라.

* 코트 카드 짝: '나이트 컵'은 다른 코트 카드와 짝을 이룰 수 있다. 두 코트 카드의 위계와 슈트를 비교해 그 짝의 의미를 확인한다.

퀸 컵

QUEEN OF CUPS

애정이 넘침
온화함
직관적임
정신적임
영적임

작 용

애정이 넘침

분노를 배려로 가라앉힘
타인의 감정에 민감함
무한한 인내심을 지님
조건 없이 받아들임
화, 미움을 불식시킴

역방향) 초기: 더 수용하기 시작한다. 친절하고 인내심 많은 누군가가 등장할 수 있다. 감성적인 분위기로 발전할 수 있다. | 후기: 예전에 비해 덜 배려한다. 사랑하는 사람을 밀어냈다. 수용하는 분위기가 끝나 간다.

온화함

타인의 고통에 쉽게 감정 이입됨
모든 생명체에 친절하고 다정함
타인이 느끼는 걸 같이 느낌
민감하고 연민으로 반응함
도와야 할 이들을 외면하지 못함

역방향) 초기: 마음이 더 온화해질 수 있다. 인정 많은 누군가가 중요한 역할을 할 수 있다. 감성적인 분위기가 형성될 수 있다. | 후기: 타인의 고통에 대한 감정 이입이 덜하다. 누군가가 전처럼 선뜻 도와주지 않는다. 다른 사람을 염려하는 분위기가 식어 간다.

직관적임

밑바닥 감정에 늘 조율되어 있음   상황의 공기를 감지함
가슴이 안내하게 함   진실에 대한 내적 감각을 믿음
묻지 않아도 이해함

역방향) 초기: 더 직관적이 되기 시작한다. 깨달은 누군가가 등장할 수 있다. 깊은 곳의 흐름에 더 민감해질 수 있다. | 후기: 내면의 목소리를 덜 신뢰한다. 누군가가 분위기를 감지하는 능력을 잃는다. 직감을 존중하는 분위기가 시들해진다.

정신적임

무의식에 열려 있음   육감이 발달함
타인과 정신적으로 통할 수 있음   섬세하게 조율되는 감성을 지님
타고난 매개자(영매)임

역방향) 초기: 무의식에 열리기 시작한다. 영매나 채널러에게 자문을 구할 수 있다. 조율하는 분위기가 만들어질 수 있다. | 후기: 내면 작업에 덜 집중한다. 누군가와의 정신적인 유대가 깨져 간다. 직관적인 작업을 인정하는 분위기가 종료된다.

영적임

모든 존재와 하나됨을 느낌	모든 생명을 경외함
교감 안에서 기쁨을 발견함	삶의 더 깊은 의미를 이해함
이 세상을 순례지로 여김	

역방향) 초기: 이제 막 삶의 영적인 측면을 이해하기 시작한다. 누군가가 영적 교감에 마음이 열릴 수 있다. 경외하는 분위기가 조성될 수 있다. | 후기: 예전 보다 기쁨을 덜 느낀다. 종교 관련 인물이 영향력을 잃을 수 있다. 신성한 분위기는 크게 두드러지지 않는다.

해 설

'퀸 컵'의 개성은 컵 슈트가 지닌 긍정적인 물 에너지와 퀸의 내면을 향한 집중이 결합한다. '퀸 컵'은 상냥하고 애정이 넘치며 감수성이 예민하다. 그녀는 모든 사람에게 다정하게 말하고, 화를 내거나 섣불리 반응하지 않는다. 그녀에게는 마음을 안정시키고 차분하게 만드는 온화함이 있다. '퀸 컵'의 신조는 연민이다. 그녀는 자신의 감정에 따라 세상에 반응한다.

모든 일에 있어 그녀는 가슴이 이끌게 한다. 감정의 흐름을 감지하기에 다른 사람들이 무엇을 경험하는지 물어보지 않아도 알고 있다. 분위기를 잘 알고 그 영향도 받지만 결코 변덕스럽지 않다. 직관을 신뢰하는 그녀이기에 내면과 그 너머에서 오는 지혜에 열려 있다. 삶의 아름다움과 비극에 자주 감동받는다. '퀸 컵'의 깊은 정서는 피조물의 모든 면을 경외한다. 그녀의 사랑은 사람이든 아니든 모든 것을 포용한다.

리딩에서 '퀸 컵'은 우리에게 그녀처럼 "생각하고 느낄" 것을 요구한다. 성서적인 공기가 감지되는가? 사랑을 느끼는가? 자신의 마음을 신뢰하는가? 직관이 보내는 메시지를 받았는가? 다른 사람의 고통에 감정 이입이 되는가?

이 퀸은 또 그녀와 같은 인물 또는 온화한 사랑과 수용적이고 느낌을 존중하는 분위기를 암시할 수 있다. 리딩에서 그녀는 자신의 특별한 에너지가 지금 우리에게 유의미하다고 말한다. 이 퀸이 우리 삶에 어떤 모습으로 나타나든 그녀에게서 영감을 얻으라.

* **코트 카드 짝:** '퀸 컵'은 다른 코트 카드와 짝을 이룰 수 있다. 두 코트 카드의 위계와 슈트를 비교해 그 짝의 의미를 확인한다.

킹 컵
KING OF CUPS

현명함
차분함
외교적임
배려함
관대함

KING of CUPS.

작 용

현명함

훌륭한 조언을 해 줌
애정을 담아 가르침
문제의 본질을 정확히 봄

인간 본성을 깊이 파악함
타인의 성장에 무엇이 필요한지 앎
경험의 다양한 차원을 이해함

역방향) 초기: 상황을 더 깊이 이해하기 시작한다. 지혜로운 누군가의 조언으로 한 걸음 나아갈 수 있다. 애정이 담긴 배려하는 분위기로 발전할 수 있다. | 후기: 비전의 명확성이 떨어지는 걸 경험하고 있다. 사람들에게 무엇이 필요한지 아는 누군가가 떠났다. 이해하는 분위기가 종료된다.

차분함

평정심을 유지함
정서적으로 안정되고 차분함
불안하거나 긴장한 것 같지 않음

다른 이에게 조용히 영향을 미침
위기에도 의연함

역방향) 초기: 평정심을 회복하기 시작한다. 정서적으로 안정된 누군가가 중요

한 역할을 할 수 있다. 평화로운 분위기가 조성될 수 있다. | 후기: 위기에서 침착함을 유지하는 능력이 떨어진다. 차분하게 영향력을 행사하는 누군가가 예전처럼 도움이 되지 않는다. 고요하고 평화로운 분위기가 끝나 간다.

외교적임

많은 이들의 요구에 균형을 맞춤 모두 행복하게 일하게 함
긴장 상황을 완화시킬 수 있음 미세한 영향력으로 목표에 도달함
적당한 때 적절하게 말함

역방향) 초기: 외교의 중요성을 인정하기 시작한다. 긴장 상황을 누그러뜨릴 누군가가 등장할 수 있다. 협업하는 분위기가 만들어질 수 있다. | 후기: 모든 사람의 요구에 균형을 맞추려 하지 않는다. 차분히 설득할 줄 아는 사람이 드물다. 갈등을 완화하는 분위기가 종료된다.

배려함

정서적 욕구에 감응함 타고난 힐러 또는 테라피스트임
도움이 필요한 이들을 도와줌 불우한 이웃에게 연민을 느낌
봉사하고 기부하는 일을 함

역방향) 초기: 자원봉사를 생각하고 있다. 테라피스트가 관련될 수 있다. 배려하는 분위기가 형성될 수 있다. | 후기: 이제 연민을 덜 느낀다. 힐러에 대한 필요성이 사라진다. 타인을 배려하는 분위기가 두드러지지 않는다.

관대함

열려 있고 편견이 없음 다른 사람의 한계를 수용함
어떤 유형의 사람들과도 편함 타인의 자유를 허용함
힘든 상황에서 인내함

역방향) 초기: 더욱 편견 없는 시선으로 바라볼 수 있다. 더 많은 자유를 허용하는 누군가가 등장할 수 있다. 받아들이는 분위기가 조성될 수 있다. | 후기: 더이상 예전처럼 관대하지 않다. 사람들과 편하게 지내는 누군가가 떠날 수 있다. 용인하는 분위기가 종료된다.

해 설

C

'킹 컵'의 개성은 컵 슈트의 긍정적인 물 에너지와 킹의 활동적인 외향성이 결합한다. 그는 가슴에서 우러나오는 세상에 대한 깊은 식견을 가졌고, 현명하고, 이해심이 많다. 애정 어린 관심으로 학생들을 인도하는 선생님이자 길잡이다. 진심으로 타인을 돌보고 그들 요구에 연민을 담아 응대한다. 그의 온화한 손길과 차분한 말은 사람들을 치유한다.

'킹 컵'은 어떤 상황에서도 차분하고 여유가 있고, 그 순간 무엇이 필요한지 직관적으로 아는 것 같다. 사람들은 그가 주의 깊게 이야기를 들어 주는 걸 알기에 그에게 조언을 구한다. 그의 주변은 늘 평화로워 사람들도 거기에 조율된다. 다양한 견해를 너그럽게 수용하고, 최악의 상황에서도 인내심을 발휘한다. 그는 대가를 바라지 않고 다른 사람들이 자유롭게 자기 방식대로 성장하고 발전할 수 있게 한다.

리딩에서 '킹 컵'은 우리에게 그처럼 "행동"할 것을 요구한다. 위기에 차분하게 대응하기, 완력보다 외교적 수완 이용하기, 도움의 손길 주기, 다양한 견해 수용하기 등. 또 그처럼 행동하는 인물 또는 돌보고 포용하고 이해심 많은 분위기를 암시할 수 있다. 리딩에서 그는 자신의 특별한 에너지가 지금 우리에게 유의미하다고 말한다. 이 킹이 우리 삶에 어떤 모습으로 나타나든 그에게서 영감을 얻으라.

코트 카드 짝: '킹 컵'은 다른 코트 카드와 짝을 이룰 수 있다. 두 코트 카드의 위계와 슈트를 비교해 그 짝의 의미를 확인한다.

에이스 소드
ACE OF SWORDS

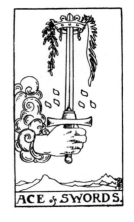

정신적인 힘
의연함
정의
진실

작 용

정신적인 힘을 이용함

객관적임	자기 방식으로 생각함
사실을 알아냄	상황을 분석함
지성을 활용함	논리와 이성을 적용함

역방향) 초기: 정신적인 힘을 이용할 기회가 있을 수 있다. 자기 생각을 표현해야 할 수 있다. 향후 누군가가 논리적이 될 수 있다. 더 객관적이 되어야 할지 모른다. | 후기: 정신적인 힘을 활용할 기회가 없어진다. 지금은 지적인 도전을 해 볼 기회가 적다. 아이디어를 공유할 기회가 지나갔다. 해결책을 생각할 시기가 끝나 간다. 더 이상 자신의 분석을 신뢰하지 않는다.

의연함

역경을 이겨 냄	문제에 맞섬
상황을 해결함	극복할 힘을 찾음
장애물을 넘음	좌절에도 굽히지 않음

역방향) 초기: 불굴의 의지를 보여 줘야 할 수 있다. 머지않아 자신의 결심이 시험대에 오를 수 있다. 문제에 직면해야 할 수 있다. 장애물이 나타날지 모른다. 내적인 힘이 요구될 수 있다. | 후기: 의연함을 보여 줄 기회가 사라진다. 인내심을 시험하는 일이 끝나 간다. 장애물을 극복했다. 더 이상 실패가 문제시되지 않는다. 용기를 낼 필요성이 크지 않다.

정의를 추구함

잘못을 바로잡음	명분을 지킴
옳은 일을 함	진실을 규명함
책임을 받아들임	공정성을 원함

역방향) 초기: 정의로울 기회가 생길 수 있다. 공정성에 초점을 맞춰야 할지 모른다. 평등한 기회를 얻을 수 있다. 누군가가 과거의 잘못을 바로잡으려 할 수 있다. 원칙 관련 문제가 발생할 수 있다. | 후기: 정의로워질 기회가 없어진다. 더 이상 실수를 수정할 수 없다. 공정한 싸움에 대한 지지가 끝나 간다. 옳은 일에 대한 관심이 덜하다. 누군가가 편견과 선입관을 드러냈다.

진실로써 나아감

의혹을 없앰	혼란을 불식시킴
환영을 꿰뚫어 봄	확실하게 이해함
정직함	진짜가 무엇인지 알아냄

역방향) 초기: 진실해질 기회가 생길 수 있다. 정직하고자 결심할지 모른다. 누군가가 사실을 말할 수 있다. 진정성을 인정받을 수 있다. 숨겨진 부분이 노출될 수 있다. | 후기: 진실할 수 있는 기회가 사라진다. 이제 솔직해지는 게 쉽지 않다. 모든 걸 털어놓을 기회가 지나갔다. 사람들은 더 이상 현실을 지키려고 바라지 않는다. 누군가가 자백을 거부했다.

해 설

'에이스 소드'는 지성, 이성, 정의, 진실, 명료함, 의연함이라는 영역에 잠재하는 가능성들을 상징한다. 우리가 아직 의식하지 못해도 명료한 이해라는 씨가 우리 삶에 심어져 있음을 리딩을 통해 알 수 있다. 그 씨가 싹을 틔울 때면 거의 모든 형태를 갖추고 있을 것이다. 그것은 강력한 아이디어, 진실에 대한 갈망, 정의 구현, 정직의 필요성 등일 수 있다. 또 외부의 제안, 선물, 기회, 만남, 동시적 사건 등으로 나타날 수 있다.

때로 이 에이스는 어떤 식으로든 우리를 시험하는 도전을 암시한다. 순조로운 삶의 흐름은 결코 오래 가지 않는다. 곧 허들이 나타나고 '에이스 소드'는 그 시기가 임박했음을 알려 줄 것이다. 아울러 어떤 도전이든 용기, 정직, 확고한 결의로 맞서라고 일깨운다. 모든 도전은 기회를 동반한다.

'에이스 소드'를 만나면 공정하고 예리한 에너지가 우리 삶에 어떻게 작용하는지 살펴보라. 문제를 객관적으로 생각하라. 부당하거나 혼란스런 상황을 찾아내고 바로잡아라. 무엇보다 정직과 윤리에 초점을 맞춰라. 모든 장애물을 극복하고 상황의 진실을 밝힐 내적 자원이 우리에게 있다고 이 카드는 말하고 있다. 이것이 '에이스 소드'의 약속이다.

* **에이스 짝:** 에이스 짝은 우리 삶에 새로운 정신이 들어오고 있음을 암시한다. 지성, 이성, 정의, 진실, 명료함, 의연함을 상징하는 '에이스 소드' 에너지에 다음의 에이스 에너지들이 더해진다.

에이스 완드 창의성, 흥분, 탐험, 용기, 개인적 역량
에이스 컵 깊은 감정, 친밀감, 조율, 연민, 사랑
에이스 펜타클 번영, 풍요, 신뢰, 안전, 현실적 근거

2 소드
TWO OF SWORDS

닫힌 감정
회피
궁지

S

작 용

감정을 차단함

진짜 느낌을 부인함

타인과 거리를 유지함

귀 기울이지 않음

냉정함을 유지함

자연스런 반응을 억누름

고통을 숨김

방어적임

역방향) 초기: 정서적으로 차단하기 시작할 수 있다. 마음이 경직될 수 있다. 느낌을 감출 생각을 하고 있다. 벽이 생기기 시작할지 모른다. 누군가가 거리를 두고 냉정하게 굴 수 있다. | 후기: 감정적인 장애물을 제거하고 있다. 얼음이 녹기 시작한다. 지금 누군가는 방어적 성향이 덜하다. 더 이상 감정을 억누를 수 없다.

진실을 회피함

사실 확인을 거부함

경고성 징후를 무시함

불쾌한 일을 피함

다 괜찮은 척함

일어나는 일에 눈을 감음

모른 채 있기로 함

역방향) 초기: 누군가를 피하기 시작할 수 있다. 누군가가 문제를 무시하기 시작할지 모른다. 불쾌한 일을 덮어 둘 수 있다. 사람들이 가식적으로 행동하기 시작할 수 있다. | 후기: 더 이상 상황을 피할 수 없다. 거짓으로 꾸미는 걸 그만두기로 결심했다. 사람들이 진실을 묵살하려는 경향이 줄어든다. 더 이상 쇼를 계속할 필요가 없다.

궁지에 몰림

행동하기 두려워함   교착 상태에 빠짐

옴짝달싹 못함   결정을 거부함

문제를 일으키고 싶지 않음   애매한 태도를 유지함

역방향) 초기: 막다른 골목에 이를 수 있다. 제자리에 고정될 수 있다. 선택지가 사라지기 시작할 수 있다. 교착 상태에 빠질지 모른다. 앞으로 운신하기 어려울 수 있다. | 후기: 교착 상태가 해소되고 있다. 더 이상 제자리걸음이 아니다. 행동에 대한 두려움이 덜하다. 풍파를 일으키는 데 있어 덜 망설인다.

해 설

'2 소드'에서 우리는 한 젊은 여성이 칼을 교차해 가슴 위에 장벽처럼 세운 것을 볼 수 있다. 그녀의 꼿꼿한 자세가 감정 통제에 애쓰고 있음을 보여 준다. 외부로부터의 모든 접근을 차단하는 그녀는 이렇게 말하는 것 같다. "아무것도 못 들어오고, 아무것도 못 나간다."

'2 소드'는 나와 타인 간에 생기는 또는 자기 안에 만드는 장벽에 대한 카드다. 내면에서 감정을 차단하고 느낌을 거부한다. 진실을 보려 하지 않고 다 괜찮은 척한다. 우리는 한 가지 방식으로 생각하지만 또 다른 방식으로도 느낀다. 그 둘을 중재해야 한다는 걸 알면서도, 무수한 방법으로 자신을 분리시켜 그 상태에 있으려고 한다.

리딩에서 '2 소드'는 자신이나 상황에 대한 어떤 진실을 선뜻 받아들이려 하지 않음을 보여 준다. 자신이 진짜로 느끼는 것이 무엇인가? 상처받는 게 두렵기 때문에 유순해지려는 마음을 막고 있는 것인가? 미소 짓지만 화가 치미는가? 무엇을 보고 싶지 않은가? 젊은 여성의 눈가리개에 주목하라. 그녀는 진실을 보지 못하거나 문제가 있다는 것조차 인정하지 않고 있다.

가장 흔한 장벽이 마음의 문을 닫는 것이다. 스스로 감정의 문을 닫을 때 우리의 사랑이 밖으로 흘러 나가는 연결 고리는 끊어진다. 이런 행동이 필요할 때도 있지만 그 대가는 늘 크다. 마음의 문을 닫을 때마다 그것을 다시 여는 게 얼마나 어려운지 깨닫는다.

또 다른 장벽은 사람들 간에 발생하는 교착 상태다. 두 사람이 서로 "단절된" 입장을 고수하면 상황은 궁지에 빠진다. 해결안은 "대척점에 서 있는" 둘이 검 뒤에서 나와 상대방 말에 귀 기울여야 한다. '2 소드'는 벽을 만드는 게 능사가 아님을 가르쳐 준다. 우리가 평화와 일체감을 찾으려면 열린 상태를 유지해야 한다.

* **대극 카드: 바보** 열려 있음, 거리낌이 없음 | **운명의 수레바퀴** 움직임, 일을 진행함 | **정의** 진실을 받아들임, 책임을 수용함 | **별** 긍정적인 감정이 자유롭게 흐름 | **3 완드** 앞으로 나아감, 사실을 관찰함

* **강화 카드: 달** 자기기만, 진실을 보지 않음 | **9 완드** 방어적임, 스스로를 고립시킴 | **7 소드** 진실로부터 도망감 | **4 펜타클** 교착 상태, 봉쇄

3 소드

THREE OF SWORDS

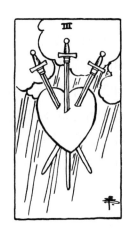

비통
외로움
배신

작 용

비통함을 느낌

애끓는 마음이 일어남	감정의 고통을 겪음
마음에 상처를 입음	낙담함
심란한 소식을 접함	감정이 상함
타인의 감정을 해침	별로 위로받지 못함

역방향) 초기: 앞으로 고통을 겪을 수 있다. 비통한 일이 생길 수 있다. 감정적으로 유약하다고 느끼기 시작할지 모른다. 향후 누군가의 마음을 다치게 할 가능성이 있다. | 후기: 가슴이 찢어지는 아픔은 과거의 일이다. 고통이 다소 누그러진다. 실망을 받아들인다. 더 이상 누군가에게 상처를 주지 않는다.

외로워함

헤어짐	집을 떠나 떠돌아다님
퇴짜를 맞거나 거절당함	사랑하는 이들에게서 소외된 느낌
필요할 때 버림받음	잃어버린 느낌

역방향) 초기: 외로워하기 시작할 수 있다. 이별하는 시기가 올지 모른다. 누군가에게 거부당하거나 누군가를 거부하기로 결심할 수 있다. 친구나 사랑하는 이들에게서 멀어지기 시작할지 모른다. | 후기: 더 이상 외롭다고 느끼지 않는다. 아끼는 사람과 그렇게 멀리 떨어져 있지 않다. 이별이 끝나 간다. 거절은 과거의 일이다. 소외 관련 문제가 점차 없어진다.

배신을 경험함

고통스런 진실을 알게 됨	믿음이 어긋났음을 발견함
실망하거나 실망을 줌	뒤통수를 맞음
약속을 깸	등을 돌리거나 반대로 행동함

역방향) 초기: 신뢰가 덜 느껴지기 시작할 수 있다. 앞으로 배신을 당할지 모른다. 누군가가 변절할 수 있다. 부정행위의 낌새가 보이기 시작할 수 있다. 자신의 말이나 다짐을 깨려고 생각 중이다. | 후기: 배신은 지나간 일이다. 거짓과 기만의 시기가 끝이 난다. 고통스런 폭로는 과거의 일이다. 누군가에게 실망을 안겼지만 개선하기로 결심했다.

해 설

다른 사람 품에 안긴 애인을 확인하러 현관문을 열거나, 가장 친한 친구가 뒤에서 비웃는 소리를 듣게 되거나, 사업 파트너가 사기를 치거나, 그렇다면 당신의 세상은 발칵 뒤집어진다. 당신은 어처구니없고, 믿기지 않고, 비통함에 빠진다.

'3 소드' 카드 그림은 위의 예처럼 갑자기 찾아온 고통을 적나라하게 보여 준다. 말 그대로 심장에 날카로운 비수가 꽂힌 느낌이다. 사소한 말 한마디에도 이런 느낌을 받을 때가 있다. 카드에는 하나의 심장과 3개의 검뿐임을 주목하라. 마음을 다치면 벌어진 상처 부위로 고통이 전부인 양 느껴진다.

리딩에서 '3 소드'는 인생에서 종종 맛보는 고약한 커브 볼 같은 사건을 암시한다. 배신, 버림받음, 거절, 이별, 반전 등 이런 것들이 고통스러운 이유는 전혀 예상하지 못할 때 들이닥치기 때문이다. 이 카드가 나오면 우리가 눈치 채지 못하거나 인정하기 싫은 일이 일어날 가능성이 크다. 커브 볼은 우리가 보고 있는 방향과 다른 방향에서 날아와 우리를 친다. 현 상황을 주의 깊게 살펴라. 무엇이 됐든 당연하게 여기지 마라. 내면의 목소리에 귀를 기울여라. 문제를 찾는 데 도움이 될 것이다.

이 카드는 또 우리가 남에게 상처를 줄 가능성이 있음을 보여 준다. 이 카드가 나오면 우리 모두 인간임을 상기하는 것이 중요하다. 누구나 실수를 하고, 그 실수가 심각할 때도 있다. 하지만 궁극적으로 삶이 가진 미덕을 신뢰하고 그 이상에 부응하려고 노력하라. 자기가 실수하면 자신을 용서하고, 다른 사람이 실수하면 그를 용서하려고 노력하라. 하지만 그보다 더 좋은 건 커브 볼이 도착하기 전에 방향을 트는 것이다.

* **대극 카드:** 연인 친밀감, 사랑을 느낌 | 3 컵 동료애, 신뢰 | 10 컵 기쁨, 사랑, 평화, 단란함

* **강화 카드:** 5 컵 이별, 잃어버린 사랑, 마음의 고통 | 9 소드 고통, 비통 | 5 펜타클 거절, 이별, 부족한 지원

4 소드

FOUR OF SWORDS

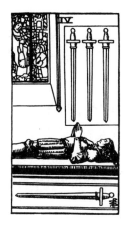

휴식
묵상
차분한 준비

작 용

휴식을 취함

잠시 쉼	몸이 치유될 시간을 냄
과로를 지양함	평화와 고요를 찾음
심신을 이완함	삶에 여유를 가짐

역방향) 초기: 속도를 늦추기 시작할 수 있다. 곧 쉬어야 할지 모른다. 휴식기 가 올 수 있다. 이완시킬 기회가 생길 수 있다. | 후기: 휴식기가 끝나 간다. 거 의 다 회복되었다. 더 이상 속도를 늦추지 않는다. 이제 평화와 고요의 순간 은 드물다.

묵상함

더 좋은 견해를 얻음	내면의 목소리에 귀 기울임
혼자 생각할 시간을 가짐	현 상황에서 한발 물러남
동기를 확인함	어디쯤에 있는지 검토함

역방향) 초기: 성찰하는 시기가 올 수 있다. 하던 일을 멈추고 숙고해야 할지 모른다. 당분간 행동하지 않기로 할 수 있다. | 후기: 묵상하는 시기가 끝나 간

다. 혼자 생각할 시간은 더 이상 필요 없다. 명상이 끝나 간다. 생각에 잠기는 순간들이 줄어든다.

차분히 준비함

내적 자원을 강화함	기반이 안전한지 확인함
미래에 대비함	무언가를 받아들임
느슨한 마무리를 매듭지음	진정함

역방향) 초기: 대비하기 시작할 수 있다. 누군가가 무대 뒤에서 준비할 수 있다. 머지않아 기반을 확보해야 할 수 있다. 계획이 중요해질지 모른다. | 후기: 준비 단계가 끝났다. 더 이상 상황을 안전하게 할 필요가 없다. 해야 할 일을 끝냈다. 지금은 계획에 덜 집중한다.

해 설

모든 소드 카드가 시련을 상징하는데 '4 소드'는 평화와 침묵의 느낌을 보여 준다. 왜 이 카드만 다른 걸까? 차분해지는 것이 도전임을 의미하기 때문이다! 휴식하는 것이, 아무것도 하지 않는 것이 가장 어려운 도전일 때가 있다. 활동성은 깨기 어려운 관성이다. 해야 할 일은 늘 넘치고, 현대사회의 많은 볼거리와 놀거리들이 우리를 유혹한다. 그 결과 멈추고 가만히 있을 수 있다는 것을 잊어버린다.

리딩에서 '4 소드'는 속도를 늦춰 잠시 쉴 필요가 있다는 신호다. 병을 앓았다가 회복 중이면 차분하게 치유의 시간을 가져라. 건강한 것 같아도 휴식 없는 삶은 병에 걸릴 위험이 있다.

'4 소드'는 또 서두르지 말고 생각할 시간을 가질 것을 암시한다. 뒤로 한 걸음 물러나 상황을 폭넓게 보는 게 중요하다. 특히 시련이나 큰 사건에 직면할수록 더욱 그래야 한다. 힘을 모으고 에너지를 집중하기 위해 조용히 준비할 시간이 필요하다. 올림픽 경기에서 다이빙 선수가 높은 도약판 위에 서 있는 모습을 떠올려 보라. 급히 한걸음에 뛰어내리지 않는다. 잠시 후 일어날 폭발적인 행동에 대비해 움직임을 멈추고 가만히 서 있는다. 그간의 노력을 최고치로 끌어올릴 유일한 방법이다.

'4 소드'는 또 외부에서 내면으로 초점을 옮기고 있거나 그럴 가능성이 있음을 보여 준다. 우리는 침묵함으로써 쉽게 내면으로 들어갈 수 있다. 카드에서 보이는 기사는 기도나 깊은 명상에 빠져 있는 듯하다. 솔직히 죽은 것처럼 보인다! 활동성에 중독된 사람은 휴식과 침묵이 마치 죽음과도 같겠지만 절대 그렇지 않다. 침묵이 주는 보상을 인정하고 추구해야 한다.

* **대극 카드:** 마법사 활동적임, 외부에 초점을 맞춤 | **운명의 수레바퀴** 빠른 속도, 많이 움직임 | **8 완드** 움직임, 서두름 | **10 완드** 지나치게 노력함, 너무 많이 떠맡음 | **2 펜타클** 재미있는 시간을 보냄, 많은 활동에 균형을 잡음

* **강화 카드:** 고위 여사제 조용히 휴식함, 묵상함 | **은둔자** 관조함, 조용히 있음 | **거꾸로 매달린 사람** 휴식, 활동을 멈춤 | **4 컵** 묵상함, 혼자 있는 시간을 가짐 | **6 소드** 쉼, 회복 | **7 펜타클** 반성하기 위해 잠시 멈춤, 평가함

5 소드
FIVE OF SWORDS

자기 이익
알력
공개된 비리

작 용

자기 이익을 위해 행동함

타인을 배려하지 않음	자기 이익만 생각함
자기한테 필요한 걸 생각함	자신에게 집중해야 한다는 걸 앎
이기심에 직면함	실력 행사에 빠짐
남의 실패를 고소해함	승패 결과를 따짐

역방향) 초기: 자신을 우선시해야 할 수 있다. 이기주의가 더 분명하게 나타날
수 있다. 누군가가 실력 행사를 주도할지 모른다. 사리사욕에 사로잡히는 상황
으로 발전할 수 있다. | 후기: 지금은 이기심이 덜하다. 사람들이 더 이상 자신
만 생각하지 않는다. 속이 빤히 보이는 실력 행사가 끝이 난다. "내가 먼저"라
는 분위기가 식어 간다.

알력을 경험함

적대적인 상황에 놓임	서로 반대되는 입장임을 느낌
싸울 것을 선택함	"우리 대 그들"이라는 사고방식
나쁜 의도를 알아챔	갈등을 경험함

역방향) 초기: 싸움이 다시 시작될 수 있다. 악의에 찬 분위기가 조성될 수 있다. 상황이 험악해질지 모른다. 전투를 준비 중일 수 있다. 화가 나거나 기분이 언짢아질 수 있다. 사람들이 편을 가르기 시작할 수 있다. | 후기: 갈등이 종료된다. 주변 환경은 더 이상 노골적으로 적대적이지 않다. 반감이 사그라든다. 화를 내거나 소리치는 일이 줄어든다. 가장 큰 분쟁이 지나갔다.

공개된 비리를 목격함

도덕적인 기준을 저버림	목적이 수단을 정당화하게 둠
진실성을 희생시킴	옳은 것에 대한 관점을 잃어버림
의심쩍은 승리를 거둠	범죄 행위임을 앎

역방향) 초기: 도덕적인 기준을 잃기 시작할 수 있다. 불법적 또는 불미스러운 행동을 생각하고 있다. 머지않아 범죄 행위가 폭로될 수 있다. 도덕성이 시험에 들 수 있다. 상식 이하의 길을 선택할지 모른다. | 후기: 청렴성에 대한 판단은 과거의 일이다. 명백한 굴욕의 흔적은 점차 희석된다. 더 이상 속이려 들지 않는다. 범죄 행위가 과거에 있었다. 불미스러운 분위기가 끝이 난다.

해 설

'5 소드'는 자기 이익에 관한 카드다. 사회는 타인을 고려할 것을 조언하지만 우리는 거스른다. 자신의 이해관계를 무시하고 어떻게 살아남을 수 있을까? 이 딜레마의 시작은 자기 자신을 어떻게 바라보느냐에 있다. 개인/신체로 보면 모든 관심사가 거기에 쏠린다. 나는 먹을 게 충분한가? 나는 행복한가? 나는 원하는 걸 모두 가졌는가?

결국에는 우리 모두 연결되어 있다. 우리 자신이 세상"이다". 우리가 세상에 하는 일이 자기 자신에게 하는 일이다 이것은 매우 기본적인 사항인데 일상에서 쉽게 잊는다.

리딩에서 '5 소드'는 당신이나 다른 사람이 자신에 대한 폭넓은 관점을 망각하고 있음을 의미할 수 있다. 자기 이익의 범주를 너무 편협하게 규정하고 있는 것이다. 또 이 카드는 자기 이익을 우선시할 "필요"가 있음을 암시하기도 한다. 학대받거나 이익을 갈취당하고 있으면 거기서 벗어나라. 다른 사람의 요구에 지쳐 있으면 자신부터 돌봐라. 자기 차례가 오면 앞에 나서라. 만일 그 과정에서 타인에게 상처를 준다면 성공은 온전히 느껴지지 않는다는 것도 알아 두라.

'5 소드'는 또 적대감을 보여 준다. 적대감은 중의적인 언어 표현에서부터 전쟁까지도 불사하게 만든다. 서로 연대의 줄이 끊어지면 알력을 경험한다. 이 카드는 완전히 드러난 비리를 의미할 수 있다. 부정행위, 거짓말, 속임수, 심지어 범죄 행위까지 포함된다. 우리는 피해자일 수도, 가해자일 수도 있다. 어느 쪽이든 자신이 누구인지에 대한 폭넓은 관점을 유지하라. 그리고 모두에게 최상인 해결책을 찾아라.

* **대극 카드**: 황제 규칙을 따름, 법을 준수함 | 정의 진실함, 옳은 일을 함 | 절제 다른 사람과 함께 일함, 조화, 협력 | 6 컵 순수함, 좋은 의도, 친절

* **강화 카드**: 5 완드 불화, 서로 대립함 | 7 완드 "나 대 그들"이라는 정신적 갈등 | 7 소드 부도덕, 다른 사람들로부터 분리됨

6 소드
SIX OF SWORDS

우울
회복
이동

작 용

우울하다고 느낌

얕은 슬픔을 경험함

하루하루 버티기 위해 일함

저점도 정점도 기피함

기능하지만 그 이상은 아님

꾸역꾸역 해 나감

다소 침체된 느낌

생기가 없음

역방향) 초기: 우울해질 수 있다. 위축되는 시기에 접어들 수 있다. 삶의 활기를 잃기 시작할 수 있다. 슬픔을 마주해야 할 수 있다. | 후기: 더 이상 슬프지 않다. 침체 분위기가 서서히 걷히고 있다. 우울감이 지나갔다. 에너지가 회복되고 있다. 더 이상 의욕을 잃지 않는다.

회복함

트라우마에 대처함

사태를 수습함

건강을 되찾기 시작함

다시 희망을 느낌

어려운 시기를 극복함

대응하기 시작함

더 긍정적이려고 함

역방향) 초기: 치유의 시기가 다가올 수 있다. 회복에 주력해야 할지 모른다. 후유증이 두드러질 수 있다. 개선되기 시작할 수 있다. | 후기: 회복 시기가 종료된다. 치유 과정이 지나갔다. 트라우마가 더 이상 심각하지 않다. 거의 다 완쾌되어 간다.

이동함

위치를 바꿈	다른 장소로 옮김
여행을 감	장면이 바뀌는 걸 경험함
생활 양식을 바꿈	여정에 나섬
새로운 생각의 틀에 들어섬	

역방향) 초기: 여행을 떠나야 할 수 있다. 누군가가 이사 계획을 세울지 모른다. 장면이 바뀔 수 있다. 여행할 기회가 올 수 있다. 내면의 여정이 시작될 수 있다. | 후기: 여행에서 돌아오고 있다. 장소 이동이 있었다. 내적 여정이 끝났다. 장면 전환이 마무리된다. 지금은 여행할 가능성이 없다.

해 설

『천로역정The Pilgrim's Progress』에서 주인공 크리스천(그도 바보의 여정에 들어선다)은 "절망의 늪"에 빠진다. "도움Help"씨가(이 책에 나오는 인명은 모두 이렇다. 예를 들어 "갈팡질팡 씨" 등. 옮긴이) 꺼내 줄 때까지 그는 고군분투한다. 도움 씨가 그에게 말한다. "여러 가지 두려움, 의심, 희망을 잃게 만드는 불안감 … 모두 여기에 살고 있다."12)

"절망의 늪"은 '6 소드'에 잘 어울리는 이름이다. 이 카드는 침체되고 무기력한 상태를 보여 준다. 심각하게 잘못된 것은 아니지만, 그렇다고 잘되는 것도 아니다. 한발 한발 나아가지만 그것이 성공으로 가는 길은 아니다. 카드에서 배에 탄 인물들은 슬퍼 보이고 어딘가로 피신하는 것 같다. 우울감에 빠지면 세상은 확실히 흥미롭지 않다.

긍정적인 맥락으로 보면 '6 소드'는 회복을 암시할 수 있다. 힘든 시기를 보내고 있거나 이미 정신적 타격을 받은 상태라면 더 그렇다. 위기를 겪는 동안 우리는 무기력하고 단절되는 느낌을 받는다. 모든 게 무의미해진다. 이제 치유를 시작하고 삶을 복구하려고 한다. 카드에서 여행자들은 적어도 앞으로 나아가고 있다. 비록 해안가 쪽으로 열심히 노를 젓지는 않지만 새로운 곳을 향해 가고 있다.

'6 소드'는 또 모든 종류의 여행과 이동을 암시할 수 있다. 현실 장면이 바뀌고, 이사를 하고, 출장을 갈 수 있다. 하지만 꼭 그런 것만 있는 것은 아니다. 생각의 틀을 달리 가질 때 그 여행은 내면에서도 일어날 수 있다.

'6 소드'가 큰 기쁨을 약속하는 것은 아니지만, 깊은 절망에 빠뜨리지도 않는다. 끝이 안 보이는 나락이 아닌 조금 움푹 들어간 정체 구간이다. 이 카드를 만나면 현재 상황이 이상적이지는 않아도 긍정적으로 가고 있음을 알 수 있다. 분위기가 곧 전환될 것이다. 새롭고 희망적인 상황이 우리를 기다리고 있다.

* **대극 카드**: 힘 애정이 있음, 확고부동한 결의 | 태양 활력, 열정 | 4 완드 흥분, 축하 행사 | 3 컵 고양된 정신, 충만함 | 2 펜타클 재미

* **강화 카드**: 10 완드 그럭저럭 버팀, 홀로 고군분투함 | 4 컵 생기 없음, 위축, 돌보지 않음 | 5 컵 슬픔 | 8 컵 이동, 여행을 떠남 | 4 소드 휴식, 회복 | 9 소드 우울, 슬픔

7 소드
SEVEN OF SWORDS

도주
외톨이 늑대
숨겨진 비리

작 용

도주함

책임을 회피함	몰래 빠져나감
떠남	해야 할 일을 하지 않음
비난을 두려워함	쉬운 길을 택함
사실을 숨김	미룸

역방향) 초기: 떠날 생각을 하고 있다. 책임을 회피하려고 할 수 있다. 누군가가 몰래 도망가려는 시도를 할지 모른다. 어느 순간 달아나고 싶을 수 있다. | 후기: 더 이상 도망가지 않는다. 모면하려는 욕구가 그리 크지 않다. 미루는 일이 덜하다. 회피 성향이 점차 없어진다.

외톨이 늑대가 됨

다른 이가 필요 없다고 느낌	독립을 원함
도와주지 않기로 결심함	무언가를 독차지함
고독을 선호함	떨어져서 머묾
혼자 가기를 원함	사람들과 거리를 둠

역방향) 초기: 앞으로 혼자 있고 싶을 수 있다. 단독으로 나아갈 생각을 하고 있다. 사람들이 흩어질지 모른다. 소원해지는 분위기가 조성될 수 있다. 독립생활이 매력적으로 다가올 수 있다. | 후기: 외톨이 늑대가 무리로 복귀한다. 사람들이 더 이상 제각기 행동하지 않는다. 독립에 대한 열망이 식는다. 떨어져 있을 필요가 없어진다. 지금은 독자적인 행동이 용인되지 않는다.

비리를 숨기기로 함

속이거나 속음	흔적을 지움
배후에서 조정함	두 얼굴을 지님
다른 이가 누명 쓴 것을 봄	수치스러운 비밀을 외면함
거짓말이나 도둑질을 함	

역방향) 초기: 적절하지 않은 일을 하려고 생각하고 있다. 파멸의 길로 들어설지 모른다. 앞으로 누군가가 거짓말을 하거나 사기 칠 수 있다. 범죄나 불쾌한 일이 은닉될 수 있다. | 후기: 명예스럽지 못한 행위는 줄어든다. 의심스러운 상황에서 벗어난다. 더 이상 진실되지 못한 삶을 살려고 하지 않는다. 거짓말이나 사기 행각이 과거에 있었다. 떳떳하지 못한 과거는 이제 덜 중요하다.

해 설

'7 소드'와 '5 소드'는 사람들과 떨어져 있다는 공통점이 있다. '7 소드'는 한 남자가 까치발을 하고 사회(크고 호화로운 텐트)로부터 도망가고 있다. 몇 자루의 검을 안고 있는 그는 성공적인 절도 행각에 만족해하는 것 같다. 혼자만의 은밀한 계획을 세운 듯한 인상을 풍긴다.

이 카드는 때로 혼자 자유롭게 달리고픈 욕망, 즉 "외톨이 늑대" 같은 스타일을 암시할 수 있다. 영화에서 이런 유형의 주인공은 늘 독자적으로 행동한다. 자신의 지력과 자원을 이용해 문제를 찾고 조사하고 해결한다. 보통 사람들의 어설픈 노력을 어쭙잖게 여겨 자신이 성공했다고 믿는다.

리딩에서 '7 소드'는 당신이나 다른 사람이 외톨이 늑대가 되고 싶어한다는 신호일 수 있다. 혼자 하는 게 더 효율적이고 편하다고 생각한다. 이런 접근법은 무능한 집단에 들어가길 거부하거나 독립을 주장할 필요가 있을 때 유용하다. 그러나 문제가 발생할 수 있다. 타인에 대한 헌신 없이 행복과 생산성이 오래 가지 못한다. 만일 혼자 행동하기로 마음먹었다면 그런 분리가 정말 자신을 위한 것인지 확인하라.

때로 '7 소드'는 헌신, 책임, 어려운 일, 연애 등에서 도망치는 것을 암시한다. 문제를 처리하기 싫어 질질 끌고 있을 수 있다. 부딪쳐야 할 때는 부딪쳐야 한다. '7 소드'는 도망감으로써 자신은 물론 다른 사람까지 더 나빠질 수 있다고 알려 준다.

'7 소드'는 또 숨겨진 비리를 의미할 수 있다. 즉 당신이나 다른 사람이 정의롭지 못한 선택을 했을 수 있다. 누구나 감추고 싶은 잘못을 저지를 때가 있다. 그 일이 사소할 것일 수도, 중차대한 것일 수도 있다. 이런 일이 생기면 내면의 목소리가 알려 줄 것이다. '7 소드'를 만나면 자신이 무슨 일을 하고 있는지 잘 살펴보라. 그렇지 않으면 우리의 행복과 자부심이 숨겨진 비리에 잠식당할 것이다.

* **대극 카드: 교황** 그룹 안에서 일함 | **정의** 책임을 받아들임, 공명정대함 | **10 완드** 의무를 완수함, 책임을 짐 | **6 컵** 순수, 친절, 열려 있음, 고귀함

* **강화 카드: 은둔자** 홀로 있음, 무리에서 떨어져 지냄 | **2 소드** 진실을 피함 | **5 소드** 부도덕, 사람들과 떨어짐 | **9 펜타클** 자신에게 의지함, 독자적으로 행동함

8 소드
EIGHT OF SWORDS

구속
혼란
무력감

작 용

구속된 느낌

장애물에 둘러싸임   제한된 상황에 머물러 있음
상황에 갇힌 느낌   선택의 폭이 많지 않음
자유가 보이지 않음   압박받는 느낌

역방향) 초기: 갇힌 느낌이 들기 시작할 수 있다. 제약이 가해질 수 있다. 앞으로 선택지가 줄어들 수 있다. 압박감이 문제가 될지 모른다. 벽이 높아지기 시작할 수 있다. | 후기: 규제가 감소한다. 꽉 막힌 느낌이 덜하다. 이제 앞에 놓인 장애물이 얼마 없다. 억압이 끝나 간다. 지금은 자유가 불가능한 것 같지 않다.

혼란스러움

어느 쪽인지 확실하지 않음   어찌할 바를 모름
방향성의 부재   매몰되는 느낌
허우적댐   지표와 명확성이 필요함
일어나는 일을 이해하지 못함

역방향) 초기: 불투명해질 수 있다. 혼란이 더 커질지 모른다. 사람들이 허둥대며 목표를 잃기 시작할 수 있다. 어느 순간 뒤섞인 메시지를 받을 수 있다. | 후기: 지금은 불확실성이 줄어든다. 더 이상 매몰되는 느낌이 들지 않는다. 혼돈의 시기가 지나갔다. 방향성 부재는 문제되지 않는다.

무력감을 느낌

외부의 구조를 기다림	도움이 안 된다고 생각함
책임을 피함	희생당하는 느낌
행동하지 않는 것을 받아들임	

역방향) 초기: 힘을 잃을 수 있다. 나약함이 문제가 될 수 있다. 사람들이 취약하다고 느끼기 시작할지 모른다. 누군가가 약해지거나 무능해질 수 있다. | 후기: 더 이상 피해 의식을 갖지 않는다. 자기 힘에 대한 의심이 걷히고 있다. 무력감이 사라진다. 사람들은 더 이상 움직일 수 없는 상태가 아니다.

해 설

'8 소드'의 여성은 이러지도 저러지도 못하는 상태로 혼자 있다. 눈이 가려져 보지 못하고, 손이 묶여져 뻗지 못한다. 검의 감옥에 갇힌 그녀는 자유롭지 못하다. 집에서 멀리 떨어져 배회한 듯 싶다. 그녀의 안식처가 저 멀리 언덕 위에 있다. 어떻게 하면 그곳으로 돌아갈 수 있을까? '8 소드'는 길을 잃고 혼돈 속에서 무력해지는 시기를 의미한다. 도움과 구조는 멀게만 느껴진다.

때로 주변 상황 때문에 우리는 제약받는다고 느낀다. 어느 날 갑자기 견딜 수 없는 상황에 처했음을 의식하게 된다. 비전 없는 직장, 불편해진 관계, 불어난 빚 등. 어쩌다 이 지경에 이르렀을까? 우리는 알 도리가 없다. 사소한 문제도 큰 덫처럼 느껴진다. 도저히 빠져나갈 수 없을 것만 같다. 외관상 괜찮아 보이는 삶인 데도 그런 경우가 있다. "나는 내가 원하는 모든 걸 가졌다. 행복해야 하는데 뭐가 문제란 말인가?" 오직 모를 뿐, 혼란스럽고 확실한 것이 없다.

리딩에서 '8 소드'는 자유와 선택의 폭이 좁아지리라는(또는 이미 그러한 상황에 있다는) 신호일 수 있다. 상황에 깊이 빠져 있을수록 옥죄는 느낌이 더 커진다. 그런 이유로 상황을 더 안 좋게 느낀다.

이 카드를 만나면 우리에게 선택지도, 힘도 있다는 것을 기억하라. 아무리 옴짝달싹 못하는 느낌이 들어도 빠져나갈 수 있다는 가능성을 믿어라. 길을 찾게 될 것이다. 자유롭게 꿈틀거리고 눈가리개를 찢고 검들을 쓰러트려라. 쉽지는 않겠지만 해결 방안은 분명히 있다.

* **대극 카드**: 마법사 강하다고 느낌, 무슨 일이 일어날지 앎 | **전차** 자신감, 집중 | **2 완드** 힘, 배짱 | **4 완드** 자유, 제한 없음 | **3 펜타클** 능력, 노하우, 계획

* **강화 카드**: 악마 혼돈, 구속 | 달 혼란, 불투명 | 10 소드 피해 의식, 무력감

9 소드
NINE OF SWORDS

걱정
죄책감
괴로움

작 용

걱정함

모든 게 잘 안 될거라고 생각함

자기 문제로 괴로워함

불안하고 긴장함

수심에 잠김

한 가지 이슈만 계속 생각함

온 신경이 곤두서 있음

역방향) 초기: 걱정하기 시작할 수 있다. 앞으로 어떤 문제에 정신을 뺏길 수 있다. 잠드는 게 어려울지 모른다. 사람들이 불안해할 수 있다. 근심에 젖는 때가 찾아올 수 있다. | 후기: 이제 걱정을 덜한다. 더 이상 상황이 골칫거리로 보이지 않는다. 불안한 순간들이 사라진다. 모두들 덜 심란해 보인다.

죄책감을 느낌

어떤 잘못을 뉘우침

시간을 되돌리고 싶어 함

자책함

회한에 사로잡힘

자신을 용서하지 못함

자신의 "죄"에 초점을 맞춤

최선을 다한 자신을 부정함

역방향) 초기: 죄책감이 들 수 있다. 자신을 용서하기 힘들 수 있다. 참회의 감정이 생길 수 있다. 앞으로 회한에 잠기게 될 수 있다. 누군가가 유죄 판결을 받을지 모른다. | 후기: 죄책감이 줄어든다. 더 이상 자신을 구박하지 않는다. 이제 후회할 이유가 거의 없다. 자책의 시기가 끝나 간다. 유죄 판결이 내려졌다.

괴로움에 시달림

절망에 빠지거나 우울해함 한계에 다다랐다고 느낌

불면의 밤을 보냄 영혼의 어두운 밤을 겪음

즐거움을 잊고 울고 싶어 함

역방향) 초기: 절망하기 시작할 수 있다. 더 자주 울기 시작할지 모른다. 고통스런 기억이 떠오를 수 있다. 누군가가 우울해할 수 있다. 분위기가 더 암담해질 수 있다. | 후기: 괴로움이 사라지고 있다. 어둠의 시기가 지나갔다. 우울감이 사그라든다. 영혼의 어두운 밤을 겪었다.

해 설

'9 소드'에 한 인물이 침대에 앉아 있는 것이 타당한 데는 밤사이에 고뇌와 후회가 가장 강하게 밀려오기 때문이다. 그 누가 새벽 4시에 가시지 않는 걱정에 잠 못 이루고 싶겠는가?

'3 소드'의 고통이 외부에서 오는 것이라면, '9 소드'의 고통은 두려움과 의심에 사로잡힌 우리 내면에서 온다. 아마도 걱정이 가장 흔할 것이다. 모든 게 다 잘될까? 난 뭘 해야 하지? 끊임없이 돌고 도는 생각은 도저히 멈추지 않는다.

죄책감은 고통의 또 다른 원인이다. 자신이 한 일 때문이든 아니든 고통은 매우 사실적일 것이다. 마지막으로 단순한 번민 역시 우리를 고통스럽게 한다. 때로는 삶에 고통이 전부인 양 그저 두 손에 얼굴을 묻고

울고 싶은 기분이다.

말할 나위 없이 '9 소드'가 유쾌한 카드는 아니지만, 그렇다고 큰 고통을 의미하는 것만은 아니다. 단지 행복하지 않거나 일부 문제가 있다고 알려 주는 신호일 것이다. 즉 우리 삶에 취약한 부분이 있음을 나타낸다. 이 카드는 우리가 가는 길이 어려울 수 있다고 내면의 조언자가 보내는 경고다. '9 소드'를 경고 표시로 대할 때 그것을 건설적으로 활용할 수 있다. 주변 상황을 주의 깊게 살펴라. 작은 변화 하나가 모든 걸 바꿔 놓을 수 있다.

* **대극 카드: 별** 평온, 마음의 평화 | **심판** 죄가 없음, 용서 | **3 컵** 세상을 다 가진 기분, 흐름을 타고 있음 | **6 컵** 순수 | **10 컵** 기쁨, 평화, 환희

* **강화 카드: 악마** 절망, 기쁨의 부재 | **10 완드** 걱정 | **3 소드** 괴로움, 비통함 | **6 소드** 우울, 슬픔

10 소드
TEN OF SWORDS

최저점
피해 의식
순교

작 용

최저점에 달함

올라갈 일만 남음   해뜨기 전 칠흑 같은 어둠을 앎
바닥권에 있음   더 이상 나빠질 수 없다고 느낌
상승할 준비를 함   수렁에 빠짐

역방향) 초기: 저조해지는 시기가 올 수 있다. 사건이 악화되기 시작할지 모른다. 하향세로 접어들 수 있다. 머지않아 약간 퇴보할 수 있다. | 후기: 최저점이 지나갔다. 폭풍우를 맞았고 이제 맑게 개고 있다. 바닥을 쳤지만 반등할 수 있었다. 좌절감을 주는 징후가 사라진다.

피해자처럼 느낌

자기 운명을 가엾게 여김   무력감을 느낌
삶을 적대적으로 바라봄   공격을 받아 고통스러움
"왜 나야?"라고 의아해함   자기 연민을 느낌
당하는 입장임

역방향) 초기: 피해자처럼 느끼기 시작할 수 있다. 누군가가 자기 연민에 빠지기 시작할지 모른다. 공격이 더 빈번해질 수 있다. 누군가의 표적이 되고 있다는 의심이 들 수 있다. 피해자 역할이 더 중요해질 수 있다. | 후기: 상황이 덜 위협적으로 보인다. 공격이 줄어든다. 더 이상 당하는 입장이 아니다. 무력감을 느끼는 시기가 종료된다.

순교자가 됨

자기 이익을 후순위에 둠	스스로를 낮춤
동네북처럼 느껴짐	뒤전으로 물러남
타인을 우선시함	희생함

역방향) 초기: 동네북이 되는 느낌이 들기 시작할 수 있다. 다른 사람이 이득을 보기 시작할 수 있다. 향후 자신을 희생해야 할지 모른다. 누군가가 원칙 때문에 순교자가 될 수 있다. 체념하는 분위기가 조성될 수 있다. | 후기: 순교자의 역할이 약화된다. 더 이상 타인을 먼저 생각할 필요가 없다. 희생하는 시기가 끝나 간다. 이제 뒷전으로 물러날 이유가 없어진다. 고통스런 시련이 지나갔다.

해 설

'10 소드'는 가혹한 불행을 암시하는 것 같지만, 실제보다 더 드라마틱하게 표현하고 있다. 카드에는 남자의 등에 많은 칼들이 꽂혀 있는 것이 보인다. 한 개로도 충분하지 않을까? 10개는 좀 과장된 게 아닐까? 그의 고통이 진심이긴 해도 어쩌면 과장되었을 수 있다.

'10 소드' 의미 중 하나가 최저점에 도달한다는 것이다. 불운이 또 다른 불운을 부를 때 처음에 그 타격감은 세게 오지만 나중에는 두 손 들고 웃게 된다. 최악임에도 한편으론 웃음이 나온다! 영화 속 주인공이 "이보다 나쁜 일이 또 뭐가 있겠어?"라고 말하면 주인공 머리 위로 양동이가 곧 떨어진다는 신호임을 우리는 안다. '10 소드'를 만나면 마지막 양동이가 떨어졌고, 이제 좋아질 일만 남았다고 기대해 볼 수 있다.

이 카드는 또 우리가 피해 의식에 빠져 있을 때 나타날 수 있다. 세상이 나만 괴롭힌다고 확신한다. 카드 속 인물은 고개를 들고 이렇게 말할 것만 같다. "내 상황이 상당히 안 좋아… 손가락도 다쳤고, 등에는 10개의 칼이 꽂혀 있고, 음- 10개라고!" 그는 한숨을 내쉬고 다시 고개를 떨군다. 피해 의식에 사로잡혀 있으면 모든 게 참담하고, 희망은 없고, 지독하게 불공평하다고 생각한다.

'10 소드'가 또 잘 보여 주는 것이 순교자가 되는 것이다. 카드 속 남자는 힘 없이 손을 흔들면서 이렇게 말할지 모른다. "아니야… 너는 가도록 해. 잘 지내고. 나는 신경 쓰지 마. 난 등에 꽂힌 이 칼들과 여기 있으면 돼. … 네가 즐겁기를 바랄게." 이런 의미로 본다면 순교는 조건 없는 희생과 다르다. '10 소드'에는 이 모두가 포함된다. 그러나 남을 위해 선행을 베풀 때는 조건을 달지 않아야 더 큰 만족감을 얻는다.

세상에는 심각한 불행들이 많기 때문에 불행을 가볍게 여기려는 의도는 없다. '10 소드'가 슬픈 사건을 암시하지만, 어떤 상황인지 당신은 알고 있다. 웃을 여유까지는 아니어도 '10 소드'는 대체로 가벼운 축에 속한다. 마치 당신이 비통한 이야기를 다루는 방식에 대해 내면의 조언자가 부드럽게 놀리는 것과 같다. '10 소드'를 만나면 자신의 태도를 확인하고, 상황이 확실히 보이기 시작하는 지점에 와 있음을 알아라.

* **대극 카드: 전차** 자기주장, 힘, 승리 | **2 완드** 힘, 자신감 | **6 완드** 자기 홍보, 정상에 서 있음 | **9 컵** 충족감, 조건에 만족함

* **강화 카드: 서스도 매날린 사람** 희생, 순교 | **8 소드** 피해 의식, 무력감

페이지 소드
PAGE OF SWORDS

머리를 씀
진실함
공정함
기개가 있음

PAGE of SWORDS.

작 용

머리를 씀

문제를 분석함   논리와 이성을 이용함
신념을 재검토함   아이디어나 계획을 발전시킴
사실을 연구하고 조사함   배우거나 가르침
모든 걸 충분히 생각함

역방향) 초기: 분석적으로 접근해야 할 수 있다. 배우거나 가르칠 기회가 생길지 모른다. 누군가가 신념을 다시 검토해야 할 수 있다. 심사숙고하는 시기에 접어들 수 있다. | 후기: 더 이상 이성적이지 않다. 계획을 발전시킬 기회가 지나갔다. 지금은 충분히 생각하는 일이 드물다. 연구 조사하는 시기가 끝나 간다.

진실함

정직하게 행동함   사실을 직시함
속이는 걸 그만둠   어떤 혼란을 정리함
비밀을 폭로함   직설적으로 말함

역방향) 초기: 숨겨진 무언가가 폭로될 수 있다. 분명하게 말할 필요가 있을지 모른다. 진실해지는 기회가 생길 수 있다. 사실을 직시하는 순간이 찾아온다. | **후기:** 이제 혼란이 가시고 있다. 정직할 기회가 지나갔다. 속여야 할 필요가 없어진다. 비밀이 드러났다.

공정함

잘못을 바로잡음	윤리적으로 행동함
타인을 평등하게 대함	공정하려고 노력함
책임을 수용함	다른 견해를 인정함

역방향) 초기: 잘못된 걸 바로잡을 기회가 생길 수 있다. 공정해질 가능성이 있다. 옳은 일을 하라는 요청을 받을지 모른다. 누군가가 정의에 맞서야 할 수 있다. | **후기:** 공정하게 해결했다. 윤리적 행동이 점차 줄어든다. 가치 있는 명분을 다뤘었다. 정의롭게 해결할 기회가 끝이 난다.

기개가 있음

문제를 똑바로 직시함	좌절을 거부함
되찾은 에너지로 실패에 맞섬	명분을 옹호함
단호한 결의를 유지함	침체에서 벗어남
의기양양하고 당당함	계속 시도함

역방향) 초기: 결의를 드러내라는 요청이 있을지 모른다. 누군가가 더 고무적이 될 수 있다. 좌절을 맞이하는 순간이 찾아온다. 꿋꿋함을 보여 줄 가능성이 커질 수 있다. | **후기:** 결심이 약해진다. 계속 시도하려는 능력이 사라진다. 정면으로 문제를 다뤘었다. 지금은 방해를 덜 받는다.

해 설

'페이지 소드'는 도전을 가져다주는 전령이다. 성장할 수 있는 기회가 문제나 딜레마로 위장해 나타날 수 있다고 말한다. 그 도전이 달갑지 않아 어쩌면 우리는 이렇게 말하고 싶을 것이다. "고맙지만, 사양할게."

'페이지 소드'는 우리에게 그 어려운 상황을 받아들일 것을 요구한다. 우리의 패기를 시험하기 위해 계획된 일이라 생각하라. 받아들이고 이겨 내면 더 강해지고 회복력도 향상될 것이다. 도전에 대처할 때는 소드 슈트의 도구인 정직, 이성, 진실성, 의연함 등을 사용하길 권한다.

'페이지 소드'는 또 진실, 윤리적 행동, 좌절 또는 정신적 문제 등과 관련해 당신과 상호 작용하는 어린아이 또는 젊은 마음을 가진 어른을 가리킬 수 있다. 소드 슈트의 도전이 무엇이냐에 따라 그 관계가 불편하거나 어려울 것이다. 때로 '페이지 소드'는 전체적인 상황이 다양한 배움, 발견, 정신 활동으로 가득 차 있음을 암시한다. 그럴 때는 머리를 써서 지적인 쾌감을 즐겨라.

* **코트 카드 짝:** '페이지 소드'는 다른 코트 카드와 짝을 이룰 수 있다. 두 코트 카드의 위계와 슈트를 비교해 그 짝의 의미를 확인한다.

나이트 소드
KNIGHT OF SWORDS

직접적임/퉁명스러움
권위가 있음/고압적임
예리함/매서움
박식함/독단적임
논리적임/냉담함

작 용

직접적임/퉁명스러움

솔직하고 거침이 없음/무뚝뚝하고 무례함

바로 본론으로 들어감/매정할 수 있음

돌려서 말하지 않음/타인의 감정을 헤아리지 않음

다른 이들이 어느 정도 위치인지 말해 줌/입을 다물지 못함

솔직하게 대답함/분별력이 부족함

역방향) 초기: 더 직설적이 되지만 더 부주의할 수도 있다. 거리낌 없이 말하지만 섬세하지 못한 누군가가 등장할 수 있다. 솔직하지만 재치 없는 분위기가 전개될 수 있다. | 후기: 퉁명스러움이 덜하나 솔직함도 덜하다. 진솔하지만 예의 없는 누군가가 퇴장한다. 사실을 말하나 감수성이 부족한 분위기가 끝나 간다.

권위가 있음/고압적임

확신에 차서 말함/거만한 경향이 있음

주목을 끄는 위치에 있음/다른 이에게 입장을 강요함

전적으로 확신하고 행동함/즉시 따르기를 바람
자연스럽게 명령함/반대 의견을 반기지 않음
영향력이 큼/위압적으로 행동함

역방향) 초기: 권위가 더 설 수 있으나 더 독단적이 될 수도 있다. 명령하기를 좋아하지만 이견을 받아들이지 않는 누군가가 등장할지 모른다. 확신은 있되 문제 제기를 하지 않는 분위기가 조성될 수 있다. | 후기: 위압적인 모습이 덜하나 영향력이 감소한다. 분명히 책임을 지지만 거만한 누군가가 퇴장하고 있다. 설득력이 있지만 고압적인 분위기가 끝나 간다.

예리함/매서움

빈틈없고 단단한 지적 능력을 지님/신랄하게 빈정대는 경향이 있음
핵심을 꿰뚫음/감수성이 둔함
생각을 간결하게 표현함/비판적일 수 있음
빈틈없고 기민함/가시 돋힌 기지를 보임
토론을 잘함/우둔함을 조롱함

역방향) 초기: 더 예리해지지만 더 비판적이 될 수도 있다. 논쟁에서 쉽게 이기기지만 친절하지 않은 누군가가 등장할 수 있다. 기민하지만 자비롭지 못한 분위기가 형성될 수 있다. | 후기: 둔감함이 덜해지지만 강압적인 면도 덜해진다. 기지가 돋보이나 냉소적인 누군가가 상황에서 나가고 있다. 통찰력이 있으나 매서운 분위기가 종료된다.

박식함/독단적임

자신이 뭘 말하는지 앎/항상 자기가 옳다고 믿음
어떤 주제든 설명 가능함/다른 견해를 용납하지 못함
전문가를 추구했음/결정권을 가지려 함

사리에 맞는 입장을 취함/거만함
상당히 지적임/독선적이고 편협할 수 있음

역방향) 초기: 더 박식해질 수 있지만 더 독단적이 될 수도 있다. 지적 능력이 뛰어나지만 오만한 누군가가 등장할 수 있다. 정보에 근거하나 편협한 분위기가 형성될 수 있다. | 후기: 독단적 성향이 덜하지만 논리정연함도 떨어진다. 많이 배운 똑똑한 척하는 누군가가 퇴장하고 있다. 전문적이지만 포용력이 부족한 분위기가 종료된다.

논리적임/냉담함

명확하게 추론함/직관을 과소평가함
정보를 잘 분석함/사람을 물건처럼 다룸
무엇이 옳은가에 집중함/정의에 자비를 가미하지 않음
감정 요소를 제외할 수 있음/감정을 차단함
혼란이 이해가 됨/쌀쌀맞고 냉정함

역방향) 초기: 더 논리적일 수 있지만 더 냉담해질 수도 있다. 사람보다는 사실에 기반해 일하는 걸 선호하는 사람이 등장할 수 있다. 이성적이지만 직관적이지 못한 분위기가 전개될지 모른다. | 후기: 덜 냉담해지지만 객관성도 떨어진다. 분석을 잘하지만 쌀쌀맞은 누군가가 퇴장하고 있다. 명료하게 사고하지만 매정한 분위기가 막을 내린다.

해 설

'나이트 소드'의 긍정적인 부분은 논리와 이성의 대가라는 점이다. 그는 어떤 주제라도 세밀하게 파악하는 예리한 지적 능력을 지녔다. 명확하고 직접적이고 늘 권위 있게 말한다. 그의 판단은 확실하고 감정으로부터 자유롭다. 사람들은 그의 명쾌한 분석에 기대어 문제점과 해결 방안을 찾는다.

부정적인 부분은 수완이 서툴다는 점이다. 너무 요령이 없고 무례할 수 있다. 그가 당신에게 잘못이 있다고 생각하는 순간 당신은 바로 알 것이다. 본인의 우수성을 확신하기 때문에 어리석음을 참지 못한다. 그는 사람들이 자신의 견해를 따를 거라고 예상한다. 그에게 감정은 무의미하고 비논리적인 것이다.

리딩에서 '나이트 소드'는 그의 꿰뚫어 보는 스타일이 당신, 다른 사람, 전체 분위기와 관련되어 있음을 암시한다. 이렇게 자문해 보라. "이 나이트의 에너지가 득일까, 독일까?"

그의 스타일이 분명하게 나타나면 균형을 잡아야 할 것이다. 다른 사람에게 자기 입장을 강요하는가? 자기 생각을 말하면 곤란해지는가? 파트너가 너무 쌀쌀맞고 냉담한가? 동료들이 응원보다는 비판하려 하는가? 변화가 필요한 때일 수 있다.

만약 이 나이트의 에너지가 부족하면 명확한 관점이 필요할 수 있다. 너무 감정적인가? 다음에는 머리가 가슴을 이끌게 하라. 다른 사람의 의견을 과대평가하는가? 자신의 권위를 믿어라. 남의 기분을 상하게 할까 두려운가? 자신의 생각을 말해 보라. '나이트 소드'가 그의 이성과 자기 확신의 세계로 우리를 안내하게 하라.

* **코트 카드 짝:** '나이트 소드'는 다른 코트 카드와 짝을 이룰 수 있다. 두 코트 카드의 위계와 슈트를 비교해 그 짝의 의미를 확인한다.

퀸 소드
QUEEN OF SWORDS

정직함
영리함
단도직입적임
기지가 번뜩임
노련함

작 용

정직함

불편한 진실도 직시함   모든 사람에게 솔직함

숨기지 않음   규칙대로 함

거짓말과 기만을 멀리함

역방향) 초기: 더 정직하려고 생각 중이다. 규칙을 준수하는 누군가가 관련될 수 있다. 진실된 분위기로 발전할 수 있다. | 후기: 진실을 마주하려는 의지가 덜하다. 올곧은 누군가가 중요해질 수 있다. 솔직한 분위기가 끝나 간다.

영리함

상황 판단이 빠름   숨겨진 동기와 욕구를 앎

속이거나 사기 치기 어려움   암묵적인 규칙과 의제를 앎

이해가 빠름

역방향) 초기: 더욱 기민해진다. 이해력이 빠른 누군가를 부를 수 있다. 사정에 정통한 분위기가 전개될 수 있다. | 후기: 숨겨진 의제에 대한 감을 잃는다. 영리한 사람을 내보냈다. 지저분하게 속이는 분위기가 종료된다.

단도직입적임

만사에 직접적이고 개방적임   문제의 핵심을 파악함
가식이나 속임수 없이 행동함   솔직하고 허튼짓을 안 함
필요할 때 진솔할 수 있음

역방향) 초기: 더 진솔하고 더 개방적이 된다. 허튼짓을 하지 않는 누군가가 활약할 수 있다. 정직한 분위기로 발전할 수 있다. | 후기: 솔직하려는 의지가 줄어든다. 속임수를 모르는 사람이 방출되었다. 투명한 분위기가 끝나 간다.

기지가 번뜩임

유쾌한 유머 감각을 지님   재미난 말로 어색함을 없앰
너무 심각하게 받아들이지 않음   어디에서든 웃음 포인트를 찾음

역방향) 초기: 유머 감각을 발휘하기 시작한다. 농담을 좋아하는 재치 있는 누군가가 등장할 수 있다. 유쾌한 분위기로 전개될 수 있다. | 후기: 농담을 꺼린다. 재미를 추구하는 동료와 더 이상 친하지 않는다. 가벼운 마음으로 임하는 분위기가 막을 내린다.

노련함

모든 걸 보고 모든 걸 해 봤음   인생 역경을 겪은 장점이 있음
독선적으로 판단하지 않음   현실적으로 전망함

역방향) 초기: 경험이 더 풍부해질 수 있다. 요령 있는 누군가가 대기하고 있다. 현실적으로 전망하는 분위기가 조성될 수 있다. | 후기: 자신의 수완에 대한 믿음이 약해져 간다. 노련한 누군가가 방법을 알려 줬다. 현실적인 분위기가 끝나 간다.

해 설

'퀸 소드'의 개성은 소드 슈트의 긍정적인 공기 에너지와 퀸의 내면을 향한 집중이 결합한다. 그녀는 우리가 어떻게 할지 정확하게 알려 줄 것이다. 정직을 중요시하는 그녀는 늘 진실하고자 다짐하며 살아간다. 그녀에게 거짓말, 속임수, 게임 등은 관심 밖의 일이지만 쉽게 속지 않는다. 좋은 쪽으로든 나쁜 쪽으로든 세상에 대한 경험이 많다.

'퀸 소드'는 상황 판단이 상당히 빠르다. 인간의 어리석은 부분을 이해하지만 그것을 비난하지 않는다. 그녀는 소동이 떨어지는 때를 알고 돌아가는 방법을 쉽게 찾는다. 솔직하고 직접적인 걸 선호하는 그녀가 자유롭게 의견을 내놓아도 누구 하나 상처받지 않는다. 이 퀸에게는 유쾌한 유머 감각이 있다. 그녀는 기분 좋은 웃음을 좋아하고, 늘 기지가 번뜩인다. 삶을 너무 심각하게 받아들일 필요가 없음을 그녀는 알고 있다. '퀸 소드'는 허심탄회하고 가식 없이 기운을 북돋워 준다.

리딩에서 '퀸 소드'는 우리에게 그녀처럼 "생각하고 느낄" 것을 요구한다. 자신에게 정말 솔직한가?(가장 먼저 확인한다!) 상황에 깔린 유머가 보이는가? 요점을 잘 파악하고 있는가? 실제 일어난 일이 무엇인지 아는가? 자신을 기만하고 있지 않은가?

이 퀸은 또 그녀와 같은 인물 또는 정직하고 직접적으로 의사소통하는 분위기를 암시할 수 있다. 리딩에서 그녀는 자신의 특별한 에너지가 지금 우리에게 유의미하다고 말한다. 이 퀸이 우리 삶에 어떤 모습으로 나타나든 그녀에게서 영감을 얻으라.

* **코트 카드 짝:** '퀸 소드'는 다른 코트 카드와 짝을 이룰 수 있다. 두 코트 카드의 위계와 슈트를 비교해 그 짝의 의미를 확인한다.

킹 소드
KING OF SWORDS

지적임
분석적임
분명하게 표현함
공정함
윤리적임

작용

지적임

생각의 세상에 있을 때 편안함	창의적으로 사고함
빠르고 완벽하게 정보를 파악함	생각을 통해 고무되고 도전함
훌륭하게 연구를 수행함	박식함

역방향) 초기: 더 박식해진다. 지성인이 주요 역할을 할 수 있다. 창의적으로 사고하는 분위기가 전개될 수 있다. | 후기: 모든 정보를 파악하기 어려워진다. 자료를 신뢰하는 누군가가 방출되었다. 정신적으로 도전하는 분위기가 종료된다.

분석적임

혼돈과 정신적 혼란을 꿰뚫음	이성과 논리를 이용함
정신적인 도전들에 재능이 있음	복잡한 주제를 쉽게 풀어냄
논쟁과 토론에 능숙함	문제를 빨리 이해함

역방향) 초기: 더 논리적으로 생각하기 시작한다. 논쟁을 좋아하는 누군가가 문제를 일으킬 수 있다. 정신이 명료한 분위기가 조성될 수 있다. | 후기: 분석 능력이 떨어진다. 문제를 이해한 사람이 떠났다. 이성을 존중하는 분위기가 시들해진다.

분명하게 표현함

언어 능력과 말솜씨에 정통함　　생각을 잘 전달함

활기를 불어넣는 달변가임　　　종종 그룹 대변인으로 봉사함

명석한 작가이자 연설가임

역방향) 초기: 쓰고 말하는 기술이 더 능숙해진다. 그룹의 대변인이 앞에 나설 수 있다. 의사소통이 분명한 분위기가 형성될 수 있다. | 후기: 자기 변호 능력이 떨어진다. 유능한 연설가가 떠났다. 건설적인 대화 분위기가 막을 내린다.

공정함

정직하고 통찰력을 갖고 판단함　　문제를 다각도로 이해하고 존중함

진실과 공평성에 관심을 가짐　　　냉정한 눈으로 상황을 관찰함

공정하고 객관적임

역방향) 초기: 더 객관적이 된다. 진실을 존중하는 누군가가 등장할 수 있다. 공명정대한 분위기로 발전할 수 있다. | 후기: 문제의 다양한 측면을 존중하려 하지 않는다. 정직한 재판관이 배제되었다. 정의롭고 공정한 분위기가 끝나 간다.

윤리적임

도덕적인 리더임　　　　　높은 기준을 장려함

부정부패에 반대함　　　　모든 일에 올바른 행동을 취함

깐깐한 원칙을 갖고 살아감

역방향) 초기: 부패에 맞서기 시작한다. 도덕적인 리더가 영감을 줄 수 있다. 높은 잣대를 존중하는 분위기가 형성될 수 있다. | 후기: 예전의 윤리성을 갖고 있지 않다. 올바른 행동을 하는 누군가가 영향력을 잃을 수 있다. 진실한 분위기가 종료된다.

해 설

'킹 소드'의 개성은 소드 슈트가 지닌 긍정적인 공기 에너지와 킹의 활동적인 외향성이 결합한다. 그는 지적이고 모든 종류의 정보를 흡수하고 다룰 줄 안다. 이성과 논리의 대가답게 어떤 문제든 쉽게 분석한다. 그는 해결책을 빨리 찾아낼 뿐 아니라 다른 사람들이 이해하기 쉽게 설명할 줄 안다. 혼란스러운 상황에서 혼란을 불식시키고 앞으로 나아가는 데 필요한 명확성을 제공한다. 사람들은 문제를 해결하고자 뛰어난 통찰력과 언변을 지닌 그를 찾는다. 그는 늘 진실하며 모든 상황을 공정하고 훌륭하게 처리할 것이다.

판단이 필요할 때 '킹 소드'는 공평하고 정의롭게 결정할 수 있다. 그는 청렴하고 상당히 높은 윤리적 기준을 갖고 살아간다. 그런 기준을 주변 사람들에게 독려하고, 사람들도 때로 그의 기준에 맞춰 살기도 한다.

리딩에서 '킹 소드'는 우리에게 그처럼 "행동"할 것을 요구한다. 진실을 말하기, 해결책 생각하기, 의사소통 잘하기, 공정하게 판단하기 등. 또 그처럼 행동하는 인물 또는 이성적이고 정직하고 높은 기준을 장려하는 분위기를 암시할 수 있다. 리딩에서 그는 자신의 특별한 에너지가 지금 우리에게 유의미하고 말한다. 이 킹이 우리 삶에 어떤 모습으로 나타나든 그에게서 영감을 얻으라.

* **코트 카드 짝:** '킹 소드'는 다른 코트 카드와 짝을 이룰 수 있다. 두 코트 카드의 위계와 슈트를 비교해 그 짝의 의미를 확인한다.

에이스 펜타클
ACE OF PENTACLES

물질적인 힘
번창함
실용성
신뢰

작 용

물질적인 힘을 이용함

구체적인 결과에 집중함   현실 세계에 영향을 미침
육체적으로 일함   유형의 결과물을 얻음
육체적 건강이 좋아짐   자연과 관련됨

역방향) 초기: 물질적인 힘을 이용할 기회가 생길 수 있다. 체력이 요구될지 모른다. 아이디어가 더 구체화될 수 있다. 더 실질적이어야 할 수 있다. 자연의 세계가 중요해질 수 있다. | 후기: 물질적인 힘을 활용할 기회가 없어진다. 지금은 육체적인 도전이 줄어든다. 실질적인 것을 만들 기회가 지나갔다. 사람들이 결과에 대한 관심이 적다. 자연 환경이 더 이상 보호받지 못한다.

번창함

목표에 도달할 수단이 있음   풍요를 만끽함
필요한 걸 끌어당김   번영을 이룸
노력에 대한 보상이 옴   자산이 증가함
성장을 경험함

역방향) 초기: 번창할 기회를 잡을 수 있다. 투자 기회가 생길지 모른다. 향후 재정이 좋아질 수 있다. 자산이 늘어나기 시작할 수 있다. 필요한 지원을 받을 수 있다. | 후기: 번영을 누릴 수 있는 기회가 사라진다. 투자 제안이 철회되었다. 더 이상 돈 벌 기회가 흔치 않다. 풍요로운 분위기가 종료된다. 지금은 예전처럼 씀씀이가 넉넉할 수 없다.

실용적임

상식을 활용함	실질적임
효과적인 걸 취함	현실적임
현실 세계에 기반함	바로 사용 가능한 도구를 씀

역방향) 초기: 실용적이 될 기회가 생길 수 있다. 현실적으로 해결될 수 있다. 사용 가능한 도구에 주목해야 할지 모른다. 누군가가 더 실용적이 될 수 있다. 현실 문제가 발생할 수 있다. | 후기: 실용적인 기회가 사라진다. 합리적인 선택을 덜 지지한다. 더 이상 요령이 중요하지 않다. 상식적인 접근 방식을 버린다.

신뢰를 갖고 진행함

다른 사람의 선의를 믿음	안전하고 보호받는다고 느낌
전체적으로 안전하다는 걸 앎	공개적인 자리에서 일함
지지하는 시스템이 있음	상황이 안정적임을 앎
탄탄한 기반을 강화함	

역방향) 초기: 신뢰하거나 받을 기회가 생길 수 있다. 누군가가 믿음을 요구할지 모른다. 어느 순간 자신의 신뢰도가 시험대에 오를 수 있다. 향후 누군가가 의지하려 들지 모른다. | 후기: 신뢰하거나 받을 기회가 없어진다. 신뢰도가 하락된다. 이제 약속만으로는 부족하다. 믿고자 하는 욕망이 거의 없다. 예전처럼 곧이곧대로 듣지 않는다.

해 설

'에이스 펜타클'은 번영, 풍요, 신뢰, 안전, 현실적 근거라는 영역에 잠재하는 가능성들을 상징한다. 우리가 아직 의식하지 못해도 생산성이라는 씨가 우리 삶에 심어져 있음을 리딩을 통해 알 수 있다. 그 씨가 싹을 틔울 때면 거의 모든 형태를 갖추고 있을 것이다. 그것은 중심 잡힌 느낌, 결과에 대한 갈망, 현실적인 관심사 등일 수 있다. 또 외부의 제안, 선물, 기회, 만남, 동시적 사건 등으로 나타날 수 있다.

이 에이스를 만나면 그 견고한 에너지가 우리 삶에 어떻게 작용하는지 살펴보라. 지금은 공상에 빠져들거나, 드라마틱해지거나, 대담해지는 시기가 아니다. 현실 감각을 갖고 중심을 잡을 때다. 안정감을 주는 편안하고 믿을 만한 경험들을 찾아라. 삶의 안팎으로 믿음의 토대를 쌓아라. 당신의 상식이 무엇을 해야 할지 알려 줄 것이다. 자연 세계에 관심을 갖는 것이 현실적이 되는 데 도움을 준다. 당신의 몸과 물질적 존재로서의 기쁨을 누려라.

'에이스 펜타클'은 꿈이 현실이 되는 신호일 수 있다. 아이디어를 실현시킬 준비가 끝났다. 가장 효과적인 것을 찾아 현실화시켜라. 지금은 프로젝트 진행에 필요한 모든 자원을 끌어올 수 있다. '에이스 펜타클'이 상징하는 물질적인 힘을 이용하면 모든 사업이 번창할 것이다.

* **에이스 짝**: 에이스 짝은 우리 삶에 새로운 정신이 들어오고 있음을 암시한다. 번영, 풍요, 신뢰, 안전, 현실적 근거를 상징하는 '에이스 펜타클' 에너지에 다음의 에이스 에너지들이 더해진다.

에이스 완드 창의성, 흥분, 탐험, 용기, 개인적 역량
에이스 컵 깊은 감정, 친밀감, 조율, 연민, 사랑
에이스 소드 지성, 이성, 정의, 진실, 명료함, 의연함

2 펜타클
TWO OF PENTACLES

저글링(여러 가지를 다룸)
유연함
재미

작 용

저글링(여러 가지를 다룸)

모든 일에 균형을 유지함   요구에 잘 대처함

사람들이 함께 일하게 함   모든 걸 포함하는지 확인함

많은 일을 진행함   순조롭게 나아감

모든 부분을 고르게 강조함

역방향) 초기: 앞으로 더 많은 요구가 있을 수 있다. 바쁜 시기가 곧 닥칠지 모른다. 모든 걸 감안해야 할 수 있다. 균형이 중요해질지 모른다. | 후기: 바쁜 시기가 끝나 간다. 더 이상 균형을 잡기 위해 노력할 필요가 없다. 요구 사항이 처리되었고, 지금은 처리 속도가 더디다. 지금은 저글링할 필요성이 줄어든다.

유연함

빠르게 적응함   새 접근법을 자유롭게 시도함

흐름과 조화를 이룸   변화에 기꺼이 뛰어듦

발전적인 일에 열려 있음   가능성을 살핌

문제를 처리함   방향을 쉽게 바꿈

역방향) 초기: 앞으로 더 유연해질 수 있다. 적응할 가능성이 있다. 누군가가 변화에 개방적일 수 있다. 어느 순간 새로운 선택지가 떠오를 수 있다. | 후기: 지금은 융통성이 떨어진다. 더 이상 변화에 유연하지 않다. 선택의 폭이 좁아진다. 대안이 점차 사라진다.

재미있게 보냄

즐거운 일을 함	놀기 위해 시간을 냄
신명이 남	휘파람을 불면서 일함
상황이 암시하는 유머를 앎	긴장을 풂

역방향) 초기: 파티나 기념행사가 다가올지 모른다. 앞으로 더 신이 날 수 있다. 놀 수 있는 기회가 더 많아질 수 있다. 좋은 시절이 올 수 있다. | 후기: 흥이 사라져 간다. 사람들이 더 이상 즐기지 않는다. 재미있게 놀 시간이 적다. 파티나 기념행사가 지나갔다. 웃음이 사라진다.

해 설

위험하거나 도전적인 일들을 유달리 우아하고 효율적으로 처리한다는 느낌이 들면 그처럼 기분 좋은 일이 없다. '2 펜타클'에는 세상사를 저글링하면서 춤을 추는 젊은이가 보인다. 두 펜타클을 둘러싼 무한대 표시는 그가 많은 문제를 다룰 수 있음을 암시한다. 그 뒤로 파도를 수월하게 타고 있는 두 척의 배가 보인다. 즉 삶의 기복을 잘 헤쳐 나가고 있다.

리딩에서 '2 펜타클'은 당신에게 주어진 모든 요구 사항을 잘 다룰 수 있음을(저글링) 의미한다. 실제로 당신은 장애물에 딸려 오는 흥분을 즐길 것이다. 현재 이 정도로 자신감을 느끼지 못하면 이 카드는 자신을 믿으라고 말하는 것이다. 모든 목표를 초과해서 이룰 정도로 만반의 준비를 갖춘 상태다. 도전을 받아들여라.

'2 펜타클'은 또 유연할 것을 일깨운다. 필요하다면 사방팔방으로 자유롭고 가볍게 움직여야 한다. 이기고 싶으면 유연해야 한다. 무리해서 직진하지 마라. 지금은 엄격할 때가 아니다. 앞으로 나아가기 위해 한 발짝 옆으로 비켜서거나 뒤로 물러서는 게 더 확실한 방법임을 알아라.

'2 펜타클'은 또 재미, 웃음, 즐거운 시간을 의미한다. 확실히 에너지가 고양되어 있는 카드다. 피곤하거나 의기소침할 때 이 카드가 나오면 굉장한 활력이 주어질 거라는 신호일 수 있다. 이미 활력이 넘치고 있다면 '2 펜타클'은 우리가 지나치게 흥분해 있다는 경고일 수 있다.

* 대극 카드: 교황 시스템을 따름, 관습적임 | **5 완드** 서로 다른 목적을 지님, 잘 풀리지 않음 | **4 소드** 휴식, 평온, 활동성이 낮음 | **6 소드** 우울, 생기 없음

* 강화 카드: 절제 균형, 적절한 조합을 찾음 | **4 완드** 재미, 흥분, 파티

3 펜타클
THREE OF PENTACLES

팀워크
계획
유능함

작 용

팀으로 일함

다른 이들과 조직화함	필요한 모든 요소를 찾음
하나의 단위로 기능함	함께 작업을 끝냄
그룹에 기여함	공조함
노력을 합함	

역방향) 초기: 팀의 일원이 될 수 있다. 협력 가능성이 있다. 앞으로 그룹과 함께 할지 모른다. 동료애가 발전할 수 있다. | 후기: 팀이 해체된다. 사람들이 더 이상 하나의 단위로써 역할하지 않는다. 모두 각자의 길을 가기 시작한다. 공조와 협력이 덜 이루어진다.

계획함

자원을 조직함	일정대로 움직임
잘 알고 운영함	세부 사항을 확실히 정함
베짱이가 아닌 개미가 됨	사전에 살펴봄
발생할 문제들을 검토함	대비함

역방향) 초기: 계획을 짤 생각을 하고 있다. 어느 순간 체계화될지 모른다. 준비 단계에 들어설 수 있다. 머지않아 일정이 실행될 수 있다. | 후기: 지금은 덜 계획적이다. 일정이 미뤄진다. 세부 사항을 더 이상 세우지 않는다. 준비 단계가 끝나 간다. 정돈된 계획을 덜 신뢰한다.

유능함

작업을 완료함	목표를 이룸
능력을 증명함	기대 이상의 성과를 냄
무엇을 어떻게 할지 앎	일을 감당할 수 있음

역방향) 초기: 앞으로 누군가가 더 유능해질 수 있다. 시스템이 이제 막 작동하기 시작할 수 있다. 사람들이 할당된 임무를 더 잘하기 시작할지 모른다. 필요한 기술을 알 수 있다. | 후기: 작업이 더 이상 원활하지 않다. 해야 할 일을 등한시한다. 자기 능력에 대한 확신을 잃는다. 시스템을 덜 신뢰하게 된다.

해 설

시리즈 영화 「미션 임파서블Mission Impossible」을 보면 전문가들로 구성된 유능한 팀이 위험한 임무를 맡는다. 그들은 전략을 짜고, 자원을 조직하고, 기술과 정교함을 발휘해 임무를 완수한다. 이것이 '3 펜타클'의 작용인 팀워크, 계획, 유능함이다. '3 펜타클'은 타로 카드에서 그룹에 초점을 맞춘 세 장의 카드 중 하나다(나머지는 '3 컵'과 '교황').

펜타클은 현실적이고 실용적이다. 게다가 이 카드는 과업 지향적인 팀, 즉 공동의 목표를 위해 서로 협력하는 사람들을 보여 준다. 따라서 혼자 할 수 있는 일이 별로 없다. '3 펜타클'은 다른 사람들과 일할 때 더 생산적이라는 신호다. 혼자서 모든 걸 다할 필요가 없다.

이 카드는 또 계획과 사전 준비가 필요하다고 알려 줄 수 있다. 지금은 모호한 아이디어로 시작하거나 추진할 때가 아니다. 모든 가능성을 열어 두고, 충분히 생각하고, 처리할 세부 사항들을 확인해야 한다.

'3 펜타클'은 또 유능함, 즉 업무 완수 능력을 보여 준다. 이 카드는 우리가 필요한 기술과 지식을 갖고 있다고 말한다. 능력 있는 사람들을 끌어 모을 수 있고, 성공에 필요한 환경을 만들 수 있다. 현재 상황이(또는 앞으로 올 상황이) 순조로울 것을 알지만, 일과 관련해 자신의 장점을 끌어모아야 한다.

* **대극 카드: 5 완드** 팀워크 부족, 협력하지 않음 | **7 완드** 반발, 불화 | **8 소드** 일할 기분이 들지 않음, 방향성 부재 | **9 펜타클** 혼자 함, 팀워크에 초점을 두지 않음

* **강화 카드: 교황** 팀이나 그룹으로 일함 | **절제** 힘을 합침 | **3 완드** 계획, 미래를 준비함 | **3 컵** 무리를 이뤄 작업함

4 펜타클
FOUR OF PENTACLES

소유욕
통제
변화 차단

작 용

소유하고 싶어함

가진 것을 지킴	자기 몫을 취함
물질적 재산을 취득함	누군가에게 매달림
탐욕스러움	인색함
소유권을 주장함	저축함

역방향) 초기: 소유욕이 생길 수 있다. 시기심이나 탐욕이 생길지 모른다. 가진 것을 지켜야 할 수 있다. 누군가가 지분을 주장할 수 있다. | 후기: 유지하는 일에 덜 집중한다. 지분권에 대한 관심이 식는다. 더 이상 소유할 이유가 없다. 시기심이 시들해진다. 사람들이 덜 얽매인다.

통제를 계속함

책임자이기를 원함	나약함을 부인함
지시를 내림	따를 것을 요구함
자기 방식을 고집함	체계를 강요함
규제와 규칙을 만듦	질서를 세움

역방향) 초기: 질서에 대한 요구가 더 커질 수 있다. 제약과 규칙이 필요할 수 있다. 관여해서 책임을 맡으라는 요청이 있을지 모른다. 앞으로 더 조직적이 될 수 있다. | 후기: 마련된 구조가 무너지고 있다. 더 이상 규칙을 따르지 않는다. 지금은 통제가 덜하다. 조직의 위계가 사라진다. 상황을 제어하는 능력을 상실한다.

변화를 차단함

현 상황을 유지함	새 접근 방식 찾는 것을 거부함
정체되어 있음	새로운 개발을 방해함
모든 게 그대로 유지되기를 원함	흐름을 거스름

역방향) 초기: 정체 시기가 올 수 있다. 방해받을 수 있다. 저항이 문제가 될지 모른다. 장애물을 만날 수 있다. | 후기: 변화를 가로막는 장해가 사라진다. 반대가 줄어든다. 새 아이디어와 접근 방식에 덜 반대한다. 사람들이 더 이상 현상 유지에 전념하지 않는다.

해 설

두 살 먹은 아기와 있으면 바로 '4 펜타클'이 하는 말을 들을 수 있다. "안 돼!" "내 거야!" 지금 막 발달하기 시작한 에고의 외침이다. '4 펜타클'의 특징은 통제하려는 욕구다.

어떤 통제는 가치가 "있다". 혼란스러운 상황은 통제권을 발동해 체계와 조직을 세워야 한다. 그렇다고 통제권을 남발하면 개인의 창의성과 자기 표현을 억누를 수 있다. 리딩에서 이 카드는 현재 적절한 통제가 이뤄지는지 주의 깊게 살필 것을 요구한다.

'4 펜타클'은 또 소유권 문제를 암시할 수 있다. 돈을 받고 그것을 지키는 일과 관련될 수 있다. 소유욕이나 시기심이 문제를 일으킬 수 있다. 이 카드 에너지는 보존과 방어하는 데 사용하고, 요구하는 것에 사용하지 마라.

'4 펜타클'은 또 변화를 차단하고 있음을 의미한다. 카드에서 보이는 단단하고 자그마한 남자가 우리의 일거수 일투족을 막고 있는 것 같다. 현상 유지를 바라는 사람들로부터 저항을 받을 수 있다. 아니면 우리가 그런 사람일지 모른다. 변화가 꼭 필요한 시점인데 반대하고 있지 않은가? 최선이 아니란 걸 알지만 익숙함을 핑계로 붙들고 있는 경우가 있다.

'4 펜타클'은 우리에게 통제가 불가능하다고 가르친다. 이 세상은 드넓은 바다와 같다. 누가 바다를 다루고 소유할 수 있겠는가? 물에 빠져 죽지 않으려면 물의 흐름을 탈 수밖에 없다. 그 흐름을 따라 헤엄쳐 나가기만 하면 바다가 우리를 지지해 줄 것이다.

* **대극 카드: 바보** 자발적임, 충동적임 | **여제** 관대함, 아낌없이 줌 | **운명의 수레바퀴** 움직임, 빠른 변화 | **거꾸로 매달린 사람** 내버려 둠, 통제하려 하지 않음

* **강화 카드: 황제** 통제, 체계, 질서 | **전차** 통제 | **2 소드** 막다른 골목, 봉쇄 | **10 펜타클** 현상 유지를 선호함, 보존함

5 펜타클
FIVE OF PENTACLES

힘든 시기
건강 악화
거절

작 용

힘든 시기를 경험함

물질적인 어려움에 처함   직업 또는 수입원을 잃음

불안함을 느낌   궁핍한 시기를 겪음

필요한 게 부족함   돈을 벌기 위해 애씀

역방향) 초기: 재정이 어려워지는 징조가 나타날 수 있다. 어려운 시기가 올 수 있다. 결핍의 시기로 진입할지 모른다. 향후 불안감을 느낄 수 있다. | 후기: 악화되는 시기가 지나갔다. 더 이상 힘들게 애쓰지 않아도 된다. 재정적인 문제는 덜 발생한다. 현실적인 문제가 점차 줄어든다.

건강이 악화됨

지치고 피곤한 느낌   건강을 돌보지 않음

몸이 필요로 하는 걸 무시함   기진맥진한 느낌

의학적 치료를 모색함   몸을 혹사함

역방향) 초기: 향후 건강 문제가 발생할 수 있다. 육체적으로 어려움이 생길지 모른다. 몸이 경고 신호를 보낼 수 있다. 허약해지는 느낌을 받기 시작할 수 있다. 스트레스와 긴장이 문제가 될 수 있다. | 후기: 건강과 관련된 위기가 지나 갔다. 치료 문제는 덜 심각하다. 더 이상 지치고 약해지는 느낌이 없다. 스트레스 강도가 줄어든다. 의학적 증상이 사라진다.

거절당함

지원이 부족함

인기 없는 입장에 처함

배제된 느낌

승인을 받지 못함

문전 박대를 당함

내쫓김

홀로 떨어져 있음

역방향) 초기: 반감의 징조가 나타나기 시작할 수 있다. 머지않아 거절이 발생할 수 있다. 누군가가 동행을 사절할 수 있다. 문전 박대를 당할 수 있다. 제안이 묵살될지 모른다. | 후기: 거절이 더는 문제되지 않는다. 소외되는 느낌이 덜하다. 승인을 얻지 못한 시기가 지나갔다. 더 이상 해고당할까 걱정하지 않는다.

해 설

'5 펜타클'에서 보이는 두 사람은 춥고 배고프고 피곤하고 아프고 궁핍하다. 삶에 기본적인 것들이 없으면 어떤지를 보여 준다. 그것은 많은 사람들을 괴롭히는 공포이자 눈앞에 있는 현실이다. 운이 좋으면 극단적인 경험을 피할 수 있지만, 그럼에도 그 고통이 무엇인지 우리는 안다. 원하는 것과 필요한 것을 가질 수 없을 때 우리는 상처받는다.

리딩에서 '5 펜타클'은 여러 종류의 결핍을 암시할 수 있다. 먼저 건강 악화가 있다. 활력과 힘이 없으면 삶의 도전들을 감내하기 어렵다. 이 카드는 몸이 필요로 하는 것을 등한시하고 있다는 신호일 수 있다.

육체적 건강에서 멀어지고 있으므로 문제를 찾아 해결해야 한다.

이 카드는 또 물질적 또는 경제적 결핍의 징후일 수 있다. 돈이나 제대로 된 직업이 없으면 인생이 더 고달파지는 것은 자명하다. 먹고 사는 문제로 고군분투할수록 모든 문제가 더 크게 다가온다. 비록 편안해져도 그동안 노력해서 얻은 것을 불행이 가져갈까 두려워 여전히 우리는 불안해할 수 있다.

'5 펜타클'은 또 거절 또는 인정에 대한 결핍을 암시할 수 있다. 인간은 사회적 동물이라 그룹에서 배제되면 고통스러워한다. 정서적인 안정감 뿐 아니라 서로를 지지해 주기 위해 그룹에 소속되기를 원한다. 게다가 거절에는 신체적 어려움이라는 의미가 있을 수 있다.

'5 펜타클'이 물질적인 결핍과 관련되지만 정신적인 요소 또한 관련이 있다. 카드에서 보이는 스테인드글라스 유리창을 통해 두 인물이 교회 밖에 있음을 추측할 수 있다. 바로 옆에 위안받을 곳이 있지만 그들은 보지 못하고 있다. 교회는 모든 면에서 완전하고 온전한 우리의 영혼을 상징한다. 우리는 인생의 모든 영역에서 풍요를 누릴 수 있음에도 이 타고난 권리를 자주 까먹는다. 고난이 찾아올 때마다 일시적임을 알아라. 당신의 안식처가 되어 줄 영적인 중심을 찾아라.

* **대극 카드: 힘** 강함, 원기 | **절제** 건강한 상태 | **태양** 활력, 강인한 기질 | **6 완드** 찬사, 인정 | **7 펜타클** 물질적 보상

* **강화 카드: 탑** 어려운 시기 | **10 완드** 먹고 살기 위해 애씀, 힘든 시기 | **5 컵** 거부, 지원 부족, 승인 실패 | **3 소드** 거절, 이별, 지지를 받지 못함

6 펜타클
SIX OF PENTACLES

있음/없음: 자원

  지식

  힘

작 용

있음/없음: 자원

줌/받음   돌봄/돌봄을 받음

후원함/후원받음   지원함/지원받음

필요한 걸 얻음/필요한 걸 얻지 못함

선물, 보상을 제공함/선물, 보상을 제공받음

역방향) 초기: 향후 자원에 대해 생각해 볼 수 있다. 누군가를 돌보거나 자신
이 돌봄을 받아야 할 수 있다. 선물이나 보상이 제시될지 모른다. 지원 문제가
구체화될 수 있다. | 후기: 자원에 대한 관심이 떨어진다. 더 이상 누군가를 보
살피거나 그럴 이유가 없다. 선물이나 보상을 받는 시기가 지나갔다. 지원 관
련 문제가 줄어든다.

있음/없음: 지식

가르침/배움   정보를 전함/정보를 받음

멘토가 됨/멘토를 구함   조언을 함/조언을 받음

요령을 알려 줌/요령을 알게 됨   비밀을 앎/비밀을 모름

역방향) 초기: 앞으로 정보에 대해 생각해야 할 수 있다. 남을 가르치거나 자신이 배우기 시작할 수 있다. 조언, 지식, 의견 등을 구할 수 있다. | 후기: 지식에 대한 관심이 낮다. 조언을 받거나 줄 필요가 없어진다. 더 이상 가르치거나 배우고 싶어 하지 않는다. 사람들이 알고 있는 것은 거의 중요하지 않다.

있음/없음: 힘

이끌고 감/따라감	지배함/복종함
권위 있게 행동함/존경을 담아 행동함	원하는 걸 주장함/원하는 걸 부정함
강요함/강요받음	모든 걸 말함/모든 걸 들음

역방향) 초기: 앞으로 힘에 대해 생각할 수 있다. 이끌고 가거나 따라가야 할 수 있다. 지배와 복종 문제가 중요해질 수 있다. | 후기: 힘에 대한 관심이 줄어든다. 자신의 권위를 주장하거나 다른 사람에게 복종할 필요가 없어진다. 리더십 문제는 시들해진다.

해 설

'6 펜타클'은 설명하기 어렵다. '5 펜타클'의 결핍과 '10 펜타클'의 풍요 사이에 애매하게 걸쳐 있기 때문이다. 앞의 두 카드는 소유 유무가 분명하지만, '6 펜타클'은 누가 무엇을 가졌는지가 불분명하다. 경계를 알 수 없는 에두른 중간 영역에 있다.

카드에는 부유한 신사가 거지에게 동전 몇 닢을 던지고 있고, 그 옆에 다른 거지가 애원하듯 기다리고 있다. 주는 자의 손에는 정의의 저울이 들려 있다. 마치 누구는 축복받아 마땅하고, 누구는 그렇지 않다고 결정할 권리가 있음을 주장하듯이. 이 그림은 주기"와" 받기, 지배"와" 복종, 위"와" 아래라는 양면성을 보여 준다. 누가 가지고 누가 가지지 않았는지 분명해 보이지만, 과연 보이는 그대로일까? 인생은 그렇게 단순하지 않고, 인간의 운명은 또 얼마나 빨리 바뀌는가.

리딩에서 '6 펜타클'은 물질적인(자산) 것이든 비물질적인(지식, 힘, 사랑) 것이든 "갖는다는 것"이 실제로 무엇을 의미하는지 문제를 전체적으로 깊이 살펴볼 것을 요구한다. 우리는 우리 자신의 이쪽 아니면 저쪽을 볼 수 있지만, 이 카드는 우리에게 재고해 볼 것을 요구한다. 갑자기 파산을 선언한 성공한 경영자, 병약함을 이용해 횡포를 부리는 환자, 학생에게 오히려 배우는 선생, 돈으로 아이를 통제하는 부모 등을 떠올려 보라. 있는 자인가 없는 자인가, 주고 있는가 받고 있는가, 지배하는가 복종하는가, 위에 있는가 아래에 있는가.

'6 펜타클'의 키워드는 가지거나 가지지 않은 둘 다에 적용된다. 이쪽이든 저쪽이든 분명한 징조다. 선물을 받거나, 조언을 하거나, 다른 사람에게 경의를 표하게 "될 것이다". 하지만 모든 경우에 질문을 분명히 하고 더 깊이 들어가야 한다. 나는 왜 이 상황에 처했고 어디로 이끄는가? 누가 진짜 책임자인가? 실제로 일어난 일은 무엇인가?

* **대극 카드와 강화 카드:** 앞에서처럼 일반적인 방식으로 작용하지 않는다. 왜냐하면 이슈의 양가성에 대해 어느 한쪽(또는 양쪽)을 의미하기 때문이다. 어느 쪽인지 정확히 판단하려면 리딩에 나온 다른 카드들을 참조해야 한다. 아래는 '6 펜타클'이 다루는 이슈들을 다루는 카드들이다.

여제 풍요, 물질적 안락함

세계 부유함, 물질적 성과

10 완드 먹고 살기 위해 애씀, 힘든 시기

5 펜타클 결핍, 가진 게 없음

7 펜타클 물질적 보상, 소유함

10 펜타클 부유함, 소유함

7 펜타클
SEVEN OF PENTACLES

평가
보상
방향 전환

작 용

평가함

상태를 검토함

일어난 일을 되새김

추이를 확인함

점검함

현재까지 진행된 것을 재고함

결과를 확인하러 잠시 중단함

자신의 위치를 앎

역방향) 초기: 평가가 필요할 수 있다. 향후 추이를 점검해야 할지 모른다. 어디로 가는지 재평가하기를 원할 수 있다. 휴식이 필요할 수 있다. | 후기: 평가가 끝나 간다. 검토는 과거의 일이다. 생각하고 계획할 필요성이 줄어든다. 더 이상 상황을 재고하지 않아도 된다.

보상받음

마침내 일부 결과가 나타남

투자 수익을 얻음

조금 마음을 놓을 수 있음

첫 결실을 즐김

보수를 받음

이정표에 도달함

역방향) 초기: 향후 보상을 받을 수 있다. 투자 수익의 일부를 받을지 모른다. 이정표에 가까워질 수 있다. 존중의 의미를 담은 표시가 수여될 수 있다. | 후기: 대가를 받는 시기가 지나갔다. 보상이 더 이상 유효하지 않다. 이정표는 지나갔다. 오고 있는 것이 무엇이든 이미 받았다.

방향 전환을 고려함

대안을 심사숙고함	변화에 대해 생각함
새로운 전략에 열려 있음	자신의 선택에 의문이 생김
교차로에 서 있음	

역방향) 초기: 머지않아 방향 전환이 필요할 수 있다. 변화에 더 수용적일 수 있다. 어느 순간 교차로에 서 있을 수 있다. 누군가가 경로를 바꿀지 모른다. | 후기: 변화의 시기가 끝나 간다. 기회의 창이 닫힌다. 더 이상 대안에 중점을 두지 않는다. 진로 수정은 과거의 일이다.

해 설

'7 펜타클'에는 자신의 정원에서 오랜 시간 열심히 일한 한 남자가 보인다. 잎들이 무성한 것으로 보아 꽃들이 피었었고, 그동안 일한 보람이 있었던 것 같다. 지금 그는 손수 일군 결실에 감탄하며 휴식 중이다. 그런 결과를 보고 있으니 얼마나 만족스럽겠는가!

'7 펜타클'은 중간 휴식 카드다. 바쁘게 활동하던 것을 잠시 멈춰 한숨 돌리고 주변을 돌아보는 때를 보여 준다. 그림에서 남자는 노력의 결실을 반추하고자 잠시 멈춰 있다. 리딩에서 '7 펜타클'은 앞으로 올 보상, 특히 자기 노력으로 이룬 성과를 의미할 수 있다. 그것을 받아 즐겨라

이 카드는 또 평가해 볼 것을 요구할지 모른다. 목표를 향해 잘 가고

있는지 시간을 내어 그간 어떻게 행동했고, 왜 그랬는지 생각해 보라. 아직 진행 중인가? 원하는 결과를 얻었는가? 되새기지 않으면 중요한 문제가 발생할 수 있다.

'7 펜타클'은 또 교차로를 의미할 수 있다. 우리는 살면서 익숙한 루틴대로 계속하려는 경향이 있다. 새로운 경로로 들어서는 일이 쉽지는 않다. '7 펜타클'은 경로를 변경하거나 180도 전환할 필요가 없는지 알아보라고 말하는 것일 수 있다. 확실한 길에서 백프로 전념하는 것은 아니지만 곧 그렇게 될 것이다. 아직은 바뀔 가능성이 있다.

'7 펜타클'은 종료나 최후의 결정을 의미하는 카드가 아니다. 게임은 아직 끝나지 않았고 잠시 중단했을 뿐이다. 일단 쉬면서 전략을 점검하고, 더 열심히 일할 준비를 갖춰 다시 뛰어들어라.

* **대극 카드**: **운명의 수레바퀴** 움직임, 행동, 방향을 바꿈 | **8 완드** 재빠른 행동 | **5 펜타클** 부족한 보상, 고난

* **강화 카드**: **여제** 물질적 보상 | **정의** 현 위치를 평가함, 미래의 진로를 정함 | **심판** 결정할 시점 | **4 소드** 휴식, 숙고함

8 펜타클

EIGHT OF PENTACLES

근면
지식
세부 사항

작 용

근면함을 보여 줌

노력함

정진함

업무에 헌신함

지속적으로 성과를 냄

열심히 일함

프로젝트에 완전히 열중함

꾸준히 함

역방향) 초기: 앞으로 더 열심히 일해야 할 수 있다. 까다로운 프로젝트를 하게 될 수 있다. 새로운 과업에 관여할 수 있다. 사람들이 박차를 가할 준비를 시작할지 모른다. | 후기: 노력은 과거의 일이다. 더 이상 땀 흘리며 일할 필요가 없다. 프로젝트가 끝나 간다. 초과 근무가 줄어든다. 속도를 다소 늦출 수 있다.

지식을 늘림

강의를 들음

훈련을 받음

연구함

선분성을 높임

새로운 기능이나 기술을 배움

더 많은 앎을 추구함

사실을 알아냄

역방향) 초기: 교육 과정이 시작될 수 있다. 지식을 넓힐 필요성이 있을 수 있다. 학교가 하나의 선택지가 될 수 있다. 연구 분야가 열릴지 모른다. | 후기: 연구하고 배우는 시기가 끝나 간다. 한 과정이 마무리된다. 식견이 얕아진다. 탐구가 거의 마무리된다. 알아야 할 것을 알게 되었다.

세부 사항에 주의함

공들이며 더욱 조심함   꼼꼼하게 업무에 착수함

핵심으로 파고듦   모든 미진한 부분을 처리함

점검하고 또 점검함   미세한 점에 주목함

역방향) 초기: 세부 사항이 중요해질 수 있다. 사람들이 더 꼼꼼해질지 모른다. 모니터할 필요성이 분명해질 수 있다. 앞으로 주의가 필요할 수 있다. | 후기: 더 이상 각별하게 조심하지 않아도 된다. 이중으로 확인할 필요가 없어진다. 지금은 공을 덜 들인다. 세부 작업이 끝나 간다.

해 설

'8 펜타클'에는 망치로 동전을 두들기는 젊은이가 보인다. 여섯 개는 작업이 끝났고 하나가 남아 있다. 그는 확실히 이 프로젝트에 공을 들이고 있다. 이 작업에 집중하려고 사람들과 떨어져 있다(뒤에 마을이 보인다). 여기서 '8 펜타클'의 핵심이라 할 노력과 세부 사항에 대한 주의력을 엿볼 수 있다.

이 카드는 때로 매우 근면하고 집중하는 시기임을 암시한다. 프로젝트, 가족의 어려움, 내키지 않는 임무 등 현재 닥친 일에 "최선을 다하라고" 조언한다. 우리에게 축복이 뚝 떨어질 때도 있지만, 그것을 얻기 위해 많은 노력을 기울여야 할 때도 있다. '8 펜타클'은 100% 전념할 것을 요구한다. 본격적으로 달려들어라. 다행스러운 것은 이러한 종류

의 작업이 활력을 주고 멋진 결과로까지 이어진다.

'8 펜타클'은 또 지식의 영역을 넓히는(과거에 비해) 배움에 대한 욕구를 암시할 수 있다. 새로운 기술을 발전시켜야 할 때가 있다. 그래서 연구하고, 찾아내고, 더 나은 전문 기술을 추구한다. '은둔자'가 내적 지식을 추구한다면, '8 펜타클'의 남자는 외적 지식을 추구한다. 즉 물질세계의 이치와 근거를 모색한다.

이 카드는 또 꼼꼼한 주의가 필요하다고 말하는 것일 수 있다. 혹자는 근면한 사람을 트집 잡는 사람으로 치부한다. 하지만 그 가외의 노력이 모든 걸 제대로 돌아가게 만든다. 시간을 들여 세심하게 확인을 하느냐 안 하느냐는 관심의 문제다. 지금은 엉성하게 대충하는 시기가 아니다. 실수를 찾아내고 미진한 부분을 조여라. 성공의 열쇠는 남다른 노력에 있다. 어떤 직무를 수행하든 '8 펜타클'은 모든 면에서 최선을 다하라고 말한다.

* 대극 카드: 4 컵 관심 부족, 상관하지 않음, 무신경함 | **7 컵** 나태함, 추진력 부족

* 강화 카드: 마법사 집중과 전념 | **교황** 배움, 연구 | **9 완드** 꾸준함, 지속성

9 펜타클
NINE OF PENTACLES

단련
자립
세련됨

작 용

단련됨

자기 통제를 연습함   자제력을 보여 줌

충동을 억제함   목표 성취를 위해 희생함

프로그램에 충실함   단계적으로 접근함

역방향) 초기: 앞으로 더 많이 단련해야 할 수 있다. 자기 통제가 중요해질지 모른다. 누군가가 제지를 받아야 할 수 있다. 엄격한 관리가 필요할 수 있다. | 후기: 기강이 무너진다. 통제 조치가 더 이상 가동되지 않는다. 프로그램을 폐기한다. 지금은 사람들이 덜 엄격하다. 더 이상 요법을 따르지 않는다.

자신에게 기댐

혼자 상황을 처리함   스스로 행동함

자신의 자원에 의지함   혼자서 모든 걸 함

홀로 있고 싶어 함   자기 방식이 최선이라 확신함

역방향) 초기: 더 독립적이 될 생각을 하고 있다. 머지않아 스스로 해야 할 수 있다. 누군가가 자립심이 더 생길지 모른다. 어느 순간 무리에서 탈퇴해야 할 수 있다. | 후기: 모든 걸 혼자하는 게 더 이상은 무리다. 독립 시기가 종료된다. 지금은 홀로서기에 대한 만족도가 덜하다. 더 이상 자립에 대한 욕구가 크지 않다.

세련된 걸 추구함

쾌적한 생활 양식을 즐김   저속하고 불쾌한 것을 피함

재치 있고 외교적임   고상한 활동을 추구함

삶의 더 좋은 것들을 누림   우아함을 잃지 않음

역방향) 초기: 사람들이 더 예의 바를 수 있다. 앞으로 세련된 활동을 추구할 수 있다. 주변 상황이 더 쾌적해질 수 있다. 우아하게 살 기회가 생길지 모른다. | 후기: 사람들이 더 이상 정중하지 않다. 점잖은 분위기가 막을 내린다. 이제 고상한 활동에 대한 흥미가 덜하다. 싸움이 일어날 수 있다.

해 설

'9 펜타클'에는 한 여성이 자신의 정원에서 한가롭게 산책하고 있다. 그녀는 확실히 세련되고 우아해 보인다. 따라서 그녀 손에 앉아 있는 사냥새—명령에 따라 사냥하고 죽이는 훈련을 받은—는 어울리지 않는다. 교양 있는 여성에게 매사냥은 특이한 취미이지만, 이 카드의 특수성을 보여 주는 열쇠다.

우선 '9 펜타클'은 우아하고 고상하고 세련된 모든 것을 의미한다. 예술, 음악, 그 외 다른 형태의 아름다움은 물질세계(펜타클)에서 많은 부분을 차지한다. 카드 그림에서 보이는 동전들은 땅 쪽을 향하고 있다, 삶의 용무들이 중요하지만 현실 문제에만 집중할 필요는 없다. 우리는

더 좋은 것들을 즐길 수 있다. 리딩에서 '9 펜타클'은 그런 쪽에 관한 관심을 암시할 수 있다. 조잡하고 불쾌한 것을 거부하고 고급스러운 것을 추구할 필요가 있다는 신호다.

'9 펜타클'은 또 훈련과 자기 통제를 암시할 수 있다. 이 여성은 저속한 본능을 다루는 데 통달해 있기 때문에 교양 있는 생활을 즐긴다. 그녀는 자신의 충동에 지배당하지 않는다. 매는 인간 본성의 어둡고 다루기 힘든 모든 걸 상징한다. 우리의 그림자 측면이 소용 있을 수 있지만 오직 규제할 때만이다. '9 펜타클'은 우리가 최선의 노력에 이르기 위해서는 자제력과 자기 통제가 있어야 한다고 조언한다. 지금 당장 "희생"해야 하지만 그에 버금가는 결과를 얻을 것이다.

이 카드는 또 자립심에 관한 징후다. 때로 자신의 능력을 믿고, 다른 사람이 자신을 대신하게 하려는 유혹을 뿌리쳐야 한다. 스스로 문제를 해결하라. 이 카드의 우아한 여성이 바로 그렇게 했다. 그녀는 투지와 결단력을 보여 주었고, 지금 최고의 삶을 만끽하고 있다.

* **대극 카드: 여제** 세속적인 감각 | **7 컵** 자제심이 부족함, 제멋대로임 | **3 펜타클** 팀으로 일함, 다른 사람과 함께 함

* **강화 카드: 전차** 자기 통제, 규율 | **7 소드** 자신에게 의지함, 자발적으로 행동함

10 펜타클
TEN OF PENTACLES

풍족
영속성
관습

작 용

풍족함을 즐김

물질적으로 풍요로움   돈 문제에 구애받지 않음

사업적 성공을 누림   재정적으로 안정됨

사업이 번창하는 걸 봄   행운이 따름

역방향) 초기: 앞으로 운이 더 좋아질지 모른다. 재정 상태가 나아질 수 있다. 사업이 잘될 수 있다. 어떤 가능성이 발전할 수 있다. | 후기: 행운이 끝나 간다. 풍요의 시기가 지나갔다. 더 이상 재정적으로 안정감을 느끼지 않는다. 사업이 악화되고 있다.

영속성을 추구함

지속 가능한 해결책을 찾음   영구적 토대를 만듦

현 상태로 안전하다고 느낌   오래 기간 관심을 가짐

질서 잡힌 가정생활을 영위함   임시 방편에서 벗어남

계획을 확정 지음

역방향) 초기: 장기적인 해결책을 찾아야 할 수 있다. 보다 영구적인 토대가 실질적으로 마련될지 모른다. 정착하게 될 수 있다. 안정적인 관계가 더 매력적으로 보일 수 있다. | 후기: 확정된 협정이 깨지고 있다. 더 이상 상황을 지속시키는 일에 관심이 없다. 안정된 분위기가 막을 내린다. 오랫동안 지속된 관계가 끝이 난다.

관습을 따름

정해진 가이드라인을 지킴

전통을 계승함

보수적임

알려진 패턴으로 이어짐

규칙에 따라 진행함

기득권층이 됨

검증된 것을 신뢰함

역방향) 초기: 더 보수적이 될 수 있다. 규칙을 따라야 할 수 있다. 누군가가 관습대로 하려고 결심할지 모른다. 전통이 존중받을 수 있다. | 후기: 더 이상 전통을 따르지 않는다. 틀에 박힌 분위기에서 벗어난다. 알려진 패턴이 효율을 떨어뜨린다. 사람들이 옛날 풍습에 대해 점점 환멸을 느낀다.

해 설

지금까지 카드에 등장하는 건물들은 멀리 떨어져 있었다. '10 펜타클'에 이르러 드디어 우리는 마을에 도착했고 장터 한복판에 있다. 카드에서 보이는 가족들은 일상적인 일들을 하고 있다. 화려한 예복을 입은 가부장은 젊은 사람들을 지켜보며 자신의 사냥개들을 쓰다듬고 있다. 젊은 남녀는 대화를 나누고 그들 옆에는 아이들이 놀고 있다. 동전(돈)들은 공중에 떠 있다.

'10 펜타클'은 세속적이고 물질적인 궁극의 성공을 상징한다. 필자는 가끔 "살찐 고양이 카드"라고 농담 삼아 부르곤 하는데, 부유한 사업가의 아우라가 연상되기 때문이다. 현재 하고 있는 사업이 어떻게 될지 알고 싶을 때 아마도 이 카드가 나오기를 바랄 것이다. 부와 풍요는 당신 것이다.

우리는 물질적인 성공을 거두면 그것이 영원하기를 바란다. 이것은 '10 펜타클'이 가진 보수적이고 기득권적인 측면이다. 지금 이대로 좋은 삶을 흔들 이유가 있을까? 리딩에서 이 카드는 종종 정해진 가이드라인을 따르고 현 상황을 유지하는 관습을 상징한다. 배부른 자본가가 급진적 성향을 지니고 있을 가능성은 희박하다. 그들은 전통과 검증된 것들을 선호한다. 알려진 방식을 신뢰하는 것이 중요할 때가 있다. 변화가 바람직하지 않을 때 그렇다.

'10 펜타클'은 또 영속성과 관련된다. 살면서 변화는 피해갈 수 없지만 계속 그럴 경우 불편해진다. 우리는 삶의 안전한 토대를 위해 일할 수 있는 기회와 지속성이 필요하다. 리딩에서 이 카드는 오랫동안 전념하라고 말할 수 있다. 장기적인 해결책이 되도록 노력하라. 지금은 정착해 먼 미래를 준비하는 시기일 수 있다.

* **대극 카드: 2 완드** 독창적임, 관습을 거부함 | **3 완드** 탐험, 검증되지 않은 영역에 들어섬 | **5 펜타클** 힘든 시기, 물질적 결핍

* **강화 카드: 여제** 풍족, 화려함, 육체적 편안함 | **교황** 순응, 규칙을 따름, 보수적 | **연인** 영원한 연대, 가족 관계 | **세계** 풍요, 물질적 만족 | **4 펜타클** 현상 유지를 즐김, 보존

페이지 펜타클
PAGE OF PENTACLES

영향을 미침
실용적임
번영함
신뢰함

작 용

영향을 미침

계획을 현실로 만듦	물질세계를 형성함
자기 몸을 이용함	자연을 경험함
가시적인 결과에 이름	꿈을 행동에 옮김
사건을 촉발시킴	

역방향) 초기: 결과를 얻을 가능성이 있다. 계획을 세울 수 있는 기회에 닿을 수 있다. 행동할 시기가 올지 모른다. 누군가가 영향을 미칠 수 있다. | 후기: 꿈을 현실화시킬 기회가 지나갔다. 계획을 수행할 시기가 종료된다. 누군가가 이미 사건을 일으켰다. 지금은 결과를 위해 일하는 게 어렵다.

실용적임

현실적으로 접근함	수중에 있는 도구를 활용함
효과적인 해결책을 찾음	상식을 이용함
헛된 꿈을 버림	가지고 있는 것으로 일함
효율성에 집중함	

역방향) 초기: 무언가를 가능하게 하라는 요구가 있을 수 있다. 누군가는 더 실용적이어야 할 수 있다. 현실적인 시기가 올 수 있다. 상식을 이용할 기회가 생길지 모른다. | 후기: 실현 가능한 해결책을 찾을 기회가 지나갔다. 사람들이 현실적인 접근 방식을 무시한다. 실질적인 기회가 사라진다. 효율적으로 행동할 시기가 지나갔다.

번영함

필요한 걸 끌어당김	수입이 늘어남
성장하고 확장함	부유해짐
성공을 향해 감	풍요를 추구함
안전해짐	

역방향) 초기: 필요한 걸 얻을 기회가 생길 수 있다. 번영을 누릴 기회가 올지 모른다. 성장과 확장의 시기를 맞이할 수 있다. 누군가가 더 안전해지려는 기회를 엿볼 수 있다. | 후기: 풍족해질 기회가 지나갔다. 확장의 시기가 종료된다. 누군가가 이미 보상을 받았다. 지금은 안전이 보장될 기회가 적다.

신뢰함

잘 해결되고 있다고 믿음	사람들을 신뢰함
불확실성을 받아들임	다른 사람 말을 수용함
자신이 뱉은 말을 지킴	믿을 수 있다는 걸 증명함
약속을 지킴	신용을 쌓음

역방향) 초기: 의지할 수 있는 기회가 있을 수 있다. 누군가가 믿음직한 사람으로 보일지 모른다. 자신이 한 말을 지킬 기회가 생길 수 있다. 약속을 이행하는 순간이 올 수 있다. | 후기: 믿을 수 있다는 걸 보여 줄 기회가 지나갔다. 신뢰의 시기가 끝나 간다. 누군가는 이미 자신에 대한 신뢰도를 증명했다. 지금은

믿음을 보여 줄 기회가 적다.

해 설

'페이지 펜타클'은 번영을 이룰 수 있는 기회를 가져다주는 전령이다. 그는 펜타클 슈트의 경이로움인 부, 풍요, 안전, 확실한 성과 등을 경험할 좋은 기회를 제공한다. 리딩에서 이 페이지는 풍요, 편안함, 신뢰, 꿈 등이 실현되는 기회의 문이 열릴 수 있음을 암시한다. 그런 기회가 보이면 바로 행동하라!

'페이지 펜타클'은 또 안정감, 신뢰, 약속, 안전, 물질적 욕구 등과 관련해 당신과 상호 작용하는 어린아이 또는 젊은 마음을 가진 사람을 가리킬 수 있다. 때로 '페이지 펜타클'은 전체적인 상황이 물질적인 기쁨으로 가득하다고 암시한다. 그럴 때는 가벼운 마음으로 우리의 몸, 기술, 소유물 들을 즐겨라. 지금 지상에서 살아가는 기쁨을 맘껏 누려라.

* **코트 카드 짝:** '페이지 펜타클'은 다른 코트 카드와 짝을 이룰 수 있다. 두 코트 카드의 위계와 슈트를 비교해 그 짝의 의미를 확인한다.

나이트 펜타클
KNIGHT OF PENTACLES

흔들리지 않음/고집이 셈
신중함/모험심이 없음
철저함/강박적임
현실적임/염세적임
열심히 일함/지치도록 일함

작 용

흔들리지 않음/고집이 셈

목표 추구에 끈질김/완고하고 고집이 셈
포기하지 않음/입장을 꼬치꼬치 캐물음
반대에 확고하게 맞섬/자기 뜻대로 함
선택한 경로로 정함/귀를 기울이지 않음
개인 신념에 충실함/절충안을 거부함

역방향) 초기: 더 끈기가 있을 수 있지만 더 완고해질 수도 있다. 열심히 일하
는 걸 좋아하고 노는 것은 마다하는 누군가가 등장할 수 있다. 끈질기지만 양
보 없는 분위기가 조성될 수 있다. | 후기: 집요함이 줄어들지만 확고함도 덜하
게 된다. 자기 방침을 고수하지만 도리에 맞지 않은 누군가가 상황을 나가고 있
다. 결단력이 있지만 타협할 줄 모르는 분위기가 끝나 간다.

신중함/모험심이 없음

확인하고 또 확인함/매우 보수적임

모든 경우의 수를 사전에 점검함/기다리다 기회를 놓침

천천히 면밀하게 진행함/새롭게 시도하는 걸 꺼림

안전하고 잘 아는 방식을 선호함/안전과 작은 이익에 안주함

신중하고 조심스러움/리스크 감수를 두려워함

역방향) 초기: 더 조심할 수 있지만 모험심이 더 없어질 수 있다. 신경을 많이 쓰지만 너무 병적으로 그러는 누군가가 등장할 수 있다. 신중하지만 지나치게 보수적인 분위기가 형성될 수 있다. | 후기: 리스크 감수를 꺼리는 경향이 감소하나 조심성도 떨어진다. 모든 걸 점검하는 정도가 과한 누군가가 떠난다. 안전하지만 새로운 게 없는 분위기가 종료된다.

철저함/강박적임

모든 세부 사항을 신경 씀/그만둬야 할 때를 모름

꼼꼼함/지나치게 까다로움

모든 느슨한 마무리를 조임/모든 게 잘 정돈되어 있어야 함

작업하다 중간에 그만두는 법이 없음/유연하지 못하고 강박적임

공을 들임/완벽주의를 고집함

시작한 일은 모두 끝냄/그대로 내버려 두지 못함

역방향) 초기: 더 철저해질 수 있지만 지나치게 집착할 수도 있다. 세부적으로 주의 깊게 살피지만 강박적인 누군가가 등장할 수 있다. 공을 들이지만 융통성 없는 분위기가 형성될 수 있다. | 후기: 까다로움이 덜하지만 꼼꼼함도 덜하다. 언제 끝내야 할지 모르는 완벽주의자가 퇴장하고 있다. 꼼꼼하지만 다 태워 버리듯이 쏟아 내는 분위기는 막을 내린다.

현실적임/염세적임

사실을 기꺼이 살펴려 함/잘못된 부분에 집중함

진실을 직시함/다른 사람들을 몽상가로 여김

헛된 희망에 현혹되지 않음/절반이 차 있는 잔을 절반이 빈 잔으로 봄

상황을 솔직하게 평가함/비관적인 관점을 지님

문제를 미리 예측함/처음부터 프로젝트의 운명을 결론 냄

역방향) 초기: 더 현실적이 될 수 있지만 더 비관적이 될 수도 있다. 냉엄한 현실을 직시하지만 그 이력을 모르는 누군가가 등장할 수 있다. 사실에 근거하지만 우울한 분위기가 조성될 수 있다. | 후기: 헛된 기대를 덜 갖지만 희망도 덜 품는다. 문제를 아는 누군가는 문제가 사라져도 여전히 끌어안고 있다. 현실적이지만 비관적인 분위기가 끝이 난다.

열심히 일함/지치도록 일함

업무에 헌신적임/너무 일만 함

부지런하고 근면함/재미없고 엄격할 수 있음

두 사람 몫을 해냄/노는 시간이 쓸데없다고 여김

작은 일도 열정적으로 처리함/모든 사람을 지나치게 몰아붙임

지칠 줄 모르고 늘어지지 않음/삶이 즐거워야 한다는 걸 간과함

역방향) 초기: 더 헌신적일 수 있지만 너무 몰아붙일 수 있다. 열심히 일하는 걸 좋아하지만 쉬지 않는 누군가가 등장할 수 있다. 생산성은 있지만 재미없는 분위기가 전개될 수 있다. | 후기: 엄격함이 덜해지지만 근면성도 덜해진다. 부지런하지만 정도가 지나친 누군가가 퇴장한다. 재미 없이 노력만 하는 분위기가 종료된다.

해 설

'나이트 펜타클'의 긍정적인 부분은 불도그 같다는 것이다. 한번 물면 놓지 않는다. 자신의 목표를 끈질기게 좇는다. 열심히 일하는 그는 엄청난 정력과 의지를 지녔다. 모든 일에 대해 늘 마지막 세부 사항까지 마무리 짓는다. 조심하고 진중하며 절대 허투루 하지 않는다. 그는 사실을 알고 있기에 거짓 약속에 당하지 않는다.

부정적인 면은 조금 답답하고 둔하다는 데 있다. 그는 장난기 있는 유머 감각이 없기로 유명하다. 늘 일이 먼저다. 융통성이 없고 세세한 부분에 집착하는 경향이 있다. 잘못을 용납되지 않는 그이기에 비록 잘못되었다 해도 굽히려 하지 않는다. 절대 인정하지 않을 것이다. 변화나 위험 감수를 좋아하지 않고 늘 비관적으로 본다.

리딩에서 '나이트 펜타클'은 그의 신중한 스타일이 당신, 다른 사람, 전체 분위기와 관련되어 있음을 암시한다. 이렇게 자문해 보라. "이 나이트의 에너지가 득일까, 독일까?"

그의 스타일이 분명하게 나타나면 균형을 잡아야 할 것이다. 너무 열심히 일하는가? 이성을 따르는 것을 거부하는가? 완벽주의자가 되고 싶은가? 분위기가 우울하고 비관적인가? 변화가 필요한 때일 수 있다.

만약 이 나이트의 에너지가 부족하면 신중해질 필요가 있다. 너무 돈을 많이 쓰는가? 속도를 늦춰야 할 때일 수 있다. 너무 빨리 포기하는가? 포기하지 말고 더욱 파고들어라. 부주의하고, 느리고, 불완전하게 일하는가? 다음 번에는 옷이 땀으로 흠뻑 젖을 정도로 일하라. '나이트 펜타클'이 그의 조심성과 끈기의 세계로 우리를 안내하게 하라.

* **코트 카드 짝:** '나이트 펜타클'은 다른 코트 카드와 짝을 이룰 수 있다. 두 코트 카드의 위계와 슈트를 비교해 그 짝의 의미를 확인한다.

퀸 펜타클
QUEEN OF PENTACLES

양육함
마음이 넓음
현실적임
수완이 좋음
믿을 수 있음

작 용

양육함

사랑하고 지지해 줌　　　　　따뜻하고 안전한 환경을 만듦
사람들을 기분 좋게 만듦　　　자연 세계에 반응함
식물 재배를 잘함　　　　　　아이들과 동물들을 잘 다룸

역방향) 초기: 양육하는 환경을 만들기 시작할 수 있다. 돌보는 사람이 중요한 역할을 할 수 있다. 사랑과 지지하는 분위기로 전개될 수 있다. | 후기: 자연 세계에 덜 관여한다. 아이들과 함께하던 누군가가 떠난다. 돌보는 분위기가 종료된다.

마음이 넓음

타인을 위해 어떤 봉사든 함　　부드럽게 다가감
항상 열린 마음과 미소로 대함　아낌없이 많이 베풂
따뜻하고 관대하고 이타적임

역방향) 초기: 관대함을 더 많이 느끼기 시작한다. 봉사 지향적인 누군가가 등장할 수 있다. 이타적인 분위기로 발전할 수 있다. | 후기: 지금은 부드럽게 다가가려는 마음이 덜하다. 관대한 기부자에 대한 유용성이 떨어진다. 환영하는 분위기가 끝나 간다.

현실적임

문제를 사실대로 처리함   타인을 있는 그대로 받아들임
가식이나 허세가 없음   단순하고 합리적으로 접근함
모든 감각을 인정함

역방향) 초기: 합리적으로 접근하기 시작한다. 객관적인 사람이 중요할 수 있다. 감각을 인정하는 분위기가 형성될 수 있다. | 후기: 예전에 비해 덜 현실적이다. 속일 줄 모르는 누군가를 간과했다. 분별력 있는 분위기가 끝이 난다.

수완이 좋음

가까이 있는 걸 활용할 줄 앎   손재주가 있고 다재다능함
조금만 움직여도 많은 걸 함   모든 장애물을 잘 피함
필요한 걸 내놓음

역방향) 초기: 수완이 더 좋아지기 시작한다. 어려움을 해결할 누군가를 부를 수 있다. 실용적인 분위기로 발전할 수 있다. | 후기: 필요한 걸 내놓을 능력이 떨어진다. 문제를 해결하는 이가 더 이상 유용하지 않다. 만족하는 분위기가 종료된다.

믿을 수 있음

신용이 있고 비밀을 지킴	충실하고 확고함
곤경에서 벗어남	사람들과 함께 신념을 지킴
약속을 지킴	

역방향) 초기: 더 신뢰하기 시작한다. 충성스러운 누군가에게 의지할 수 있다. 신념을 지키는 분위기가 만들어질 수 있다. | 후기: 변하지 않을 거라는 가능성이 희박하다. 비밀을 지키는 누군가가 더 이상 상황 안에 없다. 정직한 분위기가 끝나 간다.

해 설

'퀸 펜타클'의 개성은 펜타클 슈트가 지닌 긍정적인 흙 에너지와 퀸의 내면을 향한 집중이 결합한다. '퀸 펜타클'을 만나면 제일 먼저 우리에게 이렇게 말할지 모른다. "어서 오세요, 어서 와. 만나서 반가워요. 자, 여기 따뜻한 스프 한 그릇 드세요!" 그녀보다 더 환대해 주고 보살펴 주는 사람은 없다. 다른 사람을 돌보는, 즉 그들이 행복하고 안전한지 살피는 것이 그녀에게는 가장 큰 기쁨이다. 그녀 집에는 항상 아이들, 반려동물들, 식물들, 스스럼없이 지내는 친구들로 북적인다. 그녀는 모두에게 따뜻하고 관대하다.

그녀는 일상적인 일들을 지혜롭고 현실적으로 해낸다. 정교한 계획과 다른 열광적인 것에 시간을 많이 쓰지 않는다. 해야 할 일이 있으면 소란을 떨거나 귀찮아하지 않고 그저 해낸다. 필요하다면 적은 돈으로 살아가고, 궁지에 몰렸을 때도 잘 극복한다. 그녀는 현실적이고 문제를 직시할 줄 안다. 항상 성의를 다하며 흔들리지 않는다. 그녀는 천성적으로 잘 믿기 때문에 다른 사람들도 그녀를 완전히 신뢰한다. 우리가 다쳤거나 도움이 필요하면 '퀸 펜타클'은 두려움에 떠는 우리를 토닥이고 어려움을 나누려 할 것이다.

리딩에서 '퀸 펜타클'은 우리에게 그녀처럼 "생각하고 느낄" 것을 요구한다. 다른 사람을 따뜻하게 돌보고 배려하는가? 분별력이 있는가? 약속을 잘 지키는가? 관대한가? 어려울 때 힘이 되어 줄 수 있는가?

이 퀸은 또 그녀와 같은 인물 또는 따뜻하고 믿을 만한 안전한 분위기를 암시할 수 있다. 리딩에서 그녀는 자신의 특별한 에너지가 지금 우리에게 유의미하다고 말한다. 이 퀸이 우리 삶에 어떤 모습으로 나타나든 그녀에게서 영감을 얻으라.

* **코트 카드 짝:** '퀸 펜타클'은 다른 코트 카드와 짝을 이룰 수 있다. 두 코트 카드의 위계와 슈트를 비교해 그 짝의 의미를 확인한다.

킹 펜타클
KING OF PENTACLES

진취적임
숙련됨
믿음직스러움
지지함
안정적임

KING of PENTACLES.

P

작 용

진취적임

모험을 건 어떤 사업도 성공시킴	어디서든 기회를 찾음
부를 끌어당김	아이디어를 내고 그걸 실현함
타고난 관리자이자 사업가임	미다스의 손을 가짐

역방향) 초기: 더 진취적이기 시작한다. 유능한 관리자가 관련될 수 있다. 재정적으로 성공하는 분위기로 발전할 수 있다. | 후기: 벤처 사업을 유지하기 어려워진다. 사업가가 발을 뺀다. 직업적으로 성공하는 분위기가 끝이 난다.

숙련됨

현실 문제에 정통함	능력의 범위가 넓음
빠르게 대처함	손재주가 매우 좋음
어떤 상황도 능숙하게 처리함	

역방향) 초기: 솜씨가 더 좋아지고 능숙해진다. 유능한 행동가가 팀에 합류할 수 있다. 능력을 존중하는 분위기가 전개될 수 있다. | 후기: 순발력이 이전만

못하다. 노하우를 가진 누군가가 끼어들 수 있다. 노련한 분위기가 종료된다.

믿음직스러움

모든 책임과 약속을 충족시킴	책임을 짊
듬직하고 한결같음	위기 때 의지할 수 있음
기댈 수 있는 바위 역할을 함	

역방향) 초기: 약속을 지키기 시작한다. 믿을 만한 누군가가 중요한 역할을 할 수 있다. 책임을 다하는 분위기가 조성될 수 있다. | 후기: 예전에 비해 신뢰도가 떨어진다. 기댈 수 있는 사람이 가 버렸다. 약속을 지키는 분위기가 끝나 간다.

지지함

타인의 성과를 격려함	기꺼이 도움을 주려 함
박애주의자임	시간과 관심을 아낌없이 할애함
가치 있는 프로젝트를 후원함	

역방향) 초기: 더 관대하게 베풀기 시작할 수 있다. 지지해 주는 이가 등장할 수 있다. 격려하는 분위기가 형성될 수 있다. | 후기: 후원하려는 의지가 덜하다. 믿을 만한 협력자가 떠나기로 결심했다. 기꺼이 돕는 분위기가 종료된다.

안정적임

확고한 결심으로 목표를 향함	기분과 행동이 흔들리는 걸 방지함
규칙적으로 생활하고 행동함	침착하고 일정한 접근법을 유지함
안정화시키는 영향력이 있음	

역방향) 초기: 습관이 더 규칙적으로 된다. 안정성을 제공하는 이가 영향을 줄 수 있다. 안정되고 차분한 분위기가 형성될 수 있다. | 후기: 기분이 흔들리는

걸 피할 수 없다. 편파성 없는 누군가가 나갔다. 결연한 분위기가 끝이 난다.

해 설

'킹 펜타클'의 개성은 펜타클 슈트의 긍정적인 흙 에너지와 킹의 활동적인 외향성이 결합한다. 그의 손이 닿는 곳은 모두 금(온갖 종류의 부)으로 바뀌기 때문에 미다스의 왕으로 불리곤 한다. 어디서든 기회를 찾고 마음먹은 것은 뭐든 성공시킨다. 그는 진취적이고 능숙하다. 무슨 일을 맡든 자신의 다양한 기술과 실용적인 지식을 활용해 훌륭하게 처리한다. 그는 팔방미인이자 모든 것에 능한 마스터다.

'킹 펜타클'은 늘 믿음직스럽고 책임감이 있다. 사람들이 그에게 전적으로 의지할 수 있는 까닭은 그가 기대를 저버리지 않기 때문이다. 그는 자신의 시간과 자원을 아낌없이 퍼부어 준다. 그는 많이 줄수록 많이 받는다는 걸 안다. 다른 사람의 성과를 격려하고 필요하면 지원을 아끼지 않는다. 그는 어떤 상황도 안정되게 만드는 꾸준함과 차분한 기질을 가졌다. 자신이 정한 목표가 성공할 때까지 확고한 결의로써 추구해 나간다.

리딩에서 '킹 펜타클'은 우리에게 그처럼 "행동"할 것을 요구한다. 약속 지키기, 고장난 무언가를 고치기, 돈 버는 일, 새로운 사업 후원하기 등. 또 그처럼 행동하는 인물 또는 안정적이고 믿을 수 있는 역량 있는 분위기를 암시할 수 있다. 리딩에서 그는 자신의 특별한 에너지가 지금 우리에게 유의미하다고 말한다. 이 킹이 우리 삶에 어떤 모습으로 나타나든 그에게서 영감을 얻으라.

* **코트 카드 짝**: '킹 펜타클'은 다른 코트 카드와 짝을 이룰 수 있다. 두 코트 카드의 위계와 슈트를 비교해 그 짝의 의미를 확인한다.

열쇠는 항상 균형에 있다.

제4부
타로 스프레드

6장
스프레드의 기본 요소

스프레드spread는 리딩할 때 카드를 어떻게 놓고 해석할지 미리 규정해
놓은 템플릿 또는 패턴이다. 스프레드는 예측 가능한 길을 제공함으로
써 직관을 억누르지 않고 강화한다. 리딩의 자연스러운 흐름에 구조를
입힌다. 많은 타로 리더들이 스프레드 사용을 선호하지만 거기에 너무
매몰되지 않는다. 리딩은 즉석에서 자유롭게 흘러가되 외부와 단절되
어서는 안 된다. 이것이 타로 스프레드의 용도다. 스프레드의 기본 단
위는 포지션position—카드 한 장의 정보값—이다. 아래의 그림 8은 세
포지션이 한 줄로 늘어선 단순한 스프레드다. 이 스프레드로 예시 리딩
이 어떻게 나올지 안다.

그림 8 3-카드 스프레드 예시

스프레드는 포지션의 총 개수, 배치 순서, 모양, 의미 등 이 네 가지에 의해 정의된다.

총 개수

스프레드는 1~78개(기본적인 타로 덱의 총 카드 개수)의 포지션이 있을 수 있다. 규모에 따라 스프레드를 세 그룹으로 나눌 수 있다.

스몰 스프레드(1~4개): 스몰 스프레드는 배우기 쉽고 이용하기도 쉽다. 간단한 정보를 직접적으로 전달한다. 몇몇 기본적인 통찰력이 빠르게 필요할 때 유용하다(8장 참조).

미디엄 스프레드(5~19개): 대부분의 스프레드가 여기에 속한다. 용이하게 카드를 다루기에 충분히 적은 갯수이면서, 문제를 깊이 파고들기에 충분히 많은 갯수다. 종류가 매우 다양하다. 배우고 해석하기까지 시간이 좀 더 걸리겠지만 그만큼 세부 사항들을 제공한다. 켈틱 크로스 Celtic Cross가 여기에 해당한다(9장 참조).

라지 스프레드(20개 이상): 라지 스프레드는 생각만큼 유용하지는 않다. 카드 개수가 많아 다루기 어렵고, 전체 내용을 파악하기 어려울 수 있다. 카드가 많아 각 카드들의 의미가 희석되는 경향이 있다. 하지만 면밀하게 구조화하면 그 모습을 드러낼 것이다. 이 스프레드를 공부하는 시간이 쌓일수록 웅장한 전망을 볼 수 있을 것이다. 78장 카드 전부를 사용하는 라뒤의 바퀴Rahdue's Wheel 스프레드는 개인의 일생을 방대하게 재현한다.

배치 순서

스프레드의 모든 카드를 동시에 놓을 수 없기 때문에 순서가 필요하다. 포지션마다 배치 순서를 알려 주는 숫자들이 있다. 그림 9를 보면, 덱에서 꺼낸 첫 번째 카드를 포지션 1인 맨 왼쪽에 놓는다. 두 번째 카드는 가운데에 놓고, 세 번째 카드는 맨 오른쪽에 놓는다.

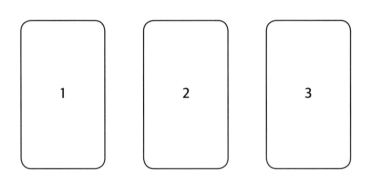

그림 9 숫자는 카드 배치 순서다.

카드 의미는 포지션 의미에 영향을 받기 때문에 배치 순서는 중요하다. 아울러 카드가 한 장씩 오픈될 때마다 전체 리딩에 대한 이해도는 점차 업그레이드된다. 대체로 스프레드들의 첫 번째 포지션이 열쇠다. 특히 전체 스프레드와 떨어져 있거나 한가운데 있을 때 리딩의 전체적인 특징을 설정한다. 뒤따르는 포지션들이 의미를 쌓아 간다. 때로 마지막 카드가 앞에 오픈된 모든 카드를 요약하는 결과나 결말을 보여 준다.

스프레드 모양

스프레드 모양은 포지션들 관계에 의해 만들어다. 이론상으로는 어떤 모양이든 가능하다. 그러나 대부분 알아보기 쉬운 선, 삼각형, 원 모양으로 디자인되어 있다. 스프레드 내 서브 그룹에도 이들 모양이 나타난다. 주제를 반영하는 모양을 띠는 경우도 있다. 가령 12궁도Horoscope 스프레드는 출생 차트Birth Chart 형태인 원 모양이다. 여기서 12장의 카드는 천문 해석Astrology에서 12하우스에 해당한다.[13)]

포지션 의미

친구에게 당신의 사진 한 장을 보여 준다고 하자. 사진 속 당신은 웃고 있지만 그 이유를 알 만한 단서가 없다. 이번에는 "나의 첫 출근일"이라는 라벨이 붙은 액자에 넣어 보여 준다고 하자. 사진은 갑자기 새로운 의미를 띤다. 그 라벨이 친구에게 당신의 미소를 해석할 단서를 제공한다.

스프레드에서 포지션은 라벨 붙은 액자처럼 작용한다. 액자가 사진을 담는 빈 틀이라면, 포지션은 카드를 담는 빈 틀이다. "라벨"이 포지션 의미를 부여하고, 그 의미는 그 포지션에 배치된 카드라면 모두 영향을 받는다. 기준 틀이라 할 수 있으며 카드들 간의 맥락을 제공한다.

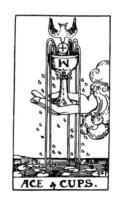

'에이스 컵' 키워드 중 하나는 "사랑"이다. 포지션 라벨이 "내가 갈망하는 것"이면 그 포지션에 배치된 '에이스 컵'은 "사랑에 대한 갈망"을 의미한다. 포지션 라벨이 "내가 두려워하는 것"이면 "사랑에 대한 두려움"을 의미한다. 둘 다 카드의 전통적인 의미는 같지만 다르게 적용되는 것을 알 수 있다. 친구에게 보여 준 액자 라벨이 "마지막 출근 날"이라면 사진 속 당신의 미소는 전혀 다른 의미를 갖게 된다!

포지션은 스프레드라는 건물을 구축하는 하나의 벽돌과 같다. 카드와 포지션의 조합으로 의미가 융합되고 고유의 메시지가 만들어진다. 각 카드의 메시지들이 합쳐져 스프레드 전체 의미를 만든다.

스프레드 포지션은 그것을 만든 사람이 정한다. 필자는 많은 타로 리더들이 만든 수백 개의 스프레드를 연구한 결과, 가끔 독특하고 특이한 포지션이 있지만 동일한 포지션이 더 많다는 걸 알았다. 이에 포지션도 카드마냥 나름의 에너지를 갖고 있다는 생각을 하게 되었다.

스프레드와 별개로 포지션만 연구하고 작업할 수 있다. 플렉스Flex 스프레드는 유용한 포지션들의 모음집이다(408쪽 참조). 그 각각의 이름, 키워드, 설명, 예시 등이 10~11장에 자세히 실려 있다.

❋❋ 구조화의 중요성

손에 덱을 들고 맨 위에 있는 카드 한 장을 뒤집어 당신 앞에 아무 데나 놓는다. 키워드 중 하나를 빠르게 선택한다. 다음 카드를 뒤집어 또 아무 데나 놓고, 그 카드의 키워드를 하나 선택한다. 이런 식으로 계속하면서 모든 카드를 확실히 기억하도록 한다.

뒤로 갈수록 어디까지 기억할 수 있는지 확인한다. 처음 몇 장은 쉽게 기억하지만 장수가 늘어날수록 기억하기 어려울 것이다. 어느 지점에서 모든 카드를 "파악"하는 게 어려운가?

이번에는 임의로 순서를 정해 카드를 놓는다. 숫자나 슈트 등 그룹으로 정할 수 있다. 이 방법이 카드 파악에 어떤 도움을 주는지 확인한다. 구조화를 통해 카드를 얼마나 많이 기억할 수 있는가?

7 장
스프레드 모양

타로 스프레드에는 두 가지 차원의 의미가 있다. 첫째, 개별 포지션들의 의미가 있다. 둘째, 스프레드의 전체 디자인 또는 모양, 즉 포지션 배열 방식에 의미가 있다. 포지션 배열에 의한 전체 모양에 익숙해지면 배우기 쉽고 기억하기도 쉽다. 포지션이 무작위로 배열된다면 스프레드는 의미가 없다. 구조화가 질서를 만들고 의미를 전달한다.

디자인 원칙

대부분의 스프레드가 아래 네 가지 디자인 원칙을 따른다.

대칭

대칭은 서로 균형을 이룬다. 많은 스프레드들이 미적인 부분과 조화를 위해 대칭을 이용한다. 포지션들이 서로를 반영하기도 한다. 짝수 개수의 스프레드는 포지션마다 대응 포지션이 있어 견고하고 규칙적이다. 홀수 개수는 단독 포지션이 긴장감을 조성해 역동성이 더 드러난다.

간격

포지션 간격은 대체로 균일하다. 예외적으로, 단독 포지션이나 포지

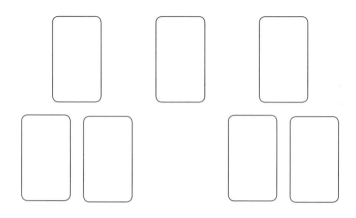

그림 10 간격으로 포지션 그룹을 특정한다.

선끼리 서브 그룹을 이룰 때는 간격을 더 넓힌다. 그림 10을 보면 중앙에 단독 포지션 간격을 넓게 주어 구분하고 있다. 간격은 보통 겹치지 않을 정도로 떨어뜨려 놓으면 된다. 예외적으로, 켈틱 크로스 스프레드에서 포지션 2는 90도로 돌려 포지션 1 위에 올려 놓는다.

반복

균형과 동일성을 나타내고자 포지션이 반복되기도 한다. 두 사람에 관한 스프레드는 카드 두 벌이—카드 한 벌에 한 사람씩 해당— 동일한 포지션으로 반복된다. 그림 10을 보면 양옆에 3-카드가 반복되고 있다.

방향

포지션은 대체로 수직 방향이다. 그래야 정방향, 역방향을 구분할 수 있다. 가끔 카드의 특정 관계를 강조하기 위해 기울이거나 수평으로 배치한다. 화살Arrow 스프레드는 두 가지 각도로 포지션을 배치해 화살

축 모양을 만든다.

스프레드 패턴

특정 모양에는 전형적인 의미가 있다. 그런 모양을 띤 스프레드는 그 형태가 지니고 있는 보편적 의미에 공명된다. 그것이 우리를 더 깊은 수준에서 열리게 한다. 스프레드 서브 그룹에도 그런 모양이 있을 수 있다.

단독

단독 포지션은 "나는 특별하다"고 공표한다. 스프레드의 중심이 되는 주요 핵심, 즉 관심의 중심축을 보여 준다. 다른 한편으론 고유의 입장을 보여 준다. 선형 스프레드 맨 끝에 단독 포지션을 배치함으로써 앞의 포지션들을 어디로 이끄는지 알 수 있다. 그림 10에는 중앙에 단독 포지션이 있다.

짝

두 포지션이 하나의 짝을 구성해 양면적인 역동성을 보여 준다. 서로 비슷하거나 반대되는 특징을 보여 준다. 포지션 짝은 서로 비교해서 해석한다.

선형

선형은 3장 이상의 카드를 가로, 세로, 대각선으로 일렬로 배치한다. 선형은 "우리를 그룹으로 헤서하라는" 이미가 될 수 있다. 선형 내 포지션들은 동일한 주제를 놓고 언급한다. 때로 시간의 흐름을 보여 준다.

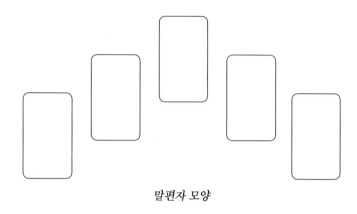

말편자 모양

맨 왼쪽이 과거, 가운데가 현재, 맨 오른쪽이 미래 카드다. 또 원인이(왼쪽) 결과를(오른쪽) 향해 움직이는 것을 의미한다. 말편자 모양으로 구부러진 선형의 경우 에너지의 상승과 하락을 보여 준다.

삼각형

심각형은 세 포지션이 한 단위를 이룬나. 아래에 두 상, 위에 한 장을 배치할 경우 아래 두 카드를 "합친" 요약이나 통합의 의미를 위의 세 번째 카드가 보여 준다. 또 다른 유형은 아래에 한 장, 위에 두 장을 배치한다. 이는 같은 뿌리에서 전개된 두 가지 상황을 보여 준다. 포지션을 추가해 "V" 모양을 만들 수 있다. 각 선형에 포지션을 추가해 선형이 추가되면 피라미드 모양이 된다.

십자형

십자형은 두 선형이 직각으로 교차한다. 가장 단순한 형태는 동서남북 네 방향으로 포지션들이 있다. 보통 그 중앙에 통합 요소로 다섯 번째 포지션을 배치한다. 네 방향 어디로든 포지션을 추가해 확장할 수

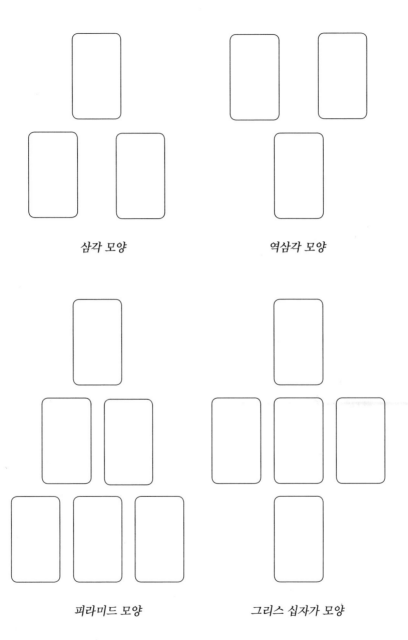

삼각 모양

역삼각 모양

피라미드 모양

그리스 십자가 모양

있다. 십자의 길이가 같을 수도, 다를 수도 있다. "T", "L" 모양은 십자
형의 변형이다.

다리형

다리형은 두 선형과 그것을 연결하는 단독 포지션이나 하나의 선형
으로 구성된다. "H", "A" 모양이 있다. 다리형은 말 그대로 두 개체를
이어 주는데, 그들을 연결하거나 하나로 만드는 게 무엇인지 보여 준다.
그림 10에서 중앙에 있는 단독 포지션이 다리 역할을 한다.

원형

원형은 통합을 의미한다. 원형 스프레드의 포지션은 모두 한 세트, 즉
하나의 요소가 된다. 1년 12달을 원형 스프레드로 배치할 수 있다. 원
형 스프레드 중앙에 단독 포지션을 배치해 어떤 본질에 관한 다양한 속
성을 알 수 있다.

격자형

격자형은 정사각형이나 직사각형 틀 안에 선형 세트가 있다. 주로 열
과 행이 하나의 단위로 포지션 의미를 생성한다. 그림 11의 격자형 스
프레드는 시간의 흐름에 따른 세 사람을 비교해서 보여 준다. 정가운데
포지션이 "현재의 엄마", 제일 하단의 맨 오른쪽 포지션이 "미래의 아
빠"를 나타낸다. 격자형 스프레드는 열과 행의 의미를 바꿔 가며 다양
하게 활용할 수 있다.

****** 모양 인식

주변에서 기하학 모양들을 찾아보자. 물체에서 보이는 패턴 뿐 아니라 추

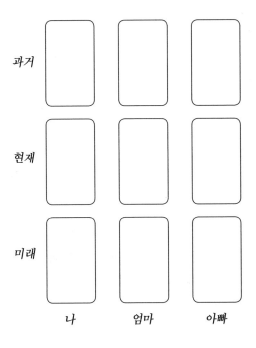

과거

현재

미래

나   엄마   아빠

그림 11 격자형 스프레드

상적 패턴의 영향력에도 주의를 기울인다. 짝, 선형, 원형, 삼각형을 보면 어
떤 느낌이 드는가? 다리형은 어떤 경우에 효과적인가? 다양한 상황에서 다양
한 모양의 원형 에너지에 접촉하려는 시도를 해 보자.

✱ 스프레드 모양 탐구

앞에서 설명한 스프레드 디자인들을 리딩에서 활용해 보라. 자신의 상황에
맞는 특별한 디자인이 있는지 찾아본다. 십자형 스프레드는 대립하는 두 집
단의 충돌을 명확히 보여 줄 수 있다. 원형 스프레드는 공통 관심사(중앙에 있
는 카드)에 대해 가족 구성원들이 어떻게 받아들이는지를 아는 데 도움이 된
다. 다양하게 활용할 수 있다.

8 장
스몰 스프레드

가장 간단한 스프레드는 원-카드one-card 스프레드다. 주제를 정하고 한 장의 카드를 뒤집어 그 주제에 대한 통찰력을 얻는다. 카드 한 장으로 유용한 정보가 많지 않을 거라 생각하겠지만 절대 그렇지 않다! 원-카드 스프레드가 다양성은 떨어져도 간단하고 직접적이다. 카드 한 장의 조언은 간결해서 기억하기 쉽다.

일일 리딩

일일 리딩daily reading은 오늘 하루라는 기간을 주제로 하는 원-카드 스프레드다. 일일 리딩의 목적은 하루 동안 하나의 접근 방식으로 자신의 삶을 강도 높게 인식해 보는 것이다.

1장에 소개한 "덱 공부하기"(31쪽)를 참조해 일일 리딩을 연습해 보자. 되도록이면 일지를 쓴다. 시간이 흘러 되돌아볼 때 자신의 선택에 어떤 패턴을 발견하는 재미를 맛볼 수 있다.

필자는 타로를 본격적으로 공부하기 시작할 무렵 다섯 살도 안 된 두 아들을 키우고 있었다. 당시의 일일 리딩 카드들을 분류했더니 다음과 같았다.

- 완드: 24
- 컵: 44
- 소드: 41
- 펜타클: 57
- 메이저 아르카나: 56

이 분류만으로 당시 필자의 삶이 정확하게 설명된다. 현실 세계(펜타클)와 기본적인 힘(메이저 아르카나)의 비중이 컸다. 반면에 개인적인 창의성(완드)과는 거리가 먼 날들이었다.

특정 카드가 여러 번 나온다는 사실에 놀랄지 모르겠다. 57회나 나온 펜타클은 에이스와 퀸이 각 11회씩 차지했다. 아이들과 하루 종일 집에서 지내는 필자의 일상이 이 두 카드에 반영되어 있었다. '퀸 펜타클'은 양육자 어머니로서의 끝판왕이다. '에이스 펜타클'은 세속적인 삶을 누릴 기회를 제공한다. 똥 기저귀를 갈아 주는 일처럼 세속적인 일이 있을까!

이 카드들이 자주 뽑힌 게 살짝 의심스러워 두 카드를 세밀하게 살펴보았다. 혹시 카드에 어떤 흠집이 있어 더 자주 뽑히는 빌미를 제공한 게 아닌가 하고. 하지만 다른 카드와 다르지 않았다. 그저 당시 상황을 보여 주는 카드라 필자가 끌어당긴 것이다. 자주 선택되는 카드는 당신의 관심사에 대해 알려 줄 것이다.

3-카드 스프레드

3-카드Three-Card 스프레드는 간단하면서도 원-카드보다 자세하다. 숫자 3은 강력한 원형의 숫자다. 두 요소를 합하거나 제3의 요소로 선개될 수 있음을 보여 준다. 아니면 하나의 요소가 각기 다른 두 방식 또

는 선택의 기로에 있음을 암시한다.

전해 내려오는 많은 3-카드 스프레드 중 대표적인 것이 과거/현재/미래, 연애/직업/건강이다. 10~11장에 소개한 플렉스 스프레드를 활용해 다양한 3-카드 스프레드를 만들 수 있다.

빠른 통찰 스프레드: 빠른 통찰 스프레드Quick Insight Spread는 켈틱 크로스에서(375쪽 참조) 포지션 세 개만 가져온 것이다. 문제의 핵심인 포지션 1, 관련 요소인 포지션 2, 지침 포지션 9. 포지션 1과 2는 주제와 관련해 가장 역동적인 요소다. 본질적인 에너지(1)와 그와 다른 요소(2)를 보여 주기 때문이다. 그림 12에서 오른쪽에 있는 카드는 포지션 1과 2를 통합한 관점에서 나온 지침이다(3).

그림 12

위 예시는 "계약자와의 분쟁"을 주제로 한 빠른 통찰 스프레드다. 다음과 같이 빠르게 해석해 볼 수 있다.

현재 상황은 자신 있고 확실히 성공할 수 있는 기회다(포지션 1, '에이스 완드'). 변수는(포지션 2) 그 기회가 주는 혜택을 가지려면 더 세부적인 정보와 지식이 필요하다. 오른쪽에 있는 지침 카드가(포지션 3) 그것을 더 강조하고('교황', 메이저 아르카나) 있다. '교황'과 '8 펜타클'은 서로 강화하는 카드다. 따라서 지침 카드가 배우고 익히는 데 있어 더 강하게 밀어붙이라고 말하고 있다. 리딩 메시지를 정리하면 이렇다. "나는 이번 계약 분쟁에서 성공 가능성을 높이기 위해 더 많은 정보를 얻고 지식을 쌓아야 한다."

스몰 스프레드는 정기적으로 사용하기 쉬워 내면의 조언자와 자주 연결될 수 있다. 신속을 요하는 스프레드라 리딩 과정도 간단하다(436쪽 간단한 리딩 과정 참조). 그럼에도 타로 카드가 주는 엄청난 가치를 얻을 수 있다.

9장
켈틱 크로스 스프레드

켈틱 크로스Celtic Cross는 아마 가장 오래되고 가장 인기 있는 스프레드
일 것이다. 카드 레이아웃이 간단하지만 강력해서 오랜 세월 전해 내려
오고 있고, 많은 사람들이 사용한 덕에 강한 에너지가 축적되어 있다.

켈틱 크로스는 왼쪽에 원형/십자형과 오른쪽에 스태프staff, 이렇게
두 구역으로 나뉜다. 원형/십자형 구역의 포지션들은 리딩 주제의 주
요 부분을 스냅 사진처럼 보여 주고, 스태프 구역의 포지션들은 그에
대해 언급한다.

원형/십자형

이 모양은 켈트족이 살았던 아일랜드 전역에서 발견되는 켈틱 십자
가를 본뜬 것이다. 이런 유형의 십자가는 4개의 바퀴살이 원형을 이루
며 에워싼다. 물질과 정신의 연결과 그 순간 모든 사건의 일체성을 상
징한다.

중앙에 두 포지션은 미니 십자형이다(그림 13에서 회색 카드). 포지션 1
은 문제의 핵심으로 다른 모든 게 맞물려 돌아가는 중심축이다. 포지션
1과 교차되는 포지션 2는 가장 먼저 영향을 미치는 요소를 보여 준다.

미니 십자형은 두 선형이 만든 큰 십자형 안에 둥지를 틀고 있다. 수
평 선형은 시간의 흐름을 나타낸다. 왼쪽이(4) 과거, 오른쪽이(6) 가까

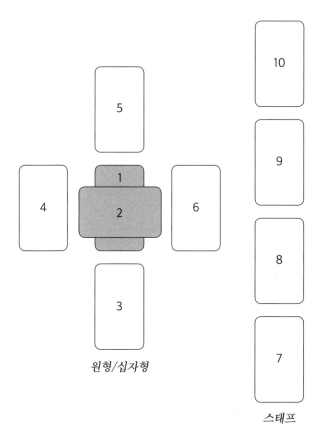

원형/십자형

스태프

그림 13 켈틱 크로스 스프레드

운 미래다. 수직 선형은 아래에서(3) 위로(5) 의식의 흐름을 보여 준다. 무의식에서 의식으로, 미지의 것에서 알려진 것으로 이동한다.

스태프

스태프 구역은 네 포지션을 통해 나(7), 타인(8), 지침(9), 가능한 결과(10)에 대한 통찰력을 얻는다. 자세한 설명은 이 장 끝에 실려 있다.

포지션 짝

켈틱 크로스가 강력한 이유 중 하나는 포지션 짝이 많기 때문이다.

포지션 1과 2

포지션 1 위에 2가 올려져 있기 때문에 두말 할 것 없이 둘은 짝이다. 전통적으로 포지션 2는 "나를 가로막는 것"이다. 충돌 또는 지지하는 두 요소의 상호 작용을 1과 2가 보여 준다. 때로 핵심 문제(1)가 필요 요소(2)에 영향을 받는다.

샤론은 헤어진 남자 친구와 다시 교제를 시작하자 바로 리딩을 요청해 왔다. 샤론은 결혼하고 싶었고 아이도 원했지만, 남자 친구가 주저하자 몇 주 전 헤어졌었다. 다시 교제를 하게 된 지금 샤론은 포지션 1에 '10 컵', 포지션 2에 '6 펜타클'이 나왔다.

'10 컵'은 이 커플의 미래를 약속하듯 연애와 가족의 기쁨을 보여 준다. '6 펜타클'은 주고받는 것에 문제가 있음을 암시한다. 이 카드는 지금 이 순간 지배/복종이라는 요인 사이에서 미묘하게(또는 그리 미묘하지 않을 수도 있는!) 흔들리고 있음을 의미한다.

포지션 3과 5

포지션 3과 5는 다른 차원의 의식을 보여 준다. 실제 감정(3) 대 기대되는 감정(5), 깊은 진실(3) 대 피상적 사실(5) 등을 알 수 있다. 때로 상위 자아의 지혜(3) 대 에고의 믿음(5)을 보여 주기도 한다.

니콜은 친구 앤을 어떻게 대할지를 놓고 리딩을 했다. 앤이 자신의 전 남편에게 아이들과 함께 있는 곳을 거짓으로 전해 달라고 부탁했기 때문이다. 니콜은 '10 완드'(3)와 '10 컵'(5)을 뽑았다.

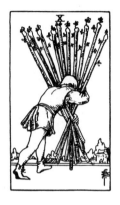

니콜은 앤 가족의 평화를 위해 사랑과 지지를 보내야 한다고 "생각했다"(10 컵). 하지만 깊은 수준에서는 거절에 대한 어려움을 겪고 있었다. 니콜은 앤의 부탁이 부담스러웠고, 골치 아픈 상황으로 끌어들이는 걸 원망하고 있었다(10 완드).

포지션 4와 6

포지션 4와 6은 서로에 대한 거울상이다. 포지션 4는 과거, 포지션 6은 가까운 미래다. 그 둘은 현재(포지션 1)를 중심으로 흐르는 주기를 절반씩 차지한다. 떠나는 것(4) 대 다가오는 것(6), 내려놓은 것(4) 대 받아들여야 할 것(6)을 보여 줄 것이다. 이미 경험한 것(4) 대 아직 경험하지 않은 것(6)을 의미하기도 한다.

직업을 바꿀 가능성에 관한 리딩에서 '7 펜타클'(4)과 '8 완드'(6)가

 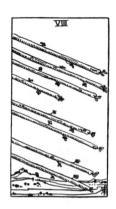

나왔다고 하자. '7 펜타클'은 결정 전에 심사숙고하는 카드다. 포지션 4에 있으므로 검토가 끝났음을 의미한다. '8 완드'는 신속한 행동과 판단 시기가 임박했음을 보여 준다. 짝을 이룬 두 카드는 이렇게 말하고 있다. "좋아, 너는 충분히 생각했어. 이제 움직여서 추진하도록 해, 그게 무엇이든."

포지션 7과 8

우리는 외부 세상과 구분 지어진 자신을 경험하지만 사실 원인과 결과, 감정과 생각이라는 수많은 실들이 우리 자신과 주변 세상을 연결하고 있다. 포지션 7과 8은 자신과 주변 상황의 연결을 보여 준다. 주변 상황에는 다른 사람, 집단, 전체 분위기 등이 포함된다.

신시아는 자신의 속마음을 밝히지 않고 리딩을 요청해 왔고, 포지션

7에 '정의' 카드가 나왔다. 이 카드는 과거에 했던 행동의 결과를 받아들이라는 의미일 수 있다고 알려 주었다. 그러자 신시아는 임신이 걱정된다고 털어놓았다. 당시에 남자 친구와 사이가 좋지 않았다. 하지만

주변 상황을 가리키는 포지션 8에 '연인'이 나오자 그녀는 안심했다. 주변의 사랑과 응원을 받고 있음을 의미하기 때문이다. 그녀 곁에는 남자 친구('연인' 카드)가 있고, 이 카드는 또 성적 관계를 강화하고 있다.

포지션 9

전통적으로 포지션 9는 "희망과 두려움"을 뜻하나 가끔 지침 카드로 이용할 수 있다. 자신을 리딩할 때 카드들을 하나로 모으는 데 도움이 될 만한 카드가 필요하다. 포지션 9는 리딩을 명료하게 하기 위해 다른 포지션과 짝을 이룰 수 있다. 접근 방법, 진행 과정, 핵심 인물, 장애물, 전체 상황에 관한 의견 등을 알려 줄 것이다. 상황에서 뜻밖의 일이나 "와일드 카드"로 나타날 수도 있다.

어느 날 아들의 선생님으로부터 편지 한 통을 받았다. 수업 시간에 있었던 일로 상담을 요한다는 내용이었다. 필자는 '5 완드'를 뽑았고(포지션 9), 아들과 다른 아이들 사이에 오해가 있을 거라고 추측했다.

상담 후에 안 사실은 아들이 어떤 아이를 계속 연필로 찔렀던 것이다. 그런 행동을 한 적이 없었기에 필자는 너무 놀랐다. '5 펜타클' 카드는 문제를 있는 그대로 보여 주었다. 긴 나무 막대기를(연필) 무기 삼아 반복적으로(5명) 사용하는 젊은이를 말이다!

포지션 5와 10

포지션 10은 예상되는 결과다. 상황의 모든 요소들이 그대로 흘러갈 경우 가장 가능성 있는 전개를 보여 준다. 하지만 기정된 것은 아니다.

현 조건에 변화를 주어 진행 흐름을 바꾸거나 더 강화할 수 있다.

가끔 자신의 생각(5)과 예상 결과(10)를 비교하기 위해 포지션 5와 10이 짝을 이룰 수 있다. 두 카드가 서로를 강화시키는 카드면 사건은 추진력을 받아 자신의 생각대로 흘러갈 것이다. 대극되는 카드면 자기 성찰이 다소 필요하다.

가령, 당신은 박사 과정 중에 있고 며칠 뒤 구두 발표를 앞두고 있다고 하자. 자신이 준비를 잘하는 것인지 알고 싶어 리딩을 했고 '6 완드'(5)와 '9 소드'(10)가 나왔다. 이 짝은 경고 메시지다. 당신은 승리의 퍼레이드를 그리고 있지만, 가능성 있는 결과에 근심에 싸이는 경험을 하고 있다. 예상 결과를 자신의 목표와 일치시키려면 어떤 조치를 취해야 할 것이다.

이처럼 켈틱 크로스를 통해 다양한 통찰력을 얻을 수 있다. 특정 주제를 깊이 알고 싶을 때마다 도움을 주는 스프레드다. 켈틱 크로스를 이용한 일련의 세 리딩이 부록 3에 실려 있으니 참조하기 바란다.

✱✱ 켈틱 크로스 스프레드 공부하기

덱을 셔플하고 켈틱 크로스 스프레드로 카드 10장을 배치한다. 옆 페이지에 포지션 의미를 정리해 놓은 표를 읽는다. 포지션과 그것이 어떤 식으로 작용하는지 익숙해지자. 앞서 설명한 포지션 짝에 해당하는 카드를 해석하면서 스프레드를 깊이 탐색해 본다. 자연스럽게 떠오르는 유의미한 관계들을 그려 본다. 그 연결 고리를 가지고 하나의 이야기로 발전시켜 보자. 이 연습의 목적은 포지션에 대해 더 잘 알고, 이 스프레드가 제공하는 통찰력의 가치를 알아보는 것이다.

켈틱 크로스 스프레드 포지션 의미

키워드 표

포지션 1	포지션 2	포지션 3
문제의 핵심 현재 환경 – 외부 현재 환경 – 내부 1차적 요소	대극 요소 변화 요소 강화 요소 2차적 요소	근본 원인 무의식적인 영향력 더 깊은 의미 미지의 요소
포지션 4	**포지션 5**	**포지션 6**
과거 줄어드는 영향력 해결된 요소 내려놓은 속성	태도와 신념 의식적인 영향력 목표나 의도 대안적 미래	미래 다가오는 영향력 해결되지 않은 요소 받아들일 속성
포지션 7	**포지션 8**	**포지션 9**
있는 그대로의 나 그럴 수 있는 나 내가 표현하는 나 내가 보는 나	외부 환경 다른 사람의 관점 다른 사람의 기대 다른 사람이 보는 나	지침 핵심 요소 희망과 두려움 간과한 요소
	포지션 10	
	결과 – 종합 결과 – 내면 상태 결과 – 행동 결과 – 영향	

켈틱 크로스 포지션 1

문제의 핵심

중심 이슈

주된 관심사

기본적인 걱정이나 화

주요 초점

중심점

근본적인 문제

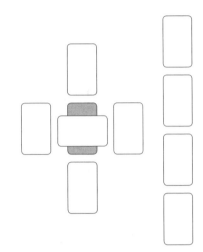

현재 환경 – 외부

나를 뒤덮는 것(전통적으로)

주변 상황

눈앞에 닥친 문제

주변에서 일어나는 일

내가 다루는 일

외적 요소

1차적 요소

주된 영향

지배적인 특성

두드러진 특징

가장 중요한 요소

가장 눈에 띄는 속성

현재 환경 – 내부

내적 요소

상황에 대한 자신의 느낌

중요한 개인의 속성

기본적인 정신 상태

감정 상태

자기 내면에서 일어나는 일

켈틱 크로스 포지션 2

대극 요소

나를 가로막는 것(전통적으로)

반대 요소

저항의 근원지

균형이 필요한 부분

완화시킬 영향력

경쟁자 또는 전복시키는 동인

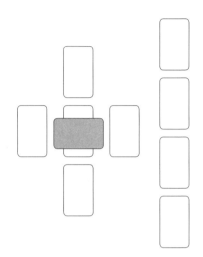

변화 요소

뜻밖의 어떤 것

예측 불가한 요소

새로운 고려 사항

균형을 깨는 힘

깜짝 놀람

흔들어 놓는 것

2차적 요소

간접적인 관심사

정보의 또 다른 근원지

부차적 이슈

종속된 문제

덜 중요한 요소

강화 요소

뒷받침하는 특징

더해진 강조점

협력자

가외의 매력

확장된 힘

관련된 이슈

※ 포지션 2 카드는 시계 방향으로 90도로 돌려 포지션 1 위에 올려놓는다. 카드를 뒤집었을 때 그림 상단이 왼쪽에 나오면 역방향이다.

켈틱 크로스 포지션 3

근본 원인
문제의 원천
상황의 근거
그렇게 된 이유
어린 시절이나 전생(카르마)의 영향
사건의 숨겨진 원인
시발점

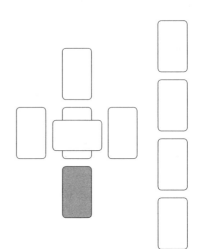

무의식적인 영향력
내 밑바닥에 있는 것(전통적으로)
인식하지 못한 동기
명시되지 않은 목표
가장 기본적인 충동
부추기는 욕구나 갈망
부정 또는 거부하는 자신의 한 측면

미지의 요소
숨겨진 영향력
의식하지 못한 조력
드러나지 않은 관계자
감춰진 의제
이면의 음모

더 깊은 의미
큰 그림
기본적인 패턴
모든 걸 아우른 관점
영혼의 목적
숨겨진 맥락
실제로 일어난 일

켈틱 크로스 포지션 4

과거와 관련된 어떤 것

속성	사람
믿음	사건
기회	방향
고민	희망
두려움	

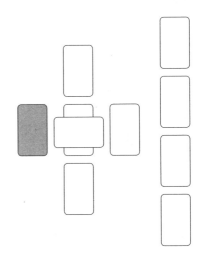

줄어드는 영향력

중요성을 잃고 있는 특징

사라지는 고민

예전의 주안점

떠나는 누군가 또는 무언가

떨어지는 별

해결된 요소

완전히 실현된 속성

완벽히 끝낸 작업

끝맺은 것

배제할 수 있는 것

처리한 것

내려놓은 속성

시대에 뒤처진 접근 방식

더 이상 유용하지 않은 것

불필요한 짐

필요치 않은 누군가 또는 무언가

버릴 요소

켈틱 크로스 포지션 5

태도와 신념
사실로 받아들인 것
전제
확신
일어난 일에 대한 견해
착각 또는 환영
내가 믿는 지점

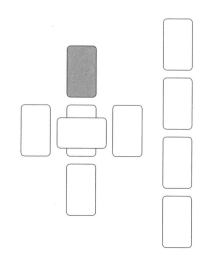

의식적인 영향력
내가 생각하는 것
내가 집중하는 것
내가 걱정하는 것
내가 집착하는 것
내가 인정하는 것
알려진 것

목표나 의도
염원
성취하려는 것
미래에 대한 기대
마음에 정해진 것
선호하는 것
희망하는 결과

대안적 미래
일어날 수 있는 일(전통적으로)
잠재적인 발전성
또 다른 가능성
다른 선택
일어날지 모른다고 생각하는 것
의식적으로 투사하는 미래

켈틱 크로스 포지션 6

미래와 관련된 어떤 것

속성   사람

믿음   사건

기회   방향

고민   희망

두려움

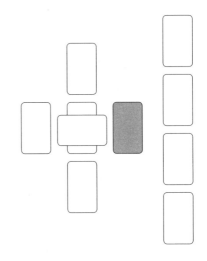

다가오는 영향력

중요해지는 특징

커져 가는 고민

맞춰야 할 초점

오고 있는 누군가 또는 무언가

떠오르는 별

해결되지 않은 요소

실현되지 않은 속성

완료되지 않은 작업

여전히 계류 중인 것

고려해야 할 것

처리해야 할 것

받아들일 속성

유효한 접근 방식

도움이 되는 것

바람직한 자질

필요한 누군가 또는 무언가

환영할 만한 요소

켈틱 크로스 포지션 7

있는 그대로의 나

개인적인 스타일

나의 기질이나 성향

나의 문제 접근 방식

나만의 지향점

내 관점

내가 살아가는 방식

나의 위치나 입장

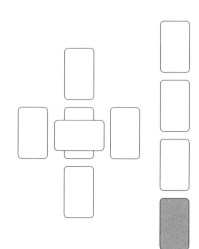

그럴 수 있는 나

이용할 내적 자원	사용 가능한 재능이나 능력
할 수 있는 것	부응하려는 이상
가능한 접근 방식	원하는 것
나를 위한 목표	

내가 표현하는 나

나의 공식적인 모습

내가 어떠해야 한다는 생각

세상에 내보이는 나의 가면

체면상 하는 일

내가 수락한 역할

스스로 짊어진 의무

나의 거짓 자아

내가 보는 나(전통적으로)

자아상

나에 대한 소신

내가 어디쯤에 있다는 감각

나에 대한 두려움

나에 대한 가정

나를 제한하는 방식

나를 과장하는 방식

켈틱 크로스 포지션 8

외부 환경

나를 둘러싼 것(전통적으로)

분위기

정서적 풍토

물질적 · 사회적 환경

상황 설정

활동 현장

내가 다뤄야 할 맥락

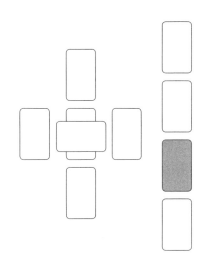

다른 사람의 관점

상황에 대한 타인의 관점

상대방 입장

문제의 또 다른 측면

다른 전망

객관적 의견

다른 사람의 기대

사람들이 내게 원하는 것

나를 향한 요구

내가 어떻게 했으면 하는 사람들의 생각

나에 대한 사람들의 주장

내게 부과된 외부 제약

내게 주어진 역할

다른 사람이 보는 나

나를 보는 타인의 시각(전통적으로)

나에 대한 인식

나에 대한 평가

나에 대한 대중의 의견

내가 주는 인상

내가 타인에게 미치는 영향

켈틱 크로스 포지션 9

지침

내가 할 수 있는 일
가장 좋은 진행 방법
변화를 일으키는 방법
경고의 말
문제에 관한 진실
또 다른 접근 방식
도움이 되는 제안
솔직한 평가

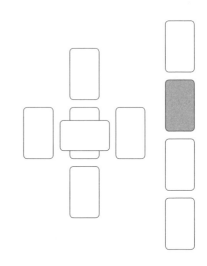

핵심 요소

근본적인 측면
배워야 할 교훈
모든 걸 설명하는 것
일어나는 일에 대한 단서
내가 알아야 할 것
연결 고리

간과한 요소

고려하지 않은 것
잃어버린 퍼즐 조각
역할이 있는 어떤 사람
고려할 다른 어떤 것
놀랄 만한 요소
과소평가된 영향력

희망과 두려움(전통적으로)

내가 두려워하는 것   내가 의심한다는 사실
내가 회피하는 것   개인적인 근심
내가 갈망하는 것   나의 꿈
나의 이상   나의 비밀스런 욕망

켈틱 크로스 포지션 10

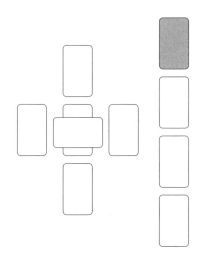

결과 – 종합

가장 가능성 있는 결과

일어날 만한 일

상황이 해결될 수 있는 방식

모든 걸 끌고 가는 곳

있음직한 해답

결과 – 내면 상태

결국 느끼게 될 감정

일어날 마음 상태

얻게 될 앎

받아들일 교훈

취하게 될 태도

깨닫게 될 자질이나 능력

결과 – 영향

타인이 받게 될 영향

환경이 바뀌게 될 방식

타인이 하게 될 무언가

가능한 대응이나 반발

가능한 혜택이나 보상

발생하게 될 개선점

위상의 변화

결과 – 행동

해야 할 일

성공 또는 실패할지 모를 방법

채택해야 할 행위

요구되는 행동

성취할 수 있는 것

취해야 할 접근 방식

10 장
플렉스 스프레드

타로를 배울 때 새로운 스프레드를 시도하지만 결국에는 본인이 잘 알고 신뢰하는 몇몇 스프레드로 되돌아간다. 사용하기 편하고 익숙하기 때문이다. 필자는 새로운 스프레드를 더 쉽게 배우고 활용할 수 있는 방법으로 플렉스 스프레드Flex spread를 고안했다.

플렉스 스프레드는 다양한 레이아웃을 만들기 위한 뼈대다. 일반 스프레드와 비슷하지만 포지션이 고정된 것이 아닌 포지션을 "보유"한다. 리딩 전에 무엇을 탐색하느냐에 따라 구역마다 포지션을 정하게 된다. 리딩에 따라 간단하게 또는 정교하게 맞춤형 스프레드를 만들 수 있다.

플렉스 스프레드는 사전에 자신이 정한 본 주제를 중심으로 연관 주제들을 리딩한다. 개방형 리딩은 포지션을 의식적으로 선택하는 리딩이 아니기 때문에 플렉스 스프레드와는 맞지 않는다.

그림 14에서 플렉스 스프레드의 다섯 구역을 볼 수 있다. 숫자는 카드 배치 순서다. 다음 구역으로 넘어가기 전에 한 구역 안에 있는 모든 포지션에 번호를 매긴다. 사용하지 않을 구역이면 건너뛰고 그 다음 구역으로 이어서 번호를 매긴다.

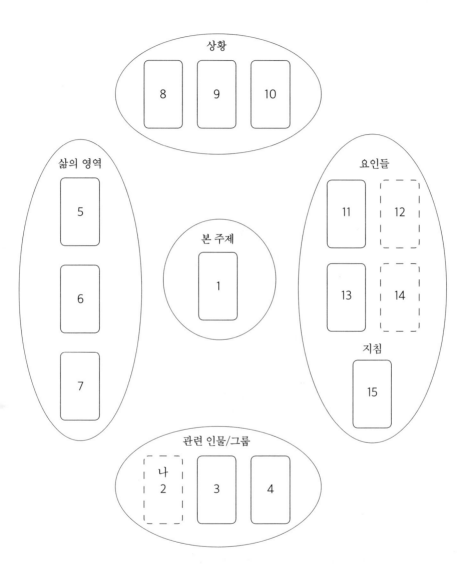

그림 14 플렉스 스프레드 다섯 구역

숫자는 카드 배치 순서이고 한 구역을 이용할 경우 위의 순서대로 배치한다.

본 주제 구역

우주를 상징하는 기하학적 디자인인 만다라는 원 모양으로 일체성과 통합을 의미한다. 원에는 모든 걸 돌아가게 하는 중심이 존재한다.

플렉스 스프레드에도 중심이 존재한다는 점에서 만다라와 비슷하다. 본 주제를 나타내는 포지션 1이 그 중심이다. 플렉스 스프레드를 시작하기 전에 본 주제를 정하고 그에 맞는 이름을 붙인다. 본 주제의 유형은 뭐든 가능하고, 중심 주제 또는 주제의 특징이 된다. 즉 리딩 당시의 본질을 보여 준다. 주제의 핵심이므로 스프레드 중앙에 배치한다.

플렉스 스프레드에서 유일무이한 필수 포지션이다. 다른 포지션들은 선택 사항이다. 가장 간단한 플렉스 스프레드 레이아웃은 이 포지션 하나로도 가능하다. 이보다 더 간단할 수 있을까?

본 주제는 어떤 주제 유형도 가능한 유일한 포지션이다. 예를 들면 건강, 고민, 자기 자신 등에 초점을 맞출 수 있다.

관련 주제 구역

플렉스 스프레드는 다음과 같은 세 유형의 관련 주제 구역이 있다. 배치 순서는 다음과 같다.

- 관련 인물/그룹: 하단에 위치, 좌에서 우로 배치
- 삶의 영역: 좌측에 위치, 위에서 아래로 배치
- 상황: 상단에 위치, 좌에서 우로 배치

관련 주제는 항상 본 주제와 연결해 해석하며 그들의 조합에서 의미를 이끌어 낸다. 관련 주제 구역의 개수는 얼마든지 있을 수 있고, 전혀 없을 수도 있다. 한 구역 내 포지션이 여러 개일 수도, 하나만 있을 수도 있다. 어떤 조합이든 효과적으로 작용한다. 11장에 다양한 관련 주제와 사례를 소개했다.

만일 본 주제가 자기 자신이 아닌 경우 관련 인물/그룹 구역에서 맨왼쪽 포지션에 "나"를 배치하는 것이 좋다. 이 "나" 포지션은 본 주제와 자신과의 관계를 직접적으로 조명해 줄 것이다.

요인과 지침 구역

요인과 지침 구역은 본 주제의 우측에 있다. 요인은 본 주제의 특정 속성들을 묘사하므로 관련 주제와는 차이가 있다. 리딩에서 관심을 가질 만한 본 주제의 다른 측면들에 주목한다. 가령, 다음의 질문들에 대해 탐색해 볼 수 있다.

- 본 주제가 회피하는 것은 무엇인가?
- 본 주제를 지속시키는 것은 무엇인가?
- 본 주제의 현 상태에 기여하는 것은 무엇인가?
- 본 주제를 안정시키는 것은 무엇인가?

이 질문들에 대한 답은 요인 구역의 포지션에 배치된 카드들이 알려 줄 것이다.

요인 포지션 해석은 본 주제 유형을 따라간다. 가령 요인이 "내부"일 때 본 주제가 자기 자신이면 자신의 생각과 내면의 감정을 보여 준다. 본 주제가 사건이면 그 사건의 내적인 역학 관계를 보여 준다. 즉 사건 내부나 배후에서 일어나는 일을 요인 포지션 "내부"에 배치된 카드가 보여 준다.

11장에 20여 개가 넘는 요인 포지션을 소개한다. 각 포지션에는 대극
짝이 있다. 예를 들어 요인 포지션에 "알고 있음"과 "알지 못함"이 있다.
"알고 있음" 포지션에 나온 카드는 본 주제가 알고 있는 것을 보여 주고,
"알지 못함" 포지션에 나온 카드는 본 주제가 모르고 있는 것을 보여 준
다. 상반된 영향력을 비교할 수 있게 두 요인을 짝으로 넣는 일은 매우
흥미롭다. 카드 배치 순서는 위에서 아래로 향한다. 대극 짝이 있을 경
우 옆에 나란히 배치한다.

지침 포지션

지침은 특별한 포지션이다. 다른 모든 포지션이 주제에 대해 중립적
이고 생생한 그림을 보여 주는 것에 반해, 지침 카드는 당신 내면의 조
언자로부터 나오는 지혜의 관점을 제공한다. 개인적 조언을 얻을 수 있
도록 항상 지침 포지션을 넣을 것을 권한다. 요인(있는 경우) 구역 가장
아래쪽에 주변에 공간을 더 주고 배치한다.

∗∗ 주제 목록 만들기

다른 사람, 그룹, 삶의 영역, 상황 등 각 구역마다 당신 삶을 반영해서 주제
를 만들어 보자. 제5부에 실린 삶의 영역 예시들을 참조한다. 상황과 관련해
서는 당면 문제, 선택, 작업, 사건 등을 고려한다. 이렇게 만든 목록이 플렉스
스프레드를 리딩할 때 도움이 될 것이다.

11 장
플렉스 스프레드 만들기

플렉스 스프레드에 대해 어느 정도 친해졌으니 이제 리딩에 필요한 것들을 어떻게 만들고 사용하는지 살펴보자. 자신이 생각하는 레이아웃을 그려 보고 싶을 수 있으므로 필기구를 준비한다.

본 주제 선택하기

제일 먼저 리딩의 본 주제를 정한다. 알고 싶은 게 바로 떠오를 수 있지만, 확실치 않을 때는 2장의 주제 단락을 다시 읽어 본다. 주제 유형을 잘 고려한다. 다음은 몇 가지 염두에 둘 내용들이다.

자기 자신

자신의 관점에서 자신의 경험과 자기 삶의 면면을 알고 싶을 때 본 주제를 자기 자신으로 한다.

다른 사람

어떤 사람에 대한 관심 또는 고민이 있을 경우 그 사람에게 초점을 맞춘다. 기억할 것은 우리아 변개 존재료서이 그에 관한 절대적 진실이 아닌, 우리가 받아들여야 할 중요한 정보와 지침을 받게 될 것이다.

그룹

가족, 회사 등 그룹의 관점을 알고 싶으면 본 주제를 그룹으로 선택하는 것이 가장 좋다.

삶의 영역

특정 인물이나 상황으로 인한 것이 아닌, 일반적으로 자신이 특별히 관심 갖는 삶의 영역이 있으면 이를 본 주제로 한다. 제5부에 있는 삶의 영역 목록을 참조한다.

기간

특정 기간 내 모든 인물, 이슈, 사건 등이 관심사라면 본 주제를 기간으로 하는 게 좋다.

상황

선택을 해야 하거나, 자신이 연루된 특정 사건, 현재 제일 관심 있는 것 등이 있을 경우 본 주제를 상황으로 정한다.

이제 본 주제 포지션에 라벨을 붙여 자신만의 새로운 플렉스 스프레드를 그려 보자. 첫 번째 카드를 놓을 자리에 숫자 1을 지정한다. 그림 15(401쪽)는 플렉스 스프레드를 만드는 과정을 설명하기 위한 예시다.

자신의 농구팀을 리딩한다고 가정하고 본 주제를 "나의 농구 팀"이라는 라벨을 붙인다. 주제 유형이 그룹임에 유의하자.

관련 주제 선택하기

이제 관련 인물/그룹, 삶의 영역, 상황 등 이 세 구역에 넣을 포지션을 정해 보자. 원하면 어떤 구역은 건너뛸 수 있다.

관련 인물/그룹

본 주제와 관련된 인물/그룹을 모두 고려하고 가장 관련성이 높은 걸 선택한다. 고려한 인물들을 모두 포함시킬 경우 다루기 어렵고 오히려 역효과가 난다.

본 주제가 자기 자신이 아닐 때는 맨 왼쪽 포지션 2에 "나"를 포함시킨다. 그리고 자신이 원하는 대로 인물/그룹 포지션을 정한다. 플렉스 스프레드 도면에 순서대로 포지션을 표시하고, 어디에 누구로 정했는지도 확실히 기록한다.

"나의 농구 팀" 관련 인물/그룹 포지션에는 나(2), 나의 코치(3), 나의 중요한 라이벌인 로켓 팀(4)을 넣었다.

삶의 영역

이제 본 주제와 관련해 알고 싶은 삶의 영역을 추가한다. 라벨을 붙여 포지션을 추가하면서 위에서 아래로 번호를 매긴다.

예시에서는 팀의 건강 문제를 자세히 알고 싶어 건강만 넣었다(5).

상황

상황 구역에는 문제점, 선택, 할 일, 사건 등을 포함시킬 수 있다. 레이아웃에 이들의 포지션 라벨을 적고 위쪽에서 오른쪽으로 번호를 매긴다.

포지션마다 라벨을 표시하는 것은 중요하다. 리딩이 시작되면 이들의 정확한 의미를 잊어버리기 쉽기 때문이다. 예시에는 두 가지 상황을 넣었고, "팀의 동기 부족"(6)과 "로켓 팀과의 다음 경기"(7)로 라벨을 붙였다.

요인과 지침 선택하기

마지막으로 요인과 지침을 정한다(413-433쪽 참조). 이들 포지션에 익숙해지려면 시간이 걸린다. 시간이 흐르고 경험이 쌓이면 관련성 높은 걸 정하는 시간은 단축될 것이다.

요인을 너무 많이 포함시키지 않도록 한다. 자칫 다루기 어려운 스프레드가 될 수 있다.(하지만 정교한 플렉스 스프레드 리딩은 깊이 탐구하는 재미가 있다.) 지금은 배우는 단계이니 천천히 진도를 나가고, 요인은 몇 가지 정도로 제한한다. 가능하면 대극 짝을 포함시켜 그들의 상호 작용을 익힌다.

번호를 매기면서 요인 포지션을 추가하고 라벨을 붙인다. 첫 번째 요인을 맨 위에 놓는다. 대극 짝을 포함시킬 경우 바로 오른쪽에 배치한다. 첫 번째 요인 아래에 그 다음 요인을 놓고, 그 오른쪽에 대극 요인을 배치한다. 이런 식으로 자신이 정한 모든 요인을 배치할 때까지 반복한다. 지침은 요인 구역의 맨 아래 중앙에 주변 공간을 더 주고 배치한다.

예시에는 요인 세 가지와 지침을 포함시켰다. 세 요인은 "비활동"(포지션 8), "안정"(포지션 9), 그 대극 짝인 "붕괴"(포지션 10)로 정했다. 비활동 요인은 팀의 동기 부족 문제를 알고자 넣었다. 그리고 팀을 안정시키고 붕괴시키는 것이 무엇인지 알고 싶었다. 그리고 늘 반가운 지침 포지션(11)을 넣었다.

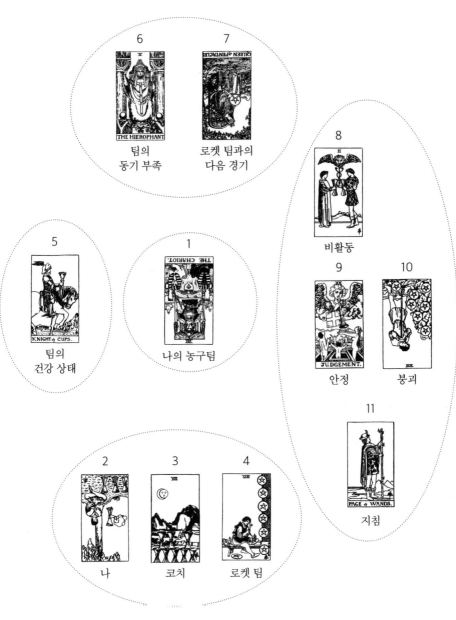

그림 15 플렉스 스프레드 리딩 예시

레이아웃 익히기

이제 리딩에 사용할 플렉스 스프레드가 모두 구성되었다. 가능한 한 레이아웃을 암기한다. 포지션을 시각화하고 카드 배치 순서를 기억한다. 리딩이 시작되면 디자인한 레이아웃대로 하는 것이 중요하다. 한 번 정한 라벨이나 포지션을 중간에 바꾸거나 건너뛰지 않는다. 의도를 보다 명료하게 하고, 집중하기 위해 혼란을 줄 만한 일은 하지 않는다.

명료함은 타로에서 매우 중요하다. 아무리 강조해도 지나치지 않다! 레이아웃을 잘 이해하고 있으면 리딩은 물 흐르듯 흘러갈 것이다. 익숙해지면 세부 과정보다 직관에 주의를 기울이게 된다. 그렇다고 리딩할 때 그려 놓은 레이아웃을 참고하는 것을 부담스러워할 필요는 없다.

처음에 레이아웃을 정하고 배우는 데 시간이 걸리겠지만 갈수록 과정은 수월해진다. 리딩을 준비하는 사이에 최상의 레이아웃이 저절로 떠오를 것이다. 다양한 경우들에 자신에게 잘 맞고 선호하는 레이아웃들이 점차 쌓여 갈 것이다.

예시로 든 "나의 농구 팀"이라는 플렉스 스프레드 리딩이 어떻게 전개되는지 살펴보자. 당신은 팀이 연패하고 있어 리딩을 하기로 했다. 당신은 자신과 팀에게 동기 부여가 부족하다고 감지한다. 특히 로켓 팀과의 중요한 경기를 앞두고 있어 무슨 일이 일어날지 알고 싶다.

그림 15에 당신이 뽑은 카드가 있다. 본 주제 포지션에 나온 '전차' 역방향 카드가 당신 머리를 강타한다. 이길 가능성은 낮지만 그래도 희망적이다! 승리가 완전하게 나타나지는 않지만 잠재되어 있다.

'4 컵' 역방향 카드는 당신을 보여 준다. 당신은 확실히 냉담한 감정이었지만, 역방향이 그 감정이 현재 희미해지고 있음을 보여 준다. 코치는 지치고 "희망을 잃은" 것 같다(8 컵). 팀의 패배로 그는 기가 꺾였다.

팀의 건강 상태는 썩 좋지 않다. '나이트 컵'이 선수들의 "건강 상태가 썩 양호하지 않고", "분위기 변화에 취약"할 수 있음을 암시한다.

설상가상으로 로켓 팀은 "열심히 일하고", "지속적으로 성과를 내고" 있는 것 같다(8 펜타클).

카드들이 희망적으로 보이지 않는데 승리의 씨앗을 어떻게 틔울 수 있을까? 동기 부족 문제를 직접적으로 다루는 '교황' 카드에 그 가능성이 있다. 견고한 그룹 정체성이 절실히 필요한 상황이다. 선수들은 "팀의 일원으로 일해야" 하는데 지금 그 부분이 활동하지 않고 있다(2 컵). "함께 일하고", "공유하는" 에너지가 보류 상태다.

팀은 또 방향 전환에 비관적이다('7 펜타클' 역방향). 이것이 팀을 붕괴시키는 요인이다. 그러나 "정직한 평가"를 통해 "새로운 방향으로 나아갈" 수 있다(심판). 이것이 팀에 안정적 토대를 제공하고, 팀을 더 단단하게 해 줄 것이다.

상황이 기적적으로 바뀐다면 더할 나위 없이 좋겠지만, '퀸 펜타클' 역방향은 현재 로켓 팀과의 경기가 목표를 향한 시작일 뿐임을 암시한다. 상대 팀은 "모든 장애물을 잘 피하고", "수완이 좋을" 것이다(퀸 펜타클). 비록 그 힘이 크지 않더라도 말이다(역방향).

승리의 열쇠는 '페이지 완드'에 있다. 주어진 순간을 "자신감"과 "열정"의 기회로 바라볼 때 동기 부족 문제를 해결할 수 있다. "의심의 여지없이 움직이고", "성공에 초점을 맞춰라".

✱✱ 요인들 실습해 보기

요인들에 익숙해지기 위해 매일 하나씩 선택해 집중해 본다. 413쪽부터 실려 있는 각 요인 설명을 참고한다. 해당 부분을 읽으면서 그 속성이 자기 자신, 다른 사람, 사건, 상황 등에 어떻게 표현될지 생각해 본다. 일상생활을 하면서 그 요인이 존재하는 걸 인식하려고 노력한다. 예를 들어, "장해"는 자신을 좌절하게 만들거나 제한을 두는 모든 것들에 주목해 볼 수 있다. "종료"는 쇠퇴하거나 멀어지는 것들을 관찰해 볼 수 있다.

✱✱ 플렉스 스프레드 만들어 사용하기

앞에서 설명한 플렉스 스프레드 레이아웃을 참조해 자신만의 레이아웃을 디자인해서 리딩해 보자. 리딩을 마친 후 그 레이아웃이 잘 작동했는지 알아보기 위해 다음 질문에 답해 본다.

- 원하는 통찰력을 얻었는가?
- 포지션이 너무 많거나 적지 않았는가?
- 내가 정한 포지션에서 이야기를 끌어내는 게 수월했는가?
- 내가 정한 요인들이 얼마나 유용했는가?

나중에 참고할 수 있게 자신이 만든 플렉스 스프레드와 기록을 모아 둔다.

플렉스 스프레드 연속 리딩

연속 리딩은 일련의 주제를 깊이 탐색해 볼 수 있다. 전제 조건은 간단하다. 리딩이 끝나고 다음 세션으로 이어 갈 것인지 결정한다. 이어가기로 했으면 첫 번째 리딩의 관련 주제 구역에서 나온 카드들 중 하나를 선택한다. 그 카드가 새 리딩의 본 주제가 된다.

연속 리딩은 항상 직전 리딩에 나온 관련 주제 카드를 기반으로 한다. 카드 라벨과 유형을 그대로 유지한다. 상황 카드는 그대로 동일한 상황을 나타내고 관련 인물도 그대로 유지한다. 첫 번째 리딩에서 제프라는 관련 인물 카드를 새로운 리딩이자 두 번째 리딩의 본 주제로 삼을 수 있다.

또 다른 예로, 자기 자신을 본 주제로 삼아 직업, 연애, 건강 등 세 가지 삶의 영역을 리딩했는데 직업 포지션에 '탑' 카드가 나왔다고 하자. 왜 이 카드가 나왔는지 궁금하지 않은가? 새로운 본 주제가 '탑' 카드가 되어 연속 리딩을 통해 탐색해 볼 수 있다.

연속 리딩 과정은 다음과 같다.

새로운 본 주제 정하기: 먼저 잊어버리지 않기 위해 첫 번째 리딩에 나온 카드들을 기록한다. 새로운 본 주제가 될 카드를 선택해 옆에 놓는다. 나머지 카드는 남아 있던 덱과 합친다.

새 스프레드 디자인하기: 스프레드를 어떻게 할지 정한다. 어떤 모양이든 가능하다. 스프레드 규모는 첫 번째 리딩보다 작을 수도, 클 수도 있다. 또 기존 포지션 일부를 그대로 하거나 새 포지션을 추가할 수도 있다. 유일한 조건은 첫 번째 리딩에 나왔던 카드들에서 새로운 본 주제를 선택하는 것이다. 새 스프레드의 포지션, 라벨, 배치 순서 등을 기록한다.

연속 리딩 실시하기: 새로운 본 주제로 선택한 카드를 자기 앞에 놓는다. 포지션 1이 이 카드가 되므로 따로 뽑지 않는다. 이제 리딩 과정을 이어 나간다. 모든 과정을 그대로 할 필요는 없지만, 덱을 다시 셔플하고 컷하는 과정은 중요하므로 반드시 한다. 새 스프레드에 따라 카드를 배치한다.

시간이 충분하고 의향이 있는 한 연속 리딩을 계속할 수 있다. 세 번째 리딩의 본 주제는 첫 번째 리딩 또는 두 번째 리딩의 관련 주제들에서 선택할 수 있다. 어떤 걸 선택하든 그 주제들로 연결되는 연속 리딩이 만들어진다.

추가 지침을 위한 연속 리딩

연속 리딩은 추가로 지침을 얻고자 할 때 더욱 유용하다. 리딩을 하다 보면 어떤 카드는 수수께끼 같을 때가 있다. 그 카드가 중요하다는 것은 알겠는데 의미가 알쏭달쏭하다.

다른 카드들과 잘 어울리지 않을 때 연속 리딩을 해 볼 수 있다. 이 궁금증 카드가 새로운 본 주제가 되고 지침 포지션 하나를 추가한다.

예를 들어, 당신의 재정 상태를 리딩했다고 하자. 첫 번째 레이아웃에서 한 명의 관련 인물(나)과 두 요인(장해와 청산)을 지정했고, 그림 16과 같이 나왔다고 하자.

리딩은 대체로 이해된다. 당신의 씀씀이는 적절하고(절제), 재정 상태를 개선하기 위해 끊임 없이 노력했다(9 완드). 모든 부채도 요령 있게 청산했다(2 펜타클). 그런데 '10 펜타클'이 애매하다. 재정 관련한 장해 요인이 뭘까? 당신은 이 카드에 대한 추가 지침을 받기로 결정한다.

지침을 목적으로 첫 번째 리딩에서 어떤 카드든 가져올 수 있고, 관련 주제에 대한 제한도 없다. 여기서는 '10 펜타클'만 남기고 나머지 카드를 다시 셔플하고 컷한다. '10 펜타클'을 가운데에 놓고 오른쪽에 새 카드 한 장을 배치한다. 그림 16에서 두 번째 리딩에 나온 카드를 보자.

'7 컵'이 나왔다. 당신은 풍요를 향한 희망적인 생각들이 장해 요인임을 알았다. 돈 문제에서 자유롭고 싶다는 욕구가 불안감을 조성하고 있다. 이로써 '10 펜타클'에 대한 해석이 명료해진다.

리딩이란 특정 순간을 보여 주는 역동적인 이벤트다. 그 "순간"을 온전히 경험하는 일이다. 연속 리딩은 가능한 한 앉은 자리에서 모두 끝낸다. 그리고 다음 리딩으로 넘어가기 전에 직전 리딩을 기록한다. 그래야 패턴과 연결 고리를 찾을 수 있다. 종종 깊은 뜻이 있는 카드가 반복되어 나타나기도 한다.

연속 리딩을 많이 해 보고 싶은 유혹을 받는다. 카드들의 다양한 변장
에 매료된 나머지 리딩마다 시간을 할애하고 싶어진다. 이렇게 우리는
타로의 진행 과정을 존중하게 된다. 연속 리딩은 관심 주제를 더 깊이
파고들고, 관련된 것들을 다른 관점에서 볼 수 있는 기회다.

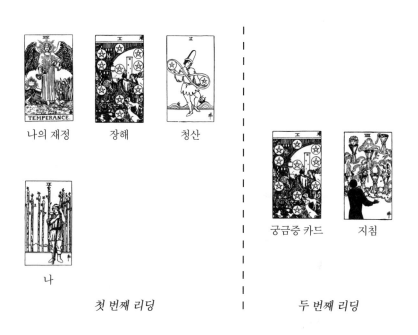

그림 16 추가 지침을 위한 연속 리딩

✲✲ 연속 리딩 연습하기

플렉스 스프레드 리딩을 한 후 연속 리딩을 할 만한 것이 있는지 살펴본다.
밀어붙이지 말고 자연스럽게 떠오르면 시도한다. 시간이 지나 두 리딩과 그
때 나온 카드들을 공부한다. 패턴과 연결점을 찾아보자. 연속 리딩 연습은 새
로운 차원의 통찰력을 제공할 것이다.

플렉스 스프레드 포지션 의미

여기서부터는 플렉스 스프레드 포지션에 관한 내용이다.

- 본 주제
- 관련 인물
- 관련 그룹
- 관련된 삶의 영역
- 관련된 상황
- 요인과 지침

각 포지션마다 키워드, 해설, 역방향 의미, 해석 예시, 위치 등을 설명한다. 그림 17에서 플렉스 스프레드 다섯 구역을 다시 한 번 살펴보자. 아래 예시는 해석 방법이다. "포용" 요인 설명에서(431쪽 참조) 가져왔다.

예시:

정치 집단은 외로운 늑대 스타일을 환영한다.

외로운 늑대 스타일[볼드체] = 예시 카드(7 소드) 의미 중 하나

환영한다[이탤릭체] = 요인인 "포용"의 의미 중 하나

<u>정치 집단은</u>[밑줄체] = 예시의 본 주제

■ 본 주제

키워드: 중요한 이슈, 핵심, 요점, 본질, 초점, 문제의 중심, 열쇠, 주요 생각, 본성, 정신, 골자, 제목

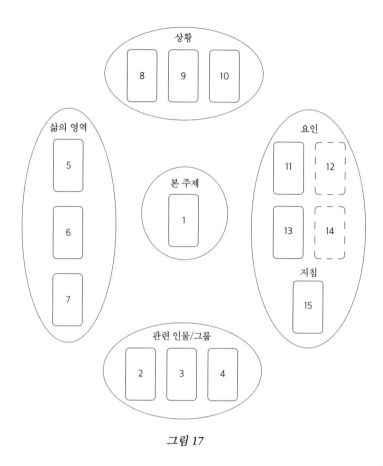

그림 17

해설: 이 포지션은 두 가지 목적을 지닌다. 첫째, 리딩의 본 주제를 상징하고 스프레드에서 살펴보려는 주제를 시각적으로 상기시킨다. 둘째, 리딩에서 본 주제의 일부 주요 특징을 보여 준다.

문제의 핵심을 포착하는 이 포지션은 리딩 주제의 핵심 또는 제목이라 할 수 있다. 그러나 늘 그런 것이 아닌 오직 그 순간의 중심 사안이다. 이 포지션에 나온 카드는 주제를 전체적으로 기술하기노

하고, 중요한 역할을 하는 어떤 특징을 가리키기도 한다.

역방향: 본 주제의 일부 특징이나 핵심 특징이 낮은 단계에 있다. 현재 완전히 발달하지 않은 상태다.

예시: 이탤릭체가 본 주제의 의미

지금 *내게 중요한 것은* **풍요**(여제)다.

<u>가족 문제의 본질은</u> **자기주장**(전차)에 있다.

<u>연애 분야에서</u> *핵심 플레이어는* **열정적이고 매력 있는 사람**(나이트 완드)이다.

<u>내가 있는 기숙사 집단의 특성은</u> **우애가 그리 돈독하지 않다**('3 컵' 역).

<u>10년 간 그 정신은</u> **거의 신봉되지 않고 있다**('교황' 역).

위치: 정가운데

■ 관련 인물

키워드: 접근, 기여, 본질, 주요 특징, 관점, 속성, 정신, 실체

해설: 이 포지션은 본 주제의 관점에서 관련 인물의 주요 특징을 보여준다. 관련 인물이 스스로를 어떻게 보는지 또는 제3의 인물이 관련 인물을 어떻게 보는지를 알려 주는 것이 아니다. 본 주제가 관련 인물에 대해 느끼고, 믿고, 기대하는 바를 보여 준다.

관련 인물 라벨은 "마크" 등 실제 이름이나 "나의 아들", "연구소 매니저" 등으로 붙일 수 있다. 본 주제가 내가 아닌 경우 관련 인물 포지션에 "나"를 포함시킬 수 있다.

역방향: 관련 인물이 본 주제에 대해 무언가가 낮은 단계에 있다. 그것이 무엇인지는 카드가 보여 준다.

예시: (이탤릭체가 관련 인물)

<u>내게는</u> *나를 지원하는 팀원이* **자신에게 몰입해**(4 컵) 있는 것으로 보인다.

<u>아널드는</u> 친구 아일린을 **현명한 상담가**(킹 컵)로 생각하고 있다.

<u>일주일 간</u> 내 이웃이 **걱정거리의**(9 소드) 근원지다.

<u>레너는</u> 내 조카가 **행동하기를 망설인다고**('마법사' 역) 생각한다.

<u>대표는</u> 직원이 **열심히 일하지 않는다고**('나이트 펜타클' 역) 생각한다.

위치: 본 주제의 하단

■ 관련 그룹

키워드: 접근, 기여, 본질, 주요 특징, 관점, 속성, 정신, 실체

해설: 이 포지션은 본 주제의 관점에서 관련 그룹의 주요 특징을 보여 준다. 관련 그룹이 스스로를 어떻게 보는지 또는 제3의 인물이 관련 그룹을 어떻게 보는지를 알려 주는 것이 아니다. 본 주제가 관련 그룹에 대해 느끼고, 믿고, 기대하는 바를 보여 준다.

관련 그룹 라벨은 "스털링 건축 회사" "나의 가족" "래리의 팀" 등으로 붙일 수 있다.

역방향: 관련 그룹이 본 주제에 대해 무언가가 낮은 단계에 있다. 그것이 무엇인지는 카드가 보여 준다.

예시: (이탤릭체가 관련 그룹)

<u>나는</u> 사무실 동료들이 퍽 **재미있다고**(2 펜타클) 생각한다.

<u>나의 손자는</u> 자신이 속한 보이 스카우트에서 **리더다**(3 완드).

<u>내 부서는</u> 회사가 **변화의 움직임**(운명의 수레바퀴)에 들어간 것으로 보고 있다.

<u>나는</u> 조카들이 **행동을 망설이는**('마법사' 역) 것 같다.

<u>그 선택은</u> 가족에게 **덜 번창한다는**('에이스 펜타클' 역) 의미일 수 있다.

위치: 본 주제의 하단

■ 관련된 삶의 영역

키워드: 접근, 기여, 본질, 주요 특징, 관점, 속성, 정신, 실체

해설: 이 포지션은 본 주제의 관점에서 삶의 영역의 주요 특징을 보여 준다. 삶의 영역은 일관된 영역으로 시간의 흐름에 따라 다른 사람, 그룹, 상황 등이 들어오고 나간다. 본 주제와 직접적으로 관련될 필요는 없지만 종종 그런 경우도 있다.

역방향: 관련된 삶의 영역이 본 주제에 대해 무언가가 낮은 단계에 있다. 그것이 무엇인지는 카드가 보여 준다.

예시: (이탤릭체가 삶의 영역)

나는 내 업무에서 **창의적일 것을**(페이지 완드) 격려받고 있다.

아들은 수술이 성공적으로 끝나자 건강이 **다시 살아나는**(심판) 것을 느낀다.

피정은 영적 차원에서 **더 깊은 의미를**(8 컵) 요구한다.

나는 새로운 관계에서 **매력을 거의 못 느낀다**('2 컵' 역).

친구는 자신의 재정에 대해 **생각을 거의 하지 않는다**('4 소드' 역).

위치: 본 주제의 좌측

■ 관련된 상황

키워드: 접근, 기여, 본질, 주요 특징, 관점, 속성, 정신, 실체

해설: 이 포지션은 본 주제의 관점에서 관련 상황의 주요 특징을 보여 준다. 문제, 선택, 프로젝트, 사건 등이 상황에 해당된다. 이 포지션에 나온 카드는 전체 상황이나 일부 상황의 특징을 제공할 수 있다. 본 주제와 직접적으로 관련될 필요는 없지만 종종 그런 경우도 있다. 라벨은 "나와 조셉의 의견 차이"처럼 본질을 포착해서 붙인다.

역방향: 관련된 상황이 본 주제에 대해 무언가가 낮은 단계에 있다. 그

것이 무엇인지는 카드가 보여 준다.

예시: (이탤릭체가 관련된 상황)

내 배우자와 관련된 자금 부족 문제에서 **차분한 외교술이**(킹 컵) 두드러
진다.

내 이웃은 책 집필 프로젝트가 **수익이 된다고**(10 펜타클) 판단하고 있다.

내게 언니의 분노는 **개인적 신념의**(연인) 시험대다.

회사는 무역 박람회에서 **역량 부족을**('3 펜타클' 역) 여실히 드러낸다.

직업 선택은 내 손자에게 **조정권이 없는 걸**('4 펜타클' 역) 의미한다.

위치: 본 주제의 상단

● ● ●

요인과 지침 포지션

다음은 있을 수 있는 여러 요인들과 지침 포지션에 대한 키워드, 해
설, 역방향 의미, 해석 예시 등이다. 요인 포지션은 모두 본 주제의 우측
에 배치한다. 지침은 요인 구역에서 맨 아래 가운데에 주변 공간을 더
두고 배치한다. 따라서 아래 설명에서 위치는 별도로 표기하지 않았다.

■ 강함

키워드: 풍부한, 커다란, 지배적인, 광대한, 가외의, 영향력 있는, 거대
한, 주요한, 강력한, 힘찬

해설: 강하다는 것에는 두 가지 차원이 있다. 즉 크기와 힘이다. 이 포
지션에 나온 카드는 본 주제에 대해 풍부하거나 강력한 무언가를
보여 준다. 강한 속성은 또 지배한다는 의미일 수 있다. 그 순간에
추가적인 힘과 영역을 갖고 있다.

반드시 속성 자체가 강한 것을 의미하는 것은 아니다. 그저 강한 상

태로 존재하는 것일 수 있다. 우리는 대개 강한 것이 더 낫다고 생각하지만 항상 그런 것은 아니다. 강한 속성이 환영받을 수도 꺼려질 수도 있지만, 쉽게 묵살하지는 못한다.

역방향: 본 주제에 대해 무언가의 낮은 단계가 강한 게 사실이다. 때로 무언가의 낮은 단계가 본 주제를 강화한다.

예시: (이탤릭체가 "강함"의 의미)

나는 **감각적 쾌락에**(9 컵) 대한 욕구가 *커지는* 걸 경험하고 있다.

그 문제의 *가장 두드러진* 특징은 **담보 상태라는**(2 소드) 점이다.

이런 위기에서는 **능력 있는 사람이**(퀸 펜타클) 특히 더 *중요하다.*

기술 부서의 능력 수준이 *상당히* **떨어진다**('3 펜타클' 역).

마샤는 **엄격한 통제가 약해짐으로써**('전차' 역) *기운이 나는* 게 느껴진다.

대극 포지션: 약함

■ 기여

키워드: 일으키는, 원인이 되는, 만들어 내는, 발생시키는, 영향을 미치는, 선동하는, 유도하는, 좌우하는, 고취시키는, 이끄는, 촉발시키는, 낳게 하는

해설: 기여하는 것은 본 주제의 현 상태를 있게 하는 데 도움을 준다. 현 상황에 영향을 주는 무언가를 보여 준다. 이 영향력이 중요한 것은 맞지만 많은 것들 중 하나일 것이다.

기여하는 것은 과거와 관련이 있다. 우리는 과거를 현재의 원인으로 생각하지만, 정확히 말하면 과거에서 현재로 넘어가는 우리의 에너지가 변화를 만든다.

역방향: 무언가의 낮은 단계가 본 주제의 현 상태에 기여하고 있다. 기여하는 것은 과거에서 현재까지 영향을 미치고 있는 무언가다.

예시: (이탤릭체가 "기여"의 의미)

나의 **진취적 기상**(킹 펜타클)이 지금의 <u>재정 상태</u>를 풍요롭게 하는데 *기여했다.*

모든 사람의 **방어적인**(9 완드) 성향이 <u>상황</u>을 악화시키는 데 영향을 *미쳤다.*

힘들었던(5 펜타클) 과거 기억이 <u>내가</u> 지나치게 조심하게 되는 연유다.

<u>프로젝트</u>가 침체에 빠진 것은 레너드가 **전심을 다하지 않은 데**('퀸 완드' 역) 원인이 있다.

나는 <u>일주일 간</u> 바빴던 덕분에 **고독할 겨를이 없었다**('은둔자' 역).

대극 포지션: 파생

■ 내부

키워드: 표면 아래, 눈에 띄지 않는, 내면의, 속으로, 내적인, 내재된, 보이지 않는, 뚜렷하지 않은, 숨겨진, 안쪽에

해설: 때로 겉으로 보이는 모습이 내면의 진실과 모순될 때가 있다. 이 포지션에 나온 카드가 본 주제의 내막을 노출시켜 그 내부를 엿볼 수 있다. 이 포지션은 피상성 너머의 더 깊숙한 곳을 응시한다. 가리고 있던 베일이 잠시 벗겨진다.

사람들의 생각, 감정, 의도를 보여 주기도 하고, 삶의 영역이나 상황에 깃든 내적인 역동성을 보여 주기도 있다. 가끔 내부 요인과 외부 요인이 동일할 때가 있고, 이런 경우 내부 카드는 리딩의 다른 카드들과 그 맥락이 일치한다.

역방향: 본 주제의 내부에 무언가가 낮은 단계에 있다.

예시: (이탤릭체가 "내부"의 의미)

<u>나는</u> *내 안에* 새 **자신감이**(에이스 완드) 솟아오름을 느낀다.

<u>아이들은</u> 속으로 굉장히 **흥분해**(4 완드) 있다.

<u>그 그룹에</u> **내재된** 역량은 매우 **풍부하다**(퀸 펜타클).

<u>내 친구는</u> 겉보기와 달리 속은 **덜 차가울**('나이트 소드' 역) 수 있다.

<u>회사에는</u> **낮은 수준의 기강이**('9 펜타클' 역) 숨겨져 있었다.

대극 포지션: 외부

■ 붕괴

키워드: 변화하는, 위협하는, 당황하게 하는, 혼란스럽게 하는, 교란시키는, 뒤엎는, 흔들어 대는, 바뀌는, 뒤섞는, 균형을 잃게 만드는, 전복시키는, 동요시키는

해설: 붕괴시키는 힘이 변화를 만든다. 그것은 현 상황을 뒤흔든다. 이 포지션에 나온 카드는 본 주제에 대해 유지되고 있는 질서를 전복시킬 무언가를 보여 준다. 본 주제가 지닌 속성일 수도 있고, 외부에서 오는 충격일 수도 있다. 강력할 수도, 유순할 수도 있다.

때로 그 힘은 파괴적이다. 어떤 경우에는 환영할 만한 변화를 가져온다. 불안을 조성하면서도 성장 기회를 만든다. 전복시키는 무언가가 도움이 될지는 그 순간의 조건들에 달려 있다.

역방향: 무언가의 낮은 단계가 본 주제를 붕괴시키거나 뒤흔든다.

예시: (이탤릭체가 "붕괴"의 의미)

<u>나는</u> **내려놓으라는**(거꾸로 매달린 사람) 요구에 혼란스럽다.

세부 사항에 집착하는(나이트 펜타클) 누군가가 <u>회사</u> 루틴을 흔들고 있다.

몇몇 **뉴스가**(8 완드) <u>행사장을</u> 어지럽히고 있다.

<u>대회장에서</u> **공개된 비리가 살짝 퍼져**('5 소드' 역) 협력 관계를 *바꿔* 놓고 있다.

카리스마 있는 리더가 물러나면('킹 완드' 역) <u>국가는</u> 불안해진다.

대극 포지션: 안정

■ 비활동
....

키워드: 경시되는, 나태한, 효력 없는, 저자세의, 미루는, 보류 중인, 방관하는, 활동하지 않는, 사용되지 않는

해설: 비활동 카드는 본 주제에 대해 지금은 효력이 없거나 사용되지 않는 무언가를 보여 준다. 존재하지만 보류 상태다. 기능하지 않는 속성이 다시 작동될 가능성은 있지만, 지금은 작동하지 않고 있다. 때로 전면에 나서지 않는 속성을 보여 준다. 존재하지만 현재로써는 에너지가 거의 없다. 어떤 상황이냐에 따라 비활동 상태가 반가울 수도, 걱정스러울 수도 있다.

역방향: 무언가의 낮은 단계가 본 주제에 대해 비활동 상태다.

예시: (이탤릭체가 "비활동"의 의미)

나는 평소에 하던 **정밀한 분석을**(나이트 소드) *하지 않고 있다.*

내 친구는 휴가 중이라 **책임을**(정의) *미루고 있다.*

정부는 일부 **규제를**(황제)*를 해제 중이다.*

내 상사는 자신의 **비관론을** 더 이상 *경시하지 않는다*('나이트 펜타클' 역).

이 프로그램에서 **거의 필요치 않은 합의가**('10 펜타클' 역) *제자리에서 맴돈다.*

대극 포지션: 활동

■ 새로움
....

키워드: 다른, 신선한, 갓 나온, 참신한, 익숙하지 않은, 독특한, 일반적이지 않은, 검증되지 않은, 시도차지 않은, 사용차지 않은

해설: 새로운 것은 기존의 것과는 다르다. 이 포지션에 나온 카드는

본 주제에 대해 참신하거나 익숙하지 않은 무언가를 보여 준다. 새로운 것이 조용이 나타났다가 주목받지 못하고 사라질 수도 있다. 또는 완전히 발달한 상태로 갑자기 나타나기도 한다. 예고 없이 모든 규칙이 달라지고 그게 뭐든 변화를 일으킨다.

또한 본 주제가 시도하지 않았거나 검증되지 않은 것일 수 있다. 이 새로운 접근법을 시도해 보기 전에는 원하는 변화가 일어날지 알기 어렵다. 그럼에도 새로운 성장을 위해 오래된 방식을 버릴 필요가 있다.

역방향: 무언가의 낮은 단계가 본 주제에게는 새롭다.

예시: (이탤릭체가 "새로움"의 의미)

<u>나에게</u> **번영을 누릴**(페이지 펜타클) 새로운 기회가 갑자기 찾아왔다.

아서의 검증되지 않은 발명품이 내가 보기에 **바보짓 같다**(바보).

최근 신입 직원이 *내 직장 생활에* **창의적인 기회를**(페이지 완드) 제공하고 있다.

<u>그 팀에게는</u> 이번 **첫 패배가**('5 컵' 역) 새로운 전개 상황이다.

<u>나의 상사는</u> **판단력이 떨어졌고**('심판' 역), 이것은 *새로운 정보다.*

대극 포지션: 오래됨

■ 시작

키워드: 새 장을 여는, 개시하는, 착수하는, 입장하는, 싹트는, 출산하는, 출범하는, 창시하는, 처음으로 접하는, 진출하는, 출발하는, 솟아오르는, 시동을 거는

해설: 시작은 출발 또는 개시하는 작용이다. 이 포지션에 나온 카드는 본 주제에 이제 막 유용해지는 무언가를 보여 준다. 그 속성은 전혀 새로운 것일 수도, 다시 등장하는 것일 수도 있다. 또 분명하게 드

러날 수도, 감춰져 있을 수도 있다. 새 씨앗이 심어졌지만 아직 징후가 보이지 않을 때가 있다. 시작되었다는 것을 알면 적극적으로 밀어주거나 반전시킬 기회가 있다.

역방향: 본 주제가 무언가의 낮은 단계를 경험하는 일이 시작된다.

예시: (이탤릭체가 "시작"의 의미)

나는 누군가에게 **선의를**(6 컵) *느끼기 시작한다.*

친척이 어떤 행동을 **후회하기**(5 컵) *시작한다.*

오늘 하루 누군가가 **추락하는**(탑) *첫 징후가 보인다.*

나는 아이가 대학에 들어간 뒤로 **엄마 역할을** 할 기회가 **줄어들기**('여제' 역) *시작하는 것을 느낀다.*

내가 가입한 북클럽에 **흥미를 잃기**('2 펜타클' 역) *시작한다.*

대극 포지션: 종료

■ 안정

키워드: 균형 잡힌, 차분한, 확립한, 확고해지는, 자리가 정해지는, 땅에 디딘, 질서 잡힌, 안전한, 정착하는, 원활한, 단단해지는, 흔들리지 않는

해설: 안정된 힘은 흔들리지 않고 차분하다. 극단으로 쏠리지 않게 한다. 제반 조건들은 안전하고 예측이 가능하다. 이 포지션에 나온 카드는 본 주제에 대해 균형을 이루고 있는 무언가를 보여 준다.

변화가 필요할 때 안정된 힘은 침체를 의미할 수 있다. 달갑지 않은 상황이 고착되거나 부진한 과정이 더 강화될 수 있다. 상황에 따라 안정시키는 에너지가 반가울 수도 꺼려질 수도 있다.

역방향: 무언가의 낮은 단계가 본 주제를 안정시키고 있다.

예시: (이탤릭체가 "안정"의 의미)

자연 속에(여제) 있는 것이 <u>내게</u> 안정감을 준다.

<u>나의 아들</u>은 유해한 관계에서 **벗어났기**(8 컵) 때문에 안전하다고 느낀다.

결국 그 일을 마주하겠지만, 어려운 결정을 **피한 것이**(2 소드) <u>나를</u> 차분하게 만든다.

<u>가족들</u>은 **갑작스런 변화가 줄어들자**('탑' 역) 안정감을 느낀다.

<u>사무실</u>은 **오만한 관리자가 해고된**('나이트 소드' 역) 후 안정되고 있다.

대극 포지션: 붕괴

■ 알고 있음

키워드: 익히 잘 아는, 인지하는, 파악하는, 의식하는, 익숙한, 잘 아는, 공공연한, 인지하는, 대중적인, 자각하고 있는, 인정받은, 이해되는

해설: 알고 있는 것은 인지하는 것이다. 무언가를 알려면 그 전에 먼저 드러나야 한다. 본 주제에 대해 알려진 무언가를 이 카드가 보여줄 수 있다. 그것은 더 이상 비밀이 아니다.

아는 것은 또 사실로 받아들이는 걸 의미할 수 있다. 이 포지션에 나온 카드가 본 주제에 관한 "일반적인 상식" 수준을 알려 줄 수 있다. 사실로 인정되는 것들이다. 아는 것은 또 이해하는 것을 의미한다. 우리가 무언가에 노출되었지만 아직 모를 수 있다. 그것을 알려면 먼저 다양한 각도에서 그 본질을 이해해야 한다.

역방향: 본 주제는 무언가가 낮은 단계임을 알고 있다. 본 주제와 관련한 무언가가 완전히 발달하지 않았음을 인지하고 이해하고 있다.

예시: (이텔릭체가 "알고 있음"의 의미)

<u>그룹</u>의 **은폐된 비리가**(7 소드) 폭로된다.

<u>나는</u> **방향 선회가**(7 펜타클) 계획된 것을 알고 있다.

그 <u>소송</u>은 **윤리성을**(킹 소드) 인정받은 변호사가 맡게 된다.

모두가 <u>신생 기업은</u> **실무 지식이 거의 없음을**('6 펜타클' 역) 인식하고 있다.

내 아내는 <u>건강상</u> **에너지가 떨어져 있음을**('퀸 완드' 역) 안다.

대극 포지션: 알지 못함

■ 알지 못함

키워드: 보지 못한, 숨겨진, 미지의, 신비에 싸인, 비밀의, 생소한, 모르는, 무의식의, 익숙하지 않은, 자각하지 못한, 인정받지 못한, 의심하지 않는

해설: 알지 못하는 것은 비밀스럽고 신비에 쌓여 있다. 감춰져 있거나 아직 노출되지 않았다. 본 주제가 아직 인식하지 못하는 것일 수 있다. 본 주제가 그 자신 또는 상황의 어떤 속성을 모르고 있거나 또는 맹목적일 수 있다.

알지 못하는 속성은 또 경험하지 못한 속성일 수 있다. 알려지지 않아서 낯설다. 때로 알지 못하는 것은 단순히 낯설고 당황스럽다.

역방향: 본 주제가 무언가가 낮은 단계에 있다는 사실을 모르고 있다.

예시: (이텔릭체가 "알지 못함"의 의미)

<u>나는</u> 내가 얼마나 **외로운지**(3 소드) 정말로 *의심하지 않는다.*

<u>내 배우자는</u> 내가 **결백하다는**(6 컵) 사실을 *모른다.*

<u>시위 단체는</u> **승리에**(전차) 대한 느낌이 완전히 *낯설다.*

<u>폴은</u> 자신이 **매력이 떨어진다는**('나이트 완드' 역) 걸 *전혀 모른다.*

<u>나는</u> 그 큰 행사에 대한 **계획이 거의 없음을**('3 펜타클' 역) *인지하지 못하고 있다.*

대극 포지션: 알고 있음

■ 약함

키워드: 약화시키는, 무력하게 하는, 효과적이지 않은, 부족한, 한정된, 낮은, 빈약한, 소수의, 힘없는, 줄어든, 거의 없는, 작은, 하위의

해설: 약하다고 하면 부정적인 느낌을 받는다. 우리가 강한 걸 동경하는 경향이 있기 때문이다. 하지만 이 포지션에 나온 카드가 꼭 약한 것만은 아니다. 단순히 본 주제에 대해 약한 상태라 덜 유용할 뿐이다. 때로는 힘이나 지구력이 바닥인 것을 의미한다. 쇠약한 상태. 또무언가가 본 주제를 약화시키거나 무력하게 만들 수 있다. 상황에 따라 약하다는 게 중요할 수도, 그렇지 않을 수도 있다.

역방향: 본 주제에 대해 무언가의 낮은 단계가 약한 게 사실이다. 때로 무언가의 낮은 단계가 본 주제를 어떤 식으로든 약화시킨다.

예시: (이탤릭체가 "약함"의 의미)

나는 수줍어하는 경향이 있어 **대담성이**(2 완드) 떨어진다.

선택에 **내 생각을 활용할 기회는**(페이지 소드) 미미하다.

내 파트너는 임무가 성공하리라는 **환상을**(문) 거의 갖고 있지 않다.

쉴 틈이 거의 없어('4 소드' 역) 내 건강이 안 좋아지고 있다.

리사는 **건강이 나빠졌다고**('절제' 역) 느끼지만 그 병은 심각하지 않다.

대극 포지션: 강함

■ 오래됨

키워드: 관습적인, 전통적인, 평범한, 전형적인, 예로부터, 구시대의, 시대에 뒤떨어진, 쇠퇴한, 보수적인, 케케묵은, 낡은, 유행이 지난, 진부한, 노후한, 지겨운

해설: 오래된 것은 오랜 세월 존재해 온 무언가다. 이 포지션에 나온 카드는 견디고 지속된 무언가를 보여 줄 수 있다. 오래된 것은 유서

가 깊다. 즉 역사와 가치가 있어 중요하게 평가된다.

때로 오래된 것은 유용성을 상실한 무언가다. 그것은 낡고 진부하다. 우리는 오래된 것을 존중하고 인정하지만, 어떤 때는 새로운 것에 자리를 내줘야 한다.

역방향: 본 주제가 오래되고 전통적인, 아마도 유행이 지난 무언가의 낮은 단계를 경험하고 있다.

예시: (이탤릭체가 "오래됨"의 의미)

나는 스스로를 **순교자라**(10 소드) 생각하는데, 이는 내 *오랜 버릇이다.*

나의 오래된 친구는 늘 **믿음직하고 변함이 없다**(킹 펜타클).

그 그룹 내 **무관심은**(4 컵) *오래되었다.*

전통적으로 이 행사의 참가자들은 **정직성이 떨어진다**('퀸 소드' 역).

사장은 자신의 **바람이 거의 이뤄지지 않는다는**('9 펜타클' 역) *사실이 지겨워진다.*

대극 포지션: 새로움

■ 외부

키워드: 명백한, 눈에 띄는, 전시된, 외적인, 대외적인, 뻔한, 공개된, 표면상의, 바깥의, 보이는, 출현하는, 드러난, 표면의, 겉에

해설: 이 포지션에 나온 카드는 본 주제의 겉으로 나타나는 속성을 보여 준다. 물리적인 것은 물론 그 이상의 것을 포함한다. 본 주제에 의해 눈에 띄거나 선명히 나타나는 것일 수 있다. 또 다른 사람에게 본 주제가 어떻게 전달되는지 보여 줄 수 있다.

때로 외부 세계와 교류하는 방식을 보여 준다. 내부 요인과 일치하지 않아도 겉보기에 사실인 것을 기술한다. 리딩에 나온 다른 카드들과 맥락이 일치하는지 살핀다. 일치하지 않을 경우 전체에 대한

설명이 아닐 수 있다.

역방향: 본 주제의 외부로 무언가가 낮은 단계에서 표현되고 있다. 외부에서 볼 때 본 주제가 어떤 속성을 많이 드러내지 않는다.

예시: (이탤릭체가 "외부"의 의미)

<u>나는</u> 겉보기에는 자신감 있는 **권위자의**(킹 소드) 모습이다.

이번 <u>사건은</u> *표면상* **정의 구현으로**(에이스 소드) 보인다.

<u>나의 목사님은</u> *외부적으로는* 깊은 믿음을 **추구하고**(은둔자) 있다.

<u>법정 소송이</u> 진행되는 동안 아스턴 판사는 **연민이 거의 없어**('힘' 역) 보인다.

다른 사람들에게 나는 <u>결혼 생활에서</u> **의견 불일치가 덜해**('5 완드' 역) 보이는 모양이다.

대극 포지션: 내부

■ 임시

키워드: 잠시, 덧없는, 극히 일순간, 일시적인, 비영구적으로, 당분간, 순간의, 지나가는, 잠정적인, 단기간의, 잠깐 머무르는, 깜짝할 사이의

해설: 임시라 함은 단기적 또는 잠정적임을 뜻한다. 이 포지션에 나온 카드는 본 주제에 대해 지속성을 기대할 수 없는 무언가를 보여 준다. 영구적인 해결책을 찾을 때까지 그 자리를 대신하는 미봉책이다.

끝까지 가기를 바라는 경우가 있겠지만 일시적일 뿐이다. 조건이 바뀔 것을 알고 있다. 때로는 인내해야 할 순간에 그 상황이 빨리 끝나 반가울 때도 있다.

역방향: 본 주제에 대해 무언가의 낮은 단계가 일시적이다. 어떤 속성

이 보다 줄었지만 잠깐일 뿐이다.

예시: (이탤릭체가 "임시"의 의미)

나는 비서가 잠시 자리를 비워 더 **자립적이어야**(9 펜타클) 한다.

출연자들이 **규칙을 따르지만**(교황) 오래가지 않는다.

오늘 내게 파트너와 **친해질 기회가**(에이스 컵) 잠시 있을 수 있다.

그 후보자는 굴욕적인 패배 이후 한동안 **오만함을 버렸다**('나이트 완드'
역).

그 업무를 혼자 하는 *짧은 시간 동안* **재미가 거의 없었다**('2 펜타클' 역).

대극 포지션: 지속

■ 종료

키워드: 중단하는, 마감하는, 끝맺는, 소멸하는, 사라지는, 마무리하
는, 떠나가는, 그만두는, 지나가는, 멈추는, 해치우는, 해산하는

해설: 우리 삶은 힘과 중요성이 오르내리는 에너지로 가득하다. 종료
는 하강하는 에너지다. 무언가가 멀어지거나 막바지를 향해 가고
있다. 이 포지션에 나온 카드는 활동을 했었지만 지금은 사라지는
무언가를 보여 준다.

이제 막 종료되었거나 한창 마무리되고 있을 수 있다. 우리는 하강
추세를 반가워할 수도, 저항할 수도 있다. 종료되는 것을 알면 그것
을 어떻게 처리할지 결정하는 데 도움이 될 수 있다.

역방향: 본 주제가 무언가의 낮은 단계를 경험하는 일이 끝나 간다.

예시: (이탤릭체가 "종료"의 의미)

나는 **가족을**(10 컵) *떠나려고* 한다.

상황의 **자기 이익에**(5 소드) 집중하는 걸 *그만둬야* 할 수 있다.

내 아버지는 **통제하려는**(4 펜타클) 욕구를 *내려놓을* 수 있다.

프로젝트에 박차를 가하면서 **열심히 일할 욕구가 낮은**('나이트 펜타클' 역) 상황은 종료된다.

오늘 기부금이 조금 늘어 **야박한 인심이**('별' 역) 끝날 것으로 보인다.

대극 포지션: 시작

■ 장해

키워드: 좌절시키는, 실망시키는, 짜증나는, 방해하는, 지체시키는, 규제하는, 중단시키는, 반대하는, 금지하는, 제한하는, 지연시키는, 더디게 하는, 방해하는

해설: 장해 에너지는 더디게 하고 방해한다. 앞으로 나아가는 모든 걸 막아선다. 이 포지션에 나온 카드는 본 주제의 진행을 방해하는 무언가를 보여 준다.

일반적으로 방해 에너지는 부정적으로 간주한다. 우리는 앞을 가로막는 것이 무엇이든 없애거나 무력화하려는 충동이 먼저 인다. 어떤 경우에는 그런 제지가 반가울 때도 있다. 일이 너무 빨리 진행될 때 도움을 받기도 한다. 우리 삶의 장해 요인을 없애기 전에 정말 방해하는지부터 확인한다.

역방향: 본 주제가 무언가의 방해, 차단, 제약을 낮은 단계로 느끼고 있다. 낮은 단계라서 본 주제에 장해가 되는 경우도 있다.

예시: (이탤릭체가 "장해"의 의미)

실패에 대한 **두려움이**(달) 나의 집필 계획을 *막고 있는* 느낌이다.

내 동료는 직장에서 **공격적인**(나이트 완드) 성향으로 스스로 *발목을 잡는다.*

믿으려는(페이지 펜타클) 내 욕망이 상황의 위험성을 인식하지 못하게 *방해한다.*

나는 이제 학위를 받았으므로 **낮은 교육 수준이**('교황' 역) 내 경력에 걸림돌이 되는 일은 더 이상 없다.

나의 좋지 않은 건강 상태가 **자립에 대한 희미한**('9 펜타클' 역) 갈망마저 좌절시킨다.

대극 포지션: 청산

■ 주변 환경

키워드: 주위 상황, 분위기, 둘러싸고 있는 것, 사회적 환경, 추세, 주변 정황, 배경, 외부 조건

해설: 주변 환경은 리딩하는 그 순간에 본 주제를 둘러싼 분위기나 조건을 기술한다. 주제의 "외적" 영역에서 영향을 미치고 있는 무언가를 보여 준다. 때로 이 포지션에 나온 카드가 일반적인 분위기 또는 풍조를 제공한다.

또 본 주제를 둘러싸고 일어나는 사건이나 활동을 보여 준다. 아직 분명하게 드러나지 않은 어떤 환경의 특징을 가리킬 수 있다. 우리를 둘러싼 주변 환경을 알아차리는 데 도움이 된다.

역방향: 무언가의 낮은 단계가 본 주제를 둘러싼 주변 환경에 있다. 분위기로 나타나는 게 거의 없다.

예시: (이탤릭체가 "주변 환경"의 의미)

내 주변에 풍부한 **자원이**(6 펜타클) 있다.

그 행사는 **축하하는**(4 완드) 분위기다.

내 딸은 분위기가 **평온한**(4 소드) 곳에서 지내고 있다.

그 팀은 경기에서 지고 나자 **참을성이 약해지는**('힘' 역) 분위기다.

미팅 분위기는 **감정 표출이 덜해**('나이트 컵' 역) 실리적이었다.

대극 포지션: 없음

■ 지속

키워드: 계속하는, 만성인, 오래가는, 내구력이 있는, 장수하는, 장기 간에 걸친, 영구적인, 끊임없는, 연장하는, 오래 끄는, 존속하는, 퇴색되지 않는

해설: 지속하는 것은 시간이 흘러도 계속되는 걸 의미한다. 때로 뿌리가 깊고 끈질기게 매달리는 힘이 있을 때 지속 가능하다. 이 포지션에 나온 카드는 지속력이 있는 무언가를 보여 준다.

지속되는 속성은 오랜 기간 있어 왔고 앞으로도 계속될 것이다. 또는 새로운 속성이 나타나 그 내구성을 입증할 것이다. 비록 영원한 것은 없지만 지속되는 속성은 생존에는 충분히 강하다.

역방향: 본 주제와 관련해 무언가가 낮은 단계에서 지속되고 있다. 일정한 지구력이 약하다.

예시: (이탤릭체가 "지속"의 의미)

나는 **관계가**(연인) *계속되어* 기쁘다.

내 병은 *오랜 기간을 함께 지낼* 좋은 **간병인이**(퀸 펜타클) 필요하다.

우리나라와 다른 나라 사이의 **휴전이**(2 컵) *영원하리라* 입증할 수 있다.

조직 내 **저급한 리더십이**('3 완드' 역) *계속 이어질 것으로* 보인다.

그레타에게는 *꽤 오랜 시간* **친해질 기회가 없었다**('페이지 컵' 역).

대극 포지션: 임시

■ 지침

키워드: 조언, 도움, 상담, 방향성, 깨우침, 조력, 의견, 견해, 권고, 제안, 지혜

해설: 지침 포지션은 리딩 메시지를 이해하는 데 도움이 된다. 내면의 조언자의 현명한 관점에서 나오는 통찰력을 제시한다.

이 포지션에 나온 카드는 새로운 접근 방식이나 주의 사항을 알려 줄 수 있고 또는 응원만 할 수도 있다. 오직 자기 자신만이 경우에 맞는 적절한 지침을 판단할 수 있다. 긍정적인 느낌이 들면 그 지침은 우리를 고무시킨다. 부정적인 느낌이 들면 경고 신호다. 어느 쪽이든 내면의 조언자는 우리 옆에 있으면서 도울 준비를 하고 있다. 지침은 우리에게 가장 이로운 방향을 제시한다고 볼 수 있다. 무엇을 하라고 하거나, 무엇을 생각하라고 하지 않는다. 우리가 숙고할 무언가로써 사랑의 지혜와 함께 제시한다. 내면의 조언자의 판단이 아니더라도, 우리는 늘 최선이라 여기는 방식으로 자유롭게 대응할 수 있다.

역방향: 내면의 조언자는 우리가 본 주제에 대해 무언가가 낮은 단계에 있다는 걸 이해하기를 바라고 있다. 우리에게 본 주제가 무언가를 충분히 경험하고 있지 않음을 인식할 것을 요구한다.

■ 청산

키워드: 촉진시키는, 조력하는, 보조하는, 진척시키는, 육성하는, 자유롭게 하는, 발전시키는, 제거하는, 앞당기는, 도움이 되는, 지원하는, 열려 있는, 증진시키는, 없애는, 장애물을 제거하는

해설: 청산하는 것은 장애물 제거를 의미한다. 무언가를 없앰으로써 자유롭게 나아갈 수 있다. 이 포지션에 나온 카드는 본 주제의 진행에 도움이 되는 무언가를 보여 준다. 본 주제를 지원하고 보조한다. 청산해서 새로운 길을 내거나 가던 길의 속도를 올릴 수 있다. 하지만 그것이 유리한지 해로운지는 상황에 따라 다르다.

역방향: 본 주제가 무언가의 낮은 단계에 조력을 받고 있다. 낮기 때문에 본 주제를 위한 길이 열린다.

예시: (이탤릭체가 "청산"의 의미)

새롭게 불타는 열정이(에이스 완드) 업무 성과에 도움이 된다.

지혜롭고 배려하는 친구가(킹 컵) 나를 도와주고 있다.

나의 갑작스런 **환호가**(6 완드) 내 작업에 물꼬를 트고 있다.

나는 오늘 **무력감이 덜해**('악마' 역) 많은 걸 성취할 정도로 *자유롭다.*

관계에서 생기는 많은 문제를 없애려면 **피해 의식을 덜**('10 소드' 역) 느끼는 게 도움이 된다.

대극 포지션: 장해

■ 파생

키워드: 유발되는, 발생하는, 기인하는, 잇따르는, 뒤를 잇는, 일이 있고 나서, 야기되는, 비롯되는

해설: 파생되는 것은 현재 안팎의 상황들로 인해 본 주제가 발생시키는 무언가를 보여 준다. 이 포지션에 나온 카드는 본 주제를 둘러싼 현 조건이 변하지 않는 한에서 가능성 있는 결과다.

결과 관련 포지션들은 늘 인기가 많다. 사람들은 앞으로 일어날 일들을 궁금해하지만 미래는 확실하지 않다. 이 카드는 실현 가능성 있는 것을 제시할 뿐이다. 상황에 따라 이 카드가 반가운 전개로 이어질 수도, 경고가 될 수도 있다.

역방향: 본 주제의 현 조건에 기인해 무언가의 낮은 단계가 파생될 수 있다. 파생된 어떤 속성이 약해질 수 있다.

예시: (이탤릭체가 "파생"의 의미)

그 상황의 사건이 **불화와 충돌을**(5 소드) *파생시킬* 수 있다.

지금 나에게 일어난 일로 **사랑의 기회가**(페이지 컵) *잇따를지* 모른다.

유명 인사가 사과를 표명했기에 *결국에는* **용서받을**(심판) 것이다.

내가 <u>의사를 가기로</u> 선택하면 **커뮤니티에서 나와야**('3 컵' 역) 하는 일이 발생할 수 있다.

<u>시장의</u> 현 상황은 **자금 부족으로**('10 펜타클' 역) 이어질 수 있다.

대극 포지션: 기여

■ 포용

키워드: 감탄하는, 찬성하는, 믿는, 갈망하는, 지지하는, 희망하는, 존중하는, 좋아하는, 높이 평가하는, 응원하는, 중시하는, 원하는, 환영하는, 바라는

해설: 포용하는 것은 안으로 받아들이는 또는 두 팔로 감싸는 걸 의미한다. 무언가를 받아들일 때 우리의 감정은 따뜻하고 긍정적이 된다. 그것을 자신의 일부로 만들고 싶어 한다. 이 포지션에 나온 카드는 본 주제가 중시하는 속성을 보여 준다.

긍정적인 호감은 단순 수용에서부터 열렬한 지지까지 다양하게 나타난다. 본 주제가 이미 갖고 있거나 원하는 속성일 수 있다. 심지어 가치 없고 도움이 안 된다고 여겼던 원하지 않는 속성을 포용하게 될 수도 있다.

역방향: 본 주제가 무언가의 낮은 단계를 포용하거나 원하고 있다.

예시: (이탤릭체가 "포용"의 의미)

<u>나는</u> 내 **초자연적인 능력을**(퀸 컵) *받아들이고 있다.*

<u>정치 집단은</u> **외로운 늑대 스타일을**(7 소드) *환영한다.*

<u>선택에는</u> **행동이**(마법사) 따른다는 걸 *인정해야 한다.*

지금 <u>패슈는</u> 자신의 **중독적인 성향이 덜**('악마' 역) *가치있다고 느낀다.*

그 <u>학교는</u> **자유를 제한하는**('4 완드' 역) 몇 가지를 *지지한다.*

대극 포지션: 회피

■ 활동

키워드: 살아 있는, 생기 있는, 활력 넘치는, 적극적인, 진취적인, 기능하는, 부지런한, 활기 있는, 바쁜, 활발한, 정력적인, 작업 중인

해설: 활동하는 의미 중 하나는 정력적이고 활기가 넘치는 것이다. 누군가는 바빠 움직일 때 활동적이다. 또 다른 의미는 기능하는 것이다. 기능할 때 무언가가 활동한다. 이런 의미들을 본 주제와 관련해 활동하는 무언가에 적용할 수 있다.

때로 휴면 중이던 어떤 속성이 지금 활동할 수 있다. 어떤 식으로든 건재하고 살아 있는 것은 분명하다.

역방향: 본 주제의 어떤 기능이 활동 중이나 낮은 단계에 있다.

예시: (이탤릭체가 "활동"의 의미)

나는 의무 이행에 있어 *적극적으로* **결정한다**(정의).

프로젝트에 대해 **비관적인 분위기가**(나이트 펜타클) *역력하다.*

배신이(3 소드) *특정한 날에 작동되려* 한다.

나의 파트너가 **저항을 덜하는**('7 완드' 역) 게 *여실히* 보인다.

그룹의 자리를 잡아 이제 *부지런히* **들썩이는 정도는 덜하다**('나이트 완드' 역).

대극 포지션: 비활동

■ 회피

키워드: 피하는, 거절하는, 거리를 두는, 기피하는, 빠져나가는, 두려워하는, 밀어내는, 삼가는, 저항하는, 물러서는, 꺼리는, 가까이 하지 않는

해설: 회피하는 것은 거절하거나 밀어낸다는 의미다. 우리는 두려워하거나 선호하지 않는 것들에 거리를 둔다. 사실이 아닌 듯, 존재하

지 않는 듯 행동한다. 이 포지션에 나온 카드는 본 주제가 저항 또는 부인하는 무언가를 보여 준다.

그 회피는 의식적일 수도, 무의식적일 수도 있다. 또 자신이 의도적으로 피한다는 것을 알 수도, 전혀 모를 수도 있다. 어떤 때는 동의하지 않으려고 피한다. 부정적으로 느끼고 적대감까지 갖는다. 단순히 어렵다는 이유로 멀리할 때도 있다.

역방향: 본 주제가 무언가가 낮은 단계에 있다는 사실을 회피 또는 부인하고 있다.

예시: (이탤릭체가 "회피"의 의미)

나는 나의 **힘이**(마법사) *내키지 않는다.*

내 배우자는 **순교자가**(10 소드) 되는 걸 *반대한다.*

누군가가 **거절을**(5 펜타클) 거부하는 바람에 가족의 삶이 *변하고 있다.*

그 상황에서 사람들은 **여행 규제에**('6 소드' 역) *반대한다.*

고교 야구 팀은 **덜 양심적이라는 걸**('퀸 소드' 역) *인정하기를 두려워한다.*

대극 포지션: 포용

우리의 삶은 진화하는 영혼의 서사에
깃든 한 편의 성장 일지다.

제5부
참고 자료

간단한 리딩 과정

일일 리딩 같은 스몰 스프레드를 사용할 때의 순서다.

- 덱을 1~2회 셔플한다.
- 덱 뒷면이 보이게 한 손으로 잡고 다른 한 손으로 그 위를 덮는다.
- 차분하게 집중하며 잠시 가만히 있는다.
- 내면의 조언자에게 필요한 지침을 요청한다.
- 뒷면이 보이는 덱을 그대로 자기 앞에 놓는다.
- 덱을 컷해서 왼쪽에 놓고 다시 쌓는다.
- 첫 번째 카드를 뒤집어 자기 앞에 놓는다.
- 스프레드 포지션이 둘 이상이면 카드를 계속 배치한다.
- 원하는 경우 리딩을 기록한다.
- 카드들을 덱과 합쳐 1~2회 셔플한다.

완전한 리딩 과정

자기 자신을 리딩할 때의 전체 순서다. 이미 2장(43쪽 참조)에서 설명한 내용을 정리한 것이다.

1단계 리딩의 본 주제를 선택하고 라벨을 붙인다.
2단계 리딩 장소에 원하는 물건들을 둔다.
3단계 분위기를 조성한다.
4단계 시작을 알린다.
5단계 카드를 셔플한다.
6단계 카드를 컷한다.

7단계 카드를 배치한다.

8단계 카드에 반응한다.

9단계 리딩을 해석한다.

10단계 이야기를 만든다.

11단계 요약문을 만든다.

12단계 마친다.

13단계 배운 교훈을 활용한다.

개별 카드 해석 과정

다음은 리딩에서 개별 카드(54쪽 참조) 의미를 알아내는 데 도움이 된
다.

1단계 이 카드 에너지는 어떠한가?

2단계 이 카드 에너지의 맥락은 무엇인가?

3단계 이 카드 에너지가 내게 얼마나 강하게 느껴지는가?

4단계 이 카드가 다른 카드와 짝을 이루는가?

5단계 이 카드가 그룹에 속해 있는가(72쪽 참조), 그렇다면 해석에 어
       떤 영향을 미치는가?

6단계 이 카드가 역방향이라면 에너지는 어느 단계인가?

7단계 위의 3단계에서 자신의 느낌과 카드 방향이 일치하는가?

8단계 이것은 반복되는 에너지인가?

9단계 그룹에 속한 카드라면(5단계), 카드 방향이 그룹 내 카드 의미
       에 영향을 주는가?

10단계 이 에너지로 무엇을 하고 싶은가?

질문 만들기

질문을 만들어서 리딩 주제로 할 수 있다. 가장 먼저 자신의 상황을 철저히 검토한다. 직접적이든 간접적이든 관련 인물을 모두 떠올린다. 마음이 자연스럽게 흐르게 둔다. 판단이나 검열하지 말고 문제를 살핀다. 아래 가이드라인을 기억한다.

책임 받아들이기: 예) 아버지에게 더 나은 생활 환경을 만들어 주기 위해 무엇을 알아야 할까요?

선택에 열려 있기: 예) 시어머니가 건강에 신경 쓰도록 어떻게 독려할 수 있을까요?

가장 세부적인 수준 찾기: 예) 사무실의 업무 흐름을 개선하려면 어떻게 할까요?

나에게 초점 맞추기: 예) 아서의 알코올 의존증 문제에 있어 나의 역할은 무엇인가요?

중립 유지하기: 예) 가사 노동에 대한 협동 정신을 키우려면 어떻게 해야 할까요?

긍정적이기: 예) 시합을 승리로 이끌 방법을 알도록 도와줄 수 있나요?

질문 시작에 유용한 방법:

~ 에 관한 통찰력을 내게 줄 수 있나요?

~ 에 대해 내가 무엇을 이해해야 할까요?

~ 의 의미는 무엇인가요?

~ 의 교훈이나 목적은 무엇인가요?

~ 의 밑에 깔려 있는 사정은 무엇인가요?

~ 에 대한 가능성을 어떻게 하면 높일 수 있나요?

~ 에 대해 나는 어떻게 할 수 있을까요?

피해야 할 질문:

"예"나 "아니오"로 답을 얻으려는 질문

"아마도~"로 시작하는 질문

"언제쯤~"으로 시작하는 질문

셔플 방법

카드 게임 방법: 카드 게임을 할 때 자주 사용되는 방법이다. 양손으로 카드를 절반씩 나눠 카드 뒷면이 위로 가게 쥐고, 탁자 위로 떨어뜨리면서 섞는다. 카드가 골고루 섞이지만 타로 카드가 게임 카드보다 커서 불편할 수 있다. 또 카드 중앙 부분이 휘면서 떨어지는 방식이라 카드를 거칠게 다룰 수 있다. 셔플로는 효과적이나 기계적인 마음으로 할 우려가 있다.

끼워 넣기 방법: 양손에 카드를 절반씩 나눠 쥐고 한쪽 절반을 다른 쪽 절반 사이사이에 산발적으로 끼워넣는다. 카드의 긴 모서리 쪽이나 짧

은 모서리 쪽을 잡고 할 수 있다. 손에서 손으로 많은 양의 카드를 잡을 수 있어 빠르고 효율적이다. 단, 카드 모서리가 닳을 수 있어 주의한다.

코비의 밀어 넣기 방법: 노머 코비Norma Cowie의 책에서 찾은 방법이다.[14] 카드에 최대한 손이 닿지 않는 방법이라 카드를 손상시키지 않고 완벽하게 섞을 수 있다. 카드 뒷면을 위로 하고 주로 쓰는 손에 쥔다. 엄지손가락으로 무더기의 상단에서 다른 쪽 손으로 카드를 밀어 넣는다. 이어서 또 밀어 넣되 새 무더기의 맨 아래로 밀어 넣는다. 그렇게 계속 위아래로 한번씩 번갈아 밀어 넣어 카드를 전부 옮긴다. 여기서 전체 덱을 주로 쓰는 손에 쥐고 처음부터 다시 한다. 처음에는 좀 어려울 것이다. 한 번에 너무 많은 카드를 밀어 넣으면 카드 몇 장이 떨어질 수 있다. 연습할수록 기술이 좋아질 것이다.

휘젓는 방법: 가장 기본적인 방법이다. 바닥이나 탁자 위에 모든 카드를 뒤집어서 휘젓기 시작한다. 그러려면 공간이 필요하다. 카드를 손상시키지 않는 좋은 방법이지만, 역방향을 고려하지 않을 경우 사용할 수 없다. 누군가는 이 셔플이 차분한 느낌이 덜해 거부감이 들 수 있다.

역방향 카드를 피하려면

모든 카드를 같은 방향으로 만들어 놓고 시작한다. 셔플 전에 덱을 나누거나 분리할 때 매번 두 무더기가 같은 방향을 향하게 한다.

역방향 카드를 얻으려면

셔플하기 전 덱을 나누고 가르면서 그때마다 무더기 중 하나는 180도로 돌린다.

삶의 영역

경력	투자	결혼 또는 파트너십
직업	돈	관계
천직	우정	연애
커뮤니티	건강	성적 관심
이웃	몸	영성 또는 종교
창의적 표현	물질적 환경	스포츠
재능	다이어트	자원봉사
가정 생활	운동	
재정	취미 또는 오락	

슈트 속성

네 슈트(완드, 컵, 소드, 펜타클)는 고유한 속성 또는 에너지를 갖고 있다. 뒤에 나오는 목록은(442-443쪽) 그 에너지를 느끼는 데 도움이 될 것이다. 각 목록은 슈트의 개성을 다양한 측면에서 보여 주는 단어들이다.

슈트마다 긍정 목록과 부정 목록이 있는데, 이런 분류가 좋다 나쁘다를 암시할 수 있어 이상적이지는 않다. 우리는 자신에게 미치는 영향에 따라 그 속성을 판단하려 한다. 우리가 쓰는 언어에 이런 판단들이 반영되어 있다. 타로는 상당히 중립적이다. 카드는 우리가 좋다 나쁘다 판단할 수 없는 에너지의 본질을 있는 그대로 보여 준다.

슈트 속성을 보는 관점 역시 우리의 상황과 개성에 따라 달라진다. 공격적인 게 좋은 걸까, 나쁜 걸까? 그때그때 다르다.

완드 – 긍정	완드 – 부정	컵 – 긍정	컵 – 부정
모험심이 강한	공격적인	심미적인	수심에 잠긴
적극적인	성급한	애정 어린	다치기 쉬운
맹렬히	자만심에 찬	상냥한	침울한
매력적인	물불 가리지 않는	온화한	현실 도피의
대담한	저돌적인	인정 많은	변덕스러운
열렬하게	무모한	침착한	취약한
힘 있는	허둥대는	이해심 많은	허약한
용감한	고집 센	연민에 찬	지나치게 감정적인
쾌활한	조심성 없는	관심 갖는	시무룩한
카리스마 있는	성마른	배려하는	과민한
매혹적인	화를 잘 내는	사교적인	신경질적인
씩씩한	참을성 없는	꿈꾸는 듯한	영향을 쉽게 받는
자신 있는	경솔한	감정에 호소하는	나태한
용맹스러운	충동적인	감정 이입하는	내향적인
창의적인	진중하지 못한	관대한	게으른
과감한	부주의한	친절한	감상적인
열심인	무책임한	마음이 고운	우울한
원기 왕성한	신경질적인	점잖은	의기소침한
정력적인	과신하는	치유하는	언짢은
열정적인	지나치게 열심인	인도적인	뚱한
생동감 넘치는	황급한	상상력이 풍부한	자기도취적인
외향적인	주제넘은	내면의	감정적이기 쉬운
불같은	신중하지 못한	친밀한	지나치게 정제한
강력한	무분별한	내성적인	까다로운
단호한	안절부절하는	직관적인	수동적인
고무시키는	불안정한	즐거운	음침한
두렵지 않은	자기도취적인	부드러운	부루퉁한
독창적인	피상적인	사랑하는	예측할 수 없는
마음을 끄는	불친절한	원만한	예민한
낙관적인	준비성 없는	자비로운	다루기 어려운
독자적인		순한	공허한
사교적인		기분 좋은	심술궂은
갈망하는		온순한	흐리멍덩한
위험을 무릅쓰고		참을성 있는	
자기 확신에 찬		평화로운	
자신만만하게		민감한	
굽히지 않는		정신적인	
겁먹지 않는		조용한	
충심으로		정제된	
		공명하는	
		낭만적인	
		섬세한	
		감미로운	
		영적인	
		주관적인	
		달콤한	
		호의적인	
		이심전심의	
		연한	
		다감한	
		너그러운	
		이해하는	
		현명한	

소드 - 긍정	소드 - 부정	펜타클 - 긍정	펜타클 - 부정
분석적인	난해한	수완이 있는	고집이 센
논리 정연한	무심한	숙련된	무미건조한
기민한	오만한	능숙한	강제적인
권위 있는	독재적인	근면한	틀에 박힌
명석한	신랄한	관대한	단조로운
똑똑한	퉁명스런	능력 있는	비관적인
위엄 있는	냉혹한	조심성 있는	엄한
직접적인	빈정거리는	주의를 기울이는	시달리게 하는
분별력 있는	통제하는	유능한	완고한
감정에 좌우되지 않는	쌀쌀맞은	구체적인	유머 감각이 없는
공정한	비판적인	성실한	유연하지 못한
윤리적인	무시하는	일정한	다루기 힘든
편파적이지 않은	고립된	끈기 있는	타협 없는
거리낌 없는	거리를 두는	능률적인	물질주의의
숨김없는	독단적인	진취적인	황소고집의
정직한	거만한	신뢰할 수 있는	냉혹한
명예로운	강압적인	결연한	과도한
공평한	건방진	실제적인	집요한
예리한	둔감한	사실에 입각한	세련되지 못한
지적인	편협한	흔들리지 않는	지나치게 조심하는
정당한	단정적인	너그러운	지나치게 계획하는
섬세하게 인식하는	주장이 강한	유용한	평범한
박식한	위압적인	부지런한	완벽주의적인
학구적인	지나치게 합리적인	노력하는	고수하는
교양 있는	잘난체하는	충실한	염세적인
논리적인	외떨어진	꼼꼼한	옹고집의
명료한	무뚝뚝한	양성하는	고지식한
무게 있는	배려심이 없는	질서 있는	따분한
정신적인	정이 없는	체계적인	융통성 없는
도덕적인	냉담한	공들이는	심각한
객관적인	감수성이 둔한	참을성 있는	움직이지 않는
주의 깊은	무자비한	실용적인	거만하게 완고한
솔직한		생산적인	지루한
꿰뚫는		숙달된	양보 없는
총명한		신중한	겁이 많은
눈치가 빠른		현실적인	대담하지 않은
합리적인		믿을 만한	꼬장꼬장한
이성적인		의지가 굳은	엄격한
영리한		자원이 풍부한	재미없는
정곡을 찌르는		책임감 있는	상상력이 없는
진실한		합리적인	무비판적인
편견 없는		솜씨 좋은	낭만적이지 않은
선입관이 없는		견고한	자발적이지 않은
견문이 넓은		안정적인	탄력적이지 않은
재치 있는		신념이 굳은	

변치 않는
견실한
불굴의
지지하는
오래 지속되는
면밀한
잘 믿는
기댈 수 있는
동요하지 않는

슈트 짝 의미

완드/컵
불/물
외부/내부
적극적/소극적
외향적/내향적
열정적인/섬세한
에로스/아가페
강렬한/부드러운
활기찬/조용한
호전적/평화적
개인/집단
경쟁적/협조적
행동/감정
공공연한/은밀한
직접적/간접적

완드/소드
불/공기
뜨거운/차가운
열정적인/유보하는
몰두하는/무관심한
카리스마 있는
　/권위 있는
당파적인
　/편파적이지 않은
영감/분석
예술가/비평가

완드/펜타클
불/흙
화려한/수수한
새로운/오래된
위험/안전
충동적/심사숙고
영감/노력
모험심이 강한
　/조심성이 많은
진보적/보수적
독창적/전통적
큰 그림/세부 사항
겉핥기식/철두철미
빠른/느린
낙관적/비관적

컵/소드
물/공기
감정/생각
우뇌/좌뇌
사랑/진실
감정/논리
직관/이성
가슴/머리
연결/분리
자비/정의
주관적/객관적
친밀감/거리감
맥코이McCoy
　/스폭Spock*

컵/펜타클
물/흙
영혼/물질
종교/과학
몽환적인/실제적인
상상/현실
섬세한/거친
유연한/강경한
부드러운/단단한
낭만적/실용적
감상적/사무적
놀이/일

소드/펜타클
공기/흙
이론/실천
추상적/구체적
정신적/육체적
정규 교육/일반 상식
사고/행위
아이디어/구현
완벽/타협
옳은 일/효과적인 일
이상/현실

(* 맥코이/스폭
영화 「스타 트렉」에 나오는
캐릭터로 맥코이는 감성이
풍부한 의사로, 스폭은 논
리적인 지휘관으로 나온
다. 옮긴이)

코트 카드 위계 짝 의미

킹/킹
성인/성인, 둘이 동등함
둘 다 성숙하고, 충분히
　성장한, 자아의 다른
　측면
남성성/남성성
킹의 속성이 배가 됨
외부 사건과 관련

퀸/퀸
성인/성인, 둘이 동등함
둘 다 성숙하고, 충분히
　성장한, 자아의 다른
　측면
여성성/여성성
퀸의 속성이 배가 됨
내면 상태와 관련

킹/퀸
남자/여자
남성성/여성성
외부/내부
적극적/소극적
외향성/내향성
직접적/간접적
강렬한/부드러운
개인/관계
행동/감정
~하다/~되다
논리/직관
경쟁/협력
강경함/온화함
공격/방어

킹 또는 퀸/나이트
성인
　/청소년 또는 젊은이
온건주의/극단주의
보수/진보
늙은/젊은
전통/참신
주류파/반대파
느린/빠른
신중한/대담한
안전/위험
안정적인/변하기 쉬운

킹 또는 퀸/페이지
어른/어린이
진지한/쾌활한
책임지는/태평한
자제하는/제멋대로인
위엄 있는/거리낌 없는
성숙한/유치한
계획적/즉흥적
닳고 닳은/때 묻지 않은
점잖은/눈길을 끄는
개미/배짱이

나이트/나이트
어른 또는 청소년
　/어른 또는 청소년
자아의 극단적인 양면
극단적인 두 입장
나이트 속성이 배가 됨

나이트/페이지
어른 또는 청소년
　/어린이
고학년/저학년
강렬한/유순한
강박적/느긋한
엄격한/명랑한
비관적/낙관적
복잡한/단순한
의문을 갖는
　/그대로 받아들이는

페이지/페이지
어린이/어린이
둘 다 어린이 같은 사람
페이지 속성이 배가 됨
행동하려는 강한 충동

부록 1 **바보의 여정**

바보의 여정Fool's Journey은 우리 삶의 여정을 은유적으로 표현한다. 메이저 아르카나 카드는 여정의 각 단계들을 보여 준다. 즉 개인이 자신의 온전함을 깨닫기 위해 체득해야 할 경험들이다. 22개의 이야기는 메이저 아르카나 카드 키워드를 토대로 하며, 카드 번호는 괄호 안에 있다.

바보

바보(0)는 카드의 시작을 연다. 그는 삶의 여정을 떠나는 우리의 모습을 대변한다. 그는 바보다. 순수한 믿음을 가지고 있기 때문이다. 천진난만한 영혼만이 온갖 위험과 고통이 잠재된 그 여정을 시작할 수 있다.

여행의 출발선상에서 바보는 다시 태어난다. 그는 날것이며 열려 있고 자발적이다. 0번 카드의 인물은 두 팔을 벌려 고개를 높이 들고 있다. 자신이 가는 길에 무엇이 오든 받아들일 준비가 되어 있다. 하지만 그가 건너려는 곳이 절벽 끝임을 인식하지 못하고 있다. 바보는 세상의 교훈을 배울 모험에서 맞닥뜨릴 고난을 알지 못한다.

바보는 나머지 메이저 아르카나와는 좀 구분된다. 제로(0)는 특별한 숫자다. 양수와 음수로 이뤄진 숫자 체계 정가운데 자리한다. 태생부터 자신의 우주 한가운데에 있다. 그는 이상하게도 비어 있지만(제로 상태) 앞으로 나아가 배우려는 열망으로 가득하다. 그러한 시작이 어리석은 짓처럼 보인다. 하지만 과연 그럴까?

마법사와 고위 여사제

여정에 나서자마자 바보는 마법사(1)와 고위 여사제(2)를 만난다. 그 둘은 우리가 인식하는 세상을 메우는 균형 잡힌 거대한 힘이다. 우리가 어떤 경험에 이름을 붙이면 그와 상반된 것이 자동으로 환기된다. 이는 물질계의 특징이다.

마법사는 양陽의 측면이다. 그는 창조적인 충동을 능동적이고 남성적인 힘으로 표현한다. 또 의식적인 자각이다. 마법사의 힘은 개인의 의지와 힘이 농축되어 세상에 영향을 미친다. 고위 여사제는 음陰의 측면이다. 그녀는 신비한 무의식이다. 창조적인 일들이 일어나는 비옥한 토대를 제공한다. 고위 여사제는 실현되지 않은 우리의 잠재된 힘이고, 행동 원리에 의해 표출되길 기다리고 있다.

양과 음이라는 단어는 "좋다", "나쁘다"가 아니다. 그런 표현은 인간의 구분법으로 타로에는 적용되지 않는다. 마법사와 고위 여사제는 그 가치와 중요성 면에서 완벽하게 동격이다. 균형을 위해 각각 필요하다. 우리는 자신의 부정적인 모습을 음陰, 즉 그림자로 볼 수 있다. 그러나 그림자가 없으면 빛을 볼 수 없고, 잠재력이라는 토양 없이 창조는 일어나지 않는다.

여제

바보는 성장하면서 점차 자신을 둘러싼 것들을 더 많이 인식한다. 대부분의 아기들이 그렇듯 바보는 따뜻한 사랑으로 자신을 키우고 돌보는 엄마를 제일 먼저 인식한다. 또 더 큰 의미에서 자양분을 제공하는 어머니 지구도 알게 된다.

여제(3)는 자연과 감각 세계를 의미한다. 아기는 만지고, 맛보고, 냄

새 맡는 모든 탐색들을 즐긴다. 보고 듣는 감각을 매료시키는 것이 아무리 많아도 그는 질리지가 않다. 여제의 지지로 우리를 둘러싸는 어머니 지구의 넘치는 자양분을 누리는 것은 당연하다.

황제

바보가 그 다음으로 만나는 인물은 황제(4) 모습을 한 아버지다. 그는 체계와 권위를 대변한다. 아기가 엄마 품에서 나오면 세상에는 정형화된 양식이 있다는 걸 배운다. 그 대상들은 예측 가능한 방식으로 반응하므로 우리는 그것을 탐구할 수 있다. 아이는 이치를 알아 가는 데서 오는 새로운 종류의 즐거움을 경험한다.

바보는 또 규칙과 맞닥뜨린다. 행복하려면 자신의 의지만 중요한 게 아니라, 특정한 행동 양식이 있음을 알게 된다. 그런 가이드라인을 강조하는 권위 있는 사람들이 있다. 바보는 이런 규정이 불만스럽지만, 아버지의 인내심 있는 지도에 따라 그들의 의도를 이해하기 시작한다.

교황

바보는 드디어 집을 떠나 더 넓은 세상을 모험한다. 그는 자신이 속한 문화의 신념과 전통을 접하면서 정규 교육을 받기 시작한다. 교황(5)은 성장하는 아이를 둘러싸고 정보 제공을 시작하는 구조적인 신념 체계를 대변한다.

교황은 심오한 지식과 진리를 이해하는 사람이다. 5번 카드에는 두 신봉자에게 축복을 내리는 종교적인 인물이 보인다. 아마도 그가 두 사람을 교회 신도로 입회시킬 것이다. 이런 이미지가 종교적 색채를 풍기지만, 사실상 모든 종류의 입문을 상징한다.

아이는 사회적 관습을 훈련받으며 특정 문화와 세계관의 일부가 된다. 그는 그룹과 동일시되는 것을 익히고 소속감을 알게 된다. 사회 관습을 배운 그는 이제 그것을 얼마나 잘 따르는지 보여 주는 걸 즐긴다.

연인

바보는 곧 새로운 두 가지 도전에 직면한다. 다른 사람과 성적으로 결합하고 싶은 강한 충동을 느낀다. 이전에는 대체로 자기중심적이었다. 지금은 그가 연인(6) 카드에 그려져 있는 사랑하는 사람과 균형을 맞추고 싶은 마음을 느끼고, 손을 뻗어 그의 반쪽이 된다. 그는 관계를 맺고 싶어 한다.

바보는 또 자신의 신념에 따른 판단을 해야 한다. 배우고 성장하며 순응하는 것으로 충분히 만족할 수 있다. 하지만 어느 순간 자신이 무엇을 가치 있게 여기는지 알아야 하고, 그러려면 솔직해져야 한다. 수용했던 통념들에 의문을 품기 시작해야 한다.

전차

바보가 어른이 될 때쯤 정체성은 뚜렷해지고 자기 통제도 어느 정도 가능해진다. 그는 훈련과 자제력을 통해 상황을 극복하는 내적 통제력을 발달시켜 왔다.

전차(7)는 바보가 지금까지 쌓아 올린 최고의 성취물이라 할 강력한 자아를 보여 준다. 7번 카드에는 승리를 거둔 인물이 말을 타고 자신의 세상을 진두지휘하는 위풍당당한 모습이 보인다. 그는 자신뿐 아니라 휘하의 모든 것을 확실히 통제한다. 지금 이 순간 바보는 자기 확신에 찬 성공이야말로 자기가 바라는 전부이고, 이에 자기만족을 느낀다. 그는 젊은 날의 확신에 찬 자신감이다.

힘

세월이 흐르면서 삶은 바보에게 새로운 도전을 안긴다. 그 중 어떤 것은 고통과 환멸을 일으킨다. 그는 힘(8)의 속성이 필요한 많은 상황들에 부딪힌다. 실패에도 불구하고 앞으로 나아갈 용기와 결의를 다질 수 있게 마음을 회복하지 않으면 안 된다.

바보는 또 끈기와 관용이라는 정적인 속성을 알게 된다. 그는 전차의 완고한 명령을 친절과 사랑으로 부드럽게 완화시킬 필요가 있다는 걸 깨닫는다. 가끔 바보는 자신을 포함한 모든 것을 통제할 수 있다고 생각할 때 과열된 열정이 밖으로 드러난다.

은둔자

머지않아 바보는 "왜?"라는 유구한 질문에 이끌린다. 단순한 호기심이 아닌 깊은 갈망에서 비롯된다. 인간은 고통을 겪다 결국 죽는데, 왜 사는가에 대한 답을 얻으려 몰두한다. 은둔자(9)는 심원한 진리를 추구하는 열망을 보여 준다.

바보는 자신의 감정과 동기를 알기 위해 내면을 살피기 시작한다. 그에게는 감각 세계가 더 이상 매력적이지 않다. 광기에 찬 사회 활동에서 벗어나 혼자 있는 시간을 추구한다. 때가 되면 조언이나 지침을 줄 만한 스승이나 인도자를 찾아 나설 수 있다.

운명의 수레바퀴

수없이 자신을 탐구한 이래 바보는 모든 것이 어떤 식으로 연결되는지 보기 시작한다. 패턴과 주기로 얼기설기 얽혀서 경이롭게 설계된 이 세상에 대한 비전을 갖는다. 운명의 수레바퀴(10)는 각 무문늘이 하나가 되어 조화롭게 작동하는 신비한 우주를 상징한다. 바보가 세상의 아름다움과 질서를 어렴풋이 알아차릴 때, 잠깐이지만 그가 찾고 있던 해답의 일부를 발견한다.

때로 그의 경험은 운명처럼 보인다. 우연한 만남이나 기적 같은 사건이 변화를 일으키기 시작한다. 바보는 이런 전환점으로 이끈 일련의 사건들에서 자신의 운명을 감지할 수 있다. 홀로 지내던 그는 다시 움직여 행동할 준비가 되었음을 느낀다. 그의 시야는 더 넓어지고 우주가 기획한 원대한 계획 안에 있는 자신을 본다. 그는 목적의식을 되찾았다.

정의

바보는 이제 그 비전이 자신에게 어떤 의미인지를 판단해야 한다. 지금의 자신을 있게 한 인과관계를 찾기 위해 지나온 삶을 돌아본다. 과거 행동에 대한 책임과 보상을 통해, 미래를 위한 공정한 여정을 확보할 수 있다. 정의(11)가 요구하는 것을 충족시킴으로써 과거를 청산할 수 있다.

바보에게는 결단을 내릴 시기다. 그는 중요한 선택을 앞두고 있다. 자신의 통찰력을 발휘할 것인가? 아니면 성장과는 거리가 먼 안일하고 무지한 존재로 돌아갈 것인가?

거꾸로 매달린 사람

바보는 의연하게 앞으로 나아간다. 그는 자신의 비전을 실현하기로 결심했다. 하지만 삶은 쉽게 길들일 수 있는 게 아님을 알게 된다. 머지않아 그는 개인적인 고난에 직면한다. 그 경험을 견디는 게 너무 힘들어 보인다. 이 불가항력의 도전은 그를 겸허하게 만든다. 포기하거나 내려놓는 것 말고 다른 선택지가 없다.

처음에 그는 패배감과 상실감을 느낀다. 모든 걸 희생했다고 생각했는데 그 깊은 곳에서 놀라운 진실을 깨닫는다. 통제하려는 몸부림을 멈출 때 비로소 모든 게 제대로 돌아가기 시작한다는 것을 말이다. 열려 있고 무른 상태로 있음으로써 내적 자아가 보내는 기적 같은 지지를 발견한다. 그는 경험과 싸우는 것이 아닌 내맡기는 법을 배운다. 놀라운 기쁨을 맛본 그는 삶과 함께 흘러가기 시작한다.

절박함과 압박감에서 해방된 바보는 마치 영원의 순간에 멈춰 있는 듯하다. 그의 세상은 완전히 뒤바뀌었다. 바보는 거꾸로 매달린 사람(12)이다. 겉으로 보기에 박해를 받는 것 같지만, 사실 그 어느 때보다 고요하고 평화롭다.

죽음

바보는 이제 낡은 습관과 진부한 접근 방식을 버리기 시작한다. 그는 살아가는 데 필요한 기본을 알기에 불필요한 것들을 쳐낸다. 그는 자기 삶에서 쓸모가 다한 부분을 버리는 일종의 끝을 경험한다. 새로운 자아가 성장하도록 허락하는 일은 익숙한 자아의 죽음을 받아들이는 일이다. 그래서 이 과정은 죽음처럼 보일 수 있다. 때로 이 혹독한 변화는 그를 짓누르는 것처럼 보인다. 하지만 마침내 그는 죽음(13)이 영원한 것이 아님을 깨닫고 일어선다. 그것은 그저 삶의 방식을 새롭고 더 만족스럽게 바꾸는 일이다.

절제

바보는 은둔자를 만난 이래 감정의 추가 사정없이 흔들려 왔다. 지금은 절제(14)라는 균형 잡힌 안정감을 사랑하고 있다. 그는 진정한 평정심과 균형 잡힌 마음이 무엇인지 안다. 극단적인 경험을 통해 중용의

미덕을 깨달았다. 바보는 자신의 모든 면면을 건강과 행복이 빛나는 중심에 완전히 통합시켰다. 강하지만 엄격한 전차(7)의 통치자와 비교해 14번 카드의 천사는 얼마나 우아하고 온화한가?[15]

바보는 조화로운 삶을 실현하는 데 있어 장족의 발전을 이뤘다.

악마

바보는 건강, 마음의 평화, 우아한 평정심을 갖게 되었다. 뭐가 더 필요하겠는가? 매일은 아니어도 바보는 존재의 깊은 수준을 탐구하고자 계속해서 용기를 낸다. 머지않아 그는 악마(15)와 대면한다.

악마는 우리 외부에 있는 악하고 해로운 인물이 아니다. 각자 어떤 수준에서 무지해 절망에 빠지는 내면의 문제다. 우리는 물질세계의 매혹적인 볼거리에 사로잡혀 노예가 된 사실조차 모를 때가 많다.

우리의 진정한 유산인 이 찬란한 세상을 모른 채 제한된 경험 안에서 살아간다. 15번 카드 속 연인은 사슬에 묶여 있다는 것을 묵인하고 있다. 쉽게 벗어날 수 있음에도 구속되어 있다는 것조차 깨닫지 못한다.[16] 연인처럼 보이는 그들은 자신들의 사랑이 편협된 것을 모른다. 이 무지의 대가가 절망이다. 이것이 내면 문제의 핵심이다.

탑

바보는 악마에게서 벗어나기 위해 어떻게 해야 할까? 그의 영향력이 뿌리째 뽑힐 수 있을까? 바보는 탑(16)이 암시하는 갑작스런 변화를 겪어야만 풀려날 수 있다. 탑은 우리 각자의 에고가 멋있다고 생각하는 것들로 쌓아 올린 요새다. 잿빛처럼 차갑고 바위처럼 단단한 이 요새가 우리를 보호하는 것 같지만 실상은 감옥이다.

종종 커다란 위기만이 탑의 성벽을 박살 낼 수 있는 괴력을 발휘한다. 16번 카드에는 탑을 강타하는 번개 같은 섬광이 보인다. 그것이 탑에 살고 있던 사람들을 죽음으로 내몰듯이 쫓아냈다. 왕관은 그들이 한때 자랑스러운 지배자였음을 암시한다. 이제 더 강한 힘이 그들을 겸허하게 만들었다.

바보가 자유로워지려면 이 혹독한 대격변이 필요할 수 있다. 결과적으로 그것은 고통스런 경험이 가치로 환산되리라는 계시다. 깊은 좌절은 눈 녹듯 사라지고 진리를 비추는 빛이 사방에서 뿜어 나온다.

별

바보는 고요한 평온에 젖어든다. 별(17) 카드의 아름다운 이미지가 그런 평온함을 잘 보여 준다. 카드 속 여인은 실오라기 하나 걸치지 않았고, 그녀의 영혼은 더 이상 위장한 채 숨지 않는다. 구름 한 점 없는 하늘에서는 별들이 빛을 내며 희망과 영감을 밝히는 등대 역할을 한다.

악마의 부정적인 에너지가 있던 자리에는 신뢰가 들어서고, 이에 바보는 축복을 만끽한다. 자신과 미래에 대한 믿음을 되찾았다. 기쁨으로 충만한 그는 온 세상에 아낌없이 베풀고 싶다는 소망이 생긴다. 그는 열린 마음으로 아낌없이 사랑을 쏟아 낸다. 거센 폭풍이 지나간 뒤 찾아온 이 평화가 바보에게는 마치 마법처럼 느껴지는 순간이다.

달

이 완벽한 안정감을 무엇이 방해할 수 있을까? 바보에게 또 다른 도전이 남아 있는 걸까? 사실 달(18)의 환영에 취약해진 건 그에게 찾아온 축복 때문이다. 바보가 느끼는 기쁨은 감정이다. 그의 감정이 긍정적이라 해서 정신적 명료함까지 뒤따르는 것은 아니다. 꿈⁴는 섯 같은 상황에서 바보는 환상, 왜곡, 진실에 대한 잘못된 심상에 쉽게 영향을 받는다.

달은 창의적인 상상력을 자극한다. 따라서 무의식에서 기포처럼 올라오는 기묘하고 아름다운 생각에 열려 있게 하지만, 깊은 차원의 두려움과 분노가 동반되기도 한다. 이런 경험이 바보에게는 상실감과 당혹감을 안겨 줄지 모른다.

태양

바보의 상상력은 태양(19)의 명료한 투명성에 의해 방향을 잡는다. 태양의 빛은 숨겨져 있는 모든 장소를 비추고 혼란과 두려움이라는 구름을 걷어 낸다. 그것은 다름 아닌 깨우침이다. 바보는 세상의 선의를 느끼고 이해한다.

지금 그는 맥동하는 에너지와 열의를 즐긴다. 별에서 맛본 열린 마음이 확신을 키우는 데 한몫했다. 19번 카드에서 바보는 벌거벗은 어린아이가 되어 말을 타고 기쁜 마음으로 새날을 맞이하러 나간다. 어떤 도전도 그리 두렵지 않다. 바보는 필요한 모든 걸 끌어당겨 원대한 일에 참여해 눈부신 생명력을 느낀다. 그는 자신의 위대함을 실감할 수 있다.

심판

바보는 다시 태어났다. 거짓 자아를 벗겨 내자 그의 빛나는 참나가 나타났다. 그는 삶의 한가운데에 두려움이 아닌 기쁨이 있음을 알았다.

바보는 용서받았다고 느낀다. 참나의 순수함과 선의를 깨닫고 자신과 다른 이들을 용서한다. 지난날의 실수가 후회되지만 본성에 무지했기 때문에 그랬다는 것을 안다. 정화되어 상쾌해진 그는 새로 시작할 준비가 되었다고 느낀다.

바보에게는 자신의 삶을 심도 있게 심판(20)해야 할 시기다. 살아온

날들을 평가하는 날이 왔다. 지금 그는 자신의 진짜 모습을 알기에 미래에 대비한 결정들을 할 수 있다. 소중히 간직해야 할 가치가 무엇이고, 내버릴 가치가 무엇인지 현명하게 선택할 수 있다.

20번 카드의 천사는 바보의 상위 자아Higher Self다. 천사는 바보에게 소명을 이행할 것을 요구한다. 바보는 자신의 진짜 소명, 즉 이 삶을 신청한 이유를 안다. 의심과 망설임이 사라진 그는 자신의 꿈을 따를 준비를 마쳤다.

세계

이 세계(21)에 다시 들어온 바보는 세상을 더 완벽하게 이해한다. 그는 자신의 이질적인 요소들을 통합해 온전함wholeness에 이르렀고, 새로운 차원의 행복과 만족감에 도달했다.

바보는 충만하고 의미 있는 삶을 경험한다. 미래는 무궁무진한 약속으로 가득하다. 그는 자신의 소명에 따라 세상에 적극적으로 참여한다. 자신의 재능과 능력을 나눔으로써 봉사하고, 하려는 모든 일이 잘될 것임을 안다. 그는 내면에서 오는 확신을 갖고 행동한다. 그런 이유로 그의 노력이 보상받을 수 있게 온 세상이 가담한다. 그는 많은 걸 성취한다.

* * *

바보의 여정은 전혀 바보스럽지 않았다. 참나를 찾을 것을 먼저 부추긴 자발적인 용기는 끈기와 정직함으로 재확립되었다. 지금 그는 이 세상에서 자신의 위치가 어디쯤인지 완벽하게 이해한다. 이 주기는 여기서 끝나지만 바보의 성장은 절대 멈추지 않을 것이다. 그는 곧 더 높은 차원의 깨달음으로 이어질 새로운 여정을 떠날 준비를 할 것이다.

다른 사람을 위한 리딩

몇 년 전 필자가 직장을 퇴사하던 날 작별 인사를 하러 동료 사무실에 들렀다. 우연히 타로를 언급했는데 그 자리에서 리딩을 부탁해 왔다. 그 시간은 우리에게 의미가 있었다. 그와 함께 일한 시간보다 리딩하는 그 30분이 그를 더 잘 알게 해 주었다.

타로를 배우기 시작하면 다른 사람으로부터 리딩을 부탁받을 것이다. 사람들은 그들 자신과 타로가 진행되는 과정을 궁금해한다. 이 새로운 국면에서 당신은 자신이 잘할 수 있을지 궁금해 기회에 응할 수도 있고, 망설이다 사양할 수도 있다.

기회가 오고 준비되었다는 느낌이 들면 해 볼 것을 권한다. 바쁜 현대 사회에 누군가와 함께 나란히 앉아 이야기를 나누는 일은 흔치 않다. 가능한 그런 기회를 받아들이되 중요한 한 가지를 기억하자. 자신을 능숙한 사람처럼 보이려 한다거나 인위적인 태도를 취하지 않는다. 있는 그대로의 모습으로 흥미로운 모험을 함께 할 상대방을 응원한다.

다음은 다른 사람을 리딩할 때 참조하면 좋은 몇 가지들이다.

탐구자

타로 문헌들에서 리딩을 요청하는 이를 "질문자(쿼런트querent, 라틴어)"라 부른다. 필자는 "탐구자seeker"라는 용어를 더 선호한다. 탐구자는 당신에게 리딩을 요청하고 스스로 살펴 소용이 되는 것을 찾는 사람이므로 더 잘 들어맞는다.

우리는 두 부류의 탐구자를 만나게 된다. 아는 사람(친구, 연인, 직장 동료 등)과 모르는 사람. 아는 사람의 경우 "실제" 관계를 의식하지 않을 수 없다. 어떤 식으로든 관계가 위태로워지지 않도록 노력한다. 카드와의 직접적인 경험에 집중함으로써 지금 이 순간에 머문다. 리딩이 둘 모두에게 지난 이벤트라 생각하고 다룬다.

탐구자는 갈망하거나 망설이고, 개방적이거나 폐쇄적이고, 조용하거나 수다스러우며, 재미있어하거나 우울해할 수 있다. 이런 차이에 대해 신경 쓰지 않는다. 단지 그들은 개성을 표현할 뿐이다. 단, 탐구자가 긴장하는 것 같으면 차분하게 안심시킨다.

탐구자의 목적

타로를 리딩할 때 우리는 신비를 마주한다. 누군가는 리딩을 떠올릴 때 강렬한 감정이 동반된다. 생애 첫 리딩이면 더욱 그렇다. 그들은 수년의 세월이 지나도 자세히 기억한다. 필자의 엄마는 열여덟 살 때 샌프란시스코 시내의 한 상점 앞으로 타로 리더를 찾아갔었다. 엄마는 평생 그 리딩을 자주 들려줬다. 즉흥적인 기분에 갔던 일이지만 엄마에게는 미지의 세계가 열리는 특별한 경험이었다.

탐구자들이 리딩을 요청하는 이유는 다양하지만 공통점이 하나 있다. 삶의 이면을 들여다볼 준비가 되었다는 것인데, 비록 본인들은 인정하지 않을지라도 가장 평범한 사람조차 그런 목적에 이끌려 온다. 관심 없는 사람은 결코 그 길에 들어서지 않는다. 그러므로 리딩은 항상 탐구자의 요청이 선행되어야 한다. 절대 리딩을 강요하거나 부추겨서는 안 된다. 통찰을 얻으려는 갈망은 탐구자로부터 나와야 한다.

내면의 조언자

타로를 리딩할 때는 네 "실체"가 참여한다. 당신, 탐구자, 그리고 그들 내면의 조언자들.

당신 내면의 조언자는 리딩하는 내내 당신 옆에 있다. 당신은 내면의 조언자의 도움으로 탐구자에게 직관의 메시지를 전하고, 탐구자도 자기 내면의 조언자의 도움으로 그 앎을 받아들인다. 당신을 포함한 이 네 실체가 함께 다양한 차원에서 의미 있는 이벤트를 만든다.

레이아웃 선택하기

대부분의 탐구자들이 만족하는 리딩 주제는 "나의 삶"이다. 다양하게 활용할 수 있기 때문이다. 특정 고민을 집중적으로 물어보는 이들도 있는데, 다른 사람을 리딩할 때 가장 흔한 유형일 것이다. 이때 탐구자의 관심사에 어울리는 본 주제와 유형을 선택한다. 이런 것까지 탐구자에게 요구하기는 어렵다. 그럴 경우 흐름에 방해가 될 수 있다. 하지만 당신이 선택한 걸 탐구자가 받아들일지 확인해야 한다.

순간순간을 빠르게 파악해 레이아웃을 정한다. 다음은 몇 가지 고려 사항들이다.

리딩 환경이 어떠한가?: 공개된 장소나 우발적 상황에서는 리딩을 "가볍게" 한다. 개인 리딩을 깊게 하는 것은 사적인 기회에 하는 게 좋다.

시간을 얼마나 쓸 수 있나?: 시간이 문제가 될 경우 스몰 스프레드를 이용해 서두르는 느낌 없이 마무리할 수 있다.

탐구자가 명시한 목적이 있는가, 있다면 무엇인가?: 가능하면 탐구자가 리딩을 통해 알고 싶은 것이 무엇인지 말하게 한다.

탐구자에 대해 무엇을 알고 있는가?: 탐구자에 대해 아는 바를 유념하되, 선입견이 되지 않도록 한다. 늘 보던 그들이 아닐 수 있다!

"섬광" 같은 예비 리딩이 있었나?: 리딩 전에 섬광처럼 직관이 꽂힐 때 알아차리도록 한다. 리딩하는 자리에서 올 수 있고, 심지어 며칠 전에 올 수도 있다. 할 수 있다면 이것을 레이아웃에 포함시킨다.

나의 에너지가 충분한가?: 자신의 에너지 정도를 판단한다. 피로할 경우 복잡하고 깊은 리딩은 피한다. 또 많은 사람들을 연달아 리딩할 계획이라면 레이아웃을 단순하게 한다.

자신이 잘 아는 다양하게 기능하는 레이아웃을 몇 개 준비한다. 그대로 사용하거나 상황에 따라 조정할 수 있다. 좋은 레이아웃은 다양한 영역에서 열린 통찰력을 얻을 수 있게 해 준다.

시간이 된다면 몇 가지 삶의 영역을 주제로 사전 리딩을 짧게 해 볼 수 있다. 이 중에서 탐구자가 흥미를 보이는 게 있으면, 후속 리딩에서 그것을 본 주제로 할 수 있다.

과정

　2장에서 소개한 리딩 과정을 따를 수 있지만, 기록하고 요약문을 작성하는 단계는 시간이 많이 소요되므로 생략한다. 그 작업 때문에 흐름이 끊길 수 있다.

　다른 사람을 리딩하는 별도의 덱을 준비할 것을 권한다. 가능하면 탐구자가 직접 카드를 셔플하고 컷하게 한다. 그에게 카드를 건네고 그만하고 싶을 때까지 셔플하라고 말한다. 그러고 나서 직접 카드를 컷할 것을 안내한 뒤 카드를 건네받는다. 탐구자가 컷하고 나서 잡은 카드 방향을 유지한다.

　당신은 카드를 배치해야 하는데, 이때 탐구자와 같은 방향에서 카드를 볼 수 있게 옆에 나란히 앉는다. 이렇게 앉는 것이 공유를 더 잘되게 해 준다. 맞은편에 앉아야 한다면 카드를 두 사람이 손쉽게 볼 수 있도록 배치한다.

당신 역할

　짐작하겠지만 다른 사람을 리딩할 때 나오는 모든 카드는 탐구자 관점에서 나오는, 그를 위한 메시지다. 타로 리더로서 당신 역할은 탐구자가 카드를 통해 발견할 수 있도록 돕는 것이다. 전문가가 아니어도 이 목표에는 얼마든지 도달할 수 있다! 중요한 것은 돕겠다는 열망이다.

　당신 자신에게서 떨어져 탐구자에게 집중하는 것이 비결이라면 비결이다. 이게 말은 쉽다. 당신 에고는 아래와 같은 "그럴 듯한" 생각을 일으켜 당신을 성가시게 할 것이다.

　"내가 뭘 하는지 모르겠어."

"내가 뭐라고… 난 그저 입문자일 뿐인데."

"그 해석은 정말 어설프기 짝이 없어."

"그는 나의 노력에 전혀 만족하지 않는다고."

"다른 타로 리더들이 나보다 훨씬 낫지."

"이번엔 정말 훌륭했어. 멋진 인상을 남겼어."

"내가 이런 걸 할 수 있다니, 난 특별해."

당신 에고는 이처럼 "도와주려는" 언급을 많이 할 것이다. 그런 생각들이 올라오면 그저 미소 지으며 지나가게 내버려 두자. 그리고 다시 탐구자에게로 돌아간다. 경험이 쌓일수록 당신 자신을 더 많이 잊을 수 있다. 역설적으로 들리겠지만, 그럴수록 더 자신감이 생기고 편안해진다.

탐구자가 자유롭게 참여하는 분위기를 조성한다. 참여하고 싶지 않은 사람도 있겠지만, 적극적으로 자기 목소리를 내려는 사람도 있다. 당신이 무얼 하고 있는지 탐구자에게 장황하지 않게 적절한 선에서 말해 준다. 진실하되 긍정적이어야 한다. 어떤 일이 꼭 일어난다는 식으로 말하지 않는다. 그걸 알 수 있는 사람은 없다. 탐구자에게 미래에 대해 희망적인 방향성을 남긴다.

당신 내면의 조언자에게 자주 도움을 요청한다. 당신이 믿고 마음을 열면 무엇을 할지 알려 줄 것이다. 그 현명한 조언을 신뢰하라. 리딩이 잘 진행될 거라는 걸 알아라.

** 에고 의식하기

일상생활 중에 자신의 에고가 언급하는 것들을 의식하는 연습을 해 보자. 주로 자기 자신을 비판하거나 과대 포장하는 생각들이다. 이런 생각들이 떠오르면 그것을 인정하고 부드럽게 밀어낸다. 생각에 매이지 말고 조용히 지나가게 둔다. 원한다면 그 생각들을 현명하고 사랑스런 내면의 조언자에게 보낼 수 있다. 이 연습은 다른 사람을 리딩할 때 도움이 될 것이다.

⁑ 가상 리딩

자신에게 익숙한 스프레드를 선택한다. 가상의 탐구자를 리딩한다고 가정하고, 지금 내 옆에 가상의 탐구자가 앉아 있다고 상상한다. 실제라 여기고 자신의 역할에 몰입해야 효과가 있다. 실제로 리딩하듯이 느끼고 행동한다. 나중에 다른 사람을 리딩할 때 그 과정이 익숙하게 느껴질 것이다. 물론 실제 리딩은 예측할 수 없는 방향으로 가겠지만, 우리는 준비가 되어 있을 것이다!

세 리딩 사례
– 켈틱 크로스 스프레드

이 사례는 필자의 친구인 질Jill(가명)에 대해 1년간 세 번에 걸쳐 진행한 리딩 결과다. 한 여성의 실제 경험을 통해 새로운 요소와 지속되는 요소가 어떤 식으로 상호 작용을 하는지 볼 수 있다. 이들 리딩은 시간이 흐르면서 전개되는 양상이 타로에 어떻게 반영되는지 보여 준다. 리딩은 지금 이 순간을 포착하는 스냅 사진이다. 사건이 전개됨에 따라 스냅 사진도 바뀌겠지만, 이들을 연결하는 공통된 맥락이 있다. 사례를 제대로 경험해 보기 위해 카드 배치를 그대로 따라 해 보자.

첫 번째 리딩

질은 생후 11개월 때 입양되었다. 그녀는 생후 1년간의 일을 모두 알고 싶었다. 생모에 관한 정보를 얻기 위해 몇 달을 노력했고, 생모만큼은 아니어도 생부에 관한 정보도 얻으려고 노력했다.

입양 기관을 통해 알아내려 했지만 대부분의 정보가 그녀에게는 비공개라는 걸 알았다. 첫 번째 리딩을 했을 때, 질은 정보에 접근할 수 있는 권한을 얻기 위해 법적 절차를 밟기로 결심한 상태였다. 첫 번째 리딩에 나온 카드는 465쪽에 있다.

카드를 모두 뒤집었을 때 우리 둘 다 이 상황의 근본 원인이라 할 '3 소드'에 즉각 눈이 갔다. 이 카드는 질이 갓난아기 때 친부모에 이어 위탁 가정과도 갑자기 이별하게 되었을 때 느꼈을 아픔과 외로움을 완벽하게 대변한다. 칼 세 자루가—질, 친부모, 위탁 부모— 공동체적인 마음을 찌르고 있음에 주목하자.

이 카드가 지닌 배신의 의미도 중요하다. 질은 친부모 찾는 것을 말린 양부모, 좌절감을 준 입양 기관, 자기를 버린 친부모에 대한 무의식적인 원망 등 많은 이들에게 배신감을 느끼고 있다.

코트 카드가 많다는 건 균형의 필요성을 암시한다. 먼저 중앙에 있는 펜타클/컵 짝은(포지션 1과 2) 현실적이어야(펜타클) 한다는 자신의 다짐과 미래에 대해 꿈꾸고 있는 소망(컵) 사이에서 갈등하고 있음을 보여 준다. 이 주제는 향후 몇 달 동안 질의 주요 관심사가 된다.

'페이지 펜타클'은 질이 법적 절차에서 승소하고 자기 뿌리를 찾는 현실적 문제에 초점을 맞춰야 한다는 걸 보여 준다. 이와 반대로 '나이트 컵'은 질이 생모 찾는 일에 현실적이지 못한 꿈을 꾸고 있음을 암시한다. 이 카드가 감정적으로 중용을 이루지 못하고 있음을 암시한다. 나이트로써 질의 소망이 지나치게 낭만적임을 알려 준다.

질의 그 생각을 포지션 4에 있는 '퀸 컵'이 강화한다. 필자는 이 카드를 보고 "엄마"라는 단어가 바로 떠올랐다. 당시 상황에서 '퀸 컵'은 특별한 의미가 있었다. '퀸 컵'이야말로 질이 바라는 이상적인 엄마였다. 즉 완전한 사랑을 주는 다정한 사람. 이런 오랜 갈망이 그녀를 현 상황으로까지 밀어붙였다.

또 중요한 짝은 포지션 7과 8에 있는 '킹 소드'와 '나이트 펜타클'이다. '킹 소드'는 현재 질이 자신을 정직하고 정의로운 대리인으로 간주하고 있음을 암시한다. 그녀는 생후 1년간의 일을 아는 건 당연한 권리라고 생각한다. 또 리딩하기 전에 일주일간 소송에 필요한 의견서를 쓰면서 날카로운 분석, 지성, 글쓰기 능력 등 '킹 소드'의 능력을 이용했다.

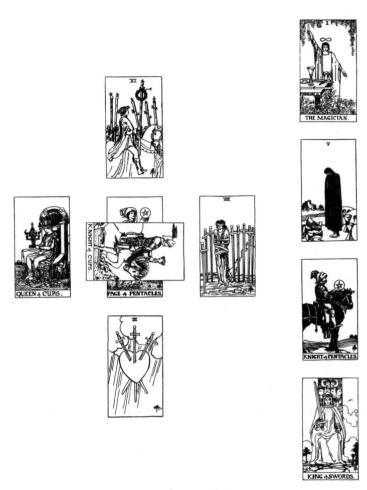

질의 첫 번째 리딩

'나이트 펜타클'은 다른 사람들이 질에 대해 지나치게 진중하고 추진력이 강한 사람이라고 생각하고 있음을 보여 준다. 그녀에게 얼마나 중요한 일인지 이해하지 못하는 그들로서는 질이 위태로울 정도로 집착한다고 판단하고 있다. 그 같은 견해는 타당하냐 아니냐를 떠나서 중요한 정보다. 왜냐하면 질이 입양 기관과 법적 절차와 멀어질 경우 원하는 정보를 얻을 수 없기 때문이다. '나이트 펜타클'을 통해 질이 중용을 지키고 합리적으로 접근해 유연성을 발휘할 필요가 있음을 알 수 있다.

포지션 9에 있는 '5 컵'은 전체 상황의 핵심이다. 친부모로부터 버림받은 질의 원초적 상실감에서 비롯된 상실감을 보여 준다. 이제 질은 생모가 어떤 사람이든 진정한 관계를 맺기 위해 이상적인 엄마에 대한 소망을 내려놓아야 한다. 질은 또 법정 소송에서 패소할까 두려워하고 있다.

포지션 6에 있는 '8 소드'는 앞으로 닥칠 혼란을 암시한다. 질은 자신의 상충된 감정을 균형 잡기 위해 노력하지만 무력감을 느낀다. 게다가 외부적 힘이 그녀가 부모를 찾는 것을 일시적으로 방해할 수 있다.

그럼에도 포지션 5와 10에 있는 '6 완드'와 '마법사'가 상황을 상당히 긍정적으로 볼 수 있게 한다. '6 완드'는 질이 소송이라는 장애물을 극복하고 승리하는 자신의 능력을 대한 의식적인 믿음을 보여 준다. '마법사'에 의해 예측되는 승리라는 결과에 도달할 것을 질은 잘 알고 있다. 이 리딩에서 유일한 메이저 아르카나인 '마법사'는 질이 목표를 구체화시키기를 기다리는 추가적인 힘의 규모를 보여 준다. 그녀가 내면의 힘을 키우고 의식적으로 상실감을 받아들인다면 멋지게 성공할 것이다.

두 번째 리딩

6개월 후 필자는 질의 상황을 혼자서 리딩해 보았다(468쪽 참조). 사건이 드라마틱하게 일어나고 있었기 때문에 타로가 하는 이야기를 듣고 싶었다.

첫 번째 리딩이 있고 몇 달 뒤, 질의 정보 공개 요청이 타당하다고 판단한 판사에 의해 입양 자료가 공개되었다. 질은 친부모가 사는 곳을 3주 만에 어렵게 찾아냈다. 생부는 처음에 질과 대화하기를 주저했다. 한편 생모는 갑작스런 만남 이후 먼 도시까지 찾아온 질을 따뜻하게 대해 주었다.

필자는 첫 번째 리딩에 반영된 긍정적인 결과가 현실에서 이루어졌음을 분명히 느꼈다. 질은 자신의 능력을 믿었고, 짧은 시일 내에 목표를 모두 이뤘다. 하지만 이 한 편의 드라마는 예상치 못한 방향으로 흘러가고 있었다.

질과 생모의 관계는 급속도로 가까워졌다. 둘이 함께 지내는 동안 생부가 다시 연락을 해왔다. 그녀의 친부모는 30년 만에 다시 만나 대화를 나누었고, 이내 처음의 로맨틱한 관계를 되찾았다! 리딩을 해야겠다는 생각을 한 것이 바로 이때다. 이 상황을 둘러싼 고양된 에너지가 무엇인지 이해하고 싶었다.

주제를 다음과 같이 적었다. "질, 생모, 생부 사이에 얽힌 극적인 드라마의 본질과 그 원인은 무엇인가?" 이것은 필자를 위한 리딩이었다. 질의 친구로서 그녀가 처한 상황에 대한 통찰력을 얻고 싶었다. 다음은 필자가 뽑은 카드들이다.

포지션 1에서 페이지를 다시 만난다. 질에게는 여전히 행동이 필요한 상황이지만, 이번에는 도전에 직면해 있다. 질은 자신에게 솔직하고, 용기와 냉철한 사고(소드)로 이 상황에 다가갈 수 있다.

포지션 2에 있는 '4 소드'는 이 시기에 자신을 어떻게 다스리면 좋을지 알려 준다. 자신의 행동과 동기를 면밀히 검토해서 롤러코스터 같은 감정에 대처할 수 있도록 평온하고 조용히 중심을 다잡아야 할 것이다.

포지션 3과 5에서 첫 번째 리딩과 연결되어 있는 걸 볼 수 있다. 포지션 5에 있는 '퀸 컵'은 다시 한 번 "이상적인 엄마"를 가리킨다. 질

두 번째 리딩

은 아직도 자신의 이상을 내려놓지 못했고, 오히려 더 강하게 자리 잡았다. 그녀는 많은 시간을 생모에 대한 생각과 감정에 할애하고 있다.

첫 번째 리딩에서 포지션 9에 있던 '5 컵'은 질의 정서적 상실감을 전환하는 게 이 드라마에서 중요한 교훈이었다. 그 카드가 두 번째 리딩에서 포지션 3으로 이동했다. 질은 자신의 출생에 대한 유감이 무의식 속에 확고하게 자리 잡은 것 같다. 마음 깊은 곳에 사랑하는 사람을 잃은 슬픔과 일어날지 모를 일들을 상상하고 있을 수 있다. 자신의 출생을 둘러싼 세 사람의 관계가 재연되어 다시 부모를 잃을지 모른다는 두려움이 촉발되었을 수 있다.

포지션 4에 있는 '3 펜타클'은 질과 친부모의 즐거웠던 관계가 과거가 될 수 있음을 암시한다. 이 카드에는 셋의 입장이 고스란히 담겨 있다. 두 명은 나란히 서 있고 나머지 한 명은 혼자 서 있다. 혼자 선 사람은 앞의 두 사람과 한 팀인지 알 수 없게 몸을 반쯤 틀고 있다. 필자가 그 인물의 오른손에 기울어진 컵에 주목한 것은 처음이었다. '5 컵'에서 본 쓰러진 컵들이 의미하는 상실감을 그대로 반영하고 있다!

포지션 6에 있는 '4 완드'는 축하할 일이 있음을 보여 준다. 질이 처한 상황에서 뭘 안겨줄지 모르지만, 아마도 가까운 미래에 즐거운 일이 있을 것으로 보인다.

포지션 7과 8은 메이저 아르카나 카드라서 비중이 더욱 커진다. 질과 주변 상황 간의 주요 갈등을 분명하게 설명한다. '연인' 카드는 질의 관점이다. 그녀는 거부당했던 사랑과 관계를 맺고 싶어 한다. 또한 생부와 생모가 연인 관계로 발전하는 사실을 받아들이고 있다.

안타깝게도 질이 처한 상황은 두려움이나 환영, 둘 중 하나일 것이다. '달'은 사건이 보이는 것과 다르고, 사람들이 의미 없는 말들을 할 때 일어나는 불확실성을 뜻한다. 의도적으로 속인다기보다 명쾌하지 않다. 누구도 해를 끼치지 않지만, 그 누구도 자신에게 진짜 필요한 것을 확신하지 못하고 있다.

포지션 10에 있는 '5 펜타클'은 질이 앞으로 닥칠 일종의 거절을 감지하고 있는 것 같다. 이 리딩에 전반적으로 나타나는 일체성의 부재가 추운 날씨에 소외되고 기피되는 이방인이 질 자신임을 안다는 걸 암시하고 있다.

어쩌면 질에게 힘이 되는 것은 진실이다. '페이지 소드'(포지션 1)는 명확성과 솔직함이 중요한 요구 사항임을 시사한다. 그동안 질은 난제들에 대비하고 싶었을 것이다. 필자가 보기에 포지션 9에 있는 '9 완드'는 질이 방어적일 필요가 있고, 숨겨진 여력을 끌어낼 준비를 해야 한다고 알려 준다. 가까운 미래에 축하할 일이 있을 수 있지만, 그 일이 질에게는 새로운 관계의 참된 방향을 찾는 어려운 시기가 될 수도 있다.

세 번째 리딩

세 번째 리딩(471쪽 참조)은 두 번째 리딩을 하고 5개월 후에 질과 함께 진행했다. 그동안 질의 생부가 생모를 방문했고, 둘 사이의 로맨틱한 관계가 꽃을 피우고 있었다. 얼마 후 질은 생모와 함께 생부가 살고 있는 먼 타지로 여행을 떠났다. 여행은 모녀에게 긍정적으로 작용했으나, 여행이 끝날 무렵 생부를 찾아간 방문에서 문제가 생겼다. 두 번째 리딩에서 예상한 거절을 질이 경험했다. 그날 밤 생부가 질을 문전박대했던 것이다. 둘 사이에 긴장감이 최고조에 이르자 질은 돌아왔다.

질의 생모는 여행에서 돌아오지 않았다. 생모는 생부와 함께 살려고 현 남편과 모든 재산을 버렸다. 그때부터 질과 친부모 사이에는 긴장감이 자주 맴돌았다. 드라마틱하고 두렵기까지 한 몇몇 일들로 질은 매우 당황했다. 질은 이 상황이 어디로 나아갈지 진심으로 알기를 원했고, 그녀가 작성한 질문은 이랬다. "앞으로 나, 생모, 생부의 관계는 어떻게 전개되나요?"

질이 뽑은 카드에는 여전한 그녀의 상황을 보여 주는 에너지들이 있

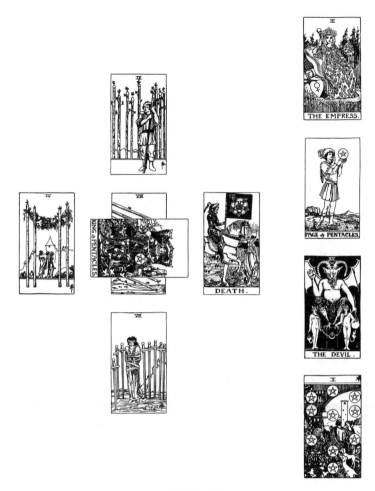

세 번째 리딩

었다. 네 장의 카드가 반복되고 있다. '8 소드'가 포지션 6에서(첫 번째 리딩) 3으로 이동했다. 첫 번째 리딩에서 미래에 닥칠 혼란이 세 번째 리딩에서는 현 상황이 토대가 되었다. 진은 지난 1년간 감정이 소용돌이가 워낙 심했던 탓에 무력감이 기본적으로 깔려 있었다.

'9 완드'가 포지션 9에서(두 번째 리딩) 5로 이동했다. 질은 자신을 돌보고 최악의 상황에 대비하라는 지침을 확실히 생각하기 시작했다. 상처받은 그녀는 감정적으로 강하게 방어해야 한다는 걸 알고 있다.

'4 완드'가 포지션 6에서(두 번째 리딩) 4로 이동했다. 재결합에 대한 축하는 사라져 가고 있다. 행복한 시간에 들뜨던 기분은 질의 인생을 관통했고 지금은 과거의 일이다.

포지션 7과 8에 있는 카드는 여전히 질의 소망과 부모 입장이 일치하지 않음을 보여 준다. 질은 안정되고 자리가 잡힌 가정 생활을 누리고 싶어 한다(10 펜타클). 보통 가족들처럼 평범한 일상을 누리는 바람 외에는 없다. 오직 그것을 지속할 방안을 원한다.

하지만 그녀의 부모는 '악마' 카드가 보여 주듯 집착 관계로 얽매여 있다. 질은 두 번째 리딩의 '연인' 카드에서 딸에 대한 부족한 사랑을 인식하지 못하는 두 영혼의 연대를 보았었다.

질에게 해결책으로 보이는 두 장의 카드가 있다. 하나는 포지션 1의 '8 완드'다. 이 카드는 조만간 결론이 날 수 있음을 보여 준다. 질은 신속하고 단호하게 행동함으로써 질질 끌던 일들을 매듭짓게 될 것이다.

또 다른 카드는 포지션 6에 있는 '죽음' 카드로 가까운 미래에 중요한 무언가가 끝이 난다. 어쩌면 셋은 이별의 고통을 겪을 수 있다. 아마도 질은 부모와의 관계를 새롭게 전환해야 할 것이다.

결과나 해결을 암시하는 포지션 10에 있는 '여제' 카드는 현 상황에서 긍정적인 신호다. 질이 원하는 이해심 많은 이상적인 어머니를 보여 주고 있어서다. '여제'는 모성애의 원형이다. 즉 모든 유혹을 물리치고 사랑을 주고 소중하게 아끼고 양육하는 능력을 의미한다. 질은 또 이 카드가 자신 역시 엄마 역할에 집중하라는 의미로 느껴졌다.

이 긍정적인 신호를 실현하려면 질은 어떻게 해야 할까? 열쇠는 두 장의 펜타클 코트 카드에 있다. 포지션 9에 있는 '페이지 펜타클'이 네 번째 반복 카드다. 첫 번째 리딩에서 포지션 1에 처음 등장했다. 자기 신뢰와 꿈을 실천하는 능력이 질의 교훈이었음을 강조하고 있다.

질은 여러 험난한 방해에도 불구하고 친부모를 찾았다. 하지만 자신이 꿈꾸는 것과 다른 현실을 보았다. 그녀는 자기 신뢰와 다른 사람에게 의존하지 않는 법을 배웠다. 포지션 2에 있는 '킹 펜타클'은 다른 사람이 구제해 주길 바라지 말 것을 알려 준다. 그녀는 견실함"과" 신뢰성이라는 원숙한(왕처럼) 펜타클의 속성을 계발해야 한다.

페이지는 질에게 자신의 힘을 당당히 주장하고 효과적인 해법을 찾으라고 격려한다. 친부모의 잘못과 한계에도 불구하고 그들과 관계를 맺으려면, 일단 질이 갖고 있는 이상적인 가족상을 버려야 한다.

이 리딩에는 출생에서부터 시작된 사람들과의 유대감과 사랑에 대한 것임에도 컵 카드가 한 장도 없다. 사랑과 감정에 관련된 카드가 전혀 없다. 사랑에 대한 교훈이 늘 쉬운 것은 아니다. 질에게는 도전의 모습을 하고 찾아왔다. 그 도전은 그녀로 하여금 내면에 축적된 것들을 끄집어 내어 더 강하고 현명한 사람으로 만들었다.

주석

1) Michael Dummett, *The Visconti-Sforza Tarot Cards* (New York: George Braziller, Inc, 1986), p. 13.

2) Cynthia Giles, *The Tarot: History, Mystery and Lore* (New York: Simon & Schuster, 1992), chapter 2 and 3.

3) J.A. and Magda Gonzalez, Native American Tarot Deck; Michael Tierra and Candis Cantin, The Herbal Tarot; Koji Furata and Stuart R. Kaplan, The Ukiyoe Tarot, all published by U.S. Games (Stamford, CT); and Juliet Sharmon-Burke and Liz Greene, *The Mythic Tarot*, a book and deck set published by Simon & Schuster.

4) Hermann Rorschach, *The Rorschach® Test* (Switzerland, Hans Huber, 1927).

5) Myers, B., *The Myers-Briggs Type Indicator* (Palo Alto, CA: Consulting Psychologists Press, 1962).

6) Italo Calvino, *The Castle of Crossed Destinies* (New York: Harcourt Brace Jovanovich, 1969).

7) Pollack, Rachel, *Seventy-Eight Degrees of Wisdom, Part 1* (London: Aquarian Press, 1980), p. 30.

8) For example, *Tarot of Marseilles* (Clumhout, Belgium: Carta Mundi, 1996). Distributed by U.S. Games.

9) Phrase from Judith Viorst, *Alexander and the Terrible, Horrible, No Good, Very Bad Day* (New York: Atheneum, 1972).

10) Dante Alighieri, *The Purgatorio*, John Ciardi, trans. (New York: New American Library, 1957), p. 123.

11) Paul Reps, compilator, *Zen Flesh, Zen Bones: A Collection of Zen and Pre-Zen Writings* (Tokyo: Tuttle, 1957), pp. 7-8.

12) Bunyan, John, *The Pilgrim's Progress.* Excerpt from the Norton Anthology of English Literature: vol. l, 3rd ed. (New York: W W Norton, 1974), p. 1780.

13) Konraad, Sandor, *Classic Tarot Spreads* (Atglen, PA: Whitford Press, 1985),

pp. 96-97

14) Cowie, Norma, *Tarot for Successful Living* (White Rock, British Columbia: NC Publishing, 1979), pp. 23 - 25. Used by kind permission.

15) Pollack, Rachel, *Seventy-Eight Degrees of Wisdom, Part 1* (London: Aquarian Press, 1980), p. 65.

16) Pollack, Rachel, *Seventy-Eight Degrees of Wisdom, Part 1* (London: Aquarian Press, 1980), p. 102.

참고 문헌

Abraham, Sylvia. *How to Read the Tarot: The Key Word System.* St Paul, MN: Llewellyn, 1994.

———. *How to Use Tarot Spreads: Answers to Every Question.* St. Paul, MN: Llewellyn, 1997.

Almond, Jocelyn, and Keith Seddon. *Understanding Tarot: A Practical Guide to Tarot Card Reading.* London: Aquarian, 1991.

Amaral, Geraldine, and Nancy Brady Cunningham. *Tarot Celebrations: Honoring the Inner Voice.* York, ME: Samuel Weiser, 1997.

Amberstone, Ruth Ann, and Wald Amberstone. *Tarot Tips.* St. Paul: Llewellyn, 2003.

Anonymous. *Meditations on the Tarot: A Journey into Christian Hermeticism.* Rockport, MA: Element, 1985.

Aviza, Edward A. *Thinking Tarot.* New York: Fireside, 1997.

Banzhaf, Hajo. *Tarot and the Journey of the Hero.* Boston, MA: Samuel Weiser, 2000.

———. *The Tarot Handbook.* Stamford, CT: U. S. Games, 1993.

Banzhaf, Hajo, and Elisa Hemmerlein. *Tarot as Your Companion: A Practical Guide to the Rider-Waite and Crowley Thoth Tarot Decks.* Stamford, CT: U. S. Games, 1999.

Berres, Janet. *Textbook of the Tarot.* Morton Grove, IL: International Tarot Society, 1990.

Braden, Nina Lee. *Tarot for Self-Discovery.* St. Paul: Llewellyn, 2002.

Burger, Evelin, and Johannes Fiebig. *Complete Book of Tarot Spreads.* New York: Sterling, 1995.

Clarson, Laura E. *Tarot Unveiled: The Method to Its Magic.* Stamford, CT: U. S. Games, 2002.

Connolly, Eileen. *Tarot: A New Handbook for the Apprentice.* North Hollywood, CA: Newcastle, 1979.

———. *Tarot: A New Handbook for the Journeyman.* North Hollywood, CA: Newcastle, 1987.

Cortellesi, Linda. *The User-Friendly Tarot Guidebook.* Worthington, OH: Chalice Moon Publications, 1996.

Cowie, Norma. *Tarot for Successful Living.* White Rock, Canada: NC Publishing, 1979.

D'Agostino, Joseph D. *Tarot: The Royal Path to Wisdom.* York, ME: Samuel Weiser, 1976.

Decker, Ronald, and Michael Dummett. *A History of the Occult Tarot: 1870 – 1970.*

London: Duckworth, 2002.

Denning, Melita, and Osborne Phillips. *The Magick of the Tarot*. St. Paul, MN: Llewellyn, 1983.

Doane, Doris Chase, and King Keyes. *How to Read Tarot Cards*. New York: Barnes & Noble, 1967.

Echols, Signe E., Robert Mueller, and Sandra A. Thomson. *Spiritual Tarot: Seventy-Eight Paths to Personal Development*. New York: Avon, 1996.

Fairfield, Gail. *Choice-Centered Relating and the Tarot*. Boston, MA: Samuel Weiser, 2000.

———. *Choice Centered Tarot*. North Hollywood, CA: Newcastle, 1984.

Galenorn, Yasmine. *Tarot Journeys: Adventures in Self-Transformation*. St. Paul, MN: Llewellyn, 1999.

Garen, Nancy. *Creating Your Own Tarot Cards*. New York: Fireside, 1991.

———. *Tarot Made Easy*. New York: Fireside, 1989.

Gerulskis-Estes, Susan. *The Book of Tarot*. Dobbs Ferry, NY: Morgan & Morgan, 1981.

Giles, Cynthia. *The Tarot: History, Mystery, and Lore*. New York: Fireside, 1992.

Gillentine, Julie. *Tarot & Dream Interpretation*. St. Paul, MN: Llewellyn, 2003.

Graves, F. D. *The Windows of Tarot*. Dobbs Ferry, NY: Morgan & Morgan, 1973.

Gray, Eden. *A Complete Guide to the Tarot*. New York: Bantam, 1970.

———. *Mastering the Tarot: Basic Lessons in an Ancient, Mystic Art*. New York: New American Library, 1971.

———. *The Tarot Revealed*. New York: New American Library, 1960.

Greer, Mary K. *The Complete Book of Tarot Reversals*. St. Paul, MN: Llewellyn, 2002.

———. *Tarot for Yourself: A Workbook for Personal Transformation*. North Hollywood, CA: Newcastle, 1984.

Greer, Mary K., and Rachel Pollack, eds. *New Thoughts on Tarot*. North Hollywood, CA: Newcastle, 1989.

Greer, Mary K., and Tom Little. *Understanding the Tarot Court*. St. Paul, MN: Llewellyn, 2004.

Gregory, James. *How to Perform a Psychic Reading: A Beginner's Guide to Reading Tarot Cards*. Colorado Springs, CO: Zymore Press, 1999.

Haga, Enoch. *TARO Solution: A Complete Guide to Interpreting the Tarot*. Livermore, CA: Enoch Haga Publisher, 1994.

Hamaker-Zondag, Karen. *Tarot as a Way of Life: A Jungian Approach to the Tarot*. York, ME: Samuel Weiser, 1997.

477

Hazel, Elizabeth. *Tarot Decoded: Understanding and Using Dignities and Correspondences.* Boston, MA: Weiser Books, 2004.

Hollander, P. Scott. *Tarot for Beginners.* St. Paul, MN: Llewellyn, 1995.

Irwin, Lee. *Gnostic Tarot: Mandalas for Spiritual Transformation.* York, ME: Samuel Weiser, 1998.

Jette, Christine. *Professional Tarot: The Business of Reading, Consulting & Teaching.* St. Paul, MN: Llewellyn, 2003.

———. *Tarot for All Seasons.* St. Paul, MN: Llewellyn, 2001.

———. *Tarot for the Healing Heart: Using Inner Wisdom to Heal Body and Mind.* St. Paul, MN: Llewellyn, 2001.

———. *Tarot Shadow Work: Using the Dark Symbols to Heal.* St. Paul, MN: Llewellyn, 2001.

Junjulas, Craig. *Psychic Tarot.* Stamford, CT: U. S. Games, 1985.

K, Amber, and Azrael Arynn K. *Heart of Tarot: An Intuitive Approach.* St. Paul, MN: Llewellyn, 2002.

Kaplan, Stuart R. *The Encyclopedia of Tarot: Volumes 1–3.* Stamford, CT: U. S. Games, 1978, 1986, 1990.

———. *Tarot Cards for Fun and Fortune Telling.* Stamford, CT: U. S. Games, 1970.

Kaser, R. T. *Tarot in Ten Minutes.* New York: Avon, 1992.

Kelly, Dorothy. *Tarot Card Combinations.* Boston, MA: Weiser Books, 2003.

Knight, Gareth. *The Magical World of the Tarot: Fourfold Mirror of the Universe.* York, ME: Samuel Weiser, 1991.

Konraad, Sandor. *Classic Tarot Spreads.* Atglen, PA: Whitford Press, 1985.

Louis, Anthony. *Tarot Plain and Simple.* St. Paul, MN: Llewellyn, 1997.

MacGregor, Trish, and Phyllis Vega. *Power Tarot.* New York: Fireside, 1998.

Masino, Marcia. *Easy Tarot Guide.* San Diego, CA: ACS Publications, 1987.

McElroy, Mark. *Putting the Tarot to Work.* St. Paul, MN: Llewellyn, 2004.

Michelsen, Teresa. *Designing Your Own Tarot Spreads.* St. Paul, MN: Llewellyn, 2003.

Moura, Ann. *Tarot for the Green Witch.* St. Paul, MN: Llewellyn, 2003.

Nichols, Sallie. *Jung and Tarot: An Archetypal Journey.* York, ME: Samuel Weiser, 1980.

Oken, Alan. *Pocket Guide to the Tarot.* Berkeley, CA: Crossing Press, 1996.

Peach, Emily. *The Tarot Workbook: Understanding and Using Tarot Symbolism.* New York: Sterling, 1990.

Pielmeier, Heidemarie, and Marcus Schirner. *Illustrated Tarot Spreads: 78 New Layouts for Personal Discovery.* New York: Sterling, 1999.

Pollack, Rachel. *Complete Illustrated Guide to Tarot: How to Unlock the Secrets of the*

Tarot. New York: Gramercy Books, 1999.

———. *The Forest of Souls: A Walk through the Tarot.* St. Paul, MN: Llewellyn, 2002.

———. *Seventy-Eight Degrees of Wisdom: A Book of Tarot, Part 1: The Major Arcana.* London: Aquarian, 1980.

———. *Seventy-Eight Degrees of Wisdom: A Book of Tarot, Part 2: The Minor Arcana and Readings.* London: Aquarian, 1980.

Porter, Tracy. *Tarot Companion: An Essential Reference Guide.* St. Paul, MN: Llewellyn, 2000.

Prosapio, Richard, with Elizabeth Prosapio. *Intuitive Tarot: Discovering the Power of Your Intuition.* Stamford, CT: U. S. Games, 1996.

Renee, Janina. *Tarot for a New Generation.* St. Paul, MN: Llewellyn, 2002.

———. *Tarot Spells.* St. Paul, MN: Llewellyn, 1990 and 2000.

———. *Tarot: Your Everyday Guide.* St. Paul, MN: Llewellyn, 2000.

Ricklef, James. *Tarot Tells the Tale: Explore Three-Card Readings through Familiar Stories.* St. Paul, MN: Llewellyn, 2003.

Riley, Jana. *Tarot: Dictionary and Compendium.* York, ME: Samuel Weiser, 1995.

Rosengarten, Arthur. *Tarot and Psychology: Spectrums of Possibility.* St. Paul, MN: Paragon House, 2000.

Sharman-Burke, Juliet. *The Complete Book of Tarot: A Step-by-Step Guide to Reading the Cards.* New York: St. Martin's, 1985.

———. *Understanding the Tarot: A Personal Teaching Guide.* New York: St. Martin's, 1998.

Shavick, Nancy. *The Tarot Reader.* New York: Berkley, 1991.

Simon, Sylvie. *The Tarot: Art, Mysticism, Divination.* Rochester, VT: Inner Traditions, 1986.

Sterling, Stephen Walter. *Tarot Awareness: Exploring the Spiritual Path.* St. Paul, MN: Llewellyn, 2000.

Townley, Kevin. *The Cube of Space: Container of Creation.* Boulder, CO: Archive Press, 1993.

Vega, Phyllis. *Romancing the Tarot.* New York: Fireside, 2001.

Waite, Arthur Edward. *Pictorial Key to the Tarot.* York, ME: Samuel Weiser, 1993.

Wang, Robert. *Qabalistic Tarot.* York, ME: Samuel Weiser, 1983.

Wanless, James. *New Age Tarot: A Workbook and Glossary of Symbols.* Carmel, CA: Merrill West Publishing, 1906.

Woudhuysen, Jan. *Tarot Therapy: A New Approach to Self Exploration.* Los Angeles: Jeremy P. Tarcher, 1979.

옮긴이 연보라

오랜 기간 책 만드는 일을 하였고, 타로 또한 오래 전에 접한 후로 그 신비한 매력에 늘 이
끌렸다. 앎에 큰 진전을 이룬 것은 아니지만 모래알 같은 자각이 던지는 길을 따라 지금에
이르렀다. 타로 카드가 보여 주는 지금 여기를 명상하며 평온한 순간을 맞이하기를 바라
는 마음으로 작업에 임했다.

타로 카드로 보는
내 삶의 여정

1판 1쇄 발행일 2023년 8월 2일

지은이 조안 버닝
옮긴이 연보라

펴낸이 권미경 | **펴낸곳** 무지개다리너머
주소 서울시 은평구 응암로 310, 501호
전화 02-357-5768 | **팩스** 0504-367-7201 | **이메일** beyondbook7@gmail.com
블로그 blog.naver.com/brbbook | **등록번호** 제25100-2016-000014호.(2016. 2. 4.)
ISBN 979-11-90025-05-8 03180